SABRINA FOX

DIE SEHNSUCHT UNSERER SEELE

Die Lust, den eigenen Weg zu finden

ARKANA

GOLDMANN

Originalausgabe

Umwelthinweis:
Alle bedruckten Materialien dieses Taschenbuches
sind chlorfrei und umweltschonend.

Originalausgabe November 1999
© 1999 Wilhelm Goldmann Verlag, München
in der Verlagsgruppe Random House GmbH
Umschlaggestaltung: Design Team München
Porträt Sabrina Fox auf dem Umschlag: Peter Bischof, Bremen
Verlagsnummer: 21548
Redaktion: Ralf Lay
WL · Herstellung: Stefan Hansen
Satz: Uhl + Massopust, Aalen
Druck: GGP Media GmbH, Pößneck
Made in Germany
ISBN 3-442-21548-X
www.goldmann-verlag.de

9. Auflage

Für meine Mutter in Liebe

Danksagung

Ich verbeuge mich in Dankbarkeit vor der Liebe, die von meinem himmlischen Vater kommt. Die mich nährt und die mich durch Jesus, Zarathustra, Solano und meine Engel erwachen läßt. Alles, was ich weiß, weiß ich durch sie. Ich bedanke mich, daß ich jeden Tag in meinem Leben Liebe durch Menschen erfahren darf: durch meine Familie und meine Freunde und von denen, die mir Briefe nach dem Lesen meiner Bücher schreiben oder die ich bei Vorträgen treffe und die mir ihr Vertrauen schenken. Eine tiefe Verbeugung, Achtung und Liebe vor denen, die mit mir im Dienst stehen: meinem wunderbaren Verleger Gerhard Riemann, durch den meine Bücher veröffentlicht werden; der strahlenden Andrea Zangemeister, Chefredakteurin von *Bild der Frau*, in der ich mich in unserer gemeinsamen Liebe zu Jesus finde und durch deren Blatt ich inspirieren darf. Meiner umwerfenden Schwester Susanne Adlmüller, die Anlaufstelle für »My Angel and I« ist, und meiner lieben Freundin Mon Müllerschön, die dieses Buch als erste sah und mir ihre klugen Gedanken schickte. In Dankbarkeit sende ich eine liebevolle Umarmung an meinen Lektor Ralf Lay, der weise und wahrhaftig mein Manuskript verbesserte.

»Glauben ist etwas, was man nicht sicher weiß.
Etwas, von dem man gehört hat;
was andere als Wahrheit sehen.
Wenn wir etwas wissen –
also selbst eine Erfahrung gemacht
und darin Bestätigung erfahren haben –,
dann ersetzen wir das Wort ›Glauben‹
mit dem Wort ›Wissen‹.
In diesem Buch schreibe ich von meinem Wissen;
von Erfahrungen, die sich für mich bestätigt haben.
Möge es Sie anregen, es selbständig zu betrachten,
um dann zu entscheiden,
was Sie damit tun wollen.«

Sabrina Fox

»Vor allen Dingen,
konzentriere dich auf das Gute,
das Zweckmäßige und
das Erwachen deiner selbst.«

Zarathustra

Inhalt

Vorwort

Ich war dabei, zu packen. Meine Seelenschwester Sunny brauchte meine Hilfe, denn ihr Mann Stan sollte am folgenden Tag operiert werden. Ich beschloß, am nächsten Morgen ganz früh loszufliegen. 6.45 Uhr von Los Angeles nach Phoenix, ich würde um 9.00 Uhr ankommen, seine Operation war für 10.00 Uhr angesetzt – das müßte zu schaffen sein. Eine halbe Stunde Fahrt von dem Flughafen zur Klinik. Ich plante und stellte fest, daß ich keine Zeit haben würde, auf irgendein Gepäckstück zu warten. Alles, was ich mitnahm – Reisealtar, Schlafanzug, Kleidung zum Wechseln, Toilettensachen –, mußte deshalb in eine kleine Tasche passen.

Ich war mit dem Packen fertig und ging hinüber zu meinem Meditationszimmer. Als ich die Glasschiebetür öffnete und eintrat, fiel mein Blick auf die Decke, die mir meine Seelenschwestern zum vierzigsten Geburtstag geschenkt hatten. Die Decke, eine Seite blauer Samt, die andere Seite hellblaue Seide, hat viele aufgenähte Vierecke in Lila und Rosa. Jede von meinen sechs Schwestern war verantwortlich für das Design eines dieser Vierecke. Darin eingenäht waren Gebete, Wünsche, Kristalle, ihre eigenen Haare und Federn. Die Kraft und Liebe, die von dieser Decke ausgeht, ist unbeschreiblich.

Als mein Blick darauf fiel, kam mir der Gedanke, daß ich sie mit zu Stan nehmen sollte. Ich schob den Gedanken jedoch schnell beiseite. Schließlich ist die Decke ganz schön groß, und sie würde nicht in die kleine Tasche passen, die eh schon mit dem »Üblichen« voll war.

Am nächsten Morgen machte ich mich im Dunkeln auf den Weg. Ich holte den Wagen aus der Garage, und da fiel mir gerade noch ein, daß mein Rosenkranz auf dem Altar in meinem Meditationszimmer lag. Ich hielt das Auto vor der Glasschiebetür an, sprang über den Rasen, vorbei an dem alten Magnolienbaum, und lief hinein. Wieder kam mir der Gedanke in den Sinn, die Decke für Stan mitzubringen, und wieder versuchte ich, den Gedanken zu vergessen. »Ach was, das denke ich nur, das ist bestimmt keine Anweisung von oben, ich hab' doch keinen Platz. Sonst muß ich Gepäck aufgeben, und dann verpasse ich die Operation.« Ich griff nach dem Rosenkranz und wollte zurück zum Auto. Als ich die drei Schritte über den Rasen lief, fiel ich plötzlich auf beide Knie. Ich blieb vor lauter Überraschung knien. Ich bin nicht mal gestolpert, ich fiel einfach nach vorn, als ob die Wurzeln des Magnolienbaums mich an beiden Fesseln festgehalten hätten. Da endlich habe ich es kapiert. Normalerweise bin ich nicht so schwer von Begriff: Die Decke muß mit! »Entschuldigung, Gott!« rief ich in die Dunkelheit.

Ich lief zurück und holte die Decke, nicht, ohne ein flehendes Wort zu ihr zu sprechen: »Du mußt irgendwie in meine Tasche gehen. Du weißt ja: Handgepäck!« Es kam mir der Gedanke, einen Pullover herauszunehmen, und prompt ging die Tasche zu. Jetzt lief ich erst wieder zurück ins Haus, um meine Hosen zu wechseln. Die dunklen Grasflecken auf den Knien hätte ich mir sparen können.

Ich schüttelte über mich selbst den Kopf. Wieder mal nicht zugehört! Die Decke, wie sich im nachhinein herausstellte, war sehr wichtig für Stan. Nicht nur, daß all die Ärzte und Krankenschwestern sie gebührlich bewundern sollten und wir dadurch ein bißchen was von Liebe und Seelenschwestern erzählen konnten, nein, er wurde sogar zwei Tage früher aus dem Krankenhaus entlassen. So gut ging es ihm danach.

Wir alle haben diese Intuitionen, diese Ideen, diese Gedanken. Und wir alle haben die Wahl, dem zuzuhören oder nicht. Warum folgte ich eigentlich nicht beim ersten Mal dem Gedanken, die Decke mitzubringen? Es war meine eigene Sturheit und eine gehörige Portion Faulheit. Ich hatte mir doch alles schon so schön zurechtgelegt. Und da muß ich diesen Gedanken haben. Der bringt mir doch wieder alles durcheinander ...

Früher hätte das Ignorieren dieser Gedanken keine sofortige Reaktion nach sich gezogen. Denn die Konsequenzen treten um so schneller auf, je intensiver wir versuchen, der Sehnsucht unserer Seele zu folgen. Das läßt sich mit einer weiten Straße vergleichen, die immer enger wird. Wenn ich großzügig mit dem Lenkrad schwenke, dann bleibe ich anfangs immer noch auf dieser Straße. Der Graben ist weit weg. Doch je weiter ich fahre, desto enger wird sie. Das hat viel Gutes. Denn man merkt schneller, wenn man »schwenkt«. Die Reaktionen werden einem sofort präsentiert, denn der »Straßengraben« ist nicht mehr so weit weg. Wir erkennen fast unmittelbar, wenn eine Richtung nicht die richtige ist.

Unsere Seele hat vor der Geburt auf dieser Erde einen Plan. Einen Plan mit dem Wunsch, das zu erreichen, was wir uns vorgenommen haben. Mal angenommen, wir wollen »Verzeihen« erfahren. Dann werden sich in unserem Leben zahlreiche Situationen ergeben, in denen wir »üben« können. Bis wir dann, je nach Sturheitsgrad und Widerstand, irgendwann verzeihen können.

Doch nur wenige Menschen wissen seit ihrer Kindheit, was sie »erreichen« wollen. Viele »probieren erst mal«. Diverse Beziehungen, diverse Karrieren, diverse Träume. Oftmals ärgerlich, manchmal zornig, ab und zu resignierend, daß sich gerade bei uns nichts tut. Daß alle anderen sich offensichtlich leichter tun. Alle anderen Erfahrungen sind wichtiger, spezieller, überragender als die eigenen. Und damit beginnt eines der unfruchtbarsten Gebiete auf unserer spirituellen Reise: der Vergleich.

Meine Haare lassen sich mit Ihren nicht vergleichen. Meine Meditationen sind ebenso anders als die Ihren. Genauso ist es mit meinen Erfahrungen und meinem Leben insgesamt. Jeder von uns hat seinen eigenen Weg, den er geht. Und vielleicht haben Sie bei der Geschichte mit der Decke gedacht: »Und warum passiert mir so was nie?«

In Ihren Briefen zu meinen Büchern und Artikeln, bei Ihren Äußerungen nach meinen Workshops oder Vorträgen fiel mir nämlich eines immer wieder auf – egal, welches Erlebnis ich auch beschreibe, die Reaktion ist zu oft: »Na ja, das passiert halt nur so jemandem wie dir.«

Auf diesen Vergleich treten zwei Reaktionen auf. Mit beidem bin ich nicht sehr glücklich, aber die Reaktionen sind mir aus meiner eigenen Erfahrung sehr vertraut. Die eine ist die Bewunderung, ich werde fast ein bißchen auf ein Podest gestellt, das andere ist das Resignieren, mit dem unterschwelligen Gedanken, man selbst sei ja nichts Besonderes und komme ohne den anderen nicht weiter. Beides geht jedoch an der Wahrheit vorbei.

Ich schreibe dieses Buch in der Hoffnung, daß Sie Ihren eigenen Intuitionen zuhören und der Sehnsucht Ihrer eigenen Seele folgen. Durch meine Erlebnisse erfahren, daß jeder seine eigenen Erfahrungen macht. Wir sind alle Lehrer und Studenten zugleich. *Zugleich!* Während wir in einer Sache Meister sind, fangen wir in einer anderen als Student an. Ich meistere mein Leben. So wie Sie Ihres. Und im »Meistern« werden wir immer besser. Gleich, auf welcher Erkenntnis-»Stufe« wir uns befinden, wir inspirieren andere. Und in dieser Inspiration sind wir wie Lehrer. Einige von uns unterrichten die »erste Klasse«, andere in der »Universität«. Die Professorin an der Uni ist aber nicht »besser« als der Lehrer in der ersten Klasse. Denn ohne letzteren gäbe es erstere nicht. Manche von uns lernen in der ersten Klasse Vergebung. Andere Vertrauen. Wieder andere Lachen. Jeder von uns geht in seine eigene erste Klasse, und dadurch ist ein Vergleich nicht nur überflüssig, sondern hinfällig.

Die Sehnsucht wurde uns als Kompaß mitgegeben: um zu wissen, daß, wenn wir diese Sehnsucht fühlen, wir die Erfüllung in unserem Leben noch nicht erreicht haben. Und Gott (bitte verwenden Sie für Gott jedes andere Wort, das Ihnen lieber ist) hat uns viele Werkzeuge mitgegeben, um uns dabei zu unterstützen, ein erfülltes Leben zu leben: die Sehnsucht, die Engel, die Intuition, die Seelengruppen, das Lachen, unsere Persönlichkeit und unseren wundervollen Verstand.

In diesem Buch beschreibe ich Erfahrungen und Erlebnisse, die mir weitergeholfen haben. In der Hoffnung, daß auch Sie davon inspiriert werden. Bitte vergleichen Sie nicht. Jedes Leben ist einzigartig. Und wenn Sie anfangen, tagtäglich Ihre eigenen Erlebnisse aufzuschreiben, dann werden Sie beim späteren Durchlesen überrascht selbst feststellen: »Und ich dachte, so was passiert immer nur den anderen...«

Fühlen Sie sich umarmt.
Licht und Liebe und Gottes Segen!

Sabrina Fox

Die Sehnsucht meiner Seele

Da war sie, die Seele, die an flüssiges Blau erinnerte. Sie machte sich bereit, noch mal auf der Erde zu leben.

Der erste Schritt war die Trennung. Das flüssige Blau, das sich nur als »Wir« kannte, mußte sich loslösen von den anderen. Das war, wie wenn man einen Tropfen aus dem Meer nimmt und ihn allein in ein großes Glas fließen läßt. Durch die Wände dieses Glases konnte das flüssige Blau die anderen sehen. Und diese Trennung brachte ihm die ersten Tränen.

In dieses Glas ließ Gott Geschenke fließen: Seelenschwestern und Seelenbrüder, ein Kind, das ihr, die ein flüssiges Blau war, später geboren würde. Tiere und Pflanzen, die sie an die Liebe eines unveränderten Gottes erinnern würden. Talente und Charisma. Phantasie, Humor, der Wunsch, zu dienen und vom Meer zu erzählen, und die genetischen Gaben und Herausforderungen ihrer Eltern.

Ihre Mutter, die ihr die Gabe des Überlebens schenken wird. Die Hingabe. Die Leichtigkeit, wieder von vorn anzufangen. Eine klare Stimme. Die Reiselust. Einen Sinn für Schönheit. Das Gefühl der Verantwortung. Die Möglichkeit, mit wenig auszukommen, und das Talent, sich anzupassen.

Aber mit ihr wird auch die Herausforderung, sich durchzusetzen, kommen. Mutig zu sein. Grenzen zu setzen. Nicht in einer Opferrolle zu versinken.

Ihr Vater wird ihr sein Lachen schenken, sein Aussehen, seine Lust am Leben, sein Geschick, mit den Händen zu arbeiten, die Ergebenheit für seine Freunde. Die Gabe der Passion und das

Aufgehen in einer Tätigkeit. Er schenkt ihr seine Großzügigkeit und seine Ausdauer.

Aber auch die Gefahr der Oberflächlichkeit wird mit ihm kommen. Sich zu verlieren in dem, was ihm nicht guttut. Realitäten nicht ins Auge zu sehen und Unannehmlichkeiten zu ignorieren. Mit ihm kommt die Herausforderung, nicht die Verantwortung für sein Handeln zu übernehmen. Die Gewohnheit, sich, wenn man sich ungerecht behandelt fühlt, einfach zurückzuziehen.

Dann kamen die Meister, die ihr, dem flüssigen Blau, beizustehen versprachen: Zarathustra, Jesus, Solano, Shiva, Franz von Assisi, Johanna von Orléans, Maria, Gabriela, Jakob, Euphenia und viele andere, die allen Seelen zur Verfügung stehen. Und jeder schenkte ihr einen Ton. Damit sie sich wiederfinden möge in diesen Tönen.

Am Schluß, das Glas war fast voll, kam der Atem. Der Atem von Gott, der ihr seine Liebe und die Sehnsucht danach schickte. Dieser Sehnsucht wird sie folgen. Manchmal nicht klar erkennend, wohin sie sie führen wird. Zuweilen wird die Sehnsucht wie eine Flamme leuchten und ein andermal wie ein kümmerlicher Stumpen gerade noch flackern. Aber die Liebe und die Sehnsucht danach werden sie bis zur Erfüllung begleiten. Das ist das Versprechen, das in Gottes Atem ruht.

Und erst dann, wenn alle Aspekte ihres Lebens erfüllt sind, wird die Sehnsucht vergehen und dieser Liebe weichen. Dann wird sich der Tropfen, der an flüssiges Blau erinnert, obwohl losgelöst in einem Glas auf Erden lebend, wieder eins fühlen mit dem Meer. Und das Glas – ihr Körper – wird keine Trennung mehr fühlen. Und ihr Wunsch wird es sein, von der Erfahrung zu erzählen. Andere daran zu erinnern, daß auch sie Wassertropfen aus dem unendlichen Meer der Liebe sind. In dieser Einigkeit werden alle Tropfen erleben, daß sie eins sind. Verschmolzen wie die Wassertropfen im Meer.

Und mit diesem Wissen wurde sie geboren – um alles sofort wieder zu vergessen ...

1

Sehnsucht

Das Erkennen unseres Seelenplans

Solange ich zurückdenken kann, fühlte ich diese Sehnsucht. Eine Art Einsamkeit kam dazu, die mir fast das Herz zerriß. Ich gehörte nie dazu. War immer außen. Und schaute hinein zu denen, die offensichtlich wußten, wie man hineinkam. Das Glas, in dem ich saß, war dick.

Meine Geburt war schwer, so erzählte mir meine Mutter. Nicht nur für mich, sondern besonders für sie. Mein Vater bekam kurz vor meiner Geburt kalte Füße und setzte sich nach Paris ab. Meine Mutter wurde krank, und ich kam zwei Wochen zu spät. Fast so, als ob ich mir noch ein bißchen Ruhe gönnen wollte. Die Nabelschnur hatte ich dreimal um den Hals gewickelt, und auf meiner Haut lag das abgesetzte Fruchtwasser, was meine Mutter eher an ein Rührei als an ein Baby erinnerte. Mein Vater war wieder zurück, und als meine Mutter einen verschreckten Blick auf ihr Kind geworfen hatte, forderte sie die Krankenschwester auf, es »um Himmels willen« nicht ihrem Mann zu zeigen.

Ich war ein braves Kind. Still. Gehorsam. Schüchtern. Fast so, als ob ich dem Drama, das unsere Familie lebte, nichts hinzufügen wollte. Mein Vater, der mit seinem Dasein von Jahr zu Jahr unzufriedener wurde, fing zu trinken an und gab sein Geld

Freunden statt seiner Familie. Meine Mutter bekam noch zwei Mädchen, meine Schwestern Susanne und Renate, und versuchte, uns Kinder mit dem wenigen, was mein Vater ihr gab, zu ernähren.

In der Zwischenzeit zogen wir in eine winzige Sozialwohnung. Wir Kinder schliefen in der Küche, und da es wenig Platz für mich gab, flüchtete ich in die Phantasiewelt der Bücher. Gleichzeitig fing ich an zu lügen.

Zuerst eher harmlose Geschichten von einem Pferd, das wir im Keller hatten. Sprachen, die keiner kennt. Reisen, die wir angeblich machten. Und ich blieb immer stur bei meinen Phantasien. Gab niemals zu, geschwindelt zu haben. Sogar Tränen und das Entsetzen in den Augen, daß man mir nicht glauben könnte, kamen mir nach ein bißchen Übung ganz natürlich. Und irgendwann während dieser Zeit wurde mein Wunsch nach Aufmerksamkeit immer größer. Ich dachte nicht, daß ich gut genug, schön genug, klug genug und talentiert genug war, um ganz einfach so, wie ich war, gemocht zu werden.

Wenn ich meine kleine Welt beobachtete, dann sah ich zwei Arten von Menschen: diejenigen, die zu einer Gruppe gehören, und die, die außen herum waren. Die in der Gruppe schienen mehr Spaß zu haben. Mehr Freude. Mehr Freunde. Sicherer zu sein. Zwei Lehren zog ich aus diesen Beobachtungen. Eine war, daß ich eine Gruppe brauchte, und die andere, daß ich mich dazu anpassen muß. Ich war fünfzehn, bebrillt, flach und ungeküßt. Ein Zustand, für den es einfach keine Gruppe gab.

Doch dann tauchte endlich mein erster Freund Kenny auf.

Den Namen holte ich mir von einem Buchrücken, und natürlich mußte er woanders wohnen, denn sonst hätte er mich ja irgendwann einmal von der Schule abholen müssen. Ich suchte Hamburg für ihn aus. Das war schön weit weg von München. Nachdem meine Klassenkameradinnen langsam mißtrauisch wurden – ich sah weiß Gott nicht so aus, als ob ich einen Freund hätte –, mußte ich mit ihm Schluß machen.

Also wurde der arme Kenny nicht nur von mir verlassen, er mußte gleich sterben. Ganz dramatisch, bei einem Autounfall. Seine Familie aus Hamburg schrieb mir einen Brief, und seine letzten Worte waren, raten Sie mal... »Ich liebe dich.«

Das war gar nicht so einfach, diesen Brief herzuzaubern. Mein Vater hatte eine Schreibmaschine, ich kaufte mir von meinem mühsam ersparten Taschengeld diese Kondolenzkarten, die es dummerweise nur im Zehnerpack gab. Dann übte ich stundenlang eine »erwachsene« Unterschrift, und schließlich warf ich den Brief in einen Münchner Briefkasten. Natürlich war mir die Sache mit dem Poststempel nicht aus dem Kopf gegangen. So beschloß ich ganz einfach, den Brief bei seiner Ankunft so aufzureißen, daß man den Poststempel nicht erkennen konnte.

Ich erinnere mich noch gut an den fragenden Blick, den die Nachbarstochter Evi mir zuwarf, als ich in Tränen ausbrach. Nachdem ich ein paar Tage leidend durch den Münchner Harthof marschiert war, nahm sie mich zur Seite. »Hör auf damit«, schlug sie vor, »das glaubt dir eh keiner.« Sie nahm mich liebevoll in den Arm, und ich verpaßte die Gelegenheit, die Wahrheit zu sagen. Ich weinte noch lauter. Steigerte mich in einen halben Nervenzusammenbruch hinein. Schließlich hatte ich nicht nur einen Freund, sondern auch noch eine Freundin verloren. Während dieser dramatischen Momente hatte ich immer das Gefühl, als ob ich mich von außen beobachtete. Ich hatte so eine seltsame Distanz zu mir, so, als ob mich dieses Leben nur am Rande etwas anginge. Dieser beobachtende Teil von mir hatte keinen Sinn für das Drama, das ich hier aufführte.

Nur damit ich mit dem Weinen aufhörte, da bin ich mir sicher, versprach Evi mir, daß sie mir glauben würde. Vielleicht konnte sie sich wirklich nicht vorstellen, warum jemand so eine Szene machte.

Doch ich hatte nichts dazugelernt. Viel später erst würde ich das Lügen ganz aufgeben. Zwei Jahre danach, endlich mit einem »richtigen« Freund, der allerdings nur zwei Monate blieb, erfand ich eine Schwangerschaft. Und den notwendigen Abgang. Wieder gepaart mit dem nötigen Drama. Wieder aus demselben Grund: der Wunsch nach Aufmerksamkeit. Und wieder glaubte man mir nicht, und wieder steigerte ich mich so hinein, daß meine Freunde kopfschüttelnd aufgaben. Immer noch nicht sicher, ob es nun stimmt oder nicht. Für all die, die es erst jetzt erfahren: Entschuldigung!

Meine Augen wurden immer schlechter: Es gab viel, das ich nicht sehen wollte. Besonders die Ungerechtigkeit, mit der mein Vater meine Mutter behandelte, war mir unbegreiflich. Und oft mischte ich mich ein, wenn ich das Geschimpfe aus dem Wohnzimmer nicht mehr ertragen konnte. Meine Mutter bat mich oft, ihn seinzulassen. »Du weißt doch, wie er ist.« Oder ein »Jetzt nicht, Kind, warte bis ein besserer Zeitpunkt kommt.« Dieses Vorsichtig-sein-Müssen, weil man nicht weiß, wie der andere reagieren wird, weil man Angst vor ebendiesen Reaktionen hat, prägte mich sehr. Obwohl ich hinten und vorn Geschichten erfand, sehnte ich mich nach einer Wahrheit und Offenheit. Ich weiß noch gut, wie meine Mutter nach einer besonders lauten Nacht am nächsten Morgen weinend am Bett saß. »Laß dich doch scheiden«, schlug ich vor, und meine Mutter schaute mich mit diesen traurigen Augen an und meinte: »Aber ich liebe ihn doch.« Mit solch einer Liebe, das wußte ich, wollte ich nichts zu tun haben. Und ich erkannte auch in diesem Moment die Bereitschaft meiner Mutter, sein Opfer zu sein. Alles in mir weigerte sich.

Und dennoch wählte auch ich später häufiger die Opferrolle.

Mein Vater verschwand oft für Tage. Und das waren die schönsten Zeiten meiner Kindheit. Da war Ruhe zu Hause. Keine Stimmungsschwankungen, die nicht vorhersehbar waren. Endlich der Frieden, nach dem ich mich so lange gesehnt hatte.

Als ich siebzehn war, warf mich mein Vater aus dem Haus. Er kam einmal betrunken mit einem Freund von einer Reise zurück und schimpfte über meine Mutter. Ich wies ihn vor dem anderen zurecht, und als der sich verabschiedete, flog ich nach.

Ich fand einen Job als Anfangssekretärin, ein kleines Ein-Zimmer-Apartment und Frieden. Ein bißchen zuviel Frieden. Denn ich hatte weder das Geld für ein Telefon noch für einen Führerschein, so verbrachte ich meine Zeit mit Abnehmen. Beim Auszug wog ich noch über achtzig Kilo, und da ich entweder Geld für das Kaufen von Besteck und Tellern oder fürs Essen hatte, lebte ich von »Packerl-Suppen«, bis ich mich nach Monaten plötzlich schlank wiederfand.

Ich heiratete, ließ mich scheiden, hatte Beziehungen, wenig Affären, neue Berufe, neue Freunde, Kontaktlinsen, sogar Geld und irgendwann einmal Erfolg.

Ich fand mich im Fernsehen und auf Titelseiten wieder und konnte nicht umhin, mir manchmal meine alten Klassenkameraden vorzustellen... Das hätte keiner von mir gedacht. Und trotzdem gehörte ich noch nicht dazu.

Die Sehnsucht meiner Seele, mittlerweile verkümmert auf ein klitzekleines Flämmchen, fühlte ich kaum.

Meine Tage waren ausgefüllt. Ich war mit den täglichen Dramen in meinem Leben beschäftigt und fühlte mich wie eine Fahne auf dem Dach. Da kommt der Wind von irgendwo her, und dich dreht es, und du kannst dich nicht wehren. Momentane Freuden, wenn dir eine Sendung angeboten wird. Tränen, wenn sie jemand nicht mag. Interviews, in denen man gemocht werden will. Veranstaltungen, in denen man Menschen überzeugen muß. Privat war es nicht anders. In meinen Liebesbeziehungen paßte ich mich an nach dem Motto: »Was für eine Art Frau darf es denn heute sein?«

Ich heiratete noch einmal. Zog nach Los Angeles zu einem Mann, dessen Sprache ich kaum verstand und dessen Kultur mir fremd war. Aber in mir sagte ein Gefühl ganz stark, daß er derjenige ist, den ich heiraten muß. Er wußte es vom ersten Moment an. Bei mir dauerte es ein bißchen länger. Ich war beeindruckt

von der Gewißheit, mit der er mir den Hof machte. Jeden Tag
rief er an, jeden Montag waren meine Lieblingsblumen, weiße
Lilien, vor der Tür. Tief in mir rührte mich diese Gewißheit, denn
sie traf auf meine. Und ich dachte, vielleicht ist es dieser Mann,
der mir meine Sehnsüchte erfüllen wird. Ein Jahr später glaubte
ich, vielleicht ist es das Kind, das mir geboren wurde. Wieder
später meinte ich, vielleicht die neue Sendung, die so wichtig
ist...

Die Dramen wurden nicht weniger. Nun kam das Zusammen-
wachsen in einer Ehe hinzu. Nach dem ersten Verliebtsein beginnt das Aneinandergewöhnen. Und ich war immer noch nicht
ich selbst, lebte immer noch nach dem Motto: »Was für eine Art
Frau darf es denn heute sein?« Ich hatte immer noch nicht gelernt, nein zu sagen, Grenzen zu setzen. Hatte die Gene, die mir
meine Eltern mitgegeben haben, noch nicht »erweitert«. Ich ging
immer noch Unannehmlichkeiten aus dem Weg.

Mein Selbstbewußtsein hing ausschließlich mit meinem Beruf
zusammen. Daß mein Mann gut Geld verdiente, war mir eher
unangenehm. Ich hatte zu lange an mir gearbeitet, um nicht von
der Wichtigkeit meiner eigenen finanziellen Unabhängigkeit
überzeugt zu sein. Wußte ich doch durch das Leben meiner Mutter, was passieren kann, wenn man als Frau kein Geld verdient.
Die Angst davor saß mir stets im Nacken. Ich war gewöhnt, eigenes Geld großzügig zu verteilen. Sein Geld gehört nicht mir. Deshalb traf es mich um so härter, als ich mich durch eine berufliche
Krise endlich der Frage stellen mußte, die ich all die Jahre so erfolgreich ignoriert hatte: Bin ich auch jemand ohne Karriere,
ohne eigenes Geld, ohne den Erfolg, an den ich mich so gewöhnt
hatte? Und endlich, endlich begann das Licht meiner Sehnsucht
größer zu werden.

Jedesmal, wenn ich mich zum Schreiben hinsetze, bete ich vor-
her. Ich sitze vor meinem Altar und bitte um Gottes Segen und
die Ideen, die den Sinn dieses Buches unterstützen sollen. Jetzt

kam mir der Gedanke, das weitere Erzählen aus meinem Leben auf später zu verschieben. Dem folge ich.

Ich erzähle Ihnen von mir nicht, damit Sie Vergleiche anstellen. Das haben wir beide schon hinter uns ... Ich erzähle, um die Einzigartigkeit jedes Lebenslaufes darzustellen. Und mein Leben kenne ich natürlich am besten. Wenn man bedenkt, daß jede Schneeflocke anders ist – keine der anderen gleicht –, drängt sich der Gedanke auf, daß diese Einzigartigkeit wichtig ist. Stellen wir uns einmal nur vor, jedes Stück in einem Puzzlespiel wäre gleich. Was für ein langweiliges Bild! Davon abgesehen, daß wir beim Zusammensetzen sicher einschlafen.

Wir haben unseren eigenen Weg im Leben, der uns zu unseren eigenen Erfahrungen führt, um am Ende festzustellen, daß wir alle gemeinsam ein Bild ergeben. Ihr Puzzlestück und meins haben spezielle Kanten und Rundungen, Farben und Bewegungen, und nur dann, wenn wir nicht darübermalen und dran herumschneiden, passen wir in dieses Gesamtbild. Und doch schielen wir mit einem Auge, manchmal auch zwei, auf das Puzzlestück, das neben uns liegt. Auf das, was weiter oben liegt, ohne zu erkennen, daß »oben«, »unten« oder »in der Mitte« dem Puzzle vollkommen gleich ist. Es gibt in diesem Sinne kein Oben und kein Unten und auch keine Mitte. Es geht um das Gesamtbild. Wir sind wie das Meer, das sich bewegt, das immer im Fluß ist. Mal sind wir oben, mal unten, und mal sind wir in der Mitte. Das einzig Wichtige ist, daß wir *sind*.

Nicht so wie die anderen, nicht so wie die einen, nur so wie wir selbst. Neben unserer Seele gibt es unsere Persönlichkeit, die oft auch als Ego bezeichnet wird. Das Ego bekam einen sehr schlechten Ruf: »Das Ego loswerden«, »das Ego zum Schweigen bringen«, so lauten nur einige wenige der Ausdrücke, die beschreiben, daß wir endlich »ohne Ego« sein wollen. Doch das geht schlichtweg nicht. Ohne Persönlichkeit kann man sich nicht ausdrücken. Selbst Jesus hatte eine Persönlichkeit. Buddha,

Zarathustra. Unsere Persönlichkeit (oder Ego) zeigt unsere Einzigartigkeit. Und unsere Einzigartigkeit ist ein wundervolles Geschenk, solange es nicht größenwahnsinnig wird und den Überblick verliert. Manchmal hat unsere Persönlichkeit die Angewohnheit, zu vergleichen, sich über etwas zu stellen (und damit die anderen unter sich zu bringen) oder sich sogar einzubilden, sie wisse »alles«. Unsere Persönlichkeit weiß im Idealfall, daß sie unserem göttlichen Geist untertan ist, gibt ihm aber auch diese persönliche Ausdrucksmöglichkeit.

Alles beginnt mit unserem Geist, unserem »Spirit«, der direkten Verbindung mit Gott. Nie getrennt und niemals allein. Nie geboren, nie sterbend, immer nur im Sein. Im Überblick und im Verständnis für alles, was im »Meer der Schöpfung« lebt. Daraus bewegt sich die Seele, das heißt unsere Wahrnehmung, die uns das Bewußtsein um uns selbst bringt: unser Selbst-Bewußtsein. Die Seele besteht aus drei Aspekten: dem Sinn, dem Intellekt und den Emotionen.

Im Sinn finden wir unsere Persönlichkeit, gekoppelt mit der ganzen Erfahrung und der ganzen Bedeutung dessen, was es heißt, »Mensch« zu sein. Instinkte wohnen hier. Im Intellekt finden wir die Gabe, logisch zu denken. Wir kreieren Sprache, Kunst, Mathematik. In unseren Emotionen schickt uns unsere Aura, unser feinenergetisches Feld, Wahrnehmungen. Wir fühlen Wahrheit, Lüge, Einsamkeit, Verzweiflung, Freude, Lust, Ärger und über allem Liebe. Wir haben uns entschlossen, auf Erden zu sein, um einer bestimmten Absicht zu folgen. Jede Absicht ist anders. Die meisten von uns sind hier, um etwas zu erfahren. Andere sind aus Liebe zu diesem Planeten und ihren Bewohnern gekommen. Sie hatten keinen anderen Grund als den Wunsch, uns zu unterstützen. Sie sind freiwillig da.

Die meisten von uns sind hier, um mehr zu *sein*, um mehr *im Sein* zu leben. Niemand war dazu gezwungen worden, hier zu sein, obwohl es schon Momente gibt, in denen es mehr eine Strafe als eine Freiwilligkeit zu sein scheint…

In der Regel sind wir aus zwei Gründen hier: einmal, um zu nehmen, und einmal, um zu geben. Das Nehmen entspricht dem Wunsch zu lernen, das Geben dem Wunsch zu lehren – also wieder das Prinzip, daß wir alle Lehrer und Schüler zugleich sind.

Um herauszufinden, was wir lernen wollen, hilft es, ganz einfach zu betrachten, was uns im Leben Probleme bereitet: Fällt es uns schwer zu verzeihen? Nicht zu tratschen? Kein Opfer zu sein? Sind wir neidisch? Flüchten wir in Selbstmitleid, suchen wir im Alkohol oder in Drogen Vergessen? Wollen wir Problemen aus dem Weg gehen? Setzen wir Zynismus ein, um unsere Sensibilität zu verbergen? Oder haben wir uns angewöhnt zu lügen?

Die Liste läßt sich beliebig fortsetzen, und ähnlich ist es mit der Liste von dem, was wir lehren wollen: Ist es Verständnis? Ist es Großzügigkeit? Ist es Bewegung? Ist es Körperbewußtsein? Ist es Schönheit? Ist es die Fähigkeit, zu verzeihen? Ist es Lachen? Ist es Kunst? Ist es Kreieren? Ist es Vertrauen?

Um der Sehnsucht unserer Seele zu folgen, hilft es, wenn man danach strebt, sich selbst klar zu erkennen. Manchmal ist es nützlich, seine Freunde zu fragen. Ich bat einst meine Freundinnen Samantha, Sunny und Suzane, mir meine guten Eigenschaften und die, die ich noch verbessern kann, mitzuteilen. (Wir haben damals mit Absicht nicht von »schlechten« Eigenschaften gesprochen. Ich betrachte meine Wesenszüge lieber als etwas, was verbesserungsfähig ist.)

Zwei Jahre bevor ich diese Zeilen schreibe, besuchten wir gemeinsam eine Konferenz und hielten uns in Sunnys und meinem Zimmer auf. Die Liste habe ich leider nicht mehr, aber ich erinnere mich noch an einiges sehr genau. Meine guten Eigenschaften waren mein Mut, meine Freude am Leben, mein Enthusiasmus, meine Großzügigkeit, die Gleichnisse, mit denen ich immer alles erklären will, meine Bereitschaft zur Demut und mein Vertrauen in Gott. Was ich noch verbessern konnte, war, daß ich manchmal rede, bevor ich denke (das Problem hatte ich schon als Kind, es stand mal als Bemerkung im Zeugnis), und Ratschläge gebe, ohne gefragt worden zu sein. Daß ich mir noch nicht genug Ruhe gönne, aber gleichzeitig zu streng mit mir bin. Und manchmal vorwärtsstürze und vergesse nachzuschauen, ob die anderen auch mitwollen.

Ich habe mich damals sehr darüber gefreut, daß die Liste mit den guten Eigenschaften länger war. Und beim Betrachten fiel mir auf, wieviel anders sie noch fünf Jahre zuvor ausgesehen hätte. Damals versuchte ich gerade, Menschen *nicht* zu beurteilen. Mich *nicht* an ihren Problemen aufzuhalten, sondern ihr Potential zu sehen. Etwas, was mir jetzt leichtfällt.

In vielen Briefe lese ich Fragen wie: »Wann finde ich endlich meine Mission im Leben?« Oder: »Ich weiß nicht, was ich machen soll.« Auf eines können wir uns verlassen: Wenn wir unsere Mission noch nicht gefunden haben, dann gibt es einen Grund dafür. Ich hatte zwar schon immer das Gefühl, da gäbe es etwas, was ich tun soll, aber bis zu meinem fünfunddreißigsten Lebensjahr mußte ich erst entsprechende Erfahrungen sammeln. Erfahrungen, zu denen die Traurigkeit, die Suche, eine Verzweiflung, ein Gefühl des Alleingelassenseins gehören, damit ich jetzt auch verstehe, wovon die anderen Menschen reden. Hätte ich von Anfang an gewußt, daß ich über Engel, Spiritualität und persönliches Wachstum sprechen würde, dann würde ich wahrscheinlich verständnislos den Kopf schütteln, wenn mir jemand von seinen Krisen schriebe. »Krisen? Welche Krisen?«

Meine Nichte Trixi zum Beispiel wußte einmal nicht, was sie machen sollte. Während ich an diesem Buch schreibe, ist sie neunzehn Jahre alt und hat schon einige gravierende Erfahrungen gesammelt. Meine Schwester Susanne war damals sechzehn Jahre alt, als sie schwanger wurde. Es passierte beim »ersten Mal« (ja, so was gibt's), und sie heiratete ihren ersten Freund kurz vor Trixis Geburt. Trixis Kindheit war nur kurzfristig relativ ungetrübt, da sich ihre Eltern nach sieben Jahren trennten. Ihr Vater verschwand mehr oder weniger aus ihrem Leben, und sie fühlte sich von ihm ungeliebt und verlassen. Sie entwickelte sich zu einer ausnehmend schönen jungen Frau und begann eine Lehre als Rechtsanwaltsgehilfin, die ihr aber nicht gefiel. Sie brach die Ausbildung ab, und wenige Monate später entschied sie sich für eine neue Lehre als Zahnarzthelferin, die auch wieder nach einem halben Jahr endete. In der Zwischenzeit wohnte sie bei ihrer Tante Renate, da ihre Mutter von München weg aufs Land gezogen war. Sie suchte sich einen Aushilfsjob in einer Lackiererei. Sie verliebte sich, wollte zu dem jungen Mann nach Mitteldeutschland ziehen, entschied sich dann aber kurzfrsitig anders – all das, nachdem sie ihren Job gekündigt hatte. Also ging sie zurück zur Mama aufs Land. Susanne, meine Schwester, eine tatkräftige, lebensfrohe und sehr spirituelle Frau, nahm sie liebevoll auf. Trixi, ohne Führerschein und Ausbildung, saß nun weit weg von ihren Freunden die meiste Zeit vor dem Fernseher. Da überlegte sie sich, ob sie nicht vielleicht eine Lehre als Altenpflegerin machen könne. Aber es war November... und die Ausbildungen sollten erst im September des folgenden Jahres beginnen. Trixi war sich nicht ganz sicher, was sie tun sollte, und wartete auf eine Eingebung. Die wollte ihr aber partout nicht kommen.

Susanne half ihr durch geführte Meditationen, ich schickte sie zu einer wunderbaren Astrologin und versuchte sie zu inspirieren, doch bei alledem war mir eines klar: Das Kind hat Angst vor der Zukunft. Und aus dieser Angst heraus passierte erst einmal gar nichts.

Ich schaute dem ein paar Monate zu und schlug ihr dann vor, mal eine Zeitlang freiwillig in einem Altersheim im Nachbardorf auszuhelfen, einfach um zu sehen, ob ihr denn der Beruf einer Altenpflegerin überhaupt gefiele. Ich riet ihr vor allem auch deswegen dazu, weil ihr Selbstbewußtsein in diesen Monaten des Nichtstuns so abgesunken war, daß sie sich nun überhaupt nichts mehr zutraute – so nach dem Motto: »Jetzt ist eh schon alles egal.«

Zwei Wochen später rief ich wieder an und fragte, was es denn so Neues gäbe. Nichts, lautete die Antwort. Auf meine Frage, wie's im Altersheim klappe, meinte sie, da gäbe es keine Möglichkeit hinzukommen, denn sie habe ja kein Auto, und der Bus fahre nur um 6.15 Uhr am Morgen. Ich wußte, daß es nun bei allem Verständnis für ihren eigenen spirituellen Weg Zeit für einen »erleuchtenden Tritt in den Hintern« war. Denn nur weil Susanne und ich ihr erlaubten, solch ein Leben, das überwiegend aus Fernsehen bestand, zu führen, schaffte sie es, auf Kosten anderer über die Runden zu kommen. Was würden wir ihr Gutes tun, wenn wir sie weiterhin vor der Glotze dahinvegetieren ließen?

»Warum bist du so faul?« fragte ich sie eines Tages unvermittelt, und ich hörte sie einen überraschten Atemzug nehmen. Sie versuchte, die Situation zu überspielen, indem sie lustig tat: »Ich weiß nicht«, lachte sie.

»Dann denk mal darüber nach«, kam meine Antwort. Ich wartete.

»Und?« fragte ich nach einer Weile.

Sie bemerkte die Schärfe in meiner Stimme. Das war sie von mir nicht gewohnt.

»Ich weiß nicht«, kam es etwas weinerlich zurück.

»Red nicht so einen Unsinn. Du bist nicht blöd. Du weißt sehr wohl, warum du so faul bist.« Meine Antwort kam bestimmt.

Jetzt begann sie zu weinen, aber mir war klar, daß ich jetzt nicht nachgeben darf, denn dann wären wir wieder genau dahingekommen, wo wir angefangen hatten.

»Also, warum?« fragte ich noch mal nach.

Für eine Weile hörte ich sie nur schluchzen. Ich fühlte mit ihr, mußte sie ihre Entscheidungen doch jetzt klar betrachten. Aber ich sagte nichts.

»Weil es einfacher ist«, antwortete sie fast mit einem Flüstern.

»Einfacher als was?« hakte ich nach.

»Einfacher, als aufzustehen und etwas zu machen.« Ich hörte sie wieder weinen.

»Mein Schatz, du bist die Tochter einer starken Frau. Du kommst aus einer Familie mit starken Frauen. Wir alle waren schon irgendwann einmal im Keller, und wir alle sind da wieder herausgekommen. Warum glaubst du, daß du die einzige bist, die es nicht schafft?«

»Ich weiß...«, sie hielt gerade noch rechtzeitig inne, wußte sie doch, daß ein »Ich weiß nicht« bei mir nicht viel ausrichtet.

»Also, ab morgen gehst du zu dem Altersheim.«

»Aber wie komme ich denn dahin? Ich habe doch keinen Führerschein«, jammerte sie in den Hörer.

»Das ist mir egal. Und wenn du gehst. Die frische Luft wird dir guttun. Fünfzehn Kilometer hin und fünfzehn Kilometer zurück; und wenn du willst, kannst du dabei sogar joggen. Das ist auch noch gut für deinen Körper.«

Im nachhinein kann Trixi selbst über das Ganze lachen. Natürlich fand sie auch einen Weg zum Altersheim. Die Nachbarin nahm sie jeden Morgen mit und holte sie abends wieder ab. Nach ein paar Wochen schließlich war ihr Selbstbewußtsein gestiegen, hatte sie durch die freiwillige Arbeit doch gemerkt, was so alles in ihr steckt. Kurz danach suchte sie sich dann einen Job bei einer Lackiererei, sie flehte regelrecht darum, und sie bekam ihn auch; während ich diese Zeilen schreibe, ist sie gerade dabei, sich eine eigene Wohnung zu suchen.

Ich bezweifle, daß der Job in der Lackiererei die Krönung ihres Seelenplans ist, aber er ist ein Schritt in die richtige Richtung. Eine zusätzliche Erfahrung. Wer weiß, was sie später mit all diesen Erfahrungen machen wird. Später, wenn ihre Zeit gekommen ist zu lehren.

Lebt man ohne Beschäftigung, sinkt das Selbstvertrauen. Den Mangel an Selbstbewußtsein strahlt unser ganzer Körper aus, und bei einem Vorstellungstermin fühlt das auch der Personalleiter. Ganz deutlich. Verzweiflung ist am stärksten zu fühlen. Stellen wir uns einmal vor, wir wären ein solcher Personalleiter und hätten zwei Menschen vor uns, die eine Arbeit suchen. Einer davon war zu Hause und hat gewartet, ging brav von einem Vorstellungstermin zum anderen, kam aber immer mit jeder weiteren Absage deprimierter und verzweifelter nach Hause. Und er versucht es jetzt bei uns. Seine ganze Erscheinung gibt Kunde von seiner Einstellung.

Und da gibt es einen anderen, der in der gleichen Situation ist, aber seine Zeit, statt zu warten, mit freiwilliger sozialer Arbeit verbringt. Es strahlt etwas anderes aus. Er hat sein Potential »sinn-voll« eingesetzt. Als Personalleiter würde ich jedenfalls den nehmen, der die Aktion dem Warten vorgezogen hat. Offensichtlich ist es auch noch ein Mensch, der sich um andere kümmert. So jemanden hat man gern in seiner Firma.

Als meine Schwester Susanne einst ihre langjährige Tätigkeit in einer Klinik aufgegeben hatte, um eine neue Stelle anzutreten, konnte sich die andere Firma Susanne nun plötzlich doch nicht leisten. Sie geriet in Panik. Hatte sie doch nichts anderes in Aussicht. Ich schlug ihr vor, in derselben Firma, die sich Susanne doch nicht leisten konnte, umsonst zu arbeiten.

»Bist du wahnsinnig? Ich brauche das Geld«, meinte sie.

»Das verstehe ich«, antwortete ich, »aber was hört sich nun besser an: zu Hause rumzusitzen und zu grübeln oder irgendwo Erfahrungen zu sammeln?«

Also ging sie hin. Lachend erzählte sie mir später, wie perplex ihre Chefin geschaut hätte: »Sie wollen was?«

»Ich möchte hier umsonst arbeiten. Ich habe eh nichts zu tun«, erklärte Susanne bestimmt.

Nachdem sich die Chefin an den Gedanken gewöhnt hatte, wies sie Susanne ein. Einen Monat später fand sie einen neuen Job und bekam doch noch Geld dafür, daß sie ausgeholfen hatte.

Wir können es kaum erwarten, unseren Seelenplan zu kennen, und hoffen, daß in Meditationen oder durch Gebete die »Erleuchtung« kommt. Doch bei manchen kommt sie und bei anderen zunächst nicht. Wenn sie nicht kommt, bedeutet das aber

keineswegs, daß man »es einfach nicht versteht«, »es nicht
kriegt« oder »nicht richtig zuhört«. Es heißt lediglich, daß dann
die Zeit der Klarheit noch nicht gekommen ist und man selbst –
wie in den obigen Beispielen beschrieben – die nötigen Schritte
gehen soll.

Zarathustra, mein spiritueller Lehrer, dem ich alles verdanke,
öffnete mir eines Tages die Augen für diese Zusammenhänge.
Zarathustra ist ein Meister, der lange vor Christi Geburt in Persien lebte. Er verfügt über keinen menschlichen Körper mehr,
sprach aber aufgrund eines heiligen Versprechens, uns zu lehren,
bis vor kurzem durch den Körper meiner verstorbenen Freundin
Jacqueline Snyder. Diesen Vorgang nennt man »Channeln« –
nach dem englischen Wort *channel*, das »Kanal« bedeutet. Jacqueline war selbst ein wunderbares Beispiel von Zarathustras
Lehren, und daß er sich uns über sie mitteilen konnte, beruhte
ebenfalls auf einem Versprechen. Sie hatte es vor ihrer Geburt gegeben.

An dem besagten Tag befand ich mich mit einer Gruppe von
Freunden auf einem Berg. Und einer von uns, ein junger Mann
aus Mittelamerika, hatte eine ihm wichtige Frage: »Ich will als
Schauspieler arbeiten. Soll ich nun nach Los Angeles ziehen oder
lieber nach New York?« Wir alle verstanden, daß diese Frage für
ihn von Bedeutung war. Zarathustra, der sich in Jacquelines Körper befand, schaute ihn lange an und sagte dann: »New York.«
Der junge Mann atmete erleichtert auf. Und wir mit ihm. Dann
fuhr Zarathustra fort: »Und wenn es dir dort nicht gefällt, dann
geh nach Los Angeles.« Wir mußten lachen. »Und wenn es dir
dort nicht gefallen sollte, dann geh wieder zurück nach New
York.«

Plötzlich war es uns klar: Unser Schicksal ist kein Bus, den wir
verpassen können. Unser Schicksal ist ein Busbahnhof. Wann
immer wir bereit sind, wird ein Bus für uns dastehen. Was für
eine Erleichterung!

Für den jungen Mann war es egal, in welcher Stadt er sich

aufhalten würde, aber er hätte auch die Wahl treffen können, seinen kleinen Heimatort nicht zu verlassen, bis er wüßte, wohin er genau gehen soll. Und das ist ja gerade das Spannende am Leben: zu gehen, obwohl man nicht genau weiß, wohin. Manchmal sogar ohne die geringste Idee, in welche Richtung! Daher kommt das Vertrauen und die Kraft, die wir manchmal an anderen so bewundern, die den Willen haben, etwas auszuprobieren. Und wenn es nur den Sinn hat, daß wir genau wissen, daß wir etwas *nicht* wollen! Das ist Sinn genug. Das wiederhole ich gern noch mal ... auch für mich: Das ist Sinn genug!

Es geht um die Energie, die wir aussenden. Eine Energie, die von unserer Umgebung gefühlt und von dem Universum »aufgeladen« wieder zurückkommt, dieselbe Energie, die meine Nichte Trixi zum Arbeiten antrieb. Mit unserem Leben haben wir auch die Freiheit der Wahl geschenkt bekommen. Ein großartiges Geschenk! Und es liegt an uns, was wir wählen. Manchmal schauen wir zurück und sind ärgerlich über uns selbst, wenn wir an eine zurückliegende Entscheidung denken. Sie scheint uns falsch. Oder zumindest dumm.

Aber in Wirklichkeit war nichts umsonst. Nichts war unwichtig. Nichts war zufällig. Alles, was in unserem Leben passierte, war ein Geschenk. Manchmal gefiel uns die Verpackung nicht. Und oft weigerten wir uns, es als Geschenk zu betrachten.

Doch im nachhinein betrachten wir es als ein Geschenk, denn wir erkennen es als Teil unseres Seelenplans: Das Tal in meiner Karriere gab mir die Zeit, mich nach mir selbst umzusehen. Die Auseinandersetzungen in meiner Ehe halfen mir, nein sagen zu lernen. Daß ich wenig Geld verdiente, brachte mich dazu, vertrauen zu lernen. Durch den Alkoholismus meines Vaters lernte ich Vergebung.

Allerdings muß noch eine kleine Hürde genommen werden, bevor wir erkennen können, daß alles, was im Leben passiert, ein Geschenk ist. Die Hürde? Bei mir war sie so hoch wie eine Mauer. Ihr Name? »Die anderen sind an allem schuld.«

2

Vergangenheit und Vergebung

*Bleibe nur in der Vergangenheit,
wenn du dort leben willst*

Der erste Stein zur Mauer namens »Die anderen sind an allem schuld« ist bei mir schon früh gelegt worden. Immer wenn ich als kleines Kind irgendwo anstieß, war der Tisch schuld oder die Tür. Meine Mutter, die mich natürlich nur beruhigen wollte, brachte mich zum »Verursacher« meines Wehwehchens zurück und schimpfte mit ihm: »Böser Tisch!« rief sie aus, und ich haute mal kräftig drauf – für all die Schmerzen, die er mir zugefügt hatte. Und meine Mutter war nicht die einzige, die das vorschlug. Das war damals wohl so üblich.

Was für ein wundervolles Konzept! Ich habe mit meinen Schmerzen nichts zu tun. Andere haben mir das zugefügt. Sogar ein Tisch, der sich nicht bewegt, war schuld an meinem Schmerz. Das Konzept gefiel mir. Die anderen waren die Gemeinen, die anderen die Bösen. Und mit dieser Idee begann ich in mir ein Zimmer einzurichten: das Zimmer des Selbstmitleids. Als erstes kam der Tisch herein.

Nach einer Weile war dieses Zimmer herrlich eingerichtet, denn ich hielt mich oft dort auf. Ganz selbstverständlich suchte ich, wenn ich mich ungerecht behandelt fühlte, diesen Raum des Selbstmitleids auf. Die Wände waren voll mit Bildern von Menschen, die mich ungerecht behandelt haben. (Und das waren jede

Menge!) Dort konnte ich in meinem Weltschmerz versinken. Mich selbst trösten, etwas, was die anderen offensichtlich versäumten. Denn ich war ja ein guter Mensch! Einfach zu sensibel für diese Welt. Wenn alle nur so wären wie ich, dann wäre mein Leben leichter. Und es stimmt, mit sich selbst streitet man schlecht. Offensichtlich hatte ich mich standhaft geweigert, mir selbst die Wahrheit zu gestehen, Verantwortung zu übernehmen. Sonst wäre das Zimmer des Selbstmitleids mir nicht so vertraut gewesen.

Mit der Zeit wurde der Gang, der dorthin führte, eine breite Straße, die ich automatisch ging. Und wenn ich zurückschaue, dann fällt mir erst auf, wie oft ich sie gegangen bin. Ich glaube, daß ich jedesmal, wenn ich mich nicht erkannt oder ungerecht behandelt gefühlt habe, diesen Raum aufsuchte. Und früher hielt ich mich Tage darin auf. Weinerlich bejammerte ich mein Schicksal, wartete, bis die Wunden verheilt waren. Dummerweise waren sie nicht wirklich verheilt. Denn wie auf den Tisch meiner Kindheit schimpfte ich einfach nur so lange auf die betreffende Person oder Situation ein, bis es mir dann irgendwann doch zu blöd wurde und ich genug von meiner Frustration herausgelassen hatte. Dann verließ ich das Zimmer wieder, um allerdings jederzeit, wenn die Erinnerung an die bestimmte Situation auftauchen sollte, wieder dorthin zurückzukehren.

Ich weiß auch noch gut, wie erleichtert ich war, wenn ich auf die bestimmte Person schimpfen konnte. Ich stellte mir in den schillerndsten Farben vor, wie sie irgendwann einmal leiden würde für das, was sie mir angetan hatte. Irgendwann einmal erkennen, wie falsch sie sich verhalten hat, und sich dann bei mir entschuldigen würde. Und vielleicht wäre es dann zu spät. Sie würde an meinem Grab stehen und schluchzen und ihres Lebens nicht mehr froh werden. (Ich sagte ja schon, daß ich damals ein bißchen dramatisch war...) Und ja, wenn dann im wirklichen Leben dieser Person doch irgend etwas passieren sollte, dann konnte ich die Schadenfreude nicht verhehlen – ein Wort, das es übrigens im Englischen nicht gibt. Die Idee, Freude über den Schaden von anderen zu empfinden, war den Engländern und Amerikanern kein eigenes Wort wert.

Mir schon! War das doch meine Rache, mit der ich mich endlich beruhigen konnte. Wie der »Tisch« hatte sie oder er nun endlich ihre oder seine Strafe bekommen, und damit war ich auch zufrieden. Wieder mal wundervoll meine eigene Rolle und meine eigene Verantwortung in meinem eigenen Leben umschifft.

Ich begann meinen spirituellen Weg nicht, weil ich endlich Verantwortung übernehmen wollte. Weit gefehlt! Ich wollte eigentlich nur erkennen, wer am besten zu mir paßt. Besonders beruflich, aber auch privat. Ich wollte die Gabe haben, Menschen zu erkennen. Wäre es nicht herrlich, wenn wir sofort sehen könnten, wer es gut mit uns meint? Wer so ähnlich ist wie wir? Wer uns nie betrügen wird? Wer uns immer unterstützen wird? Ohne Wenn und Aber zu uns steht? Uns für ewig liebt? Nie ein Versprechen bricht?

Das hörte sich gut an, und das wenige, was ich über Spiritualität wußte, schien mir darauf hinzudeuten. Gibt es da nicht Engel, mit denen man Kontakt aufnehmen kann? Und würden die mich nicht vorwarnen, wenn da irgend jemand wäre, der mir nicht »guttut«?

Heute kann ich nur darüber schmunzeln. Erst vor kurzem lernte ich meine – hoffentlich letzte – Lektion dazu. Mein Buch *Wie Engel uns lieben* kam im Herbst 1998 auch auf englisch in den Staaten heraus. Ich habe mich sehr darüber gefreut und ging auf einige Seminare und Workshops über Buchmarketing. »Was nutzt das schönste Buch, wenn keiner weiß, daß es existiert?« war die Idee dahinter. Jeder schlug vor, daß man sich einen Publizisten engagieren sollte. Jemanden, der einem dabei helfen kann, das Buch bekannt zu machen. Verlage tun, was sie können. Aber die haben natürlich nicht nur ein Buch, und deshalb wird die Aufmerksamkeit der Presseabteilung logischerweise geteilt. Mein Mann »schenkte« mir diesen Publizisten zu Weihnachten.

Ich mußte jetzt nur noch einen geeigneten finden. Da gab es eine Frau, die die bekannteste auf dem spirituellen Buchmarkt war, aber jedesmal, wenn ich sie traf, fühlte ich eine Distanz. Sie las mein Buch, es gefiel ihr, aber sie meinte, sie glaube nicht, daß es für sie wäre (wir fühlten da beide dasselbe), und sie schlug mir ihren Kollegen Anthony vor. Sie schickte ihm die Kopie meines Buches, und ich rief ihn einige Tage später an. Nach wenigen Minuten war ich begeistert. Das ist der Richtige! Er scheint instinktiv zu erkennen, wer ich war und was ich brauchte. Ich freute mich.

Wenige Wochen später kam er nach Los Angeles. Wir begannen unsere Zusammenarbeit mit einem Gebet und einer gemeinsamen Meditation. Wir besprachen den Marketingplan, und ich fühlte mich gut aufgehoben. Obwohl da irgend etwas in mir nagte, das ich mir nicht erklären konnte. Ich war nicht mehr ganz so begeistert von ihm wie nach meinem ersten Telefonat. Irgend etwas fiel mir an ihm auf, aber ich konnte nicht klar erkennen, was das war. Also ging ich in die Meditation und fragte: »War es richtig, Anthony als Publicityagenten zu wählen?« Die Antwort war ein klares Ja.

Drei Monate und einige tausend Dollar später fühlte ich immer noch Frustration aufkommen. Ich selbst hatte ja von dem Job wenig Ahnung und wußte nicht genau, was ich erwarten sollte, aber irgend etwas stimmte hier nicht. Mein amerikanisches Verlagshaus war auch nicht besonders begeistert von ihm. Er war weiß Gott nicht billig, und für das Geld lieferte er zuwenig. Es dauerte zu lange, bis er zurückrief, mußte zu oft an Versprochenes erinnert werden. Und bei unserer wöchentlichen Telefonkonferenz war er immer sehr begeistert von viel zu kleinen Schritten. Ein Telefoninterview für ein lokales Radio in Kanada? Ein kleiner Artikel, den ich für eine winzige Zeitung in Wyoming schreiben darf? Wir hatten uns mehr erwartet. Ich hatte auch das Gefühl, als ob wir uns hier ein bißchen zu dünn verteilten. Amerika ist groß, sollten wir uns nicht lieber auf die Westküste konzentrieren?

Ich bat ihn, mir eine Liste zu schicken von den Leuten, die er kontaktiert hatte. Eine Liste, die allerdings nie kam. Dann setzte ich mich mit meinem Mann zusammen. Mein Mann ist ein Marketinggenie. Er hörte sich meine Story an und meinte, daß er gern mal mit Anthony telefonieren möchte. Nach dem Telefonat kam er zu dem Ergebnis, daß Anthony zwar ein netter Mann ist, der es gut meint, aber einfach nicht über die richtigen Kontakte verfügt.

Hm. Da hatte ich es nun. Ich sprach mit Anthony und ließ unsere Zusammenarbeit auslaufen, aber ich war verwirrt. Hatte ich nicht ein ausdrückliches Ja gehört? Als ich später Solano, den Spirit, der mir dieses Ja geschickt hatte, nach einer Erklärung fragte, kam folgende Antwort: »Es war wichtig für dich, mit dieser Person zusammenzuarbeiten. Denn sie hat dir gezeigt, was du willst. Vorher warst du noch unschlüssig, ob du auch wirklich in diesem Land Amerika den Weg gehen willst, den du schon in Deutschland gehst. Das Reisen, die Zeit außerhalb deines Zuhauses. Jetzt hast du die Klarheit, was du wirklich willst. Du willst jemanden, der sich so einsetzt wie du selbst.«

Also doch, es war in mir noch etwas übriggeblieben von der Ur-Idee, daß Spiritualität mich von unangenehmen Erfahrungen befreien wird. Und da kommen mir Zarathustras Worte in den Sinn: »Ein Meister lebt in Frieden, selbst inmitten von Chaos.« Zarathustra sprach nicht davon, daß es kein Chaos, keinen Aufruhr mehr gebe... nur daß man ruhig darin ist. Und obwohl kurzfristig der Gedanke hochkam: »Das Geld hätte ich mir sparen können«, war mir dann doch klar, daß ich für diese Erkenntnis bezahlt hatte. Und das muß sie mir wert sein.

»Die Vergangenheit ist wie ein fremdes Land, alles wird dort anders gemacht«, las ich einmal irgendwo. (Und es tut mir leid, daß mir nicht mehr einfällt, wer es geschrieben hat. Ich würde mich gern dafür bedanken...) Das ist eine wundervolle Wahrheit. Wenn wir unsere eigene Vergangenheit betrachten, ist sie mit vielen »Wenn« und »Aber« angefüllt: »Hätte ich bloß mit

Soundso nichts angefangen!« – »Wäre ich nur nach Sowieso gezogen!« – »Wenn ich doch nur rechtzeitig gekündigt hätte.« –
»Warum habe ich nur nicht auf meinen Körper gehört, als die
Schmerzen noch ganz klein waren?« – »Hätte ich mir nur einen
anderen Publizisten geholt!«

Unsere Seele braucht Erfahrungen, um zu bestimmten, gewünschten Erkenntnissen zu kommen. Und in unserem Leben
werden wir mit genau diesen Erfahrungen versorgt. Annette beispielsweise, eine junge Frau, die zu einem meiner Workshops
kam, schickte mir seinerzeit eine E-Mail. »Liebe Sabrina, mein
Mann und ich müssen dringendst unser Haus verkaufen. Wir
haben es selbst gebaut und hängen sehr daran. Am liebsten wäre
es uns, wenn wir es doch noch schaffen könnten. Aber ich will
wegen der Kinder einfach keine Ganztagsstelle annehmen, und
selbst dann wäre es noch zu knapp. Aber es hilft einfach nichts.
Wir schaffen das finanziell nicht. Wir haben schon jede Menge
Annoncen aufgegeben, aber kaum jemand kommt vorbei. Was
stimmt denn da nicht? Langsam wird es wirklich dringend.
Kannst Du mir nicht einen Rat geben?«

Ich schlug ihr vor, daß die Familie, auch die Kinder, eine Ab-
schiedszeremonie macht und sich beim Haus bedankt. Schließlich hängen sie alle noch daran. Annette und ihre Familie machten die Zeremonie, doch nichts rührte sich.

Einige Wochen später kam noch mal eine E-Mail: »Wir wissen langsam nicht mehr weiter. Was sollen wir nur tun?«

Ich schrieb ihr zurück: »Liebe Annette, da gibt es bestimmt
einen Grund dafür. Denk daran, Gott ist nicht taub. Er hat dich
beim ersten Mal gehört. Also, wenn Du es weiterhin wiederholst,
dann drückst Du einfach nur damit aus, Du denkst nicht, daß
Gott Dich beim ersten Mal gehört hat. Dies bedeutet, daß da kein
Vertrauen herrscht. Schau mal, ob Du es schaffst, Dich darauf zu
verlassen, daß bestimmt irgend etwas rechtzeitig passieren wird.
Es mag vielleicht nicht das sein, was Du Dir vorgestellt hast, denn
manchmal kennen wir die Wünsche unsere Seele nicht genau.«

Ein halbes Jahr später kam dann ihre E-Mail mit dem Titel »Ein Wunder ist geschehen«. Und so ging es weiter: »Nach über einem Jahr zwischen Hoffen und Bangen und Balancieren am finanziellen Abgrund haben wir heute unser Haus verkauft! Ich danke Gott von ganzem Herzen dafür, und ich danke Dir, daß Du mich immer wieder ermutigt hast zu vertrauen. Wir haben in letzter Zeit alle Bemühungen eingestellt, und ich bejahte nur noch in meinen Gebeten mein Vertrauen, daß Gott uns jemanden sendet, der unser Haus kauft. Und jetzt war es ganz einfach. Wir können sogar, solange wir wollen, hier zur Miete wohnen bleiben. Ich kann es kaum glauben.«

Einige Wochen später, Annette kam zu einem unserer Workshops, hörte ich die ganze Geschichte: Eines Morgens hatte Annette plötzlich das Gefühl, sie müßte noch mal eine Annonce aufgeben. Ihr Mann war überrascht, hatte doch keine von den früheren Anzeigen etwas gebracht. Aber sie folgten Annettes Intuition. Und an diesem Wochenende waren mehr Anfragen da als in dem ganzen Jahr zuvor. Fast jede Stunde war jemand eingeplant, um sich das Haus anzuschauen. Am Sonntag vormittag klingelte das Telefon, und eine Frau fragte ganz aufgeregt, ob es denn noch zu haben sei. Annette sagte ja. »Kann ich bitte kommen, ich muß unbedingt noch heute das Haus sehen.«

Annette wollte sie eigentlich lieber abwimmeln, aber sie fühlte doch etwas anderes. Zwischen zwei weiteren Interessenten kam dann diese Frau und machte sofort ein Angebot. »Ich nehme es.« Die Erklärung folgte sofort. Die Frau hatte gerade eben geerbt, sie besaß in der Nähe schon ein Haus, hatte aber zwei Kinder. Sie wollte beiden je ein Haus in der Nachbarschaft vererben. Sie fragte Annette, ob sie denn Interesse hätten, dort zur Miete wohnen zu bleiben. Annette sagte, daß sie nicht so viel Miete zahlen könne, denn sie plante zu kündigen, um eine Ausbildung als Heilpraktikerin zu beginnen. »Wieviel können Sie denn zahlen?« war die Frage. Annette nannte eine Summe, von der sie annahm, daß das nie klappen könnte. Es war einfach zu niedrig. Für die

Frau war die Höhe der Miete aber kein Problem. Ihr war es lieber, daß da jemand im Haus war, der es liebte und sich gut darum kümmern würde. So wurde das Geschäft abgeschlossen. Sie hatten zwar ihr Haus verkauft, müssen es aber nicht verlassen. Was für ein Geschenk!

Ich habe mich damals so für Annette und ihre Familie gefreut. Ja, in finanzieller Hinsicht waren das schwierige Zeiten. Es ist nicht leicht, ein Haus loszulassen, von dem man immer geträumt und das man mit seiner eigenen Hände Arbeit und jeder Menge persönlicher Opfer gebaut hat. Aber ohne diese Erfahrungen hätten Annette und ihre Familie nicht das Vertrauen erfahren. Das war es für Annette und ihren Mann wert. Und alles hatte sich wunderbar so gelöst, daß jeder etwas davon hatte.

Annette hätte ihre Zeit auch im »Zimmer des Selbstmitleids« verbringen können. Die schlechte Wirtschaftslage, die hohen Zinsen, die Zeitung mit den unfruchtbaren Annoncen verantwortlich machen können. Natürlich sind das alles Faktoren, aber nicht der *Grund* für das, was uns widerfährt. Der Grund – ob uns das nun gefällt oder nicht – hat mit *uns* etwas zu tun. Wenn die Faktoren die ausschlaggebende Rolle spielten, dann würden ja alle Menschen, die gesund im selben Wohnblock wohnen, die denselben Beruf, dasselbe Geld, gleiche Erfahrungen haben...

Zu jeder Erfahrung haben wir irgendwann einmal ja gesagt, oder unser Nein war nicht laut genug. Oftmals kam das Ja vor unserem Leben auf der Erde. Doch jeden Tag treffen wir neue Entscheidungen, die unsere Erfahrungen bestimmen. Jeder von uns macht unterschiedliche Erfahrungen; sie folgen der Sehnsucht unserer Seele, denn nur durch diese Erfahrungen erkennen wir uns selbst.

Wir sind die Summe unserer früheren Erfahrungen. Nicht nur in diesem Leben, sondern auch in all den Leben davor. Damit wären wir beim Thema Reinkarnation angelangt, der Idee, die auf der ganzen Welt verbreitet ist: daß wir immer wieder geboren werden. Es gibt allerdings auch die Möglichkeit, nur einmal zu reinkarnieren. Einigen war das anstrengend genug. Und für die gibt es die Erfahrung der Reinkarnation nicht. Denn es ist kein Zwang, sondern eine Wahl. Der Vorteil liegt darin, daß wir uns wegen der Reinkarnation nicht streiten müssen. Was für den einen stimmt, mag für den anderen noch lange nicht zutreffen. Die meisten von uns jedoch reinkarnieren. Wenn wir allein von diesem Erdendasein ausgehen, so wissen wir, daß unsere Einstellung zum Leben von zwei Faktoren abhängt: unseren Genen (der DNA) und unseren Erfahrungen. Da gibt es zum Beispiel Menschen, die einfach »von Haus aus« mehr lachen, disziplinierter sind, besser singen oder leichter vergeben können. Das liegt dann an den Genen, die wir uns durch die Wahl unserer Eltern ausgesucht haben. Denn wir wollen gewisse Erfahrungen machen, und dazu brauchen wir als Basis bestimmte Talente. Angenommen, jemand muß lernen, mit Ruhm umzugehen, dann braucht er eben ein Talent, mit dem er berühmt werden kann. Will er Sänger werden, sollte er musikalisch sein, will er Ruhm durch Sport, braucht er einen athletischen Körper.

Unsere Erfahrungen lassen sich in zwei Phasen einteilen. Einmal diejenigen unserer Kindheit und dann die unserer Erwachsenenzeit. Als Kinder sind wir abhängig. Von der Art, wie uns unsere Eltern erziehen und behandeln. Von der Umgebung, in der wir aufwachsen. Wir haben keine Kontrolle über unsere Zeit in der Kindheit. Wird ein Kleinkind mißhandelt, kann es sich nicht wehren. Nur Erwachsene haben die Macht, das zu verhindern.

Allerdings sollten wir auch nicht übersehen, daß wir, als Spirit, als Seele, unsere Eltern ausgesucht haben. Also wußten, welchen Situationen wir uns aussetzen würden. Das mag vielleicht ein Schock sein. Diejenigen von uns, die schreckliche Kindheiten hinter sich haben, Schmerzen und Gemeinheiten erdulden mußten, für die ist es schwer, das als Möglichkeit zu sehen oder sogar zu akzeptieren. Denn wir wünschen uns ein harmonisches, liebevolles Leben. Warum sollten wir dann so »blöd« gewesen

sein, uns Eltern auszusuchen, die ihre Elternrolle derartig miß-
brauchen?

Das hat mit »Blödheit« nichts zu tun. Wir wissen als Spirit nur,
daß sich ein harmonisches, liebevolles Leben aus unseren Erfahrungen und aus unseren Entscheidungen ergibt und uns nicht
»gegeben« wird. Denn das würde wieder bedeuten, daß »jemand
anders« für uns verantwortlich wäre. Wir erschaffen uns unser
eigenes harmonisches, liebevolles Leben. Keiner gibt es uns. Es
ist kein Geschenk, das liebevoll verpackt unter dem Weihnachts-
baum liegen kann. Die *Wahl* ist vielmehr das Geschenk, das
unter diesem Baum liegt. Zarathustra erkärte uns einmal, daß es
kein Elternpaar auf der Welt gäbe, das auf sein neugeborenes Baby
blickte und sich vornähme: »Und jetzt laß uns mal versuchen,
dieses Kind so gut wie möglich zu verhunzen.« Jedes Elternpaar
versucht das Beste. Sein persönliches Bestes. Natürlich auch ge-
prägt von seinen Eltern und seinen Kindheitserfahrungen. Und
jemand, der selbst nur Gewalt erlitten hat, wird leichter Gewalt
weitergeben. Denn wenn dein einziges Werkzeug ein Hammer
ist, dann sieht jedes Problem wie ein Nagel aus. (Mit diesen Ausführungen sollen keine Grausamkeiten verharmlost werden, es
geht vielmehr darum, die Zusammenhänge darzustellen.) Unsere
Erfahrungen haben uns beeinflußt: Erlebten wir in der Kindheit,
daß wir für unsere Schönheit bewundert werden, finden wir uns
schön. Dann wird unser Aussehen uns Selbstbewußtsein geben.
Erlebten wir als junge Erwachsene, daß wir besonders klug mit
Zahlen umgehen können, wird unser Selbstbewußtsein davon gestärkt. Werden wir in unserem Leben oft verlassen, dann haben
wir kein Vertrauen zu den Menschen in unserer Nähe, und wir
versuchen vielleicht, uns zurückzuziehen oder zu kontrollieren.

Aber da sind wir nun als Erwachsene. Mit unseren Erfahrungen. Unseren Schmerzen. Unserem Selbstwertgefühl. Und jetzt
entscheidet es sich, ob wir in der Vergangenheit, in der Gegenwart oder in der Zukunft leben. Die Vergangenheit und die Zukunft sind Zeiten, die für uns nicht wirklich existieren. Es gibt

nur das Jetzt. Das Gestern wird immer das Gestern bleiben, und das Morgen wird immer später sein. Das Heute ist das einzige, in dem wir uns als Menschen bewegen.

Der Mensch denkt am Tag achtzigtausend Gedanken. Deepak Chopra, ein sehr weiser Mann, der als Arzt die Verbindung zwischen Körper und Geist betont, erklärte das bei einem seiner Vorträge. Und dann kam die Überraschung: Die achtzigtausend Gedanken von gestern sind fast ausschließlich dieselben, die wir heute haben, und mit großer Wahrscheinlichkeit dieselben von morgen. Damit wird es uns bewußt: Wir müssen unser Denken verändern, wenn wir unsere Situation verändern wollen.

Die Situation, in der wir uns befinden, hängt von den Gedanken ab, die wir uns vorher dazu gemacht hatten. Und wenn uns eine Situation nicht gefällt, müssen wir anfangen, neue Gedanken zu formen, damit unsere Zukunft – unser Morgen – anders aussieht. Denn diese Gedanken sind wie der Plan des Architekten. Kein vernünftiger Mensch würde eine Kloschüssel auf einem freien Grundstück aufstellen, später eine Badewanne daneben plazieren und womöglich noch die Handtücher dazuhängen. Zuerst überlegen wir, wie das Haus aussehen soll. Dann zeichnen wir einen Plan. Was brauchen wir? Einen Keller. Mauern. Türen. Fenster. Ein Dach. Eine Heizung. Abflüsse. Strom. Und dann erst kommen die Toilette, die Badewanne und die Handtücher. Wir brauchen einen Plan. Wie bei einem Haus. Wir müssen mit dem Anfang beginnen, und der Anfang, das sind unsere Gedanken. Sie bereiten unsere alten oder neuen Erfahrungen vor.

Was wir glauben, was wir denken, bestimmt unsere Erfahrungen. Doch was glauben wir? Sind alle Menschen schlecht? Dann werden wir sie treffen, denn unser Glaube bestimmt unsere Realität. Sind alle Männer nur hinter Ihrem Geld her? Dann werden Sie genau solch einen Mann heiraten. Sind alle Frauen unaufrichtig? Dann werden Sie das erleben, denn Sie erwarten nichts anderes und werden auch keine aufrichtigen Frauen anziehen.

Wir entscheiden, was wir denken. Denn wir haben Kontrolle über unsere Gedanken. Ich konnte mir das damals nicht vorstellen. Meine Gedanken schienen »einfach so« dazusein. Ich bestimmte auf gar keinen Fall, was ich dachte. Die Gedanken flossen mir automatisch zu.

Erst nachdem ich mir meine Gedanken einmal wirklich angehört hatte, kam ich zu dem Schluß, daß ich da etwas machen kann. Das ist auf jeden Fall spannend und, bei mir zumindest, gar nicht so einfach. Es erforderte eine ungeheure Disziplin, und ich ertappe mich auch heute immer wieder dabei, daß ich Gedankengänge habe, die mir nicht gefallen. Die mich fast automatisch zum »Zimmer des Selbstmitleids« bringen wollen. Ich beende dann diesen Gedankengang und »denke« an etwas anderes. Das dauert eine Zeit, bis man die alten Gedanken los wird. Doch meine bayerische Sturheit hat sich da als sehr nützlich erwiesen...

Warum fiel es mir so leicht, in dieses »Zimmer des Selbstmitleids« zu gehen? Ich war das gewohnt. Das war wie eine einzige breite Straße, zu der sich meine Gedanken automatisch hingezogen fühlten. Die neuen Gedanken hatten erst einen kleinen Gehweg geformt. Der fiel noch nicht so auf. Der war noch nicht so befahren beziehungsweise ausgetreten. Automatisch suchten meine Gedanken den Weg, der am breitesten war. Langsam wechselte ich die Straßen. Das »Zimmer des Selbstmitleids« habe ich schon seit einer Weile nicht mehr besucht. Aber den Flur davor kenne ich noch gut. Denn darin gehe ich manchmal auf und ab. Hochkonzentriert versuche ich, die Klinke zum »Zimmer des Selbstmitleids« *nicht* aufzumachen. Warum soll dieser Raum gemieden werden? Dieses Zimmer wird uns davon abhalten, anderen zu vergeben. Denn es ist nur aus einem einzigen Grund da: um uns von der Selbstverantwortung abzuhalten.

Ja, viele von uns hatten eine anstrengende Kindheit. Doch Zarathustra sagte einmal zu einer Frau, die weinend diese Zeit in ihrem Leben beklagte: »Ich weiß, mein Kind, deine Vergangenheit war fürchterlich. Aber ich frage dich, wie wird deine Zukunft sein?«

Sie schaute ihn an und erkannte plötzlich klar, daß ihre Zukunft, ihr baldiges Heute, von ihren gegenwärtigen Entscheidungen abhängt. Denn wenn die Zukunft ihre neue Gegenwart wird (und wir wissen, wir leben immer nur im Heute), dann muß sie wie gesagt in dieser Gegenwart ihre Gedanken verändern – wenn sie will, wenn sie von dieser Erinnerung an eine anstrengende Kindheit selbst genug hat.

Auch ich habe meine Vergangenheit immer gern wie eine Fahne vor mir hergetragen. »Kuck mal, ich armes Kind. Was mir nicht schon alles passiert ist.« Ich hoffte auf Mitleid. Mitleid ist die Verwandte vom Selbstmitleid und hat übrigens mit Mitgefühl relativ wenig zu tun. Ein Mitgefühl regt zur Mithilfe an. Mitleid bedauert nur. Und damit sind wir wieder – genau! – im »Zimmer des Selbstmitleids«.

Sind wir also bereit, diesen Kreislauf zu durchbrechen? Sind wir bereit, die Vergangenheit loszulassen? Wollen wir das? Wir können auch diese Entscheidung frei treffen.

Nehmen wir einmal an, daß wir nicht in der Vergangenheit verhaftet bleiben, sondern »geheilt« in die Gegenwart schauen wollen. Da gibt es viele Möglichkeiten. Jeder von uns sucht sich seine eigene aus. Manche brauchen lange Gesprächstherapien, andere Hypnosen. Einige versuchen, sich in vergangene Leben zurückzuerinnern. Wieder andere beten und bitten Jesus Christus, die Schmerzen der Vergangenheit zu nehmen. Manche suchen die Menschen aus ihrer Vergangenheit auf und besprechen mit ihnen diese Situationen, um Verständnis zu finden.

All das ist der Flucht vorzuziehen. Einige leben nämlich lange im »Zimmer des Selbstmitleids« oder versuchen, die Probleme so lange wie möglich zu ignorieren, in der Hoffnung, daß sie sich in Luft auflösen. Wieder andere suchen Trost in immer neuen Beziehungen, im Sex, im Alkohol, in Drogen, in der Macht.

Ich vergleiche die Verdrängung der Schmerzen unserer Vergangenheit gern mit dem Dreck, der unter einen Teppich gekehrt wird. Da liegen sie nun unter dem Teppich – im »Wohnzimmer unseres Lebens« –, und es kommen immer mehr dazu. Schmerzen unserer Kindheit, Schmerzen durch Liebespartner, Krankheiten, Schmerzen des Verlassenwerdens, Schmerzen der Einsamkeit, Schmerzen des Nichtverstandenwerdens. Und mit der Zeit gleicht dieser Teppich einer Hügellandschaft. Soviel Dreck ist darunter. Natürlich fängt er langsam zu riechen an und stinkt irgendwann einmal so stark, daß uns nichts anderes übrigbleibt, als uns endlich um diesen Müll zu kümmern. Das Ignorieren funktioniert nicht mehr. Um uns bricht alles zusammen. Wenn wir den Teppich lüften, wird uns wahrscheinlich erst einmal schlecht werden. O Gott, soviel Dreck, der da liegt! Und manchmal lassen wir vor Schreck den Zipfel des Teppichs wieder fallen und hoffen, daß er von selbst verschwindet.

Aber das tut er natürlich nicht.

Also gut, einige Zeit später – vielleicht ein bißchen weiser – versuchen wir es noch einmal. Diesmal schaffen wir es, uns den Dreck anzuschauen. Und wir erkennen dann, falls wir uns erlauben, ehrlich mit uns zu sein, warum wir von einer bestimmten Art von Schmutz besonders viel unterm Teppich aufbewahrt haben. Wenn uns die »Erleuchtung« darüber gekommen ist und uns klar wird, warum wir diesen Unrat aufheben, dann ist es an der Zeit, ihn zu entfernen. Dazu braucht man Schaufel und Besen und jede Menge Wasser. Und Mut. Denn der Dreck stinkt immer noch. Je nachdem, wie entschieden wir sind, daß wir ihn in unserem Leben nicht mehr haben wollen, desto schneller werden wir ihn los. Also kommt jetzt alles in die große Abfalltonne, und dann warten wir auf den Donnerstag.

Am Donnerstag wird der Müll abgeholt, und wir schieben die Tonne zum Mann von der Müllabfuhr. Und dann wollen wir damit anfangen, den Deckel der Mülltonne zu heben, und nehmen das erste Teil heraus: »Das ist ein Stück Abfall von meiner ersten

Beziehung. Das war ein Abschiedsbrief, der mir damals das Herz gebrochen hat.« Und dann überreichen wir dem Müllmann feierlich unser Stück Papier. Wieder greifen wir hinein:»Das ist der Rest von den Tortenstücken, die ich aus Frust in mich hineingeschoben habe, weil ich mich nicht anders zu wehren wußte.« Damit übergeben wir dem Müllmann den Rest von diesem Matsch. Und erneut greifen wir hinein und holen eine Kassette heraus. »Und das ist der Kommentar, den jemand hinter meinem Rükken über mich losgelassen hat, weswegen ich tagelang geweint habe.« Und wieder überreichen wir dieses Teil dem Müllmann.

Mittlerweile wird dem das ein bißchen zu dumm. »Gute Frau«, sagt er, »bei dem Tempo stehe ich morgen noch hier. Geben Sie mir einfach den ganzen Schrott. Ich bringe das für Sie weg.«

Wollen wir wirklich, wie in dieser Metapher beschrieben, all unsere Schmerzen noch einmal durchleben? Reicht es uns nicht, daß wir wissen, warum wir seinerzeit so gehandelt haben, und dann neue Gedanken und damit neue Entscheidungen treffen, die anders ausfallen? Wenn wir einmal die Tiefe unserer früheren Entscheidungen durchlebt und dadurch erkannt haben, dann ist es Zeit, sie auch loszulassen. Immer und immer wieder die gleichen Schmerzen zu empfinden macht wenig Sinn.

Jetzt ist der Teppich flach. Es stinkt nicht mehr. Wir fangen sozusagen »von vorne« an. Ab und zu ertappen wir uns zwar dabei, daß wir noch mal Sachen unter den Teppich kehren wollen. Aber wir haben etwas dazugelernt. Wir erkennen unsere alten Gewohnheiten schneller. Und können früher mit dem Aufräumen anfangen und nicht erst dann, wenn sich der Dreck unter dem Teppich türmt.

Vergeben zu können ist eine der wohl anstrengendsten Veränderungen, die uns bei diesem Prozeß bevorstehen. Ohne Vergebung zu üben, hängen wir in der Vergangenheit fest. Dies bedeutet jedoch nicht, daß wir uns derselben mißlichen Situation immer wieder aussetzen sollen. Falls Ihr Partner Sie beispielsweise betrügt und damit Ihr gegenseitig gegebenes Versprechen bricht, ist es gut, wenn Sie in der Lage sind, ihm oder ihr zu vergeben. Wenn er sich nicht ändert und Sie darunter leiden, wäre es aber falsch, dem weiterhin tatenlos zuzuschauen. Das würde Sie zum Opfer machen, und damit käme ein weiteres Möbelstück in Ihr »Zimmer des Selbstmitleids«. Heißt es denn, daß Sie den Partner sofort verlassen sollten? Das kann man so generell auch wieder nicht sagen. Denn vielleicht will er sich ja ändern. Das gelingt ihm allerdings nicht, ohne daß er etwas dafür tut: Ist er willens, zu einer Partnerschaftstherapie zu gehen? Ist er bereit, seine eigene Entscheidung zu betrachten und zu erkennen, warum er »fremdgeht«? Ist er bemüht, das zerbrochene Vertrauen wieder zu kitten? Oder hofft er ganz einfach, daß die Zeit die Wunden schon heilen wird und dann irgendwann einmal alles vergeben und vergessen ist... ohne sein Zutun, wahrscheinlich bis zum nächsten Mal? Wenn er nicht bereit ist, die Verantwortung für dieses Problem anzunehmen und damit nach einer gemeinsamen Lösung zu forschen, die eine Veränderung mit sich bringen wird, liegt es an uns, ob wir bleiben wollen oder nicht. Wahrscheinlich so lange, bis uns klar ist, daß das Bleiben ein Abhängigkeitsverhältnis bedeutet (unsere eigene Angst vor Entscheidungen, vor Einsamkeit, vor Veränderungen und dergleichen) und nicht eine liebevolle Partnerschaft. Denn in einer wirklichen Partnerschaft werden Probleme gemeinsam aus dem Weg geschafft. Und nicht schweigend von einem erduldet.

Es hat bei mir lange gedauert, bis ich meinem Vater vergeben konnte. In meinem ersten Buch *Endlich aufgewacht* beschreibe ich das ausführlich. Irgendwann einmal erkannte ich, daß er sehr unglücklich gewesen sein muß. Wer glücklich ist, geht nämlich anders mit seinen Mitmenschen um. Und diese Einsicht war der erste Schritt zur Vergebung. Ich sagte mir damals auch oft: »Ich wünschte, ich könnte vergeben.« Das half mir, meine Gedanken mit der Zeit zu verändern. Der Wunsch war dabei der erste Schritt. Nachdem ich dann endlich zur Vergebung bereit war, löste sich in meinem Unterleib ein Knoten. Ich fühlte das körperlich so stark, daß ich zu weinen anfing. Dieser Knoten wäre mir geblieben, wenn ich es nicht geschafft hätte, ihm zu vergeben. *Mir* wäre er geblieben. Nicht meinem Vater. Ich hätte ihm damit erlaubt, mich noch als Erwachsene durch die unverarbeiteten Erinnerungen weiterleiden zu lassen. Mein Vater, seit vielen Jahren tot, erfuhr von meiner Vergebung hier auf Erden nichts mehr. Aber ich bin sicher, daß sein Geist sehr wohl darüber glücklich ist. Und gerade eben, wie ich das schreibe, fühle ich seine Hand auf meiner Schulter, und mir steigen Tränen in die Augen. Vor Dankbarkeit.

Neben der Fähigkeit, den anderen zu vergeben, ist es auch wichtig, uns selbst zu vergeben. Wie hieß es doch so treffend: »Die Vergangenheit ist wie ein fremdes Land. Alles wird dort anders gemacht.« Wenn wir damals gewußt hätten, was wir jetzt wissen, hätten wir uns wahrscheinlich anders entschieden. Meine Schwester Susanne sagte beispielsweise einmal zu mir: »Ich wünschte, ich wäre eine bessere Mutter gewesen. Wenn ich nur damals all das gewußt hätte, was ich jetzt weiß.« Doch Susanne war keine schlechte Mutter. Sie mußte ihr Kind ohne Partner großziehen und hatte die alleinige Verantwortung dafür. Sie wünschte sich zum Beispiel, sie wäre weniger gestreßt gewesen.

»Aber du wußtest es damals nicht besser«, antwortete ich ihr. »Sonst hättest du es anders gemacht.« Sie hatte den Wunsch, ihrer Tochter diese Einsicht zu vermitteln, und irgendwann einmal lagen sich beide zärtlich in den Armen. Einfach das auszusprechen, was man gern anders gemacht hätte, in der Gegenwart von den Menschen, mit denen man die Zeit damals verbracht hat, fördert den Heilungsprozeß. Aber wenn wir anerkennen, daß jede unserer Erfahrungen uns zu diesem jetzigen Zeitpunkt gebracht hat, dann wird uns erst bewußt, wie wichtig alle Vorkommnisse waren. Denn ohne sie wären wir jetzt nicht da, wo wir sind.

Ich sagte das einmal während eines Vortrags, und eine Frau sprang ganz entsetzt auf:»Ja, wo um Himmels willen bin ich denn? Mein Leben ist völlig durcheinander! Mein Mann hat mich vor ein paar Wochen verlassen. In meinem Job bin ich unglücklich. Und jetzt versuche ich auch noch mit Engeln zu kommunizieren. Ist das alles, was mir meine Lebenserfahrung bisher gebracht hat? Ein Lottogewinn wäre mir lieber gewesen.«

Wir lachten. Dann fragte ich sie:»Würdest du denn lieber zu dem früheren Zustand in deinem Leben zurückkehren wollen?«

»Nein«, meinte sie nach kurzem Nachdenken, sichtlich erleichtert.»Das wäre furchtbar. Ich war ja unglücklich.«

»Bist du jetzt glücklich?« fragte ich sie.

»Noch nicht«, antwortete sie verschmitzt,»aber ich habe jetzt zumindest eine Vorstellung davon, wie ich glücklich werden kann.«

»Also war es das wert?«

Sie nickte.»Ich glaube, schon. Aber so ein Lottogewinn hätte mich trotzdem nicht gestört.«

»Um dann wieder zu ignorieren, was sowieso lange Jahre nicht geklappt hat?« fragte ich nach.

»Ja, das wäre dann wahrscheinlich passiert«, kam ihre Antwort.»Das hat Gott ja wieder klug hingekriegt.«

3

Vertrauen in Gott

Ist Gott taub?

Und damit wären wir dann bei meinem Lieblingsthema: Gott. –
»Ja, nun wird sie doch um Himmels willen nicht über Gott
schreiben wollen?« Denken Sie das jetzt? Ich mußte mich selbst
erst wieder an das Wort gewöhnen. Das dauerte bei mir ein paar
Jahre. Aber mittlerweile habe ich den Begriff von allem befreit,
was da durch Erzählungen drauflag, und es wurde wieder das
Wort, das für unendliche Liebe steht.

Der Gott meiner Kindheit war ein ganz natürlicher. Ich liebte
ihn. Irgend etwas in mir erinnerte sich noch daran. Es gibt da
eine wundervolle wahre Geschichte, die von einem Ehepaar er-
zählt, das gerade mit seinem zweiten Kind von der Entbindungs-
station nach Hause kam. Zu Hause wartete schon die älteste
Schwester, sie war damals vier, die unbedingt mit dem Neugeborenen allein sein wollte. Die Eltern waren sehr erstaunt über den
Wunsch und versuchten, sie abzuwimmeln. »Nicht jetzt, mein
Schatz, warte noch ein Weilchen.« Sie waren besorgt, daß ihre
Älteste vielleicht eifersüchtig war und wer weiß was mit dem
Baby anstellen würde. Nach Tagen des Beobachtens, in denen die
Vierjährige sehr liebevoll mit dem Neugeborenen umging, konn-
ten sie das ewige Bitten, doch mal allein mit dem Baby sein zu
dürfen, nicht mehr abschlagen. Sie stimmten zu. Ganz aufgeregt,

aber bestimmt machte die Vierjährige die Tür zum Kinderzimmer hinter sich zu. Kaum fiel die Tür ins Schloß, rannten die Eltern in ihr eigenes Schlafzimmer: zum »Babyphon«. Gespannt saßen sie davor, als sie hörten und vermuteten, daß ihre ältere Tochter zum Baby ins Bett kroch. Nach einer Weile und dem Geräusch von kleinen Kinderküssen sagte die Vierjährige zu dem Baby: »Komm, erzähl mir von Gott, ich fange an zu vergessen.« Jedesmal wenn ich die Geschichte höre, habe ich Tränen in den Augen. Ja, auch wir haben angefangen zu vergessen.

Ich weiß nicht mehr, wann genau bei mir das Vergessen begann. Ich ging als kleines Kind regelmäßig in die Kindermesse und sang im Kinderchor. Ich folgte nicht besonders aufmerksam dem Religionsunterricht. Für mich war das langweilig und hatte mit mir wenig zu tun. Irgendwann einmal später fand ich mich in der Katholischen Jugend wieder – eine Zeit, die ich unglaublich genoß. Hier war ich in einer Gruppe, die zusammen anderen half. Wir organisierten Altenfeste, Kindergruppen, Zeltlager und trafen uns jeden Sonntag nach der Kirche. Ich sang in einer Jazzband mit Namen Isaia bei Kirchenveranstaltungen, und das »Stille Nacht, heilige Nacht« rührte mich zu Tränen.

Es gab viele Dinge, die ich in meinem Glauben nicht verstand. Die Idee der Hölle zum Beispiel. Warum es sowenig Frauen in der Bibel gab. Den Unterschied zwischen Gott im Alten und Gott im Neuen Testament. Die seltsame Idee der Erbsünde. Ab und zu stellte ich Fragen, wenn mir etwas nicht klar war, gab aber bald auf, denn sie wurden mir mit Sätzen wie »Das ist das Geheimnis des Glaubens«, beantwortet. Das Geheimnis des Glaubens?

Warum ein Geheimnis? Warum konnte mir das niemand erklären? Die Unlogik störte mich an meinem Glauben. Und damit fing ich auch an, mich davon zu lösen. Als ich mich nach vielen Jahren »Neutralität« zu Gott wieder mit Spirituellem zu beschäftigen begann, fand ich das östliche Wissen logischer. Nicht allein dadurch, daß die Reinkarnation – die Wiedergeburt – für mich sehr viel mehr Sinn machte.

Mitte der neunziger Jahre war der Dalai-Lama, das Oberhaupt der tibetischen Buddhisten, in Los Angeles und gab einen Workshop. Vier Tage sollte er sprechen, und ich war begeistert. Ich hatte einige Jahre davor angefangen, mich mit dem Buddhismus auseinanderzusetzen, und schaufelte mir mit Bestimmtheit diese vier Tage frei. Ich wollte und mußte dabeisein. Die Veranstaltung fand in einer riesigen Halle der UCLA statt, der Universität von Los Angeles. Ich saß in der zwölften Reihe Mitte und wartete gespannt, welche Gefühle und Erkenntnisse denn da auf mich zukommen würden.

Die Halle war kalt und unpersönlich, und vor mir auf der Bühne stand ein überdimensionaler Stuhl. Als der Dalai-Lama mit Verbeugungen den Saal betrat, erhoben sich die Mönche, die bei ihm Platz nehmen würden. Mit dem See von Orange auf der Bühne verbeugte sich auch das Publikum und ehrte ihn. Einige gingen auf die Gänge und legten sich flach, mit dem Gesicht nach unten, auf den Boden, was eine tiefe Ehrung bedeutet. Da saß ich nun und beobachtete den Mann, der von vielen als der »Erleuchtete« verehrt wird. Freundliche und fröhliche Augen blitzten weise hinter Brillengläsern, und er war kleiner, als ich ihn mir vorgestellt hatte.

Er begann mit den Worten, daß er den Morgen mit Gesang verbringen wollte, und er fing an, auf tibetisch zu singen. Mir wurde komisch. Nicht, weil er nicht angenehm sang, nein, das hatte mit dem gar nichts zu tun. Da war nur plötzlich eine Unruhe, die ich nicht erwartet habe. »Sabrina, reiß dich zusammen!« wies ich mich zurecht. »Das ist der Dalai-Lama!« Ich versuchte mitzusummen, wie viele im Saal es machten, gab es aber schnell wieder auf. Ich versuchte zu meditieren, konnte mich aber einfach nicht konzentrieren. Ich versuchte dann, auf meinen Atem zu hören, eine für mich sichere Methode, meine Gedanken zu beruhigen. Aber nichts zu machen. Mittlerweile wurde mein Körper unruhig und fing überall zu jucken an, und mir kam der Gedanke, der immer mehr an Kraft gewann: »Ich muß hier raus.«

Ich traute meinen eigenen Gedanken nicht. »Ja bin ich denn jetzt wahnsinnig geworden«, schimpfte ich über mich selber. »Da versuchst du seit Wochen, diese vier Tage freizuschaufeln, sogar eine Sportveranstaltung von unserer Tochter heute nachmittag läßt du sausen, und jetzt willst du hier raus?« Wieder probierte ich, mich auf meinen Atem zu konzentrieren, und von Sekunde zu Sekunde wurde ich ruheloser. »Es hilft nichts«, war mir klar, denn ich hatte gelernt, mich auf diese Zeichen zu verlassen, »ich muß hier raus.«

Höchst peinlich war es mir, als ich meine Siebensachen zusammensuchte, um mich dann – ich war ja dummerweise auch noch in der Mitte meiner unendlich langen Reihe – kopfnickend beim Vorbeidrücken an all den Knien entschuldigend zum Ausgang zu bewegen. Doch alle Türen waren zu, vor jeder stand ein Türsteher. Meiner schaute mich erstaunt an. »Wo wollen Sie denn hin?« wurde ich gefragt. »Die Toiletten sind im Saal.«

»Ich muß leider raus«, antwortete ich.

»Sie können hier aber nicht rein- und rausgehen, wie es Ihnen beliebt.« Er schaute mich überrascht an. Ich war die einzige von einigen Tausenden, die diesen Wunsch hatte.

»Es tut mir leid«, wiederholte ich, »aber ich muß leider raus.«

»Kommen Sie denn wieder?« fragte er mich.

»Das weiß ich nicht«, antwortete ich. Ich hatte keine Ahnung. Er drückte mir schließlich eine kleine Karte in die Hand, die mir wieder Einlaß gewähren würde, und damit macht er mir die Tür auf.

Ich war verwirrt. Die Sonne blendete mich, als ich nach draußen ging. Was war bloß los mit mir? Ich zog meine Schuhe aus, ging über eine Wiese und lehnte mich an den nächsten Baum. Ich schloß meine Augen und bat um Klarheit. »Warum mußte ich da raus? Warum wurde mir so komisch?«

Und da kam die Antwort: »Du bist Christin, ob es dir gefällt oder nicht.«

Schlagartig wurde mir klar, daß ich dabei war, eine Religion

gegen eine andere auszutauschen. Nicht weil eine besser oder
schlechter sei als die andere. Alle Wege führen zu Gott, nein, das
hatte einen anderen Grund, und mit diesem Satz kam auch die
Wahrheit. Der Grund war, daß ich meine Wunden und meine
Fragen, die mir meine katholische Erziehung auflegte, noch nicht
betrachtet hatte. Ich wollte Jesus gegen Buddha austauschen, so
wie man den ersten Ehemann gegen den zweiten tauscht. Eine
beste Freundin, die einen enttäuscht hatte, gegen die neue. Einfach so, ohne zu schauen, was denn die Probleme mit dem ersten
Ehemann, der besten Freundin auslöste. Ohne zu heilen, was der
erste aufriß. Und natürlich ist es auch »moderner«, ein Buddhist
zu sein als jemand, der mit Jesus spricht...

Was mich beispielsweise an der christlichen Religion gestört
hatte, war die Idee, daß diese die einzig richtige sein sollte: Ohne
Jesus käme man nicht in den Himmel. Als ich zum Beispiel gerade mit meiner spirituellen Suche begann und mühsam dabei
war, die Welt zu begreifen, traf ich eine Bekannte zum Mittagessen. Sie war ganz begeistert: »Ich habe Jesus gefunden.«

»Wundervoll«, antwortete ich ihr (das war weit vor meiner
Erfahrung mit dem Dalai-Lama, war mit dem Thema also selbst
noch nicht versöhnt) und meinte: »Er war einer von vielen
außergewöhnlichen Lehrern.«

Erstaunt sah sie mich an: »Du verstehst mich nicht richtig. Ich
habe nur Jesus gefunden.«

Sie hatte recht. Ich verstand nicht. Und wiederholte meine
Aussage: »Ja, ich weiß, er ist einer von vielen wunderbaren Lehrern.«

Sie schüttelte den Kopf: »Er ist der einzige. Ohne ihn gibt es
keinen Weg zu Gott.«

Ich war schockiert. Was war denn da passiert? Als wir uns das
letzte Mal getroffen hatten, war sie noch viel offener gewesen.

»Aber was ist denn mit dem kleinen Dorf im hintersten Asien,
wo sie von Jesus noch nichts gehört haben, aber trotzdem ein
wahres und liebevolles Leben führen?« fragte ich erstaunt.

Sie zuckte mit den Schultern und murmelte irgend etwas wie:
»Ohne Jesus geht es nicht.«

Ich konnte es nicht fassen. »Du glaubst also an einen Gott, der
einen Menschen, welcher wahrhaftig und liebevoll lebt, abwei-
sen würde, nur weil er Jesus nicht kennt?«

Ihre Antwort dazu weiß ich nicht mehr genau, aber ich erinnere, daß sie für mich keinen Sinn ergab. Ich hatte schon immer
eine natürliche Abneigung gegen Aussagen wie: »Mein Weg ist
der einzig richtige.« Automatisch ist darin für mich eine Drohung enthalten. Nicht offensichtlich ausgesprochen, aber doch
klar erkenntlich: Wenn du diesen »richtigen« Weg nicht gehst,
dann wird dir irgend etwas passieren. Diese Auffassung fühlt
sich nicht wahr an. Sie basiert auf Angst und nicht auf Liebe.

Damit trennen wir die einen von den anderen. Es würde bedeuten, daß Gott die einen liebt und die anderen ... was? ... nicht
mag? Verabscheut? Haßt? Sie einfach nur »dumm« findet?

Das klingt mir ein bißchen zuviel nach dem Gott im Alten Testament. Der Gott im Alten Testament scheint ein anderer zu sein
als der im Neuen. Ersterer erinnert mich mehr an meinen Vater:
»Wenn du nicht machst, was ich tue, dann passiert dir etwas.«
Oder: »Solange du deine Füße unter meinen Tisch streckst,
machst du, was ich sage.« Haben wir nicht den freien Willen,
neben dem Leben das größte Geschenk Gottes, mitbekommen?
Sind wir nicht alle gleich? Sind wir nicht alle Teile des großen
Ganzen? Kommen wir nicht alle von demselben Ursprung und
gehen auch dorthin wieder zurück?

Im Alten Testament gibt es ein »auserwähltes Volk«, und das
wird bevorzugt. Aber liebt Gott nicht alle gleich? Liebt Gott
uns nicht noch mehr, als ein Vater oder eine Mutter uns lieben?
Und würde ich mein eigenes Kind verstoßen, wenn es mir nicht
folgte?

Der Gott, wie er sich mir im Alten Testament darstellt, ist nicht
der Gott, zu dem ich bete. Ich bete zu meinem Gott, der mich
mehr liebt, als mich je jemand lieben könnte. Der weiß, daß ich

meinen Weg nach Hause finden werde, egal, welche Straße ich nehme. Der uns weise Lehrer geschickt hat, um uns daran zu erinnern, daß er alles liebt. Nicht be- oder verurteilt. Nicht einen mehr und den anderen weniger liebt. Ohne Konditionen. Er versteht sogar diejenigen, die wir nur selten verstehen. Er *ist* jede Meinung und jeder Ausdruck. Er ist das Helle wie das Dunkle. Und davon abgesehen, er ist kein *Er*. Gott braucht kein Geschlecht. Er/sie ist alles.

Jeder von uns, so weiß ich tief in meinem Inneren, hat seinen eigenen Weg zu Gott. Es ist wie bei unserer Ernährung: Ob wir nun Apfelstrudel den Schinkennudeln vorziehen, Käse lieber als Eier essen, Rohes lieber als Gekochtes, Vegetarisches lieber als Fisch. Gott ist unsere Nahrung, und was immer wir zu uns nehmen, ist Gott. Oder die allmächtige Kraft. Oder das göttliche Prinzip. Oder Jesus, Allah, die Sonne, die Erde, die Luft oder der Stein. Und ob wir ihn nun in der Kirche, im Tempel, in einer Ecke in unserem Schlafzimmer, im Freien, in der Sonne oder im Regenbogen finden: Er zeigt sich uns so, wie wir ihn brauchen.

Seine Liebe ist anders als die Liebe, die wir normalerweise gewöhnt sind. Denn unsere Erfahrung von Liebe ist fast immer mit Bedingungen verknüpft. Von klein auf werden wir so erzogen: »Wenn du deinen Grießbrei aufißt, hat dich die Mama ganz lieb.« Und wenn wir es nicht tun, liebt uns die Mama dann nicht mehr? »Wenn du dein Zimmer aufräumst, dann ist der Papa ganz stolz auf dich.« Und was, wenn nicht? »Wenn du mich liebst, dann tust du, was ich sage ...« Wie bitte?

Gott liebt uns ohne all diese Konditionen, ohne diese Bedingungen. Er liebt uns so, wie die beste aller Mütter und der beste aller Väter uns lieben würden. Er möchte, daß wir glücklich sind, und dabei erfüllt er uns unsere Wünsche.

»Wirklich?« mögen Sie einwenden. »Meine werden mir nicht immer erfüllt.« Das glaubte ich auch einmal. Lassen Sie uns doch Gott noch einmal mit den »besten Eltern« vergleichen. Wir, als Kinder, würden am liebsten jeden Tag Süßigkeiten schlecken.

Unsere Eltern wissen natürlich, daß das nicht gesund sein kann. Zuviel Zucker ist zu schlecht für die Zähne. Also wird dieser Wunsch von unseren Eltern nicht erfüllt. Auch das Zähneputzen war nie meine Lieblingsbeschäftigung, aber meine Mutter bestand darauf, weil sie mich liebte. Jetzt weiß ich natürlich, wie recht sie hatte. Im Prinzip ist es wirklich so einfach zu verstehen: Meine Mutter hatte den Überblick über mein Leben als Kind. Gott hat den Überblick über mein gesamtes Leben.

Also, nach welchem Prinzip erfüllt uns Gott unsere Wünsche? Die, die am meisten fragen, kriegen am meisten? Spielt es eine Rolle, wie man fragt? Darf man Gott überhaupt um was bitten? Auf Gott scheint man sich nicht verlassen zu können. Wie oft haben wir schon gebetet, und nichts ist passiert. Offensichtlich hört er einigen mehr zu als anderen. Könnte es sein, daß das Ganze etwa wie folgt abläuft?

Gott: »Ach, hier betet die Eva. Ja, ich erfülle ihr ihren Wunsch. Bitte schön.«

Gott: »Michael? Du schon wieder? Nein, nein, nein. Dir habe ich erst gestern geholfen. Da warte mal noch ein bißchen.«

Gott: »Karl, ja, du hast es verdient. Hier noch was extra, weil du es bist.«

Gott: »Melanie, wie schön, daß du auch mal wieder kommst. Aber jetzt zapple erst mal. Mal sehen, was du davon hast.«

Ein seltsamer Gott wäre das.

Ich glaube, daß Gott uns immer hört... Oh, Entschuldigung! Da habe ich mich doch schon wieder dabei erwischt! Ich benutze das Wort »glaube« in einer Situation, in der ich »weiß«.

Glaube bedeutet, ich nehme etwas an, bin mir aber nicht ganz sicher. Habe also noch keine persönliche Erfahrung damit gemacht. Ich *glaube* zum Beispiel, daß mir ein bestimmtes Kleid im Schaufenster passen würde. Doch erst wenn ich in den Laden gehe, es anprobiere, dann *weiß* ich, ob es mir paßt oder nicht.

Und hier beginne ich meinen Satz noch einmal: Ich *weiß*, daß

Gott uns immer hört. Ich weiß, daß Gott uns alle Wünsche erfüllt. (Bitte denken Sie daran, daß das meine Erfahrung ist. Entscheiden Sie für sich selbst, ob Sie *glauben* – also noch keine entsprechende Erfahrung gemacht haben, die das bestätigt – oder ob Sie es *wissen*.) Allerdings weiß ich auch, daß nur die Wünsche erfüllt werden, die in meinem eigenen Interesse sind. Und manchmal habe ich von meinem eigenen Interesse einfach noch keine Ahnung. Da ich hier bin, um bestimmte Erfahrungen zu sammeln, würde ich mir nichts Gutes tun, wenn ich mir diese Erfahrungen dann wegbeten wollte. Vor diesem Hintergrund betrachtet, würde eine Bitte wie »Lieber Gott, laß mich mit dieser Fernsehsendung erfolgreich sein« dann von Gott etwa so beantwortet werden: »Meine liebe Sabrina, den Wunsch kann ich dir nicht erfüllen. Denn sonst würdest du so weitermachen wie bisher. Diese Erfahrung des Verlustes und der Demütigung brauchst du, um dein Leben zu betrachten. Ich halte damit mein Versprechen, dir alles zu deinem Besten zu geben. Ich liebe dich.«

Mein Gebet wird nicht erfüllt, weil es mir auf lange Sicht nicht guttun würde. Im nachhinein ist das natürlich sehr viel klarer als in dem Moment, in dem wir das gerade erleben. Annette war mit dem Verkauf ihres Hauses ein wundervolles Beispiel dafür (siehe Seite 40 ff.).

Ich habe früher auch tage-, manchmal wochenlang immer wieder um dasselbe gebetet. »Lieber Gott, bitte heile meine Freundin Jacqueline.« Aber was drücke ich denn eigentlich aus, wenn ich immer wieder dasselbe bete? Angenommen, Sie und ich sind sehr eng befreundet und ich möchte mir von Ihnen Ihr Auto ausleihen. Das würde sich dann ungefähr so anhören:

Am Montag: »Mein Auto ist leider kaputtgegangen, kann ich mir bitte deines ausleihen? Ich muß meine Mutter am Wochenende vom Flughafen abholen.«

Großzügig, wie Sie sind, sagen Sie: »Kein Problem.«

Am Dienstag: »Ich bin's noch mal, bitte, bitte, ich brauche

dringend dein Auto am Samstag, meine Mutter kommt dann am Flughafen an.«

Leicht verwundert sagen Sie:»Klar, du hast mich schon gestern angerufen. Kein Problem.«

Am Mittwoch:»Wie schön, daß ich dich erwische. Ich brauche wirklich dringend dein Auto am Samstag.«

Mittlerweile zweifeln Sie an meinem Verstand:»Ja, sag mal, hörst du mir denn nicht zu? Ich hab' dir doch schon zweimal gesagt, daß du mein Auto haben kannst.«

Am Donnerstag:»Du könntest mich wirklich retten, wenn du mir am Samstag…«

Jetzt würde es selbst Ihnen zu bunt.

Wenn ich bete, bekomme ich zwar nicht wie in diesem Beispiel eine direkte Antwort. Aber ich gehe davon aus, daß Gott mir zuhört. Daß er weder »im Urlaub« ist noch »was anderes zu tun« hat. Gott hört mir zu. Und er hört mich beim ersten Mal. Wie der gute Freund, wenn ich ihn um sein Auto bitte. Und ich kann mich darauf verlassen, daß dann etwas geschieht. Manchmal nicht so, wie ich mir das vorstelle. Aber immer besser. Zuweilen liegen meine Gebete nicht im Interesse desjenigen, für den ich bete. Also halte ich mich jetzt eher vage, wenn ich für andere bete.»Lieber Gott, bitte erfülle Jacquelines Spirit, was sie braucht. Dein Wille geschehe.« Bitte ich für mich um spezifische Sachen, dann sage ich auch am Schluß von meinen Gebeten immer:»Lieber Gott, das oder besser« – und natürlich hier: »Dein Wille geschehe.« Manchmal können wir uns etwas Besseres einfach nicht vorstellen.

Und dann braucht man Vertrauen. Vertrauen, daß Gott zugehört hat und daß da jetzt auch etwas passieren wird. Woher kommt das Vertrauen? Das muß man einfach ausprobieren – sich darauf zu verlassen –, und dann wird es über uns ausgeschüttet wie das Gold über die Goldmarie.

Im Jahr 1998 luden meine Schwester Susanne und ich beispielsweise zu unserem ersten Visionquest ein. Ein Visionquest ist eine »Visionssuche«, die auf der Tradition der Indianer basiert. Bei den amerikanischen Ureinwohnern wurde ein junger Mann in seiner Pubertät allein in die Wildnis geschickt, nur mit einer Decke und etwas Wasser, um dort tagelang in Stille allein zu verbringen. Der Zweck war, daß dieser junge Mann ganz auf sich selbst gestellt seine eigenen spirituellen Erfahrungen machen sollte, damit er seinen persönlichen Sinn im Leben finde. In der westlichen Version des Visionquests geht man mit einer Gruppe hinaus in die Natur, wobei aber jeder allein viel Zeit in der Stille verbringt.

Immer wieder waren wir gebeten worden, doch einen Visionquest zu organisieren. Es war mittlerweile März, und ich telefonierte mit Susanne. Wir sprachen über einen geeigneten Platz dafür. Er mußte abgelegen sein, viel Natur, viel Ruhe, irgendein Wasser und ein Haus, falls jemand nicht draußen schlafen wollte, mit einer Küche für die Köchinnen. Weder Susanne noch ich kannten so einen Platz.

Unser Rundschreiben »My Angel and I« mußte auch bald erscheinen, um auf die Sommertermine hinzuweisen, also hatten wir kaum Zeit. Susanne meinte vertrauensvoll, sie würde schon was finden. Und prompt fand sie am nächsten Tag auch den geeigneten Platz.

Wir waren fünfundzwanzig, mit Susanne, Resi (einer Freundin von mir, die ebenfalls Workshops gibt) und mir. Wir wollten dreieinhalb Tage miteinander verbringen. In Gesprächen, Gebeten und Stille. Die Nächte draußen im Freien ums offene Feuer verbringen. Gesundes vegetarisches Essen zu uns nehmen und gemeinsam Gott erleben.

Kaum fünf Stunden im Visionquest, wir bereiteten gerade die Schlafsäcke ums Feuer vor, kam eine unserer Teilnehmerinnen auf mich zu. Ob sie bitte jemand zum Bahnhof fahren könnte, sie möchte hier weg. Ich nahm liebevoll ihre Hand und fragte sie, ob sie denn darüber sprechen möchte. Sie sagte nein. Ich fragte sie, ob vielleicht Susanne oder Resi ihr helfen könnten.

Sie meinte, sie habe schon mit ihnen gesprochen, aber sie wolle trotzdem heim. »Ein Visionquest ist kein Picknick«, ich schaute ihr verstehend in die Augen, »da kommen Sachen hoch, die aufgearbeitet werden wollen. Aber es liegt an dir, ob du das jetzt oder später machen möchtest. Irgendwann einmal wird es dann der richtige Zeitpunkt sein. Aber wo du jetzt schon mal da bist und den weiten Weg gemacht hast, warum wartest du denn nicht bis morgen früh?« Sie schien darüber nachzudenken. »Wir fahren dich aber gern auch heute noch zum Bahnhof«, schlug ich vor. Nach kurzem Zögern nickte sie: »Also gut, ich bleibe bis morgen. Aber ich will im Haus schlafen.« – »Wie du willst«, antwortete ich ihr. »Hör auf deine eigene Stimme.«

Während dieses Dialogs hörte ich mich denken: »Das kann ja heiter werden. Hier machst du deinen ersten Visionquest, und kaum haben wir angefangen, will die erste schon wieder gehen. Vielleicht stehst du morgen ganz allein da.«

Währenddessen warf ich einen Blick nach oben. Die Wolken zogen sich immer mehr zusammen. Ich war guter Dinge, hatte ich doch ein wundervolles Verhältnis mit dem Wind und dem Regen. Bei meinem ersten Visionquest, bei dem ich Teilnehmer und nicht Leiterin gewesen war, hatte man uns die Wichtigkeit der Beziehung zu den Elementen der Natur geschildert. Und so spreche ich seither oft mit dem Wind und mit dem Regen. Ich trage auch keinen Schirm mehr, denn das bedeutet ja, daß ich mit dem Regen nichts zu tun haben will, sondern ruiniere lieber meine Frisur als mein Verhältnis zum Regen.

Die Wettervorhersage war schon seit Tagen für dieses Wochenende ganz besonders schlecht gewesen. Aber Susanne und ich vertrauten darauf, daß es nicht regnen würde. Schließlich hatte ich in meinen Meditationen Wochen zuvor gesehen, daß wir um das offene Feuer liegen würden. Außerdem hatte ich bereits am Vortag mit dem Wind und dem Regen gesprochen und erwartete, daß mir geholfen wird. Genauso wie ich auch erwarten würde, daß sie mir als gute Freundin oder guter Freund ihr Auto ausleihen würden. Der Regen ist mein Freund.

Es fing zu tröpfeln an, als wir uns im Kreis um das Feuer setzten. Wir hatten Plastikplanen für alle besorgt, auf denen die Schlafsäcke liegen können. Die meisten legten die Plastikplanen schon über den Schlafsack. Meine Freundin Franziska, die neben mir mit ihrem Schlafsack Platz nahm, fragte, ob es regnen würde. »Nein«, antwortete ich bestimmt. »Ich habe mit dem Regen gesprochen.« Franziska nickte.

Wir saßen ums Feuer, es tröpfelte nur ganz leicht, und wir sprachen über die Nachtwache. Ein Feuer ist der Ausdruck des Lebens, das Kraft und Licht ausstrahlt, ein Symbol Gottes. Deshalb wird ein Feuer, wie ein lieber Gast, nicht einfach allein gelassen. Jemand ist dafür zuständig. Und so verteilten wir die Feuerwache, je nachdem, wer dazu Lust hatte. Das sieht so aus, daß einer um 21.00 Uhr anfängt, eine Stunde wacht und dann den nächsten, der nach ihm dran ist, um 22.00 Uhr weckt. Und so geht es die ganze Nacht bis gegen Morgen. Man sitzt am Feuer, legt nach und sorgt dafür, daß es nicht zu groß wird. Er oder sie sitzt in der Regel mit verschränkten Beinen da und verbringt die Zeit mit Nachdenken, Beten, Meditieren.

Resi hatte eine wundervolle Decke dabei, in die sich die Feuerwächter abwechselnd einhüllten. Meine Tochter Julia und Franziskas Tochter Verena lagen zwischen uns in ihren eigenen Schlafsäcken. Einige von den Teilnehmern hatten auf dem Hügel hinter uns ihre Zelte aufgeschlagen, in denen ihre Siebensachen untergebracht waren.

Meine Wache war die letzte und sollte um 4.00 Uhr morgens beginnen. Niemand mußte mich aufwecken, ich machte die ganze Nacht kein Auge zu. Denn es fing zu regnen an.

Das war kein Tröpfeln mehr, das waren schon ordentliche Tropfen. Hm, dachte ich mir, komisch. Hat mir der Regen nicht zugehört? Ich betete also noch mal: »Lieber Regen, ich bedanke mich dafür, daß es dich gibt. Ohne dich gäbe es kein Leben. Du versorgst uns mit Wasser, du gibst unserer Nahrung deine Nahrung. Ich bedanke mich bei dir für alle deine Gaben. Wie du weißt, haben wir heute einen Visionquest und liegen hier um das Feuer. Ganz selten schlafen wir im Freien, und diese Erfahrung ist ganz wichtig. Bitte übergehe uns heute mit deinen Gaben, da wir Trockenheit brauchen. Danke.«

Es fing sofort noch mehr zu schütten an! Ich konnte es nicht fassen. Ich zog die Plastikplane tiefer über Julias Schlafsack, um ihren Kopf vor dem Regen zu schützen, und hörte, wie Franziska das gleiche bei ihrer Tochter tat. Ich merkte, wie sich meine Nackenmuskeln zusammenzogen. Warum, um Himmels willen, hört der Regen nicht auf? Also gut, vielleicht habe ich da irgendwas falsch gemacht. Daß der Regen nicht aufhörte, war ich nicht gewohnt. Normalerweise klappt das immer. Ich habe diesbezüglich schon jede Menge Erfahrungen hinter mir. Also gut, dann das »Vaterunser«. Ich sprach mein »Vaterunser« und wiederholte noch mal am Schluß. »Dein Wille geschehe!« War ich mir doch ganz sicher, daß Gottes Wille nach Trockenheit und meiner derselbe sein müssen. Ganz abgesehen von all den anderen, die mit mir hier draußen lagen. Ich war mir sicher, daß da einiges an Gebeten »nach oben ging«.

Der Regen wurde leichter. Ich atmete auf. Doch denkste. Eine Minute später ging es wieder los. Es schüttete wie in Sturzbächen. »Zarathustra«, flehte ich, »hilf mir!« Mittlerweile versuchte ich in meinem Gehirn nach allem zu forschen, was ich jemals über Regen gelernt hatte. Also gut, fiel mir ein. Vielleicht stimmt da was mit meiner Erwartungshaltung nicht. Wunder passieren nur, wenn man auch daran glaubt. »Lieber Regen, ich weiß, du wirst jetzt aufhören.« Und ich glaubte auch daran. Julia bewegte sich. Ich öffnete meine Augen, um ihre Plane zu überprüfen. Nein, sie schlief fest und war auch nicht naß.

Was man nicht von allen Teilnehmern sagen konnte. Ich hörte einige von ihnen ihre Sachen zusammensuchen und nach oben ins Haus oder in die Zelte flüchten. Und auch ich flüchtete.

Allerdings in mein »Zimmer des Selbstmitleids«: »Warum muß ich unbedingt einen Visionquest organisieren. Wäre ich doch zu Hause geblieben. Kann ich nicht einfach mein Leben als Mutter leben? Warum muß ich mich denn immer so weit vorwagen? Das wird mein letzter Visionquest sein. Jetzt sitze ich da mit all der Verantwortung für die Visionen von fünfundzwanzig Leuten.« Der Gedanke war kaum zu Ende gedacht, da höre ich laut und deutlich in mir: »*Ich* bin für die Visionen verantwortlich!« Das brachte mich schnell aus meinem »Zimmer des Selbstmitleids« auf den »Teppich«, und plötzlich fühlte ich mich leichter. Was habe ich mir da wohl in meinem Größenwahn eingebildet! Natürlich bin nicht ich für die Visionen zuständig! Gott ist dafür zuständig! Wenn es nicht geregnet hätte, wäre ich wohl in erleichtertes Lachen ausgebrochen.

»Sabrina!« flüsterte es über meinem Kopf. Ich wußte, was das bedeutete, es war meine Zeit für die Feuerwache. Da wir früher als geplant damit begonnen hatten, war es gerade mal 3.00 Uhr. Ich nahm vor dem Feuer Platz, das trotz des Regens ungehindert weiterbrannte.

Mir fiel das Wunder darin auf. Selbst das Holz zum Auflegen daneben war fast trocken! Um das Feuer nieselte es nur leicht, während es außen herum sehr viel feuchter war. Ich schloß meine Augen und bat Zarathustra um eine Erklärung für diesen Regen und warum meine Gebete nicht erhört worden waren. Für einen Bruchteil einer Sekunde glaube ich, Zarathustra gegenüber mir sitzen zu sehen, und er schickte mir einen Gedanken: »Was ist deine größte Angst?«

Da saß ich nun und weinte. Ich kannte meine größte Angst sehr wohl. Es war die Angst vor der Demütigung. Die Angst, lächerlich gemacht zu werden. Eine Angst, die während meines Lebens beim Fernsehen oft in mir hochgekommen war. Die mir tiefe Schmerzen verursacht und mich in Dunkelheit gestürzt hatte, in denen das »Zimmer des Selbstmitleids« wie ein heller Raum im Sommerhaus wirkte. Und da saß ich nun, wohlwissend, worum es ging. Da lade ich zu dem Visionquest ein, erzählte noch Stunden vorher der Gruppe davon, was Vertrauen bedeutet, daß man mit dem Regen sprechen kann, und dann schüttet es ohne Unterlaß. Und all das, was ich gerade gelehrt hatte, traf nicht ein. Die Demütigung war so tief, daß ich sie nicht einmal körperlich lokalisieren konnte, aber eine Reaktion kam sofort in mir hoch: der Gedanke, daß ich das alles besser für mich behalte. Ja, schön wär's! Verheimlichen, was mir am meisten weh tut. Das wäre der Abwehrmechanismus, mit dem ich mich bisher mehr oder weniger erfolgreich um meine größte Angst herumgedrückt hatte. Ich wußte, daß ich meine Gedanken und meine Angst am nächsten Morgen mit allen teilen müßte. Denn diese Angst durfte sich nicht mehr heimlich in irgendeine Ecke meines Wesens verkriechen.

Mir war klar, daß mein Schritt in die Öffentlichkeit über das Fernsehen mir die Möglichkeit gegeben hatte, mich Demütigungen auszusetzen. Und die gab es. Genügend. Für mich fast zu viele.

Dann der Schritt mit meinem ersten Buch, und wieder ging ich nach außen, dieses Mal mit meinem spirituellen Weg. Und erneut gab es die Gefahr der Demütigungen. Die Angst davor. Das Gelächter hinter meinem Rücken, daß ich jetzt doch wohl zu lange in Los Angeles gelebt habe, bei den Verrückten. Oder die Bemerkungen, daß ich nicht wüßte, was ich tue. Freunde, die sich verabschiedeten, weil sie mit mir nichts mehr anfangen konnten und weil sie es satt hatten, mich zu verteidigen. Kopfschütteln und die Blicke, die sagten, daß ich spinne. Und sogar mein Mann, der mir damals immer wieder versicherte, daß ich auf jeden Fall auf dem falschen Weg sei. Mit der Warnung: »Sei vorsichtig, du machst dich lächerlich.«

Aber da war diese Sehnsucht in mir, die mir den Weg wies, die mir Mut schenkte. Also machte ich es trotzdem. Und ich lernte dadurch, die Meinungen anderer zu verstehen und zu akzeptieren. Doch jetzt war ich noch einmal aufgerufen, dieser Angst, die da doch noch irgendwo im hintersten Winkel schlummerte, ins Auge zu sehen.

Am nächsten Morgen, es war übrigens ein trockener Tag, trafen wir uns nach unserer Morgenmeditation und dem Frühstück im Freien. Wir saßen im Kreis, und ich begann von der Nacht davor zu erzählen. Viele Blicke, die mich trafen, waren voll Erstaunen, und dann fing jeder an, von seiner Erfahrung zu erzählen.

»... Ich habe mich nicht getraut, ins Zelt zu gehen, ich dachte, ich hätte dann versagt. Und nachdem ich wirklich über und über naß war, bin ich dann doch endlich nach oben gegangen...«

»... Ich schlief wunderbar und merkte gar nicht, daß es regnete...«

»... Ich habe diese Zeit vor dem Feuer so genossen, ich habe überhaupt keinen Tropfen gespürt...«

»... Ich wollte warten, bis du gehst. Aber du bist einfach nicht gegangen, und dann hielt ich es nicht mehr aus und bin nach oben gegangen...«

Das war das Geschenk des Regens! Jeder von uns hatte seine eigenen Erfahrungen in dieser Nacht gemacht. Das, was mir immer am wichtigsten war, das, was ich immer zu erklären versuche, und das, was ich als meine Aufgabe ansehe: das Vertrauen in die eigenen Erfahrungen, in die eigene Intuition, in das eigene Verhältnis mit Gott zu vertiefen. Und jeder von unseren Teilnehmern hatte seine eigenen Entscheidungen getroffen. In einer warmen, trocknenen Nacht wäre das nicht passiert.

Die Zweifel, die ich hatte, weil *meine* Gebete nicht erhört wurden, sind der Bestimmtheit und dem Wissen, daß Gott schon weiß, was er tut, gewichen. Daß es da einen wundervollen Plan gibt für unser Leben. Und daß unser Schicksal kein Bus ist, den wir verpassen können, sondern wie gesagt ein Busbahnhof.

Ich würde gern mit Ihnen teilen wollen, wie ich Gott fühle. Doch mein Weg ist nicht der einzig richtige. Er ist meiner. Und alles, was ich in diesem Buch mitteile, besonders in diesem Kapitel, ist ganz allein meine eigene Erfahrung. Das mag für Sie falsch oder richtig sein. Oder macht Sie vielleicht nur neugierig. Nur nicht vergleichen..., aber das wissen wir schon. Seien Sie ruhig kritisch, und prüfen Sie alles mit dem Verstand, was mit Spiritualität zu tun hat. Aber nicht nur. Bitten Sie auch Ihre Seele, daß sie bei den Entscheidungen dabei ist. Und erlauben Sie sich, zu fühlen. Wir wissen instinktiv, was für uns wahr ist oder nicht.

Mein Weg zu Gott begann auf den Knien. Eine Position, die mir nicht unbedingt vertraut war. Knien! Was für eine Vorstellung! Meditieren war mir lieber. Irgendwie eine königlichere Haltung. Eine gleichberechtigte. Knien drückt Demut aus, ein Zustand, der mir unangenehm war. War es doch damals für mich gleichbedeutend mit Schwäche. Heute weiß ich, daß es ein Schritt weiter ist. Denn Demut heißt, man hat erkannt, daß es da etwas gibt, was weiser, was mehr ist als man selbst. Und daß man sich diesem Wissen und dieser Kraft beugt. Das hat nichts mit der Auffassung »Ich bin ein armer, schwacher Mensch und völlig wertlos« zu tun. Im Gegenteil, man ist sich »seiner selbst« bewußt, man ist sich bewußt, daß man ein Teil Gottes ist, der in menschlicher Form lebt. Und dieser Teil hat eine große Verantwortung für sich selbst und die, die um ihn leben. Aber er ist trotzdem nur ein Teil. Und die Demut liegt im Ehren des Ganzen.

Als ich das erste Mal mit meinen Freunden kniete und das »Vaterunser« sprach, ratterte ich es herunter, wie ich es vom Religionsunterricht und dem Gottesdienst gewohnt war. Mir war dabei nicht klar, was ich eigentlich sage. Doch plötzlich fiel uns auf, daß wir nicht fühlten, was wir sagten, und so zog sich jeder zurück in sich selbst, um nach seinem eigenen Rhythmus dieses Gebet zu sprechen, das Jesus in der Bergpredigt lehrte. Und so kniete ich denn und suchte tief in meinem Herzen ... Gott.

Vater unser im Himmel
Geheiligt werde Dein Name
Dein Reich komme
Dein Wille geschehe
Wie im Himmel
So auf Erden
Unser täglich Brot gib uns heute
Und vergib uns unsere Schuld
Wie auch wir vergeben unseren Schuldigern
Und führe uns nicht in Versuchung
Sondern erlöse uns von dem Bösen
Denn Dein ist das Reich
Und die Kraft
Und die Herrlichkeit
In Ewigkeit
Amen

Wir weinten. Jeder von uns. War uns doch plötzlich klargeworden, was wir da eigentlich beteten. Mein persönliches Gebet beginnt mit einem Lied, dessen Worte von Zarathustra stammen – dem Propheten, der von meiner Freundin Jacqueline Snyder gechannelt wurde –, und Tönen, die von mir kamen: »Heavenly father, whom I love and give my life to. I am in you and you in me. We.« – »Himmlischer Vater, den ich liebe und dem ich mein Leben weihe. Ich bin in dir, und du bist in mir. Wir.«

Gefühle mit Worten und Tönen zu verbinden bringt einem oft Tränen. Nicht Tränen der Trauer, nicht einmal Tränen der Freude, sondern mehr Tränen der Rührung. Da rührt sich etwas in uns. Etwas, was in uns den Wunsch auslöst, der beste Mensch, der wir sein können, zu werden. Sich bemühen, ohne Bedingungen zu lieben. Verständnis zu haben. Umarmungen von Herzen zu geben. Nichts mehr oberflächlich zu tun. Nicht mehr zu klatschen, tratschen, lügen. In jedem Moment zu leben.

Habe ich es geschafft? Nein. Aber ich bemühe mich. Und

wenn ich mich mal wieder dabei ertappe, daß ich etwas tue, was ich eigentlich schon lange ablegen wollte, dann nehme ich es zur Kenntnis, entschuldige mich, wenn nötig, und mache es das nächste Mal anders. Ich vergebe mir selbst. Ich übe ja noch.

Doch wie bekommen wir dieses Verhältnis zu Gott? Wo ist Gott? Oder wo ist Gott nicht? Die Suche beginnt in der Stille…

4

Stille

Durch Meditation
Ruhe finden

Vor vielen Jahren fing ich an, nach mehr Stille in meinem Leben zu suchen, nachdem ich ihr immer aus dem Weg gegangen war. Stille bedeutete früher Einsamkeit für mich, und die wollte ich auf jeden Fall vermeiden. Doch man ist nur einsam, wenn man sich selbst nicht kennt. Wenn man sich nicht schätzt und somit keine Zeit mit sich selbst verbringen will. Und man ist auch nur einsam, wenn man kein Verhältnis mit Gott und den himmlischen Helfern hat. Denn wir können immer den Kontakt zu unseren Meistern, Lehrern, Engeln und unserem himmlischen Vater aufnehmen. Nachdem mir das klar wurde, war ich bereit, das Abenteuer der Stille zu suchen. Und es war ein wirkliches Abenteuer...

Ich begann mit einem Tag der Woche, an dem ich nicht sprach. Ich suchte mir die Donnerstage aus. Ich las nicht, ich hörte keine Musik und sah nicht fern. Na, da hätten Sie mal meinen Verstand hören sollen: »Ja, hast du denn nichts zu tun? Das darf doch nicht wahr sein, da sitzt du hier rum und starrst Löcher in die Luft. Schau doch nur mal auf deinen Schreibtisch! Da sind genug Briefe zu beantworten...« Ich versuchte, diese Gedanken zu ignorieren, konnte aber nicht umhin, mich zu fragen, ob ich nicht doch ein bißchen zu weit ging. Nachdem ich einige dieser Donnerstage hinter mir hatte, merkte ich jedoch, was für einen wichtigen Schritt diese Ruhe in meinem Leben bedeutete. Ich war es gewöhnt, einfach *zu sein*, und ich hatte es mir bis dato auch nicht erlaubt. Nach einer Weile war ich ein klein wenig stolz auf mich, daß ich diese Donnerstage so durchhielt. Ich gebe es zu.

Ich versuchte, den Tag zu Hause zu verbringen, aber wenn irgendwelche Termine anstanden, zum Beispiel beim Friseur oder beim Zahnarzt, ging ich hin. Für diesen Zweck hatte ich einen kleinen Zettel bei mir, auf dem stand: »Ich spreche heute nicht. Aber wenn Sie Fragen haben, dann kann ich sie schriftlich beantworten. Danke.« Als ich diesen Zettel zum ersten Mal bei meinem Friseur herzeigte, fing die Dame an der Rezeption plötzlich sehr laut und langsam zu reden an, so als ob ich mit dem Nichtsprechen auch gleichzeitig taub geworden wäre. »SETZEN... SIE... SICH... DA... MAL... HIN... WIR... HOLEN... IHRE... FRISEUSE!« Ich lachte. Natürlich tonlos.

Mein Mann war aufs extremste genervt! Regelmäßig Donnerstag morgens konnte er partout irgend etwas nicht finden und hatte tausend Fragen, die ich ruhig und gelassen schriftlich zu beantworten versuchte. Was mir nicht immer gelang. »Warum mußte er mir das Leben nur so schwer machen?« fragte ich mich mehr als einmal. Und ein gelegentlicher Besuch im »Zimmer des Selbstmitleids« blieb da nicht aus. Frustriert starrte er auf den Zettel (ich gebe meine schlechte Handschrift durchaus zu) und behauptete, er könne kein Wort davon lesen. Innerlich wußte ich, daß das nicht stimmte, und fing zu brodeln an, aber er wollte unbedingt, daß ich wieder »normal« werde. Doch dafür war es schon seit einiger Zeit zu spät. Schließlich waren mir diese Kämpfe doch zu anstrengend, und ich schrieb ihm einen Brief: »Mein Liebling, ich weiß, daß Dich das wahnsinnig nervt, wenn ich an Donnerstagen nicht spreche, aber ich probiere einfach mal wieder etwas Neues aus, weil ich dazulernen möchte. Bitte habe Verständnis dafür. Ich brauche Deine Großzügigkeit. Ich liebe Dich. Wie immer. Deine Sabrina.« – Am Nachmittag schickte er mir Blumen, und auf der Karte stand: »Ich liebe Dich, ob Du sprichst oder nicht..., aber Sprechen ist mir lieber. Doch nächsten Donnerstag werde ich es versuchen. Richard.« Ab dann wurde es besser. Wenn es auch nicht jedesmal klappte...

Einmal waren wir mit Freunden im Urlaub, und auch hier gab es wieder einen Donnerstag, an dem ich nicht sprach. Wir machten ausgerechnet an diesem Tag alle eine kleine Erkundigungstour auf einer winzigen Insel. Ich hatte die Karte, mein Mann fuhr, und um ihm die Richtung anzugeben, wedelte ich immer wild mit den Armen vor seiner Nase herum. Er war bis an seine Grenzen gespannt! Warum mußte ausgerechnet er eine Frau haben, die durchdreht? Wir fuhren in einem kleinen Elektroauto, und mein Sicherheitsgurt konnte nicht mehr aufgemacht werden. Nachdem wir von unserer Tour zurückgekommen waren, versuchte ich, der Frau vom Autoverleih zu erklären, daß der Sicherheitsgurt kaputt war. Mein Mann stand amüsiert neben mir, wie ich der Frau ohne Worte und dummerweise ohne Schreibzeug die Situation per Gesten klarmachen wollte. Er war keine Hilfe. Innerlich grinsend, daß ich mich so anstrengen mußte, schien er zu denken: »Das geschieht ihr recht.« Die Frau verstand »kein Wort« und schaute fragend zu meinem Mann hinüber. Der war gerade dabei, das Auto mit den diversen Geschenken zu entladen, und legte mir die ganzen Taschen und Tüten in die Arme. Dabei meinte er trocken: »Meine Frau ist taub und stumm, aber zum Tragen ist sie noch ganz gut zu gebrauchen.« Die Frau schaute ihn völlig entsetzt an, und man konnte erkennen, was sie befürchtete. Mir fielen vor Lachen fast die Geschenke aus den Händen... natürlich wieder tonlos.

Heute weiß ich, daß mein erster Versuch in der Stille nicht das war, was ich eigentlich lernen sollte. Ich sprach ja. Nur nicht mit Worten, eben mit Gesten oder mit Zetteln. Ich war nicht still, denn es war fast anstrengender, jedesmal alles aufzuschreiben, als mit kurzen Worten zu antworten. Aber es war mein erster Versuch. Und er bescherte mir ein paar lustige Erlebnisse.

Später, als ich mehr verstand und einfach »nicht ansprechbar war«, merkte ich den Unterschied. Da ich nicht nur Ehefrau, sondern auch Mutter bin, mußte ich meiner damals vierjährigen Tochter erklären, warum Mama das tun wollte. Mit vielen Worten versuchte ich ihr den Sinn von Stille, Meditation und Gebet zu erklären. Ein paar Monate später, wieder ein Donnerstag, waren wir für ein paar Tage auf einem Reiterhof, und eine Dame fragte Julia: »Warum spricht deine Mama denn heute nicht?« Julia schaute nur kurz zu mir hoch und sagte kurz und knapp, was ich ihr ein paar Wochen vorher umständlich zu erklären versucht hatte: »Mama spricht heute mit Gott.« Ich war baff. Ja, das war es, was ich tun wollte.

Unser Leben ist angefüllt mit Geräuschen. Es beginnt schon am frühen Morgen, bei dem wir mit roher Gewalt durch den Wecker aus unseren Träumen und aus unserer Ruhe gerissen werden. Automatisch geht das Radio oder der Fernseher an, bis wir frisch gestriegelt und gespornt im Auto sitzen. Auch hier gibt es wieder Nachrichten oder Musik. Im täglichen Berufsleben die üblichen Geräusche. Verbringen wir unsere Tage zu Hause, dann gibt es Fernsehen rund um die Uhr, was manchmal einfach nur so als Geräuschkulisse läuft, damit wir uns nicht einsam fühlen. Die Kinder erzählen, das Telefon klingelt, da steht Besuch vor der Tür. Und am Abend wird wieder irgend etwas eingeschaltet, oder man beschäftigt sich mit Büchern, Zeitschriften oder dem Computer, bis man später ins Bett geht und erst dann für ein paar Minuten Stille findet.

Diese Stille hat dann mit Ruhe nichts zu tun, denn sie war zumindest bei mir angefüllt mit Gedanken, die mich einfach nicht losließen. Ungelöste Probleme, Menschen, die mich genervt hatten, Herausforderungen, auf die ich keine Antworten wußte, wälzten sich in meinem Kopf herum und ließen mich nicht schlafen. Irgendwann einmal schlief ich dann doch erschöpft ein, nur um am nächsten Morgen nicht nur durch die schrillen Töne meines Weckers, sondern auch mit einem unangenehmen Druck auf der Magengegend (durch all die ungelösten Probleme) aufzuwachen. Doch wie werden wir diesen Druck los? Es begann bei mir durch Meditation. Die ersten Versuche, in mir Stille zu finden. Mein Mann kam eines Tages nach Hause und erzählte mir, daß er sich für einen Meditationskurs angemeldet habe. Wissenschaftler hätten bestätigt, daß Meditation gut für die Gesundheit sei, und ein Kollege habe ihm davon erzählt. Das Wort »Meditation« hatte ich damals schon irgendwo mal gehört. Machten das nicht irgendwelche Inder? Ich besaß aber keine Vorstellung davon, was das denn eigentlich bedeutete. Ich sagte spontan, daß ich da gern mitgehen würde. Das hört sich ganz lustig an. Mal was anderes. Wir lernten die transzendentale Meditation, in der man ein »Mantra« bekommt, das man immer in Gedanken vor sich hersagt. Das war das erste Mal, daß ich irgendwo ruhig für zwanzig Minuten saß, ohne etwas »zu tun«. Natürlich »tat« ich dennoch was. Ich war ja damit beschäftigt, dieses Wort, das für mich keine Bedeutung hatte, sondern nur ein paar Silben einschloß, immer wieder in Gedanken zu halten. Der Sinn lag darin, andere Gedanken, die einem natürlich dauernd dazwischenkamen, leicht wegzuschicken und sich immer wieder auf das Mantra zu besinnen. Julia, damals ein krabbelndes Kleinkind, lernte bald, daß Mama da nicht ansprechbar war. Nachdem ich mich geweigert hatte, auf ihre »Mama«-Rufe zu reagieren, war ihr klargeworden, daß sie sich einfach selbst beschäftigen mußte. Was sie dann auch relativ schnell lernte.

Mein Mann gab nach ein paar Monaten auf, aber ich machte weiter. Es war mir zwar eigentlich fürchterlich langweilig, und ich hielt meine Uhr zwischen meinen Händen, um zwischendurch immer mal wieder draufzuschielen, ob die Zeit nicht abgelaufen sei, aber ich merkte einen deutlichen Effekt an mir. Ich war ruhiger geworden, konnte besser schlafen, und die Gedanken, die abends beim Zubettgehen durch meinen Kopf schossen, konnten durch dieses Mantra kontrolliert werden. Zweimal am Tag für zwanzig Minuten nahm ich mir diese Zeit.

Meditation ist Konzentration und Fokus. Und bedeutet nicht ausschließlich, »nichts« zu denken. Später erreicht man diesen Zustand, indem man nur *ist*, aber das erfordert in der Regel jahrelanges Training, obwohl es natürlich auch hier Ausnahmen gibt. Es hängt von dem Willen und der Sehnsucht ab und davon, was man dafür zu tun bereit ist. Das ist ähnlich wie mit dem Klavierspielen. Da setzen wir uns auch nicht in der ersten Stunde hin und erwarten, wie Mozart spielen zu können. Aber je mehr wir am Klavier üben, desto besser werden wir. Es gibt auch einen Grund, warum Meditationen mindestens zwanzig Minuten lang dauern sollten: Erst nach dieser Zeit tritt im Körper der Effekt ein, den man erreichen will: das Loslassen.

Früher hatte ich das Gefühl, daß ich die Zeit dafür einfach nicht erübrigen konnte. Wer hat denn schon mindestens vierzig Minuten extra am Tag? Unsere Tage sind doch eh schon so voll!

Jeder von uns hat dieselben vierundzwanzig Stunden. Und diese Stunden sind angefüllt mit Dingen, die für uns wichtig sind. Einige davon lebensnotwendig – wie essen, schlafen, sich um die Kinder kümmern, saubermachen, Geld verdienen, Bewegung. Und mit weniger wichtigen: Bei mir waren das Sendungen, die mich eigentlich nicht interessieren. Am Telefon zu lange zu reden. Schaufensterbummel. Ein Roman, der mir nicht viel gab.

Doch wie wichtig ist es für mich, »mit Gott zu reden«? Ist das für mich »lebensnotwendig«, also wichtig, oder unwichtig? Könnte ich sagen: »Lieber Gott, tut mir leid, aber heute habe ich einfach keine Zeit, mich bei dir zu bedanken, ich habe Wichtigeres zu tun«? Irgendwie zuckte ich bei diesem Gedanken doch zu sehr zusammen. Außerdem durfte ich sehr schnell feststellen, daß mir nach einer Meditation alles sehr viel leichter und schneller von der Hand ging. Ich erledigte jetzt mehr an einem Tag als jemals zuvor. Und das allein war es schon »wert«.

Meditation ist wie gesagt Konzentration. Fokus. Die Gedanken werden geleitet, man konzentriert sich auf eine Sache. Diese eine Sache mag der Atem sein (dem man einfach nur zuhört) oder ein Gedanke, den man hält (ein Mantra), eine Farbe, die man sich vorstellt (zum Beispiel Pink), oder eine gedankliche Reise, die man macht (man beobachtet etwa einen Regenbogen). Irgendwann einmal erreicht man dabei den Zustand des »Seins«. Man *denkt* nicht mehr, man *ist* »nur«. In dieser Ruhe sind wir dann bereit, leichter und einfacher göttliche Inspirationen aufzunehmen. Meditation ist auch die Kontrolle der Gedanken. Aber welche Gedanken wollen wir denn »kontrollieren«? Ich nahm mir einmal einen Kassettenrecorder, um meine Gedanken »aufzunehmen«. Ich saß dann einfach nur da und dachte. Während ich »dachte«, sagte ich meine Gedanken laut vor mich hin und nahm meine Stimme dabei auf. Das hörte sich ungefähr so an: »Nun bin ich ja gespannt, was ich jetzt denke. Kuck mal, ein Vogel. Mein Magen knurrt, ich habe ja noch nicht gefrühstückt. Habe ich eigentlich genug Brot im Haus? Der Kühlschrank müßte auch mal wieder ausgewaschen werden. Und abgetaut. Mein Rücken tut mir immer noch weh. Die Esther hat doch bald Geburtstag, was schenke ich ihr nur? Was gab es denn letztes Jahr? Daß ich mich da nicht mehr daran erinnern kann! Der Rücken tut immer noch weh. Hab' ich mich verlegt? Ich müßte mich einfach mehr bewegen. Warum fällt es mir nur immer so schwer, regelmäßig zu turnen? Ist da ein Loch im Zahn? Nein, doch nicht, da fühlte sich bloß irgend etwas komisch an.« Das waren sie also, meine *so* wichtigen Gedanken, die ich hatte …

Mir war klar, daß dies einfach normale tägliche Gedanken waren und daß wahrscheinlich sogar Jesus oder Buddha ähnliche gehabt haben mögen. Es ging aber weniger darum, diese Gedanken, die den täglichen »Kleinkram« beschreiben, loszuwerden, als die, die uns negativ programmieren: »Die anderen sind immer gegen mich.« – »Ich kann diesen Kollegen nicht mehr ertragen.« – »Wie dumm nur alle Autofahrer sind.« – »Mit blonden Frauen kann man wirklich nicht reden.« – »Warum geht bei mir immer alles schief?«

Vorurteile, langgehegter Ärger, die Unfähigkeit loszulassen, das sind die Gedanken, die verändert werden können, indem man, so schlicht und einfach sich das auch anhören mag, an etwas anderes denkt – es positiv überlagert. Das ist in Wirklichkeit nicht einfach, manchmal frustrierend, aber trotzdem möglich. Es erfordert ein hohes Maß an Willen und eine gewisse Geduld, um mit der anfänglichen Enttäuschung, daß es nicht gleich funktioniert, umgehen zu können. Und in der Stille und in der Meditation nehmen wir uns die Zeit, um bewußt an etwas anderes zu denken. Wir kreieren unsere Gedanken; je bewußter wir uns sind, desto klarer gehen unsere Gedanken in die Richtungen, die unsere Seele sich aussucht. Und wie gesagt: Wir müssen unser Denken verändern, wenn wir unsere Situation verändern wollen.

Es hilft, sich am Anfang einen Meditationslehrer oder eine Meditationslehrerin zu suchen. Da es verschiedene Methoden gibt, sind Sie vielleicht neugierig und wollen einige davon ausprobieren. Falls Sie allerdings von jemandem hören sollten, daß nur seine Methode die alleinseligmachende sei, Sie nur dadurch »erleuchtet« würden, in den »Himmel« kämen, »weiter« als die anderen gelangten, dann schlage ich vor, daß Sie sich Ihr Kissen unter den Arm nehmen und sich jemand anderen suchen...

Jeder Lehrer, der Ihnen in irgendeiner Form unangenehm ist oder Sie einschüchtern will, kann nicht Ihr Lehrer sein. Und Sie werden auch nicht automatisch in einer Sekte landen, nur weil Sie sich einer Meditationsgruppe anschließen. Eine Sekte kommt nicht über einen wie ein Schnupfen. Das merkt man vorher, das fühlt man, das sieht man. Jeder, der Sie vereinnahmen will, der Ihren persönlichen Willen nicht akzeptiert, bei dem Sie Haus und Hof sowie Ihr Erbteil abgeben und den Kontakt zu Freunden abbrechen sollen, der Ihnen Arroganz anderen gegenüber vermittelt, der Ihnen »unheimlich« ist, in dessen Nähe Sie leben müssen, der in irgendeiner Weise Forderungen stellt, der Ihnen sexuell zu nahe tritt, bei dem Sie sich entblößt und klein vorkommen, der Ihnen Entscheidungen abnehmen will, statt Sie selbst denken zu lassen, versucht, Sie zu kontrollieren. Falls diverse Kurse zur »Erleuchtung« dringend notwendig sind, die dazu auch noch sehr viel Geld kosten, wenn Sie dabei eine Hierarchieleiter nach oben steigen, würde ich persönlich davon abraten. Aber auch hier entscheiden Sie bitte selbst, was Ihnen das Ganze »wert« ist. Meditationslehrer müssen Geld verdienen, und das sollen sie meiner Meinung auch. Geld ist ein Ausdruck unserer Wertschätzung der Gaben, die uns ein anderer gibt. Wir bezahlen unsere Babysitter, Automechaniker und Privatlehrer schließlich auch. Ich habe die Erfahrung gemacht, und so halte ich es ebenso bei unseren Kursen, daß man da auch mitmachen kann, wenn man das Geld dafür nicht hat. Man zahlt dann eben, was man kann. Oder hilft sonst irgendwie aus. Aber wenn das Geld im Mittelpunkt steht oder wenn man »neue Mitglieder« anwerben muß, dann geht es nicht um die Liebe zum Nächsten, sondern um die »Liebe« zur Macht. Gute Meditationslehrer suchen nach keinem »Harem«, keinen »Jüngern«, sondern sie versuchen, Sie zu Ihrer eigenen Unabhängigkeit anzuleiten. Gute Meditationslehrer brauchen niemanden, der voller Bewunderung neben ihnen sitzt, da sie in ihrer Liebe zum Dienst alles haben, was sie brauchen. Daß man andere inspirieren darf, ist eine Gnade.

Wenn Sie zu einer Gruppe gehen und einfach vorsichtig sein wollen, dann nehmen Sie zur Sicherheit Freunde mit. Beobachten Sie die kleinen Zeichen, und hören Sie auf Ihre Intuition. Sie sollen sich inspiriert und nicht verführt fühlen. Ein ganz wichtiger Punkt einer wahren und liebevollen Lehre in Gott ist auch, das Leben hier freudig zu erleben. Wenn man Ihnen also einreden will, daß da irgendwo ein außerirdisches Raumschiff warte, das Sie mitnimmt (und nur Sie natürlich, weil Sie soviel besser als die anderen sind…), oder daß der Weltuntergang nur noch wenige Wochen vor uns liege und Sie, um gerettet zu werden, einen Platz in einem Bunker oder an einem »sicheren« Ort für sich und Ihre Familie kaufen könnten, dann entfernen Sie sich, so schnell es geht. Und warnen Sie auch noch die, die das glauben könnten. Gott ist nicht Angst. Gott hat keine Auserwählten, die besser als die anderen sind. Und Gott hat ebenso nicht vor, diese Erde in nichts aufzulösen. Wozu auch?

Zurück zur Stille. Es hilft, mit einer Gruppe zu meditieren, gemeinsam zu beten. Da in dem gemeinsamen Gefühl eine wundervolle Kraft liegt. Dieselbe Kraft, die zur Christmette in einer herrlichen Kirche auf uns übergeht, dieselbe Kraft, die wir in einem Tempel empfinden. Aber das ist nur »eine Seite der Medaille«. Die andere ist die des Alleinseins mit Gott: ein persönliches, inniges Verhältnis aufzubauen. Wie bei jedem anderen Verhältnis erfordert das Zeit. Tiefe Freundschaften entstehen nicht, wenn wir zwanzig Minuten die Woche miteinander verbringen und dann nur Oberflächliches mitteilen. Freundschaften wachsen durch das Interesse und die Zeit, in der wir miteinander ein »Verhältnis« aufbauen. Und mit Gott ist es nicht anders, ebenso mit Engeln. Je öfter wir Zeit miteinander verbringen, desto inniger ist unser Verhältnis.

Nach einem Jahr transzendentaler Meditation wollte ich etwas Neues ausprobieren, und ich lernte geführte Meditationen – solche, in denen »Spirits«, also Wesen, die nicht in Körperform präsent sind, mit uns reden. Das können Engel oder Geistführer sein. Die Namen bedeuten nichts, es geht nur um die Klarheit der Botschaft. Auch hier gilt es wieder aufzupassen: Nur weil jemand keinen Körper hat, heißt das noch lange nicht, daß er alles wüßte. Ein anfängliches Gebet könnte so lauten: »Lieber Gott (oder welchen Ausdruck Sie bevorzugen), aus tiefstem Herzen und tiefer Sehnsucht bitte ich, daß der Engel, den du für mich aussuchst, mit mir in Kontakt tritt. Ich möchte Unterstützung auf meinem Weg zu dir. Ich danke dir von Herzen. Amen.« Die Intention wird unsere Erfahrung bestimmen. Darauf habe ich mich immer verlassen.

Meditationen laufen für mich immer unterschiedlich ab. In

einigen verschwinde ich fast in mir und kann mich, wenn ich meine Augen wieder aufschlage, an nichts mehr erinnern. In anderen höre ich Gedanken, die ich nicht gedacht habe. In wieder anderen Gefühle der Ruhe und Entspannung. Und ab und zu habe ich Schwierigkeiten, mich zu konzentrieren, und verbringe die meiste Zeit damit, mich zurechtzuweisen: »Ja, sag mal, was ist denn heute los?« Ich bleibe trotzdem diese Zeit einfach sitzen und bemühe mich eben so gut, wie es geht. Und ganz wichtig zu wissen ist – das habe ich dazugelernt –: Selbstbeschimpfung hilft relativ wenig…

In der Meditation gibt es zwei wichtige Aspekte: einen aktiven und einen passiven. Das läßt sich mit den Wellen des Meers vergleichen. Die Flut ist das Aktive (das Entwickeln neuer Ideen und die Beantwortung von Fragen). Die Ebbe ist das Passive (das In-sich-Sein, In-Gott-Sein, In-Ruhe-und-Frieden-Sein). Es geht also um die Balance zwischen Tun und Sein.

Wir stellen Gott in der Meditation Fragen, deren Beantwortung uns weiterbringen und uns mehr Verständnis für unsere Erlebnisse hier auf Erden vermitteln soll. Wenn wir diese Fragen voller Neugierde, voller Begeisterung in unseren Gedanken halten, dann werden die Antworten zu uns kommen. Wir erhalten Botschaften durch Menschen, Ereignisse, Informationen, die »plötzlich« auftauchen. Und natürlich auch in Meditationen. Doch dazu muß Platz für die Antworten geschaffen werden. Und dieser Platz entsteht in der Stille einer Meditation, in der wir einfach nur *sind*. Stellen Sie sich vor, daß Sie in Ihrem Kopf ein Vakuum kreieren. Einen Raum, der nahtlos ist. In den kein Geräusch und kein Gedanke eindringen können. Und dann plazieren Sie sich selbst in dieses Vakuum und *sind* einfach. Hören nur Ihrem Atem zu. In dieser Stille, in diesem Sein, kreieren wir den Raum für unsere Antworten.

Im Moment, und das kann sich, bis Sie das Buch lesen, wieder geändert haben, meditiere ich wie folgt: Zuerst gehe ich auf die Knie und singe zu Gott: »Himmlischer Vater, den ich liebe und dem ich mein Leben weihe, ich bin in dir, und du bist in mir. Wir.« In der immer noch knienden Position lege ich meinen Kopf nach unten, damit meine Stirn den Boden berührt. Damit beuge ich mich in Demut vor der Kraft, die alles ist. Ich halte dabei meinen Rosenkranz in den gefalteten Händen und finde mich tief in meinem Herzen wieder, indem ich mich bei Gott für mein Leben bedanke. Die Gaben, die ich in meinem Sein finde. Ich stelle mir dann Jesus vor, der meine Hand hält. Ich sehe mich immer als kleines Kind daneben… und ich gebe mich diesem Gefühl ganz hin. Oftmals begleitet von Tränen der Dankbarkeit.

Nach einer Weile begebe ich mich in die Lotusposition, das ist die Meditationshaltung, bei der man mit verschränkten Beinen sitzt. Das rechte zuerst eingezogen, dann das linke. (Das wurde mir in einer Meditation so gezeigt. Den Grund kenne ich nicht.) Manchmal lege ich mich auch flach auf den Boden.

Dann summe ich für eine ganze Weile. Lege in diese Töne meine Liebe zu Gott und meinen Mitmenschen. Das ist kein bestimmtes Lied, sondern das sind einfach Töne, die ganz natürlich aus mir herauskommen. Mein Körper entspannt sich dabei. Ich fülle damit auf, was mein Körper braucht.

Immer mehr Wissenschaftler finden die Wichtigkeit von Tönen für den Körper heraus und bestätigen das, was uns die Meditationslehrer vorschlagen. Ich singe so lange, bis mein Körper selbst »zu summen« anfängt. Da macht es plötzlich irgendwie »Klick«. Als ob mein Körper sich wieder in einer harmonischen Ebene aufhält. Das dauert manchmal zehn Minuten, ein andermal eine halbe Stunde.

Anschließend stelle ich mir vor, daß mein Körper in einer rosafarbenen Wolke sitzt. Rosa, die Farbe der Liebe, umhüllt mich innen und außen. Dann erlaube ich mir vorzustellen, daß ich mich in einem Spiegel sehe, so wie ich sein möchte: gesund, kraftvoll, faltenlos und ohne Zellulitis an den Oberschenkeln (schließlich ist mein Körper mein Tempel, meine Kirche, und den hätte ich gern schön). Dann ziehe ich von mir die »alte Haut«

ab. Stelle mir also in Gedanken vor, daß alles, was diesem Bild nicht entspricht, von mir abfällt.

Danach rufe ich meine Seelenschwestern. Mit mir zusammen sind wir sieben, und ich bitte jede von ihnen, zu mir zu kommen. Ich stelle sie mir im Kreis vor. Jeder von uns fühlt sich einer Farbe des Regenbogens besonders nah: Suzane = Rot, Sharon = Orange, Sunny = Gelb, Martee = Grün, ich = Blau, Sheila = Lila und Samantha = Pink. In diesem Kreis halte ich mich eine Weile auf und genieße die Liebe zu meinen Schwestern.

Danach lasse ich mich einsinken in die Dankbarkeit, daß ich hier im Dienst stehen darf. Diese Dankbarkeit findet Ausdruck in dem Satz: »Ich bedanke mich für diese Ehre.« Und damit versinke ich in einem Frieden und einem Gefühl der Einigkeit, in dem ich so lange wie möglich bleibe. In diesem Gefühl der Einigkeit finde ich meine Stille. Hier »bin« ich einfach nur und »tue« nichts mehr.

Am Schluß bedanke ich mich für diese Erfahrungen und erhebe mich, um meine täglichen Aufgaben zu erfüllen.

Diese Meditation dauert morgens eine Stunde. Und ich mache sie abends vor dem Schlafengehen noch mal. Ich knie vor meinem Altar im Schlafzimmer, und auch hier beuge ich mich, bis meine Stirn den Boden berührt. Ich bedanke mich für den Tag und daß ich auch heute wieder mehr erfahren durfte. Anschließend lege ich mich hin. Da ich meinen Mann nicht mit meiner »Summerei« nerven möchte, gehe ich eine halbe Stunde vor ihm zu Bett.

Wenn man anfängt, die Kunst der Meditation zu lernen, dann fühlt man sich oft enttäuscht. Wir hatten doch etwas eigenartige Vorstellungen, was man dabei erwarten sollte. Deepak Chopra antwortete einmal auf die Frage »Warum schlafe ich beim Meditieren immer ein?« mit einer logischen Erklärung: »Weil Sie müde sind.«

Der Körper ist so erschöpft, daß er jeden Zustand der Stille ausnutzt, um einzuschlafen. Ausgeschlafen zu meditieren ist einfacher.

Nicht jede Meditation ist gleich. Ich erinnere mich an die Zeit, in der ich fast jedesmal irgendwelche Informationen bekam, und plötzlich hörte ich auf. »Ja was ist denn los?« fragte ich mich verwundert. »Was mache ich denn jetzt schon wieder falsch?« nahm ich automatisch an. Ich ging suchend in die Meditation und kam frustriert wieder heraus. Konnte für die längste Zeit keine Erklärung dafür finden. Bis ich merkte, daß ich trotzdem ausgeruht war, mich ruhig fühlte, entspannt wirkte und sicher in meinen Entscheidungen war. Es dauerte lange, bis ich erkannte, daß ich eine andere Phase erlebte. Eine, in der ich mich eins fühle mit dem Universum. Die mein Herz weiter aufmachte. In der ich etwas anderes empfing als Worte und Gedanken. Ich empfand Liebe. Ich habe damals nicht erkannt, daß ich damit »Platz« machte, um später in meiner wachen Situation meine Antworten zu erkennen. Das sind im Moment gute neunzig Prozent meiner Meditationen. Ab und zu bekomme ich Anweisungen. Vielleicht eine im Monat. Wenn's hochkommt. Zuerst war ich besorgt, daß ich vielleicht nicht mehr mit meinem Engel verbunden bin, bis mir der Vergleich mit dem Radfahren kam.

Wenn wir das Radfahren lernen, dann hält uns am Anfang jemand fest. Angenommen, es ist unsere Mutter, die uns das beibringt, dann wird sie uns vorn am Lenkrad oder hinten am Gepäckträger Hilfe beim Gleichgewichthalten geben. Sie läuft dann auch mit und wird uns später, wenn wir etwas sicherer sind, ab und zu loslassen. Doch immer noch läuft sie mit, jederzeit bereit einzugreifen. Wir sind ja noch nicht so sicher. Nachdem wir eine Weile geübt haben, mag sie vielleicht vor dem Haus stehenbleiben, während wir vor ihr hin und her fahren. Doch ab und zu wird sie uns immer noch zurufen: »Paß auf, nimm die Kurve nicht so eng.« Oder: »Achtung, die Bordsteinkante.« Schließlich sind wir aber so sicher, daß wir selbst diese Warnung nicht mehr erhalten müssen. Und nur ab und zu, wenn wir besonders waghalsig irgendein

Manöver ausprobieren wollen, dann kommt so etwas wie ein »Konzentriere dich!«, um uns auf etwas hinzuweisen.

Vergleichbar ist es beim Meditieren. Wir leben mehr und mehr das Leben, das wir uns gewünscht haben. Wir haben mehr und mehr »Radfahren« gelernt. Und da brauchen wir diese Hilfe am Lenkrad nicht mehr, denn wir wissen jetzt (endlich) selbst, welchen Weg wir gehen müssen.

Ich erinnere mich jedenfalls noch gut an den Unterschied zwischen meinem ersten und meinem zweiten Visionquest. Wir saßen immer tagsüber und abends um das Feuer und hörten Zarathustra zu. Mir fehlte diesmal die Euphorie, die ich bei meinem ersten Visionquest empfunden hatte. Warum war sie dieses Mal nicht da? Stimmte irgend etwas nicht?

Ich fragte Zarathustra, und seine Antwort war wie immer wunderbar logisch und einleuchtend: »Du erlebtest Menschen um dich herum, die alle wahrhaftig waren, liebevoll, offen, und die dich so annahmen, wie du warst. Das hat dich bei diesem ersten Visionquest tief berührt. Das Gefühl war neu für dich, denn du kamst aus einer Phase, in der weder du noch die Umstände, die du in deinem Leben kreiert hast, eine solche Liebe und Achtung widerspiegelten. Seit letztem Jahr hast du vieles in deinem Leben verändert. Der Unterschied ist jetzt nicht mehr so groß. Deshalb fühlst du ihn nicht mehr so tief.«

Ich war unendlich dankbar dafür. Und erkannte, wie wahr doch seine Worte waren. Ich wurde beim »Radfahren« immer sicherer.

Natürlich genieße ich die Zeit, in der ich mich einfach nur eins fühle mit dem himmlischen Vater. Allerdings gibt es auch Zeiten, in denen ich unbedingt eine Antwort zu einer Frage brauche. Dann setze ich mich zur Meditation und halte nur diese eine Frage hochkonzentriert in meinen Gedanken fest, und irgendwann kommt dann eine Idee dazu. Plötzlich taucht sie auf. Und mit ihr eine unglaubliche Freude und Dankbarkeit. Immer. Ab und zu sitze ich da allerdings eine ganze Weile ...

Die Natur ist eine wundervolle Unterstützung auf unserem Weg in die Stille, in die Meditation oder ins Gebet. Jedesmal wenn wir einen Sonnenuntergang ergriffen beobachten, meditieren wir. Jedesmal wenn uns ein Vogel mit seinem Gesang berührt, meditieren wir. Jedesmal wenn wir uns vom Mond verzaubern lassen, dann haben wir uns in eine andere Wahrnehmung tragen lassen.

Ich liege gern auf der Erde und meditiere. Lehne gern an einem Baum. Ich liebe es, nachts den Sternenhimmel zu betrachten und mich im Kerzenschein oder dem Blick ins offene Feuer zu verlieren. Jeder von uns hat seine eigene Art, seine eigene Weise, zu meditieren und Stille zu suchen. Ausprobieren und das Zulassen helfen uns, unseren eigenen Weg zu finden. Und dabei sind wir von wundervollen Helfern umgeben...

5

Unsichtbares

*Engel, Channel und
Reisebegleiter*

So wie wir unsere Kinder nicht allein auf eine Reise schicken, so
hat uns unser himmlischer Vater Begleiter mitgegeben. Damit es
da ein Licht gibt, das vor uns leuchtet, falls wir uns verlaufen
sollten. Ich habe mich viel »verlaufen« in meinem Leben, aber
das war keineswegs »umsonst«. Denn jeder Schritt, den ich bisher machte, hatte seinen Sinn. Hat er mir doch die Erfahrungen
gebracht, die ich damals brauchte. Engel spielten seinerzeit für
mich keine Rolle. Ich war viel zu sehr damit beschäftigt, der Welt
zu beweisen, daß ich nicht »doof« war, schließlich hatte ich kein
Abitur (was mir doch einige Zeit im Magen lag), war auch noch
blond und beim Fernsehen... Nachdem mir Freunde von Engeln
und Channeling berichtet hatten, ließ ich mich dann doch darauf ein. Halb aus Neugier und, wie schon erwähnt, mit der fixen
Idee, daß ich damit »Hilfe von oben« beim Beurteilen von anderen Menschen erhalten würde.

Doch wie ging das denn nun eigentlich alles los mit dieser
Reise, unserem Leben? Warum haben wir uns diese Erfahrung
ausgesucht? Und warum auf diese Weise?

Am Anbeginn allen Lebens waren wir in Gott vereint. Glücklich. Unglaublich glücklich. Wir wußten, daß wir das Licht sind,
das strahlt. Nach einer langen, langen Unendlichkeit hatten wir

jedoch Lust auf eine neue Erfahrung, und damit begann das, was dem »Big Bang« oder »Großen Knall« entspricht: Wir fingen an, uns in alle Richtungen zu bewegen. Welten wurden kreiert, Universen gegründet, Planeten geboren. Und wir, der wir Teile Gottes waren, wollten schaffen und erleben, weil es uns Erkenntnis bringt. Denn was uns wirklich interessiert, ist, wer wir sind und wer wir sein wollen. Wir entscheiden jeden Tag aufs neue, ob wir freundlich oder wütend, kleinkariert oder großzügig, liebevoll oder neidisch sind. Und darin kreieren wir unsere eigenen Erfahrungen. Wir kreieren den Menschen, der wir sein wollen, und machen damit die Erfahrungen, die wir suchen.

Das kommt in vielerlei Formen auch äußerlich zum Ausdruck. Meine Nichte Trixi hatte zum Beispiel einmal eine Zeit, in der sie sich die Zunge piercte und die Haare mit lila Strähnchen färbte. Als sie dann eines Tages sagte, sie wolle Altenpflegerin werden, meinte ich scherzhaft: »Meine liebe Trixi, du erschrickst die älteren Damen und Herren zu Tode. Du ziehst dich so an, wie du gesehen werden willst. Bist du, was du anhast?« Sie dachte nach. Ich stellte mich mit ihr vor den Spiegel, und in ihren Augen erkannte ich, daß sie sich noch suchte.

Wer bin ich, und wer will ich sein? Trixi hatte ein »Kostüm«, eine »Verkleidung« an. Ähnlich wie der saloppe ältere Herr mit Lederjacke, der den Porsche fährt. Oder die junge Frau, die mit teurer Aktentasche und Armani-Kostüm Geschäftsfrau spielt. Oder der Teenager, der mit zu weiter Hose und diversen Stahlketten den Coolen spielt. Auf der Suche nach uns selbst sind das unsere Kostüme, so wollen wir gesehen werden. Doch früher oder später finden wir uns.

Wir gingen in Gruppen aus (Seelengruppen werden in einem späteren Kapitel noch ausführlich behandelt) und wählten den Planeten, der uns die meisten Erfahrungen verschaffen würde. Doch nicht alle von uns wollten »leben«, so wie wir es verstehen. Einige wollten uns unterstützen, uns erinnern, wenn wir im »Leben« vergessen haben, wo wir herkommen, und blieben in ihrem Lichtkörper. Wir dagegen kreierten in unserem Lichtkörper eine feste Form, denn Masse entsteht durch eine Verlangsamung von Licht.

Das läßt sich gut mit dem Beispiel eines Ventilators erklären: Ist der Ventilator aus, sehen wir klar und deutlich seine Flügel. Stellen wir den Strom an, bewegen sich die Scheiben irgendwann einmal so schnell, daß unser Auge sie nicht mehr erkennt und es aussieht, als ob sie »verschwunden« sind.

Geister, Engel, Feen, Spirits und Verstorbene leben in dieser »schnelleren« Frequenz und sind deshalb für die meisten von uns nicht sichtbar. Aber fühlbar, wenn wir wollen und uns darauf einstellen.

Nehmen wir als weiteres Beispiel die Luft. Luft gibt es. Das wissen wir. Doch haben wir sie jemals wirklich gesehen? Nun ja, irgendwie schon. Luft muß in einem Ballon sein. Sie kommt in unsere Lungen, damit wir atmen können, sie ist in Autoreifen und Luftmatratzen. Wir »ahnen«, daß es sie gibt, uns wurde gesagt, daß sie existiert, aber im alltäglichen Leben wird sie nicht wirklich gesehen. Doch ohne Luft würden wir ersticken. Das wissen wir. Keiner von uns käme ernsthaft auf die Idee, die Existenz der Luft anzweifeln zu wollen. Wir fühlen sie nämlich. Da gibt es kalte und warme Luft. Heiße Luft, die unseren Lungen beim Einatmen fast weh tut – wie manchmal in der Sauna –, und kalte Luft, in der beim Ausatmen Nebel vor uns entstehen. Wir fühlen Luft, und deshalb wissen wir um ihr Vorhandensein.

Spirit läßt sich gut mit Luft vergleichen. Denn auch Spirit kann gefühlt werden. Sie können es, wenn Sie möchten, sofort ausprobieren. Schließen Sie Ihre Augen, gehen Sie tief in Ihr Herz, und fragen Sie: »Wie sehr liebst du mich, lieber Gott?« Oder: »Liebst du mich, mein Schutzengel?« Und dann warten Sie einfach ab. Suchen Sie nicht nach dem Gefühl. Es kommt von selbst.

Jeder von uns erlebt diesen Moment anders. Nach ungefähr fünf Sekunden entsteht in meinem Inneren ein unglaubliches Glücksgefühl, das mir manchmal Tränen in die Augen steigen läßt. Kurz danach diese Dankbarkeit, die ich aussende, für die Gnade dieses Gefühls.

Einige von uns erleben eine tiefe Ruhe, Entspannung. Andere weinen, einige müssen lachen, sie fühlen sich leichter, wieder andere umarmt oder geküßt. Manch einer schläft darauf sogar ein.

Aber das Gefühl kommt immer, wenn wir wahrhaftig darum bitten. Das geschieht so automatisch, wie die Luft in unsere Lungen kommt. Wir überlegen uns beim Ausatmen nicht etwa: »Hoffentlich ist noch genügend Luft für mich da, wenn ich jetzt wieder einatmen muß. Was mache ich bloß, wenn keine neue Luft nachkommt?« Wir wissen, daß es genügend gibt. Wenn ich einatme, dann nehme ich keinem etwas weg. Es gibt genug Luft für alle.

Vergleichbar ist es mit unseren Begleitern. Sie sind für jeden da. Ich werde öfters in Briefen oder nach Vorträgen gefragt, ob ich nicht mal eine bestimmte Situation für jemanden mit »meinem« Engel nachprüfen könnte. Ich nehme den Fragenden dann liebevoll »auf den Arm« und antworte so ähnlich wie: »Es ist sehr gut, daß du mich damit fragst. Weißt du, der liebe Gott hat nämlich gesagt: ›Und die Sabrina kriegt von mir die meisten Erfahrungen. Der gebe ich die klügsten Engel und die tiefste Intuition. Mit der rede ich am meisten, die ist meinem Herzen nämlich am nächsten.‹« Spätestens nach dem zweiten Satz geht jedem ein Licht auf und er fängt zu grinsen an.

Wir sind in unserem Leben das Theater, die Bühne, die Schauspieler, der Regisseur, die Worte und das Publikum. Und das auch noch alles gleichzeitig, obwohl wir uns meistens mit dem Schauspieler auf der Bühne identifizieren. Wir weigern uns oft, das Ganze zu sehen. Entweder, weil wir im »Zimmer des Selbstmitleids« festsitzen, einfach mit dem einen oder anderen Drama zu beschäftigt sind oder weil wir schlicht und ergreifend in einer Angelegenheit »recht« haben wollen.

In diesem persönlichen Schauspiel, das wir auf unserer eige-

nen Bühne kreiert haben, geht allerdings nichts ohne Strom. Der
Strom repräsentiert das Leben, das Licht und die Kraft, die in uns
wirkt. Für mich ist das Gott. Wenn wir auf unsere eigene Bühne
gingen und uns bewußt wären, daß es ohne Strom kein Licht in
unserem Theater gäbe (und wir nichts erkennen könnten), dann
würden wir einen entscheidenden Schritt bei der Erkenntnis unseres Selbst machen.

Der Strom, von dem ich meine Informationen erhalte, ist derselbe Strom, von dem jeder seine Information bekommt, nicht
besser und nicht schlechter. Deshalb weigere ich mich standhaft,
solche Situationen, in denen ich »meine« Engel für jemand anderen befragen soll, zu fördern. Gott sei Dank haben meine Lehrer das auch bei mir nicht unterstützt. Und die wenigen, die selbst
glauben, daß sie »besser« seien als ihre Schüler oder »einen
schnelleren Draht zu Gott hätten«, von denen mußte ich mich relativ zügig wieder trennen. Denn sie haben vergessen, daß es die
Aufgabe eines Lehrers ist, andere zu inspirieren. Man darf gern
mal die Richtung zeigen, aus welcher der Strom kommt, aber
jeder von uns hat seine eigene »Steckdose«.

Einmal hatte ich eine Lehrerin, sie hieß Rose, die mir viel über
die Wichtigkeit von Tönen beigebracht hat. Dafür bin ich sehr
dankbar. Und sie hat mich auch gelehrt, daß ich meinen Verstand
benutzen soll ... vielleicht nicht ganz freiwillig. Einmal lud sie
eine Gruppe ihrer Schüler in ihr Haus ein, und wir meditierten
zusammen. Mitten in der Meditation erzählte sie uns von ihrer
Vision, die sie gerade hatte. Wir waren sechs und hörten alle
aufmerksam zu. Sie erklärte uns dann, daß wir, die Anwesenden,
die Retter der Welt wären. Daß wir von einem anderen Planeten
stammten und sie, Rose, die Leiterin sei. Wir müßten uns gemeinsam regelmäßig zum Gebet treffen und mit Hilfe ihrer Führung bestimmte Rituale ausführen, um die Welt vor einer Zer-
störung zu bewahren.

Meine Nackenmuskeln zogen sich sofort zusammen, und in
mir schüttelte sich alles. Die Welt soll von sechs Menschen ge-

rettet werden! Was für eine Arroganz dahintersteckt! Ich konnte es kaum abwarten, bis diese Vision vorbei war – heute würde ich einfach aufstehen und gehen, doch damals hatte ich dann doch noch nicht die Courage –, und verließ die Gruppe nach der Meditation. Meine Zeit mit Rose war vorbei.

Wir *alle* wachsen in unserer Erkenntnis, und das ist bei Engeln und Spirits nichts anderes. Eine hohe Vibration (das schnelle Bewegen des Lichts) entsteht aus Wissen und Mitgefühl. Diese hohe Vibration verdienen wir uns. Und da gibt es keinen Unterschied zwischen dem Unsichtbaren und uns Sichtbaren. Alle Lebewesen wachsen und erhöhen ihre Frequenz.

Spirits sowie Lebewesen, die in der materiellen Form leben – also wir –, erhöhen ihre Frequenz durch gute Taten. Denn wir alle fühlen uns besser, wenn wir jemandem geholfen haben. Und in der Großzügigkeit, die im Helfen steckt, fühlen wir uns glücklicher. In diesem Glücksgefühl ist uns »leichter ums Herz«. Je großzügiger und je liebevoller wir sind, desto wohler fühlen wir uns in unserem Leben.

Ich spürte früher eine tiefe Hoffnungslosigkeit, wenn ich Nachrichten sah. Kopfschüttelnd erfuhr ich von Menschen, die andere unglaublich schlecht behandelten. Ich saß mit Freunden stundenlang zusammen und redete über die Lage der Welt und wie kritisch sie doch sei. Und jedesmal danach fühlte ich diese Depression, dieses Gefühl der Lähmung, daß man ja eh nichts dagegen machen könnte.

Dummerweise muß ich zugeben, daß ich es damals nicht einmal probiert habe. Es war nämlich sehr viel einfacher, sich nur mit intellektuellen Ausführungen zu beschweren, als wirklich ernsthaft, mit Zeitaufwand und persönlichem Einsatz, etwas zu tun. Seitdem ich mich persönlich einsetze, fühle ich auch diese Hoffnungslosigkeit nicht mehr. Denn sie ist der Hoffnung gewichen. Und das passiert nur, wenn man ernsthaft und aktiv ein Problem lösen möchte. Meine liebe Freundin Eva zum Beispiel hat beschlossen, aktiv etwas gegen die Mißhandlung von Tieren

zu unternehmen. Besonders wichtig ist ihr eine artgerechte Tierhaltung, und sie spricht sich auch gegen das Töten von Tieren für
die Pelzindustrie aus.

Vielen von uns geht es so, daß wir eine Situation betrachten
und uns denken:»Irgend jemand müßte etwas dagegen unternehmen.« Doch wenn wir so einen Gedanken haben, dann sind
es *wir*, die etwas unternehmen sollten. Genau das, was uns aufregt, ist unsere Aufgabe im Leben. Sich für eine Sache einzusetzen, für die man tiefe Gefühle hegt. Das ist nämlich einer der
Gründe, warum wir hier sind: dazu beizutragen, daß wir diese
Welt in ein Paradies verwandeln. Nur vom Darüber-Reden wird
sie bestimmt nicht besser. Ideal ist, wenn nach Gebeten Handlungen folgen.

Eine ganz liebe Dame schrieb mir einmal, daß sie sich so einsam fühle. Daß es da niemanden gäbe, der seine Zeit mit ihr ver-
brächte, und ob ich nicht die Engel bitten könnte, ihr zu helfen.
Ich fühlte mit ihr und wußte, wie sehr sie sich wünschte, daß
jemand an ihre Tür klopft, um sie aus ihrer Einsamkeit zu holen.
Mein Vorschlag war folgender:»Klopfen *Sie* an die anderen
Türen. Suchen *Sie* sich ein Heim, einen gemeinnützigen Verein,
die Nachbarin, die dringend jemanden zum Babysitten braucht,
es sich aber nicht leisten kann, und in kürzester Zeit ist es vorbei
mit der Einsamkeit.«

In der Regel kommen dann die diversen»Aber...« (»Aber ich
kenne doch niemanden hier.« – »Ja, vielleicht mal nächste Woche.«) Man muß sich entscheiden: Will ich das wirklich, oder will
ich es nicht? Will ich das»Zimmer des Selbstmitleids« verlassen?
Oder ist es nicht einfacher, sich zu beschweren, als aktiv etwas zu
verändern? Lange bin ich den vermeintlich»bequemeren« Weg
gegangen, bis es mir dann doch irgendwann einmal klar war, daß
die Beschwerden allein mein Leben nicht verbessern. Und nachdem ich mir diese Ausreden selbst nicht mehr erlaubte, mußten
über kurz oder lang auch meine Freunde darunter»leiden«.

Meine liebe Freundin Rita zum Beispiel, eine tiefspirituelle, kluge, schöne und lebenslustige Frau, steckte vor einigen Jahren in einer Beziehung fest, die ihr fast die Luft abdrückte. Sie war kaum wiederzuerkennen. An einem ihrer Geburtstage schickte ich ihr kleine »Flügelohrringe« mit einer Karte dabei: »Ich möchte Dich nur daran erinnern, daß Du immer noch Flügel hast, selbst wenn Du sie nicht benutzt.«

Jedesmal wenn wir telefonierten, erzählte sie mir, wie unglücklich sie doch in dieser Beziehung sei. Und daß es immer schlimmer als besser würde und sie nicht mehr weiterwisse. Ich stellte ihr diverse Fragen, schlug einige Veränderungen vor, aber es passierte monatelang eigentlich gar nichts. Ich war einfach nur die »seelische Mülltonne«, in die Rita ihren persönlichen Mülleimer ausleerte.

Nach einer Weile merkte ich, daß ich nicht gern Mülltonne bin und daß es Rita außerdem nicht besonders weiterhalf. Als sie das nächste Mal anrief, bereit mit einem neuen vollen Mülleimer, hörte ich wieder einmal den wohlbekannten Satz: »Mir geht's so schlecht.«

»Wie schlecht geht es dir denn?« fragte ich nach.

Überrascht über die Frage antwortete sie: »So schlecht ging es mir noch nie.«

»Geht es dir schlecht genug?«

Stille. »Wie meinst du das jetzt?«

»Geht es dir schlecht genug, um etwas zu verändern?«

Die Veränderung, das war uns beiden klar, war eine Auflösung dieser Beziehung, die keine Partnerschaft, sondern ein Machtkampf war. Und Rita wußte genau, daß sie ihre Lebensumstände nur durch eine konsequente Trennung verändern konnte. Alles andere hatte sie nämlich schon über Jahre probiert.

»Also«, fragte ich nochmals nach, »geht es dir schlecht genug, um etwas zu verändern?«

Nach einer Weile kam die Antwort leise und zögernd: »Ich glaube, noch nicht.«

»Dann ruf mich wieder an, wenn's dir schlecht genug geht und

du was unternehmen willst. Dann helfe ich dir gern.« Und damit
legte ich auf.

Dieser Anruf kam ein paar Monate später, und damit begann
ihre Veränderung und ein neuer Schritt in eine andere Frequenz.
Die Erhöhung der Frequenz kann auch genausogut »Liebe«
genannt werden. Aber diese Liebe ist verknüpft mit Wissen und
Mitgefühl. Wenn ich für Rita weiterhin die »psychische Mülltonne« geblieben wäre, hätte ich sie nicht wirklich unterstützt.
Ich hätte ihr zwar mein Mitgefühl, aber nicht mein Wissen gezeigt. Ihr also einen Teil der Liebe vorenthalten.

Das, was ich weiß und was ich erfahren habe, verdanke ich
verschiedenen Spirits. Allen voran Zarathustra. Mein Onkel
Alwin gab mir als Kind den Spitznamen »Zarathustra, mein
Weib«. Und weder ihm noch mir war damals klar, daß er unbewußt diesen Namen für mich ausgewählt hatte, damit ich später
als vierunddreißigjährige Erwachsene darauf reagieren würde.

Es gab noch andere Lehrer, einige menschliche, einige gechan-
nelte, einige, die ich in meiner eigenen Stille fand und die mir ihre
Weisheit vermittelten. Und dann gab es Jesus.

An Jesus mußte ich mich erst wieder gewöhnen. Das hat mit
den Wunden aus meiner Vergangenheit zu tun. In seinem Namen
gibt es zu viele Fanatiker. Das hat mich immer ein bißchen nervös gemacht. Deshalb wollte ich eigentlich von ihm weg. Zarathustra war diesbezüglich weniger »negativ besetzt«. Da gab es
keinen, soweit ich wußte, der sagte, daß, wenn wir nicht an Zarathustra glaubten, wir es nicht bis zum Himmel schaffen würden...

Es gibt eine interessante Anekdote dazu, deren Pointe allerdings für alle religiösen Fanatiker zutrifft, die behaupten, im Be-
sitz der alleinseligmachenden Auffassung zu sein:

Ein Buddhist kommt in den Himmel. Er klopft an die Pforte, und
sie wird ihm aufgemacht. Ein Engel steht dort und weist ihm den
Weg: »Willkommen im Himmel, einfach die zwei Stufen nach

rechts gehen, dann ganz, ganz leise diesen langen Gang entlang, bis du zu einer neuen Tür kommst, und einfach aufmachen, dahinter wird dir geholfen.« Der Buddhist bedankt sich, geht die zwei Stufen nach rechts, schleicht sich leise an dem langen Gang vorbei und geht durch die nächste Tür.

Es klopft wieder an der Himmelstür, dieses Mal ist es ein Jude, und wieder weist ihm der Engel den Weg: »Willkommen im Himmel, einfach die zwei Stufen nach rechts gehen, dann ganz, ganz leise diesen langen Gang entlang, bis du zu einer Tür kommst, dahinter wird dir weitergeholfen.« Der Jude nimmt die zwei Stufen, schleicht sich leise den langen Gang entlang und öffnet die nächste Tür.

Ein Esoteriker kommt und klopft an die Pforte; wieder öffnet der Engel, und auch ihm weist er den Weg: »Willkommen im Himmel, einfach die zwei Stufen nach rechts gehen, dann ganz, ganz leise diesen langen Gang entlang, bis du zu einer Tür kommst, dahinter geht es weiter.« Und auch er folgt den Anweisungen.

Ein Moslem klopft an die Tür, der Engel öffnet, und wieder gibt er die Wegbeschreibung. Aber der Moslem wird neugierig: »Warum muß ich mich denn so leise auf dem Gang vorbeischleichen?«

»Da wohnen die Christen, die glauben, die sind die einzigen hier.«

Mein Weg zu Jesus ging durch Zarathustra. Einmal im Monat fuhr ich nach San Diego, zwei Autostunden entfernt von Los Angeles, wo ich wohne, um Zarathustra und Jacqueline zuzuhören. Zuerst sprach Jacqueline darüber, was sie von Zarathustra gelernt hatte, bereitete uns also vor, und nach einer Pause kam sie weißgekleidet wieder zurück. Sie band ihr Haar nach hinten, entfernte den Lippenstift, sprach ein Gebet und ging in Trance. Nach ein paar Minuten fiel sie vornüber, der Körper hing leblos nach unten, bis Zarathustra ihn mit einem tiefen Atemzug wieder nach oben holte.

Die Augenfarbe Jacquelines veränderte sich immer leicht, und auch ihre Gesichtszüge verschoben sich auf eigenartige Weise. Zarathustras Stimme hatte einen starken Akzent, und besonders am Anfang verstand ich akustisch nicht immer alles. Eines Tages, es war mal wieder eins dieser Wochenenden in San Diego, brachte Jacqueline eine Bibel mit. Wann wir die denn zum letzten Mal gelesen hätten, wollte sie wissen. Also ehrlich gesagt, hatte ich sie noch nie ganz gelesen, hatte nur vom »Hörensagen« oder aus meiner Kinderzeit bestimmte Absätze in Erinnerung. Zarathustra sprach später von seinem Bruder »Joshua«, so wie Jesus ursprünglich im Hebräischen heißt. Viele von uns (wir waren ungefähr fünfzig Zuhörer) rutschten unruhig auf den Stühlen herum. Wir dachten, Jesus hätten wir schon »hinter uns«. Entschuldigung, Joshua. Wir waren weiß Gott von der Wahrheit Unendlichkeiten entfernt.

Ungefähr zur selben Zeit hatte ich das bereits beschriebene Erlebnis mit dem Dalai-Lama mit der Nachricht: »Du bist Christin, ob es dir paßt oder nicht.« Da ich wußte, daß es keine Zufälle gibt, nahm ich die Hilfe Zarathustras dankbar an. Ich kaufte mir meine erste eigene Bibel. Es war einen Monat vor Weihnachten, und ich begann mit dem Neuen Testament. Las es durch, Wort für Wort, legte das Buch immer mal wieder auf die Seite und dachte nach. Es war mir klar, daß die Bibel nicht wörtlich verstanden werden darf, zumindest von mir nicht (aber das ist meine Wahl, Sie mögen vielleicht eine andere treffen), und daß da einiges nicht drinsteht, was die Person Jesu beschreibt.

Hatte er Humor? Hat er sich jemals lachend auf die Schenkel geklopft? Hat er gezweifelt? So wie ich um Hilfe gerufen? Geweint? Wollte er manchmal aufgeben? Mußte er genauso seinen Weg suchen wie wir?

Zarathustra erklärte uns seinen Weg: »Sein Ringen um Wahrheit war eurem Ringen nicht unähnlich. Aber er wußte um sein Schicksal. Wie seine Mutter um sein Schicksal wußte. In euch gibt es keine Erbsünde. Denn ihr kommt aus dem Licht, aus dem auch er kommt. Er ist nicht durch eure Schuld gestorben, fühlt euch nicht schuldig an seinem Tod, er ist *für* euch gestorben. Er hat sein Leben für die Wahrheit gegeben. Daß ihr in ihm findet euren Trost, wenn ihr ihn sucht. Daß ihr in ihm findet eine Hand, die euch hält. Daß ihr in ihm findet ein Licht, das euch vorausgegangen ist. Aber in seinem Sterben lag eine Gnade, etwas, das er auf sich nahm, um es allen anderen, die nach ihm kommen sollten, leichter zu machen. Er bot sich an als Halt für die, die Halt suchen. Aber er hat nie gesagt, daß es ohne ihn nicht ginge. Er bot an, daß er benutzt werden kann, als Treppe, als Hand, als Licht, das euch zurück zum Vater führt.«

Zarathustras Worte berührten mich tief.

Ein weiteres Geschenk von Jesus war das Wissen um das ewige Leben, die Auferstehung des Fleisches und daß er immer wieder gesagt hat: »Was ich tue, könnt auch ihr, und mehr.« Er wollte nicht, daß wir das Gefühl haben, er sei zu weit weg von uns. Er wollte uns ein Beispiel sein, damit wir wie er werden können. Und das ist keine Blasphemie, das ist sein Wunsch.

Zarathustra erklärte uns, daß wir uns nicht auf das »Karma« konzentrieren sollen. Karma oder »Das Gesetz von Ursache und Wirkung« besagt, daß alles, was man in der Vergangenheit getan hat, irgendwann einmal auf einen zurückkommt. Daß man »alte Schulden« abbauen müsse, indem man bestimmte Erfahrungen macht, um die Last loszuwerden. Eines der Geschenke, die Jesus uns gab, war, daß durch seinen Tod jedes Karma aufgelöst werden kann. Wenn wir ihn nur aufrichtig darum bitten. Das bedeutet die vollkommene Vergebung – für alle »Schulden« oder »Sünden« (Worte, mit denen ich persönlich sehr wenig anfangen kann, da aus meiner Sicht alle Erfahrungen da sind, um aus ihnen zu lernen und uns selbst zu erkennen). Wir müssen also nicht mehr durch »unseren Müll« gehen. Erinnern Sie sich an die Geschichte von dem Müllmann und dem Dreck unter dem Teppich. Mit allem Respekt und aller Liebe für Jesus, aber er ist der »göttliche Müllmann«, der uns unsere vergangenen Erfahrungen, unseren alten Müll, abnimmt. Und so, wie ich ihn kenne, würde er über den Vergleich herzlich lachen. Aber damals »kannte« ich ihn noch nicht, ich hatte noch kein persönliches Verhältnis zu Jesus. Ich las die Bibel, hörte Zarathustra zu und versuchte, durch Stille und Meditation Jesus zu fühlen, aber da kam nichts. »Will ich es nicht wirklich?« fragte ich mich. »Er wird doch nicht beleidigt sein, daß ich so lange nichts mehr von mir habe hören lassen?« fragte ich scherzhaft meine Freundinnen.

Fast genau ein Jahr später spürte ich ihn dann endlich. Ich war in meinem Studio, saß vor meinem Altar, worauf ein großes Bild von Jesus stand, und hatte kurz vorher leise eine Weihnachts-CD aufgelegt. Und da plötzlich hörte ich: »Stille Nacht, heilige Nacht, alles schläft, einsam wacht, nur das traute hochheilige Paar, holder Knabe im lockigen Haar, Christus der Retter ist da.« Und mit diesen Tönen, die mich schon als kleines Kind so unendlich berührt haben, brach ich in Tränen aus und weinte und weinte und weinte. Und immer wieder hörte ich dieses Lied, und immer wieder weinte ich. So als ob ich die Mauern und Schlösser, die ich um mein Herz gelegt hatte, durch mein Weinen wegschwemmen wollte.

Und dann fühlte ich ihn. Und ich sah mich als kleines Kind, und ich sah diese Hand vor mir, in die ich meine Hand hineinlegte, und zu ihr legte ich mein Vertrauen und meine Liebe und meine Sehnsucht, und endlich, endlich fühlte ich, was es bedeutet, zu Hause zu sein. Und bis heute finde ich Jesus am leichtesten, wenn ich die wunderschönen alten religiösen Lieder aus meiner Kinderzeit singe.

Was für mich Jesus ist, mag für Sie Buddha sein, die Mutter Erde, das Licht der Sonne. Jeder von uns macht diese Erfahrung auf seine Weise, und zu wem Sie sich auch hingezogen fühlen, seien Sie sicher, daß diese Liebe auf Gegenseitigkeit beruht.

Je nach unserer Bereitschaft, Wissen und Mitgefühl zu erweitern und dann auch nach den Erkenntnissen zu leben, helfen uns die Engel und Spirits, die ebenfalls auf einer ähnlichen Ebene sind. Wenn wir also unsere Frequenz erhöhen, dann wird es neue Engel und neue Spirits geben, die uns weiterhelfen. Wobei es sich bei dieser Erhöhung um keine Hierarchie handelt. Jemand mit einer leichteren Frequenz fühlt sich einfach in seinem Leben wohler, denn er lebt in Frieden, selbst wenn Chaos herrscht. Das bedeutet nicht, daß er mehr wert ist als ein anderer, der eine schwerere Frequenz vorzieht. Rot ist nicht schlechter als Lila. Das tiefe C ist nicht schlechter als das hohe C. Ein Kegelclub ist nicht schlechter als eine Bastelgruppe. Aber ein Kegelbruder würde sich in der Bastelgruppe wahrscheinlich nicht so wohl fühlen. Deshalb hat er sich fürs Kegeln entschlossen. Und wenn ihm das irgendwann nicht mehr gefällt, fängt er vielleicht zu basteln an. Es ist eine andere Vibration, und wir halten uns am liebsten in der Wellenlänge auf, in der wir uns »zu Hause« fühlen.

Ab und zu erhalten wir allerdings auch die Gelegenheit, zu überprüfen, wieviel wir denn schon gelernt haben, etwa dann, wenn wir Informationen bekommen, die angeblich von einem weiseren Wesen stammen sollen, sich aber irgendwie komisch anhören – wie im folgenden Fall. Um die Privatsphäre der Frau in diesem Beispiel zu schützen, habe ich den Namen und die Umstände etwas modifiziert, allerdings ohne das Erlebnis zu verändern.

Elli, so möchte ich sie nennen, kam zu einem meiner Vorträge in einer mitteldeutschen Kleinstadt. Sie stellte sich als Channel vor. Nach dem Vortrag blieb sie, bis die letzten gegangen waren, und sie sagte, sie hätte eine Nachricht für mich. Wir setzten uns in eine Ecke, und sie erzählte, daß sie den Erzengel Gabriel channelte, der eine Nachricht für mich hätte und sie das gern hier für mich machen möchte. Elli, eine ganz liebevolle Frau, saß in sich ruhend vor mir, erwähnte allerdings, daß es ihr schwerfiel, im Auditorium zu sitzen, weil sie immer mehr Schwierigkeiten hat, wenn Menschen um sie sind. Das war das erste, was mich stutzig machte. Und zweitens ißt sie kaum noch. Auch das fühlte sich seltsam an.

Ich hatte früher schon mal eine Erfahrung mit einer Frau gemacht, die sich als ein Engel sah, der eine menschliche Form angenommen hatte, und keine Berührung mehr ertragen konnte. Da mein Verständnis für Engel ein anderes ist, war das für mich nicht glaubhaft gewesen. Ich bin mir sicher, daß gerade Engel in Körperform Menschen gern umarmen, denn dadurch geben sie ihre Liebe weiter.

Es ist möglich für Engel, daß sie eine menschliche Erfahrung wählen. In der Regel, um zu helfen und um ihr Mitgefühl zu erhöhen und zu verstärken, denn wie gesagt, auch Engel erhöhen ihre Frequenz durch Wissen, den Dienst und ebendieses Mitgefühl. Und da Mitgefühl für mich immer mit der Liebe für Menschen verbunden ist, kann ich mir die körperliche Abneigung gegenüber Mitmenschen besonders für einen Engel nicht erklären.

Zurück zu Elli. Sie wollte also für mich channeln, um mir eine Nachricht zu überbringen. Erzengel Gabriel (oder eigentlich Gabriela, da sie einen eher femininen Ausdruck hat) ist mir sehr vertraut. Ich schloß die Augen und bat um Information, ob und für wie lange diese Chanellingsession gehen sollte. Ich hörte: »Zehn Minuten.« Eine erstaunlich kurze Zeit für ein Channeling, aber ich erzählte Elli von diesem Vorschlag und ob ihr das recht wäre.

Sie nickte, wir setzten uns gegenüber, und ich sprach ein Gebet: »Himmlischer Vater, möge diese Zeit, die wir miteinander verbringen, uns Wahrheit und Liebe vermitteln. Amen.«

Ich hielt meine Augen geschlossen und hörte Ellis Atem. Nach einer kurzen Weile fühlte ich einen Druck in meiner Herzgegend und öffnete die Augen. Ellis waren noch geschlossen, und sie fing mit einer leicht veränderten Stimme an zu sprechen. Da ich den genauen Wortlaut nicht mehr weiß, beschränke ich mich auf den Inhalt.

Gabriel(a) begrüßte mich und sprach darüber, wie sehr sie sich über die Gelegenheit freute und daß sie sich jetzt persönlich davon überzeugen konnte, was ich denn schon gelernt hatte. Das machte mich zum dritten Mal stutzig, da »persönlich« ein eigenartiger Ausdruck für einen Spirit ist, der mich doch in- und auswendig kennen müßte.

Dann fing Gabriel an, mir zu erklären, daß alle Religionen gleich seien und ich erkennen müßte, daß keine besser als die andere sei. Hier war ich das vierte Mal verwundert. Denn das ist es, was ich immer sage und auch weiß; und es machte für mich keinen Sinn, daß die kurzen zehn Minuten mit etwas erfüllt werden, was ich eh schon wußte und auch weitergebe. Wieder hatte ich das Gefühl, daß dieser »Gabriel« mich nicht kennt.

Dann veränderte sich seine Stimme und wurde laut und fordernd: »Wann wirst du endlich das leben, was du lehrst? Und wann wirst du endlich deine eigene Aufgabe annehmen und auch channeln. Springe auf, auf meinen Strahl, und ich werde dir die Informationen schicken, die du brauchst.«

Mittlerweile waren die zehn Minuten vorbei, und mir war jetzt klar, warum mir in meinem kurzen Gebet nur zehn Minuten gegeben worden waren. Ich brauchte nicht länger, um herauszufinden, daß es sich hier auf keinen Fall um die Gabriela handelte, die mir so unendlich vertraut ist. Spirits mit hoher Frequenz stellen keine Forderungen. Niemals! Sie machen Vorschläge, helfen einem liebevoll und verständnisvoll über Täler. Fordern nichts – und schon gar nicht, daß man sich ihnen anschließt und sie channelt. Channeling ist etwas, was in meinem Lebensplan nicht vorgesehen ist. Das weiß ich. Aber dieser Gabriel wollte, daß ich mich ihm anschließe, und das ist sein Wunsch nach Macht. Auch der Satz »Wann wirst du endlich das leben, was du lehrst?« hat mit mir einfach nichts zu tun. Ich hoffe nicht, daß das hochnäsig klingt, aber »I walk my talk«, ich tue, was ich sage. Und ich gebe gern zu, daß ich öfter mal »danebentapse«, aber das immer sofort behebe und immer weiter an mir arbeite. Auch hier war mir wieder klar, daß dieser Spirit meine Seele nicht kannte.

Jetzt wollte ich dieses Gespräch abbrechen und hörte nicht mehr zu, sondern ich schickte in Gedanken eine Nachricht: »Danke. Das ist genug. Die zehn Minuten sind vorbei. Bitte beende deine Information. Sie ist nicht für mich.« Elli (oder Gabriel) sprach trotzdem weiter. Gabriel hörte meine Forderung nicht. Und da wahre Spirits Gedanken lesen können, war es noch ein weiteres Anzeichen dafür, daß die Frequenz nicht besonders hoch sein konnte.

Schließlich mußte ich energisch und mit lauter Stimme diese Session abbrechen: »Ich danke dir für deine Zeit, aber du kennst mich nicht. Den Weg, den du vorschlägst, gehe ich nicht, da es nicht meiner ist. Gott segne dich.«

Die Stimme wurde plötzlich wieder sanfter. Der Ton der Forderung war verschwunden, eine seltsam unwahre Weichheit machte sich breit; und nachdem ich den Satz noch zweimal wiederholen mußte (»Gabriel« hörte einfach nicht auf), war die Session dann endlich beendet.

Elli kam aus ihrer Trance wieder zurück und schaute mich an. »Ich kann mich leider immer an nichts erinnern, nur an den letzten Satz, daß das nicht dein Weg sei.«

»Ja, das stimmt«, antwortete ich ihr, »danke für die Zeit«, und damit umarmte ich sie. Ich war in einer Zwickmühle. Was mache ich nur? Sage ich ihr, was ich von dem Spirit halte? Will sie das? Ich erinnerte mich daran, was Zarathustra mir beigebracht hatte: »Gib nur Rat, wenn du gefragt wirst.« Ich schaute sie liebevoll an und war bereit, ihr zu antworten, falls sie mich fragen sollte.

Sie erzählte mir, daß sie ein Buch über ihr Leben schreibe, und fragte, ob sie mit mir in Kontakt bleiben könne. Ich nickte und fühlte in mich hinein. Nein, merkte ich, sie hat mich nicht gefragt, was ich denn von »Gabriel« halte. Besonders wenn sie sich noch an die Antwort »Das ist nicht mein Weg« erinnern kann, wäre ich als Elli schon neugierig gewesen und hätte mir ein paar Fragen gestellt. Aber die kamen nicht, und damit kam mir die Klarheit, daß sie an meiner Meinung nicht interessiert ist. Vielleicht wird sie diese Zeilen lesen und sich wiederfinden. Und was immer dann danach passiert, lege ich in Gottes Hand.

»Wenn der Schüler bereit ist, taucht der Lehrer auf!« Das ist ein wundervolles Sprichwort und eines von denen, die auch stimmen. Wir können darauf vertrauen, daß diese Aussage immer stimmt. Um den Lehrer in sein Leben zu holen, sei es nun auf spiritueller oder menschlicher Ebene, hilft es, wenn wir auf unsere Intuition hören.

Unsere Intuition ist eine Möglichkeit, Wahrheit zu fühlen, die jeder von uns anders empfängt. Doch was, wenn man nicht weiß, wie seine eigene Intuition funktioniert? Mir war das lange nicht klar...

6

Gefühle und Intuitionen

Das Öffnen des Herzens

Im letzten Kapitel ist recht viel geweint worden. Falls Sie im Hinterkopf den Glauben hatten, daß durch Spiritualität diese stoische Ruhe kommt – und man nur noch emotionslos und milde lächelnd durch die Welt meditiert, dann hat sich das sicher inzwischen als Irrtum herausgestellt. Zumindest ist dies meine Erfahrung. Der Unterschied zu früher besteht allerdings darin, daß es uns jetzt nicht mehr stört, wenn wir weinen, da es ein ganz natürlicher Ausdruck unserer Gefühle ist, und daß wir uns auch vor anderen nicht mehr genieren. Wir haben ja nichts zu verstecken.

Intuition funktioniert nicht, ohne daß wir unsere Gefühle zulassen. Und da lag bei mir schon die erste Hürde: Ich ließ meine Gefühle nicht zu. Ich hatte über so viele Jahre eine Mauer um mich herum aufgebaut, um mich dahinter zu verstecken, daß diese Mauer nur Stein für Stein abgetragen werden konnte. Ich fühlte mich immer als zu sensibel für diese Welt, und mein Wunsch war es, endlich ein dickeres Fell zu bekommen. Wenn ich verletzt wurde, dann lag mir das oft wochenlang im Magen, und ich weinte in der Stille meines Zuhauses, um den Schmerz loszulassen. Nach außen ließ ich mir »natürlich« nichts anmerken. Doch obwohl ich weinte, wußte ich nicht, was ich tun sollte.

Ich hatte keinen Weg, um diese Schmerzen wirklich aufzulösen, denn mir fehlte das Verständnis für den anderen. Für den, der mir diesen Schmerz zugefügt hatte. Und nur durch das Verständnis für die Situation von beiden, *mir und dem anderen*, bin ich in der Lage, den Überblick zu bekommen. Einen Überblick, der dringend notwendig ist, wenn man über die kleinen »Verletzlichkeiten« hinwegkommen will. Diesen Überblick kann man nur erreichen, wenn man nach einem Sinn des Lebens sucht. Denn nur dann geht man tiefer, sucht in jeder Erfahrung nach der Bedeutung, nach dem Warum dieser Erfahrung.

Als ich endlich anfing, meinen spirituellen Weg zu gehen, begann auch ich zu vergleichen. Da war meine Freundin Rita, deren Intuition ich sehr bewunderte. Wenn sie jemanden traf, dann hatte sie sofort »eine Ahnung«, was mit dieser Person los war. Sie »sah« in ihrem inneren Auge Teile aus deren Vergangenheit, manchmal sogar Erfahrungen, die sie mit dieser Person in der Zukunft machen würde; und ich stand mit offenem Mund daneben. »Das will ich auch«, wünschte ich mir. Schien es mir doch damals die einfachste Möglichkeit zu sein, Menschen zu erkennen. Und das war es ja, was ich immer wollte. Denn, Sie erinnern sich, ich wollte nur noch Menschen um mich herum haben, die so »wie ich« sind. Die immer nett zu mir sind und mich nie verletzen…

Aber ich bekam solche Informationen nicht. Ich hatte auch keine besonderen »Gefühle« anderer Menschen gegenüber, außer den üblichen: Der ist mir sympathisch und der nicht so sehr. Das einzige, was da als Ahnung in mir lebte, war eine Stimme, die irgendwie über meiner Schulter »hing« und die mir ununterbrochen sagte, was ich nicht kann und was bestimmt gleich schiefgehen würde. Wenn ich irgendwo draußen im Dunkeln war, jagte mir diese Stimme eine wahnsinnige Angst ein, als ob mich jeden Moment irgend jemand überfiele. »Sei vorsichtig«, flüsterte es gefährlich, und dementsprechend nervös schaute ich mich um.

Das einzige, was ab und zu durch mich durchdringen konnte, war ein trauriger Film, ein sensibles Buch, da fiel es mir leicht, leise loszuschluchzen. Meinen Mitmenschen gegenüber hatte ich diese Art von Gefühlen schon lange nicht mehr. Ich war viel zu beschäftigt, sie in kleinen Schächtelchen einzuordnen, und in diesen Schächtelchen war für Mitgefühl kein Platz. Da ich fast dauernd das Empfinden hatte, daß ich mich »wehren« müßte, waren logischerweise nicht wenige in meinem Leben »gegen« mich. Und wenn man einmal so ein Gefühl von »ich und meine Freunde gegen den Rest der Welt« aufgebaut hat, dann bleibt von Mitgefühl für die anderen nicht mehr viel übrig.

Auch mein Körper war mir da keine Hilfe. Das gewisse Gefühl in der Magengegend kam nur, wenn ich verletzt war, gab mir aber sonst keine »vorbereitenden« Warnungen. Als ich regelmäßig zu meditieren anfing, fiel mir nach einer Weile auf, daß ich meine Hände nicht mehr spürte. Ich konnte mit geschlossenen Augen nicht fühlen, ob ich sie nun nebeneinandergelegt hatte oder ob sie gefaltet waren. Meine Füße spürte ich auch nicht mehr und wußte nicht, in welcher Position sie lagen. Das war eine sehr neue Erfahrung für mich und irgendwie spannend.

Eine Weile danach bemerkte ich plötzlich Wellenbewegungen, die durch meinen Körper gingen. Meine Freundin Debby Renteria, die Jin Shin Jyutsu gab, das ist wie Akupunktur ohne Nadeln, half mir sehr, meinen Körper zu fühlen. Debby legte ihre Fingerspitzen ganz zart auf bestimmte Punkte auf meinem Körper, und nach diversen Behandlungen konnte ich fühlen, welche Körperteile diese Berührung miteinander verband. Zum ersten Mal nahm ich etwas Derartiges wahr, was man auch noch beweisen konnte. Denn beim Jin Shin Jyutsu gibt es Zeichnungen, die anzeigen, welche Körperteile durch welche Berührungspunkte verbunden werden.

Irgendwo hörte ich mal, daß wir unseren Körper bitten können, uns ein »Ja« oder ein »Nein« zu vermitteln. Also setzte ich mich hin und fragte meinen Körper: Zuerst sprach ich ein Gebet, und dann bat ich meinen Körper mit den Worten »Bitte schicke mir ein Ja«, mir ein Zeichen zu geben. Ich beobachtete meinen Körper und fühlte plötzlich ein Jucken in meiner rechten Handfläche. Dann machte ich eine kleine Pause und fragte nach einem »Nein«. Es juckte in meiner linken Handfläche. Und dann kam der Praxistest. »Werde ich das Flugzeug noch erwischen?« Es juckte rechts (ja). »Soll ich Soundso anrufen?« Es juckte rechts (ja). »Soll ich den Brief heute schreiben?« Es juckte links (nein). »Ist der Fisch noch gut?« Es juckte rechts (ja). Die meiste Zeit stimmte die Information. Fast fünfundneunzig Prozent der Fragen wurden (soweit es im nachhinein zu beurteilen war) »richtig« beantwortet. Ab und zu lag ich daneben. Am Anfang war ich fassungslos. Gerade eben hatte ich eine, wie ich hoffte, »todsichere« Methode gefunden, und schon klappte sie nicht immer? So ein Pech aber auch. Ich fragte in meinen Meditationen nach dem Grund, und der Gedanke kam, daß ja die anderen auch ihren freien Willen haben und daß zu dem Zeitpunkt, zu dem ich gefragt habe, alles auch so aussah. Aber wenn der andere anschließend seinen Willen ändert, ändert sich logischerweise auch das Ergebnis. Und das läßt sich nicht immer voraussehen. Na schön, auch gut, dachte ich mir damals. Fünfundneunzig Prozent waren ja auch nicht schlecht.

Auf meiner Wunschliste stand immer der Satz: »Ich möchte meine Intuition finden.« Ich ging davon aus, daß ich sie verloren hatte. Was allerdings nicht stimmte. Ich hatte sie nicht verloren, sondern sie war nur verschüttet. Aber selbst als ich sie »ausgegraben« hatte, erkannte ich meine Intuition nicht sofort. Ich hatte angenommen und darauf gehofft, daß meine Intuition mir tagtäglich in allen Entscheidungen klare Anweisungen gäbe, und diese Art von Intuition konnte ich bei mir einfach nicht finden. Da gibt es meine Freundin Donna, die ein Piepsen in ihrem Ohr hört, wenn jemand lügt. Meine Freundin Samantha, der sich die Haare sträuben, wenn jemand eine spirituelle Wahrheit spricht. Da ist Rita, die Dinge in der Zukunft sieht. Meine jüngste Schwester Renate, der in schwierigen Momenten unser Vater erscheint. Und ich? Weder Piepsen im Ohr noch Haare, die in die Höhe gehen. Weder die Zukunft noch mein Vater zeigen sich mir. Was stimmte denn mit mir nicht?

Ich verglich und verglich und verglich… und wurde dabei immer frustrierter. Warum, so beschwerte ich mich »nach oben«, finde ich meine Intuition nur nicht? Bin ich denn nicht gut genug?

Mittlerweile öffnete sich mein Herz. Und das war gar nicht so einfach. Besonders für meinen Mann. Seine Frau, die normalerweise ziemlich »kompakt« war, fing plötzlich bei der geringsten Gelegenheit zu weinen an. Ein etwas scharfer Ton von ihm, wenn er vom Büro leicht gereizt nach Hause kam, und mir liefen die Tränen herunter. Und das mit Absicht. Natürlich hätte ich sie »runterschlucken« können, ich hatte ja jahrelange Übung, aber ich wollte nicht mehr. Ich wollte zeigen, wenn mir was weh tut, ohne den anderen damit manipulieren zu wollen, obwohl es an meinem Mann natürlich nicht spurlos vorüberging. Sein Kommentar dazu war: »Ich glaube, du meditierst zuviel. Das wird ja immer schlimmer statt besser.« Das brachte mich natürlich sofort erneut zum Weinen, schließlich stand ich ja damit gleich wieder mit einem Fuß im »Zimmer des Selbstmitleids«.

Diese Phase war, was ich im nachhinein »mein flüssiges Jahr« nenne.

Teilte ich mit Freunden, was mich berührte, weinte ich.

Kniete ich vor meinem Altar, weinte ich.

Betete ich, weinte ich.

Sang ich, weinte ich.

Tat sich jemand weh, weinte ich.

Doch wenn wir bedenken, wie viele Jahre wir unsere Gefühle unterdrückt haben, dann müssen da schon ein paar Tränen fließen, um das Aufgestaute wieder »rauszulassen«. Ich dachte, das kann ja heiter werden. Ich hatte damals gerade mein zweites Buch *Wie Engel uns lieben* fertiggeschrieben und wartete auf den

Gestaltungsvorschlag für das Titelbild. Ich wollte gern einfach nur Wolken auf einem blauen Himmel haben, aber für die Reihe, in der das Buch erscheinen sollte, ist das Cover mehr oder weniger vorgeschrieben: Eine seltsame lila Farbe als Umrahmung mit einem kleinen Viereck, in dem die eigentliche Gestaltung stattfindet. Der Vorschlag vom Verlag waren Engel, und ich hatte schon die ganze Zeit so ein komisches Gefühl. Endlich kam die Post mit dem Umschlag. Ich öffnete ihn gespannt und fing sofort zu weinen an. Damit konnte ich mich nun partout nicht anfreunden: Die Engel schauten meiner Meinung nach alle deprimierend aus. Das Bild wurde nur im Ausschnitt benutzt, und einige Engel am Rande mußten dran glauben. Ihre Kleidung sah wie abgeschnittene Vorhänge aus. Dicke Tränen tropften auf den Buchtitel, und ich mußte mich erst einmal ausweinen. Ich legte mich auf das Bett, das in meinem Studio steht, und betete. Plötzlich fühlte ich Jesus und hörte den Gedanken: »Glaubst du, mir gefällt der Umschlag der Bibel?«

Ich mußte herzlich lachen. Na ja, wenn Jesus mit seinem Umschlag »leben« kann, dann kann ich das mit meinem auch. Aber ich wollte trotzdem ein Fax zurückschicken. Vielleicht kann es ja noch verändert werden. Ich schrieb den üblichen Brief: »…Leider mußte ich feststellen, daß das Cover auf gar keinen Fall…« Als ich den Brief noch mal überlas, schüttelte ich den Kopf. Das hört sich nicht nach mir an, es war, als ob eine Fremde ihn geschrieben hätte. Ich versuchte einen Geschäftsbrief zu schreiben statt einen Brief, der von Herzen kommt. Also noch mal von vorn: »…als ich das Cover sah, fing ich zu weinen an…« Natürlich kamen die früher so üblichen Warnungen aus meinem Verstand: »Bist du wahnsinnig geworden? Du machst dich ja komplett lächerlich. Das ist eine geschäftliche Aktion, da kannst du nicht mit solchem Kinderkram daherkommen. Ja, was werden die denn von dir denken? Du willst doch ernst genommen werden.« Na ja, ich will nicht nur ernst genommen werden. Ich will lieber so genommen werden, wie ich bin, und ich bin nun mal sensibel und möchte das auch bleiben. Ich schrieb den Brief trotzdem fertig und faxte ihn.

Mein Verleger Gerhard Riemann war tief betrübt. »Hier im Haus finden wir ihn schön. Na, zum Weinen wollten wir Sie auf gar keinen Fall bringen.« Aber es war zu spät. Das Buch war schon im Druck. Mir wurde vorgeschlagen, den Umschlag in einer späteren Auflage zu verändern. Was wir dann auch taten. Zwei Dinge lernte ich bei diesem Vorgang: einmal, keine »Geschäftsbriefe« mehr zu schreiben, die nicht ausdrücken, wie es mir wirklich geht, und zweitens: Da war doch so ein komisches Gefühl...

Vielleicht war das meine Intuition? Warum hörte ich eigentlich nicht darauf? Das stimmte auch wieder nicht, denn ich hörte schon zu, ich machte nur dummerweise nichts. Wenn ich also von Anfang an im Verlag nachgefragt hätte, dann wäre mir wahrscheinlich dieses Titelbild erspart geblieben. Aber natürlich bin ich auch für die Erfahrung dankbar, denn sonst würde ich wohl immer noch solche üblichen Geschäftsbriefe schreiben.

Kurz danach, mein Buch war gerade veröffentlicht, interviewte mich eine Mitarbeiterin der Zeitschrift *Bild der Frau* für einen Artikel in ihrem Heft. Ein Fotograf hatte vorher ein paar Fotos in meinem Studio, auch von meinem Altar gemacht. Die Chefredakteurin Andrea Zangemeister sah das Bild von Jesus auf meinem Altar und ließ mir ausrichten, daß sie selbst auch eine (allerdings schlechte) Kopie von diesem Bild besaß. Ich hatte sofort das Gefühl, daß ich ihr von meinem Foto eine bessere Kopie machen sollte. Sie würde sich darüber freuen. Eine alte Regung kam in mir hoch und meinte: »Nein, nein, sei mal nicht so aufdringlich.« Und früher hatte ich genau diese Reaktion für meine Intuition gehalten. Doch mittlerweile merkte ich den Unterschied. Das war schlichtweg nur die Angst, sich zu blamieren, gepaart mit einer gewissen Faulheit, da ich ja nun Zeit damit verbringen mußte, diese Kopie machen zu lassen. Ich tat es trotzdem, und das war der erste Schritt zu einer sehr tiefen Freundschaft. Als wir uns dann das erste Mal trafen, lagen wir uns sofort in den Armen. Unsere Herzen kennen sich. Inzwischen durfte ich erleben, mit wieviel Einsatz und Liebe sie durch ihre Zeitung eine »frohe Botschaft« verkündet. Sie ist ein Geschenk Gottes.

Hätte ich nicht auf dieses Gefühl gehört, dann wäre diese Freundschaft vielleicht erst sehr viel später entstanden. Wie die Geschichte mit der Decke für meinen Freund Stan, von dem ich im Vorwort erzählt habe, ist meine Intuition fast immer mit einer Aktion verbunden. Ich muß irgend etwas tun. Nicht selten war mir das unangenehm, denn ich war es nicht gewohnt. Andere Menschen in den Arm zu nehmen, bei denen ich fühlte, sie brauchen diese Umarmung, fiel mir am Anfang nicht leicht. Was, wenn sie mich abwiesen? Andere anzurufen, »nur«, weil sie in meinen Meditationen auftauchten. Wie erkläre ich denen das denn? Mittlerweile schlichtweg mit der Wahrheit: »Guten Morgen, ich rufe dich an, weil du heute in meiner Meditation warst.«

Meine Freundschaft zu meiner Seelenschwester Suzane hat sich genauso entwickelt. Nur andersherum. Sie rief in unserem Büro an. Sie sagte, sie habe in einer Meditation vernommen, sie solle sich bei mir melden. Wir trafen uns am Tag darauf und fühlten uns gleich verbunden. Und obwohl mehr und mehr solcher Erlebnisse mein Leben bereicherten, bat ich trotzdem in all meinen Gebeten um eine tiefere Intuition..., und natürlich dachte auch ich des öfteren mal: »Ist Gott taub?«

Wer weiß, was Gott sich gedacht hat. Wahrscheinlich hat er nur liebevoll den Kopf geschüttelt (den er natürlich nicht hat) und sich gefragt, wie lange ich denn noch bräuchte, um zu bemerken, daß ich sie schon lange habe. Frustriert fragte ich bei Zarathustra nach: »Wo bleibt denn bitte meine Intuition? Ich möchte doch wirklich zu gern wissen, welche Menschen zu mir passen und welche nicht.« Aber dahinter lag noch ein ganz anderer Grund: Einmal gefiel mir die Möglichkeit, die Probleme anderer zu erkennen. Gab es mir doch einen entscheidenden

»Heimvorteil«. Wie überrascht die doch wären, wenn ich mit einem kurzen Satz mal sagen würde, was ich denn eigentlich so weiß. Wahrscheinlich käme dann eine bestimmte Bewunderung, die ja auch nicht *sooo* schlecht wäre...

Mir wird fast übel, wenn ich jetzt darüber schreibe. Aber mein Selbst-Bewußtsein – das Bewußtsein meines Selbst – dachte noch, ich bräuchte diese Gabe. Um besser zu sein als die anderen. Um mich selbst wichtig zu machen. Um andere manipulieren zu können. Und all das unter dem Mäntelchen des »Ich will ja nur helfen«.

Aber Zarathustra konnte natürlich auch diese versteckten Gründe erkennen und schaute mich nur liebevoll, aber bestimmt an: »Es ist völlig unwichtig, ob du die Probleme der anderen erkennst. Es ist viel wichtiger, nach ihrem Potential zu suchen.«

Dieser Satz brauchte fast eine Woche, bis er sich setzte und mir vollkommen klar war, was er bedeutete. Kein Wunder, daß ich niemals diese Voraussagen erhalten hatte. Denn ich hätte sie falsch benutzt. Danke, lieber Gott, daß mir das erspart geblieben war! Mit diesem einfachen Satz veränderte sich langsam, aber sicher meine Einstellung zu meinen Mitmenschen. Ich fing bewußt an, das Potential zu suchen.

Da war einer mit unglaublichen Vorurteilen, die er vehement vertrat... aber dahinter war diese Leidenschaft, die irgendwann einmal, in die richtige Richtung geschickt, Wunder vollbringen könnte.

Da war eine, die zögerlich war, sich nicht traute... aber da war diese Zärtlichkeit, mit der sie andere verstand, die ebenfalls zögerten.

Und da waren die, die frustriert waren, wütend, ärgerlich... und da war der Wunsch dahinter, Dinge zu verändern, anders zu machen.

Da waren wieder andere, die versuchten, auf Schwächere Druck auszuüben... aber da war ihre Einsamkeit dahinter, das

Gefühl, daß sie, wenn die anderen nicht mehr abhängig sind, allein gelassen werden.

Zarathustra sagte auch einmal zu einer meiner Freundinnen: »Ein Meister kann einen Tor erkennen, aber würde ihn nie so nennen. Er würde nicht sagen ›Was für ein Tor‹ und dann weitergehen. Ein Tor reagiert töricht, weil er unsicher ist oder Angst hat oder verzweifelt ist. Ein Meister wird sagen: ›Ich schicke ihm Liebe, und ich schicke ihm in Gedanken etwas, was er braucht. Vielleicht Großzügigkeit, Offenheit oder Vertrauen.‹ Nun, das, mein Kind, wird deine Meinung über dich selbst verändern. Das wird deine Vibration erhöhen, und dadurch wirst du immer mehr zum Meister werden.«

Wie oft habe ich früher den Kopf geschüttelt über Reaktionen oder Verhaltensweisen von anderen. Mich dabei wunders wie klug gefühlt. Dabei habe ich mich eigentlich kleiner gemacht. Denn in einer Verurteilung von anderen liegt immer eine Schwere und Starre. Und eine Meisterschaft ist nur in Großzügigkeit und Leichtigkeit zu finden.

Zarathustra gab mir noch ein anderes Geschenk mit: »Lasse Gott durch deine Augen schauen. Was würde er durch dich sehen?« Auch hier veränderte sich mein Bewußtsein. Das Bewußtsein, das sich vom »Selbst« ausstreckte, um ein »Wir« zu umfassen. Das, was als Erinnerung manchmal in mir hochkam. Um mich daran zu erinnern, daß meine Seele die Bewegung des flüssigen Blaus kennt. Etwas, was nicht getrennt von anderen ist, sondern nur in der Gemeinsamkeit Liebe und Frieden findet.

Doch man kann nicht an die anderen denken, ohne daß man sich selbst kennt. Ich weiß heute, daß der erste Schritt dazu das Bewußtsein des Selbst ist. Herauszufinden, wer man ist. Warum man welche Reaktionen hat. Was einem guttut und was nicht. Wie man mit anderen umgeht. Welche alten Gewohnheiten man ablegen möchte, welche neuen man lernen will. Und dann, wenn man sich selbst kennt, beginnt man, sich selbst im anderen zu sehen. Man hat Verständnis, Mitgefühl, kennt man doch das Ringen um Wahrheit an sich selbst.

Und dieses »Laß Gott durch deine Augen schauen« öffnete mein Herz wieder ein Stück weiter. Das war in einigen Fällen leichter und in anderen schwerer. Ganz besonders schwer, wenn ich Obdachlose sah. Vor allem die mit Alkoholfahne. Wenn wir das Herz öffnen, dann lassen wir auch wieder eine Verwundbarkeit zu. Doch das ist eine andere Verwundbarkeit als die, die wir von früher kennen. Denn in dieser neuen Verwundbarkeit, die durch das Wissen um unsere Seele kommt, sind wir beschützt. Wir finden dort plötzlich unsere Kraft wieder. Eine Kraft, die wir früher nur im Verstand gesucht haben, wenn wir unsere Gefühle »wegrationalisieren« wollten. Wenn also im Laufe unseres spirituellen Erwachens diese tiefen Emotionen aufkommen, die uns die Tränen in die Augen treiben und unser Herz in seiner ganzen Tiefe bewegen, dann sind wir jetzt nicht mehr bewegungsunfähig und ziehen uns verletzt zurück. Nein, das Gegenteil ist der Fall: Wir haben erkannt, daß durch diese Emotionen brillante Ideen hochkommen. Denn jetzt sind wir dazu bereit, zu reagieren. Denn wir haben unsere Sensibilität als Geschenk und nicht als Strafe erkannt.

Das fiel mir besonders auf, als ich mich mit der Situation von Obdachlosen beschäftigte. Ich hatte schon früh mein Mitgefühl für sie abgestellt, denn ich wußte nicht, wohin damit. Was kann ich denn tun? Ich kann die ja nicht alle bei mir einziehen lassen. Ich war mir nie ganz sicher, wie ich mit so einer Begegnung umgehen sollte. Ich gab zwar fast immer Geld, lief aber an einigen auch achtlos vorbei. Meistens mit schlechtem Gewissen, aber manchmal war mir das auch einfach zuviel. An manchen ging ich ängstlich vorbei. Besonders wenn sie nicht still waren, sondern laut auf Leute zugingen und Geld forderten. Mein Mann und ich geben regelmäßig Spenden für Vereine, die Häuser für Obdachlose einrichten. Und ich arbeitete auch als Vorstandsmitglied für »Hope«, ein Projekt, in dem wir ein Haus für obdachlose

Mütter und ihre Kinder aufgebaut haben. Aber trotzdem blieb die Frage, gebe ich jemandem Geld, der es offensichtlich nur versäuft, und schade ich ihm dabei nicht mehr, als ich ihm nutze.

Ich meditierte und bat um Gedanken, wie ich mit Obdachlosen umgehen solle. Nach einer Weile formte sich ein Gedanke in meinem Kopf: »Frage sie, was du für sie tun kannst, und am Schluß umarme sie.« Vor Schreck öffnete ich meine Augen. Hätte ich bloß nicht gefragt!

Na, das kann ja heiter werden! Die nächsten zwei Tage ging ich zur Sicherheit nicht aus dem Haus. In Los Angeles gibt es viele Obdachlose, und in bestimmten Gegenden sind sie besonders verbreitet. Wochenlang mied ich diese Stadtteile. Doch dann mußte ich da einfach mal hinfahren, um etwas abzuholen, und ich traf den ersten Obdachlosen. Ein schmuddeliger Mann, filzige Haare, eine in Papier eingepackte Schnapsflasche neben sich, schon von weitem roch er nach Urin. Ich wechselte vor ihm die Straßenseite. War da nicht der Laden, in den ich immer schon mal schauen wollte? Ich versuchte, mich selbst zu belügen. Dummerweise war mir klar, warum ich wechselte: Ich brachte es einfach nicht fertig, diesen Mann danach zu fragen, was er braucht, und bei dem Gedanken an eine Umarmung liefen mir kalte Schauer den Rücken hinunter.

Immer wieder versuchte ich, meine Handlung zu rechtfertigen. »Wenn ich dem jetzt Geld gegeben hätte, würde ich nur seinen Alkoholismus unterstützen. Das geht doch nicht.« Und außerdem hatte ich auch noch eine weiße Bluse an... aber das nur am Rande.

Wochen und Monate vergingen, und jedesmal wenn ich einen Obdachlosen sah, gab ich zwar Geld, lächelte auch ein bißchen länger als üblich. Sagte sogar ab und zu mal: »Gott segne Sie.« Aber das war es dann auch schon.

Ein halbes Jahr später hatte ich mal wieder die Gelegenheit, Zarathustra eine Frage zu stellen, und diese brannte mir auf der

Seele: »Vielleicht habe ich ja in meiner Meditation einfach etwas Falsches gehört«, so hoffte ich. Schön wär's, denn dann müßte ich mich mit dieser Aufgabe nicht mehr herumschlagen. Gott sei Dank oder »leider, leider« stimmten die Informationen in meiner Meditation. Zarathustra begründete das auch wieder wunderbar: »Menschen, die sich von der Gesellschaft ausgesondert haben, haben das Vertrauen in die Menschheit verloren. Durch ein persönliches Gespräch und eine Umarmung wird dieses Vertrauen wieder zurückgegeben. Und je öfter das passiert, desto mehr Vertrauen baut sich auf.«

»Ja, aber (ich konnte mir ein Aber einfach nicht verkneifen) unterstütze ich den Alkoholismus dadurch nicht?«

Zarathustra schaute mich an und meinte: »Es ist vollkommen egal, zu was dieser Einsame dieses Geld benutzt. Es ist das Vertrauen, das wichtig ist, ein Vertrauen, das sich langsam aufbaut. Das Gefühl, daß sich da noch jemand kümmert, ist das, was notwendig ist.«

»Warum fällt mir die Umarmung nur so schwer?« fragte ich traurig.

»Tue, was du kannst«, beruhigte er mich. »Und wenn es nur Geld ist, das du geben willst, dann tue das. Und wenn du weißt, daß es da mehr gibt, das du geben kannst, dann gib. Und wenn es nur ein Blick ist, dann gebe das.«

Und ich erkannte seine Weisheit und die Wahrheit, die aus ihm kommt. Zarathustra liebt mich so, wie ich bin. Mit all meinen Schwächen und den Kleinigkeiten, über die ich mich noch nicht hinwegsetzen konnte. Und er nahm mir sogar mein schlechtes Gewissen deswegen. Er schaute mich nicht strafend an und rügte mich nicht mit einer Autorität (die er ja weiß Gott hätte) und einer gewissen Mißbilligung für das, was ich noch nicht kann. Nein, er ermunterte mich, das zu tun, wozu ich in der Lage war. Meine Sehnsucht würde die Türen für die nächsten gewünschten Erfahrungen schon aufmachen. Wenn ich es denn kann...

Also gut, ich tue, was ich kann, dachte ich mir damals, und

wenn ich einfach noch nicht umarmen kann, dann umarme ich halt noch nicht.

Ich fing an, das Geld nicht mehr in den Hut oder die Plastikbecher zu legen, sondern legte es in die Hand. Ich schaute dem Bettler in die Augen und versuchte zu sehen, was Gott sehen würde. Aber meine Nase war mir oft im Weg. Ich hielt es einige Male nicht länger als ein paar Sekunden aus.

Die Zeit verging, und ich bemühte mich. Tat, was ich kann. Und das war nicht viel. Aber die Sehnsucht meiner Seele half mir auch hier weiter. Ich hatte meine Gedanken lange darauf vorbereitet. Es war nur eine Frage der Zeit, wenn diese Umarmung »automatisch« passieren würde.

Eines Abends, es regnete in Strömen, war ich auf dem Weg zu einer Besprechung in unserem »Hope«-Haus. Ich leitete einen Gesprächsabend mit den Frauen und wollte noch etwas zum Schreiben abholen. Deshalb nahm ich mir vor, noch an einem dieser Büroläden zu halten. Ich parkte mein Auto und stieg aus.

Ich hörte ihn schon von weitem. Da war dieser Mann, ungefähr mein Alter, der sich vom strömenden Regen mit einer riesigen Abfalltüte aus Plastik schützte, in die er einfach ein Loch für den Kopf und die Arme gerissen hatte. Er war frustriert und wütend. Ich war die einzige, die auf diesem dunklen Parkplatz war, und er schrie mir zu: »He, Sie!«

Automatisch ging ich auf ihn zu mit den Worten: »Ich komme ja schon.« Als ich näher kam, rief er mir zu: »Ich brauche Geld, ich brauche Hilfe.« Ich nahm seine Hand, schaute ihm in die Augen und hörte mich sagen: »Als erstes brauchen Sie mal eine Umarmung.« Damit nahm ich ihn in die Arme, und nachdem er sich von seiner ersten Überraschung erholt hatte, fühlte ich, wie sein Kopf erschöpft auf meine Schulter fiel. Ich hielt ihn eine Zeitlang, und langsam lösten wir uns.

»Ich heiße Sabrina«, stellte ich mich vor, »und Sie?«

»Ich heiße Mark.«

»Was kann ich für Sie tun?« fragte ich.

»Ich könnte ein bißchen Geld gut brauchen. Meine Schwester und ich sind hier in Los Angeles gelandet und haben keine Bleibe mehr. Sie hat schon seit zwei Tagen nichts mehr gegessen.«

Ich suchte nach meinem Portemonnaie und drückte ihm einen Schein in die Hand. »Mark, ich bete für Sie«, versprach ich ihm. »Gottes Segen.«

»Danke«, sagte er. »Ihnen auch.« Er lächelte mir zu. Ich lächelte zurück.

Dann winkte ich ihm zu und ging in den Laden. Plötzlich war mir klar, was ich gerade getan hatte. Endlich! Nach über einem Jahr konnte ich wenigstens den ersten umarmen. Ich freute mich. Lange genug hat es ja gedauert.

Als ich so einkaufte, merkte ich plötzlich, daß mich jemand suchte. Ich drehte mich um und sah Mark, wie er den Gang entlangkam. Er ging an einigen Verkäufern vorbei, und ich konnte die Blicke sehen, die ihm nachgeschickt wurden. »Was will der der denn hier?« Und: »Hoffentlich geht er bald wieder.«

Ich lächelte, als Mark vor mir stand. Er fühlte sich unwohl in diesem Laden, das sah man ihm an, aber irgend etwas war wichtig genug, daß er diese Blicke auf sich nahm, die ihn seit dem ersten Schritt in den Laden begleiteten.

»Ich wollte dir nur sagen, Sabrina, daß es die Umarmung war, die ich am dringendsten gebraucht habe. Danke!«

Wir umarmten uns noch mal, und ich dankte ihm.

Dann drehte er sich abrupt um und ging. Ich stand da und fing aus Dankbarkeit zu weinen an. Es fühlte sich so an, als ob Zarathustra mir Mark noch einmal zurückgeschickt hätte, damit ich erfahre, wie wichtig diese Umarmung war.

Seit dieser Zeit fällt es mir leicht. Ich sehe in Obdachlosen etwas, was ich die ganze Zeit nicht gesehen hatte: Mitmenschen.

Manchmal bin ich in Eile, und ich habe nicht genug Zeit, sie zu umarmen oder mit ihnen zu reden, dann winke ich oft aus der Ferne zu. Häufig wird mir zurückgewinkt. So als ob man einen lieben Freund trifft. Aber meistens bleibt Zeit für eine Geste, ein

Wort, eine Frage, ein Gespräch, ein Gebet, eine Umarmung. Immer nach dem Motto: »Ich tue, was ich kann.« Und das ist manchmal mehr und manchmal weniger.

Nachdem sich dieser Knoten gelöst hatte, zeigte sich mein nächster. Und der war ähnlich herausfordernd. Durch meine Bücher, Workshops und Vorträge bekomme ich viele Briefe, in denen mir großes Vertrauen entgegengebracht wird. Ich werde um Rat gefragt, und ich versuche, so gut ich kann, zu antworten. In der Regel bemühe ich mich, Gegenfragen zu stellen, deren Antworten dann dem Frager die Situation klarmachen. Da ich ebenso als spirituelle Beraterin arbeite, habe ich auch oft Termine mit Menschen, die mir ihre diversen Probleme bringen. Und ich nahm sie auf und schleppte sie mit mir herum.

Ein Monat war da ganz besonders schlimm. Es schien fast so, als ob alle Probleme der Welt sich bei mir im Studio treffen wollten. Das waren keine Kleinigkeiten: Eine war dabei, ihre Wohnung zu verlieren und mit ihren Kindern obdachlos zu werden. Einer war sehr schwer krank. Zwei Ehepaare wollten sich trennen. Da war jemand, der davor stand, seinen Job zu verlieren. Eine andere kam von einem Abhängigkeitsverhältnis nicht los. Wieder jemand hatte das Vertrauen in Gott verloren.

Jeden Abend schaute mich mein Mann nur kopfschüttelnd an, wie ich mal wieder mit hängenden Schultern im Wohnzimmer auftauchte. Ich versuchte, mir nicht anmerken zu lassen, wie sehr mich diese Probleme berührten, aber er sah natürlich trotzdem, was ich zu verstecken versuchte. Nach einer Weile nahm er sich mir vor: »So geht das nicht mehr weiter. Schau dich doch nur an. Du schleppst die Probleme der Welt mit dir rum. Ja glaubst du vielleicht, daß es denen und dir was nützt?«

Zuerst war ich verletzt. Wenn ich schon so viele Probleme mit mir rumschleppe, dann hätte ich doch ein bißchen Mitleid erwartet! Und hier war auch wieder die Tür zum »Zimmer des Selbstmitleids«. Aber mein Mann hat es mir noch nie besonders leicht gemacht. Ich fand einfach keinen Ausweg. In meinen Gedanken wälzten sich die diversen Probleme der anderen, und mein Verstand versuchte verzweifelt, Lösungen zu finden. Ich meditierte, bekam aber nichts. Ich meditierte am Abend noch mal, aber wieder kam mir kein Gedanke, der dieses Problem hätte lösen können. Mittlerweile wußte ich, daß sich dann jemand anders einfinden wird, der mir bei der Lösung helfen wird.

Ein paar Tage später traf ich Jewel, eine junge Sängerin, die in den Vereinigten Staaten sehr berühmt und erfolgreich wurde und die Tochter meiner Freundin Nedra ist. Beide sind sehr spirituell und haben über die letzten Jahre, in denen sie nach ihren Prinzipien lebten, ein wunderbares Netzwerk von Hilfsorganisationen aufgebaut.

»Was machst du denn?« fragte ich sie, »wenn du von den Problemen anderer hörst und um Hilfe gebeten wirst. Du hast ja Hunderte täglich, die was von dir wollen. Wie schaffst du es, daß du trotzdem deine Freude bewahrst?«

Jewel schaute mich an und meinte liebevoll, aber trocken: »Du hast kein Gottvertrauen.«

Wie bitte? Ich war baff. Das hatte ich ja nun nicht erwartet. Erstaunt schaute ich sie an. Gott sei Dank hatte ich die üblichen Abwehrreaktionen wie »Was fällt denn der bloß ein« schon überwunden. Ich versuche, von meinen Mitmenschen zu lernen, und das ist manchmal ein bißchen schmerzhaft für mein Ego, meine Persönlichkeit.

»Das mußt du mir erläutern«, bat ich neugierig.

Jewel erklärte es mir: »Du gehst davon aus, daß, wenn du ihre Probleme nicht lösen kannst, dann niemand mehr kommt, der ihnen hilft. Daß du die einzige bist.«

Ja, da war was Wahres dran, wurde mir schlagartig klar. Irgendwie übernahm ich die Verantwortung für deren Probleme.

»Davon gehe ich nicht aus«, erklärte mir Jewel. »Ich gehe davon aus, daß ich gebe, was ich im Moment kann, und dann wird jemand anders kommen, der weiterhilft. Das muß nicht immer ich sein. Denn«, und dabei lachte sie weise, »ich kann nicht alle Probleme der Welt lösen.«

Sie nahm mich liebevoll in den Arm, und da dämmerte es mir. Ja, es muß doch noch irgendeine Ecke von Größenwahn bei mir übriggeblieben sein. Ich habe Mitgefühl mit Verantwortung verwechselt. Jeder von uns hat aufgrund unserer eigenen Seelensehnsucht sein eigenes »Päckchen« zu tragen. Und dieses »Päckchen« gilt es aufzumachen. Es gibt immer Menschen, die uns zeigen, wo die Knoten sind, aber öffnen müssen wir sie schon selbst.

Später fragte ich in einer Meditation noch mal nach. Und hier kam eine zusätzliche Information: »Du kannst deinen Mitmenschen nur in Freude helfen. Denn du kannst nur Liebe geben, wenn du Liebe hast. Bist du aber deprimiert und mitgenommen, dann hast du nichts zu geben.«

Das machte Sinn. Denn ist es nicht Hoffnung, die wir weitergeben? Und ist es nicht die Hoffnung, die aus Liebe, Vertrauen und Freude entsteht?

Ich bekam die Idee geschickt, daß ich immer ganz bei einer Sache sein sollte. Immer hundertprozentig zuhören und, während ich meine Zeit damit verbringe, alles zu tun, was ich kann. Aber wenn die Zeit dann vorbei ist, dann muß ich das Problem zurücklassen und kann es nicht in mein tägliches Leben mitnehmen. Denn davon, daß ich nun die Probleme anderer mit mir herumschleppe, werden sie ja auch nicht leichter. Mir kam der Gedanke, den Namen des betreffenden Menschen aufzuschreiben und diesen Zettel dann auf meinen Altar zu legen, mit der Bitte, daß unser himmlischer Vater sich darum kümmern möge. Das tue ich jetzt noch, und in meinen Morgen- und Abendgebeten spreche ich oft den Namen dann einmal laut aus und bitte um Unterstützung. Allerdings wohlwissend, daß das, was ich mir als Lösung vorstelle, nicht unbedingt im höchsten Interesse der Seele liegt. Also deshalb bitte ich, daß Gottes Wille geschehe. Und der Wille mag manchmal nicht unbedingt offensichtlich sein.

Vor einigen Jahren, es war kurz vor Ostern, wurde mir gesagt, daß ich meiner wöchentlichen Meditationsgruppe ein Geschenk machen solle. Jeder solle sich von meinem Altar etwas aussuchen dürfen. Und zwar würde er von selbst wissen, was für ihn das geeignete Objekt sei.

Ich lernte gerade loszulassen. Mich nicht festzuhalten an meinen Wünschen und an »Dingen«, sondern mich als Katalysator zur Verfügung zu stellen. Nach dieser Meditation öffnete ich die Augen, und als erstes sah ich diesen wunderschönen kleinen Kristallengel, den mir Richard und Julia zum Muttertag geschenkt hatten. »Was ist, wenn den nun jemand nimmt?« fragte ich mich besorgt.

Es war Sonntag morgen um 9.00 Uhr, und in einer Stunde würden die Frauen der Gruppe kommen. Wer gerade Lust und Zeit hat, kommt, und es ist manchmal eine, und manchmal sind es zehn. Viele von uns haben Kinder, und die spielen dann inzwischen im Garten. Ich ertappte mich dabei, zu hoffen, daß heute nicht viele kommen würden, vielleicht würde mein Engel ja dann bei mir bleiben…

Da stand ich nun vor meinem Altar und betrachtete all die Gegenstände, die mir soviel bedeuteten. Da war die Erde aus Indien, die in einer reichverzierten Keramikschale lag. Mein Rosenkranz, mit dem ich immer betete. Ein weißes Tuch, in das Zarathustra seinen Segen gegeben hatte. Ein blaues Kristallherz, das mir eine meiner Schwestern geschenkt hatte. Ein kleiner Franz von Assisi von meiner Mama. Eine Büste von Johanna von Orléans von meiner Freundin Carolin. Und jede Menge weitere Gegenstände, die alle eine tiefe Bedeutung für mich hatten. Der kleine Kristallengel und das weiße Tuch lagen mir am meisten am Herzen, und nach einigem Hin und Her beschloß ich, diese beiden Gegenstände auf meinen Schreibtisch zu legen. Sicher ist sicher.

Ich hob beide auf und ging die wenigen Schritte zu meinem Schreibtisch. Doch auf dem Weg dorthin wurde mir schlecht. Ich mußte mich fast übergeben. Und ich wußte auch, warum. Ich hatte entweder kein Vertrauen oder Schwierigkeiten mit dem Loslassen. Wahrscheinlich beides. Mir war klar, daß mein »Sicher ist sicher« einfach nur bedeutete, daß ich Gott nicht über den Weg traute. Wer weiß, welche Gegenstände von meinem Altar für meine Meditationsgruppe wichtig sind. Meine wichtigsten war ich nicht bereit herzugeben.

Aber ich mußte es tun… wenn ich der Sehnsucht meiner Seele folgen wollte. Ich ging zurück und legte den Engel wie das Tuch gut sichtbar in die Mitte auf meinen Altar. »Dein Wille geschehe«, flüsterte ich, und mir ging es sofort wieder besser.

Am Ende der Meditation, es war kurz vor 12.00 Uhr, erzählte ich jedem (wir waren mittlerweile acht Frauen) von meinem Geschenk an sie. Jede von ihnen war berührt, wußten sie doch, was das bedeutete. Einige versuchten, es abzulehnen.

Nein, ich bestand darauf. »Und bitte wirklich selbst in sich hineinhören«, fügte ich hinzu. »Was immer euch in den Sinn kommt, gehört zu euch.«

Jede nahm sich, was sie fühlte, der Engel und das Tuch blieben auf dem Altar.

»Und jetzt die Kinder«, hörte ich in meinem Kopf, und ich rief die fünf Kinder herein, die mit meiner Tochter spielten. »Jeder von euch darf sich etwas von meinem Altar aussuchen«, erklärte ich ihnen, und in Gedanken nahm ich schon mal Abschied von meinem Kristallengel; denn der war einfach am schönsten, und wenn ich ein Kind wäre, dann würde ich mir den aussuchen.

Denkste! Der Kristallengel und das Tuch wurden jedesmal übergangen, und mir wurde klar, daß ich mir ganz umsonst Sorgen gemacht hatte. Ja, manchmal glaubte ich halt doch nicht, daß Gott auf meiner Seite ist…

Durch das »Übelwerden« beim Wegnehmen meiner wichtigsten Objekte merkte ich endlich, wie meine Intuition funktioniert. Durch Gefühle! Ich bekomme keine großartigen Visionen, ich höre nicht viel, und der Himmel tut sich auch nicht auf…, aber ich fühle. Das Schlechtwerden war ein Zeichen, daß ich etwas tat, wovon mir übel wurde. Ein klares Zeichen für »Mach das nicht!« Und kurz danach fiel mir auch auf, wie oft ich eigentlich für etwas begeistert war: Da war eine Idee, die mir dieses Gefühl von Enthusiasmus schenkte. Da war die Freude, die dabei aufkam. Eine frohe Spannung, eine Lust darauf, ein Lachen, das oftmals dazu kam. Auch ein Mitteilungsbedürfnis: Von der Idee muß ich sofort meinem Mann oder einer meiner Freundinnen erzählen.

Das war meine Intuition, mein »sicheres« Zeichen, daß ich da auf dem richtigen Weg war. Obwohl es mir manchmal, wie bei meinem Publizisten Anthony, nicht immer das Ergebnis brachte, das ich mir eigentlich vorgestellt hatte. Aber dennoch brachte es mir jedesmal eine wichtige Erfahrung, eine, die meine Seele nicht verpassen wollte.

Es sind unsere Gefühle, durch die der Spirit zu uns spricht. Wir erkennen durch die Tiefe unserer Intuition die Wahrheit. Das geschieht auf völlig individuelle Weise: Ich mache zum Beispiel in meinen Workshops oft einen kleinen Test. Ich erklärte zuerst, daß jeder von uns einem hochsensiblen Instrument gleicht, das auf seine eigene Art und Weise besondere Wahrnehmungen aufnimmt. Manche von uns sehen sie. Manche von uns hören sie. Manche von uns haben einen komischen Geschmack im Mund. Ein merkwürdiges Gefühl in der Magengegend. Bei manchen macht sich eine Unfähigkeit zu schlucken bemerkbar. Bei einigen stehen die Haare zu Berge. Manche denken plötzlich an Begebenheiten, oder bestimmte Teile von Filmen oder Büchern kommen ins Gedächtnis. Einigen wird schlecht, oder sie haben ein Hochgefühl.

Ich erkläre dann, daß ich jetzt ein einziges Wort sagen werde, jeder möge sich doch auf sich selbst konzentrieren, die Augen schließen und beobachten, was da beim Aussprechen dieses bestimmten Wortes für Reaktionen hochkommen.

Falls Sie Lust haben, mitzumachen, es ist ganz einfach. Wenn

Sie das Wort lesen, dann machen Sie bitte sofort die Augen zu. Und das Wort ist: Zitrone. Also, schließen Sie die Augen, und warten Sie auf eine Reaktion.

Dann frage ich die Gruppe und bitte um Handzeichen, wer welche Reaktionen hatte: Wer sah eine Zitrone vor seinem inneren Auge? Wer schmeckte eine Zitrone? Wer dachte an eine Situation mit einer Zitrone? Wer roch eine Zitrone? Wer hörte das Wort noch ein paarmal in sich selbst nachklingen? Wer fühlte eine Abneigung gegenüber Zitronen, da er sie nicht mag? Wer hatte Lust auf Zitronen oder ein Zitronengetränk?

Es sind nicht die meisten, die Zitronen sehen. Ich bin immer wieder überrascht, wie gleichmäßig die verschiedenen Reaktionen verteilt sind. Und dann wird verstanden, daß jeder von uns seine eigene, ganz natürliche Intuition hat. Das Vergleichen nutzt nur etwas, wenn man dabei (an)erkennt, daß man anders ist. Zu vergleichen, um dann zu versuchen, die gleichen Erlebnisse selbst zu haben, ist unmöglich. Allerdings eine sichere Methode, frustriert zu werden…

Es ist spannend, sich selbst so gut kennenzulernen, um herauszufinden, wie die eigene Intuition funktioniert. Zu erkennen, wann etwas schlichtweg einfach nur anerzogene oder angelernte Angst ist. Denn natürlich warnt uns unsere Intuition manchmal auch, ohne daß ein konkreter Grund dafür vorläge. Unsere Klavierlehrerin Mila zum Beispiel hatte eine Frage zu genau solch einem Fall. Sie erzählte mir, daß ihre Intuition ihr sage, sie solle nicht mehr auf der Autobahn fahren, das gehe schon seit ein paar Monaten so und ihr Weg zur Arbeit sei dadurch sehr viel länger. Ob ich denn eine Ahnung hätte, wann sie wieder auf der Autobahn fahren dürfe.

Intuition hätte in ihrem Fall bedeutet, daß sie einmal, vielleicht sogar zweimal gewarnt wird, nicht auf die Autobahn zu fahren. Aber immer? Soll da wirklich jedesmal eine gefährliche Situation für sie bestehen? Es gibt nur eine Ausnahme, die ich mir hier erklären kann: wenn ihr Wagen hohe Geschwindigkeiten nicht

aushielte. Doch das läßt sich schnell in einer Autoreparaturwerk-
statt klären. Das war nicht Milas Intuition. Es war die Angst.
Angst kommt in einer als bedrohlich empfundenen ähnlichen
Situation immer wieder hoch. Intuition warnt uns selten, denn in
ganz wenigen Fällen ist wirklich Gefahr im Verzug. Mila mußte
sich also mit ihrer Angst auseinandersetzen. Man wird mit der
Zeit gelassen, wenn man merkt, daß sich die Intuition lange nicht
meldet. Offensichtlich ist dann alles in Ordnung (wie beim Fahr-
radfahren... Wir sind auf dem richtigen Weg). Wir erkennen intuitiv, was wir selbst wirklich möchten, und können dann auch
ablehnen, wenn wir manipuliert werden.

Als mein Mann und ich umziehen wollten und ein neues Heim
suchten, schauten wir uns diverse Häuser an. Eines entlockte uns
ein »Vielleicht«, das andere ein »Eventuell«. Wir unterhielten
uns darüber, ob es beim Haus mit dem »Vielleicht« nicht doch
klappen könnte. Aber mittlerweile wußte ich, wie meine Intuition funktioniert. Die antwortet nicht mit »Vielleicht«, die antwortete mit »Hurra, das ist es!« und mit einem Glücksgefühl.
Ein »Vielleicht« ist für mich immer ein »Nein«. Kurz danach
fanden wir unser »Hurra«-Haus: Intuition ist so sicher wie Wissen.

Doch dann gibt es Momente, da stellen wir unsere Gefühle in
Frage. Vielleicht auch weil wir ihnen jahrelang nicht getraut
haben. Jede Entscheidung, die wir treffen, basiert entweder auf
Angst oder Liebe. Das ist ein Entweder-Oder. Und wenn wir gewöhnt sind, Entscheidungen aus Angst zu treffen, (»Ich will aber
Karl nicht verlassen, denn dann bin ich einsam.« – »Wenn ich
jetzt kündige, dann kriege ich vielleicht nie mehr einen Job.«),
haben wir einfach unser »Selbst« noch nicht erlebt. Denn auf
Angst basiert unsere Seele nicht. Unsere Seele basiert auf Liebe
und auf den Gefühlen, die auf dieser Basis der Liebe entstehen,
und das sind die Gefühle, auf die wir hören sollen.

Wenn unsere Gefühle auf Angst basieren, dann stellen wir uns
manchmal die Frage, ob wir mit unserer Intuition und unseren

Gefühlen nicht falsch liegen: »Das fühle ich doch bloß!« Oder: »Wer weiß, ob das stimmt?« Ich bekam beispielsweise einen Brief von einer jungen Frau, die mir ihr Herz ausschüttete. Sie und ihr Freund gehen beide ihren eigenen spirituellen Weg, aber ihr Freund ist der Meinung, daß ihrer vollkommen falsch sei und sie sich von diesen Menschen, ihren Freunden, trennen müsse, denn er wisse ganz sicher, wie »schlecht« die für sie seien. Er stellte ihr sogar ein Ultimatum: »Entweder deine Freunde oder ich.« Ihr schnürte es bei dem Gedanken die Kehle zu, sie fühlte sich unfrei, dachte aber: »Vielleicht hat er ja recht.« Ganz abgesehen davon, daß eine Beziehung nur dann funktionieren kann, wenn man sich als gleichberechtigter Partner sieht, und nicht, wenn der eine den anderen unterdrückt und »Anweisungen« gibt, wußte sie nicht, was sie tun sollte, denn sie dachte wie gesagt, daß ihr Freund ja recht haben könnte.

Inwieweit wir unseren eigenen Gefühlen vertrauen, läßt sich auch daran ermessen, inwieweit wir bereit sind, die nötigen Konsequenzen zu ziehen. Gehen wir lieber den Weg des geringsten Widerstands? Sind wir wirklich bereit, unsere Freunde aufzugeben? Bin ich in der Lage, meinem Freund ein energisches »Nein« entgegenzustellen, oder habe ich Angst, daß nach ihm keiner mehr kommt? Das sind Fragen und Entscheidungen, die ganz bei uns liegen.

Sollten wir dazu tendieren, in solch einem Fall unsere eigene Meinung oder Intuition hintanzustellen, ist es aber auch sinnvoll, wenn wir folgende Fragen aufrichtig bearbeiten: »Werde ich in dieser Beziehung geachtet? Steht mir nicht Respekt vor meiner eigenen Individualität zu? Warum höre ich nicht auf meinen Instinkt, wenn es sogar schon so weit geht, daß es mir die Kehle zuschnürt…?«

Falls die junge Frau aus Angst heraus handelt, dann merkt sie das früher oder später ganz bestimmt. Die Sehnsucht unserer Seele hält das nämlich auf Dauer nicht durch und bringt uns immer wieder auf unseren Weg. Es liegt an uns, ob wir etwas jetzt gleich machen wollen (also in diesem Fall zu seiner eigenen Intuition stehen, selbst auf die Gefahr hin, daß dies eine Trennung von dem Freund bedeutet) oder aus Angst beziehungsweise Feigheit lieber noch ein bißchen länger leiden (so hart wie das klingen mag, aber ich habe die Feigheit so oft bei mir selbst gesehen, daß ich sie jetzt recht gut erkenne).

Ein anderes Gefühl beschäftigte mich eine ganze Weile; das war der Ärger. Ein Gefühl, das ich am liebsten loswerden wollte, denn von Jesus wird schließlich auch nicht überliefert, daß er ärgerlich war (zumindest nur einmal), und ich wollte ihn mir gern zum Vorbild nehmen. Aber dieses Gefühl des Ärgers kam nun immer wieder in mir hoch. Weniger zwar, je mehr Verständnis ich für meine Mitmenschen und für meinen Mann entwickelte, aber trotzdem noch regelmäßig. Ärger ist eine Emotion, die unkontrolliert auftaucht. Je nachdem, wie unkontrolliert, entstehen daraus die schlimmsten Handlungen. Die Zeitungen sind voll von dem, was Ärger so auslösen kann. Ärger bedeutet aber auch, daß es da irgendwo eine Emotion gibt, von der wir einfach noch nicht wissen, wie wir damit umgehen sollen. Wir wissen noch nicht, wohin damit.

Als ich zum Beispiel mit meiner Nichte Trixi über ihre Arbeitslosigkeit sprach, da merkte ich, daß ich ärgerlich wurde. Sie hatte Angst und war zu faul. Wenn ich nun meinen Ärger einfach so aufgäbe, was bliebe da übrig? Nur Mitleid? Eine Laisser-faire-Einstellung?

Nur wenn der Ärger kontrolliert ausgedrückt und konstruktiv umgesetzt wird, dann kann man damit jemandem helfen, der sein Potential noch nicht lebt. Aber natürlich auch nur in seltenen Fällen. Nicht mit Regelmäßigkeit. Da verlasse ich mich jetzt einfach auf meine Intuition – nachdem ich sie ja nun endlich erkannt habe.

In dem Zusammenhang fällt mir eine Begebenheit mit unserem Kater Barney ein, die diesen Sachverhalt an einem einfachen

Beispiel verdeutlichen kann. Barney ist ein Jäger und, wie er meint, der Chef unserer Familie. Bis vor kurzem war ich noch anerkannt, schließlich gebe ich ihm ja das Futter, aber dann wurde er doch leicht übermütig. Er beschloß, mir jetzt einmal zu zeigen, wer hier der Herr im Haus ist. Er griff mich an. In einem Monat viermal. Das erste Mal saß ich an meinem Schreibtisch, wie immer mit gekreuzten Beinen, als Barney vorbeikam und gestreichelt werden wollte. Ich hatte aber keine Zeit und küßte ihn nur kurz auf seinen Kopf. Er drehte sich um, nahm Anlauf und sprang mir mit ausgestreckten Krallen in den Rücken. Ich konnte es kaum glauben! Ja, was ist denn da passiert? Ich schrie auf, und er rannte aus dem Haus, um sich vor meinem Fenster genüßlich die Krallen zu lecken.

Am Abend kam er schnurrend auf meinen Schoß und war wie immer mein liebevoller Barney. Ich schloß die Augen, um mit ihm telepathisch Kontakt aufzunehmen. Ich »schickte« ihm Bilder, in denen ich ihn sehe, wie er liebevoll um meine Beine streicht. Ich war sicher, daß er meine Wünsche verstanden hatte. – Denkste!

Eine Woche später ging ich von der Garage ins Haus und dachte plötzlich an Barney. Schon kam er mit ausgestreckten Krallen hinter einem Blumentopf hervor und klammerte sich an meinen Beinen fest, bis ich blutete. Mittlerweile war ich aber schon vorbereitet. Ich hatte bereits so ein komisches Gefühl gehabt, und ich schüttete ihm den Inhalt meiner Mineralwasserflasche auf den Kopf. Er schüttelte sich und lief davon.

Ich rief Samantha an, meine Freundin, die mit Tieren spricht. Auch sie hatte keine Erklärung dafür. Außer der, daß er der »Boß« sein will. Mittlerweile hatte ich an strategisch wichtigen Stellen Wasserflaschen verteilt und ging ohne solch eine »Waffe« nicht mehr in den Garten. Prompt erwischte er mich noch zweimal, und obwohl er jedesmal pitschepatschenaß wurde, änderte er sein Verhalten nicht. Fast immer, wenn ich an Barney vorbeiging, mußte ich an den Sprung an meine Beine denken. Ich versuchte, diese Gedanken zu kontrollieren, denn ich glaubte natürlich, daß ich diejenige bin, die diese Gedanken dachte. Doch ich merkte bald, daß ich nicht die Gedanken sendete, sondern nur seine empfing. »Er dachte« die ganze Zeit daran. Am nächsten Abend hörte ich Julia plötzlich in ihrem Zimmer aufschreien. Ich lief hinein, und schon kam mir Barney entgegen. Julia hielt sich ihre Backe. Barney hatte sie aus heiterem Himmel gekratzt, obwohl er sich noch kurz vorher von ihr hatte streicheln lassen. Sie blutete, und das war mir dann doch zuviel. Ich war richtig ärgerlich!

Am Abend nahm ich mir Barney vor. Ich schloß meine Augen und zeigte ihm ein Bild, in dem er mich kratzt und ich ihm einen Schuh hinterherwerfe. Klar mit dem Unterton: »Noch einmal, und es kracht.«

Und er konnte es wohl kaum erwarten. Zwei Tage später schoß er hinter einem großen Blumentopf hervor, sprang auf meine Beine, kratzte mich und wollte wieder weglaufen. Aber dieses Mal lief ich hinterher. Ich packte meinen Schuh, schmiß ihn in seine Richtung und brüllte durch das Haus. Barney hatte damit wohl nicht gerechnet. Er wußte vor lauter Schreck nicht, wo er hinlaufen sollte. Ich immer hinterher. Mittlerweile flog auch noch der zweite Schuh, der ihn ebenfalls erwischte. Zuerst wollte er durch die Katzentür aus dem Haus laufen, aber dann überlegte er es sich anders. Er befürchtete wohl, daß er dann nicht mehr reindarf. So verschwand er in der Gästetoilette. Ich schloß die Tür. Triumphierend, aber auch erschöpft, machte ich erst mal Pause. Dann sah ich Julia. Vollkommen entsetzt über meinen Ausbruch, war sie hinter mir hergelaufen. So kannte sie ihre Mama nicht. Weinend stand sie mir gegenüber: »Tu Barney nicht weh!« schrie sie mich an.

Ich wollte sie in den Arm nehmen, aber sie wehrte sich. Ich ließ ihr erst einmal Zeit und erklärte ihr dann: »Barney ist ein Mitglied unserer Familie, und da muß er sich benehmen. Da kann er nicht einfach jeden angreifen. Ich habe versucht, mit ihm telepathisch zu reden, aber er wollte nicht hören. Katzenmütter schütteln ihre Katzenbabys und beißen sie auch, wenn sie etwas falsch machen. Da ich Barney nicht beißen wollte, mußte eben dieser Schuh herhalten. Barney muß das lernen. Er muß sich auch benehmen. Ich sehe nicht ein, daß wir beide für ihn Schmerzen haben sollen und daß er uns zum Bluten bringt.«

Julia beruhigte sich wieder. Barney blieb nur eine Stunde im Badezimmer eingesperrt, und dann öffnete ich die Tür zum Gästebadezimmer und die Haustür. Flugs sprang er hinaus. Am nächsten Morgen war er wieder da. Ganz vorsichtig ging er um mich herum. Um meine Beine machte er einen großen Bogen. Das ist nun gut ein halbes Jahr her. Ich glaube, er hat es kapiert.

Auch hier war der Ärger. Aber er war kontrolliert. Ich wußte, was ich mit dieser Emotion anfangen wollte. Ich merkte, ich wurde besser darin. Früher, wenn ich auf meinen Mann ärgerlich war, dann schlug ich (im übertragenen Sinne) nur noch um mich. Wütend sprudelten die Worte nur so aus mir heraus, in der Hoffnung, daß sie ihn verletzten. Heute benutze ich den gelegentlichen Ärger bewußt. Wir lernen, allen unseren Gefühlen zuzuhören, und das ist manchmal eine große Herausforderung. Aber wir erkennen dadurch unseren Seelenplan klarer, und wenn wir uns selbst besser kennenlernen, werden wir uns auch mehr vertrauen.

All das erfordert Fokussierung, Zeit und Geduld. Und Geduld wünschte ich mir selbst dringend. So nach dem Motto: Lieber Gott, schenke mir Geduld, aber bitte sofort…

7

Zeit und Geduld

Die Balance zwischen Warten und Handeln

Ein typischer Fall von Ungeduld: Hier sind wir nun im siebten Monat schwanger und haben ganz sicher das Gefühl, daß es jetzt genug ist (für die männlichen Leser ein bißchen schwer vorzustellen, aber versuchen Sie es trotzdem...). Die Beine sind geschwollen. Der Rücken fängt an, weh zu tun. Auf dem Bauch schläft man schon seit Wochen nicht mehr, und der Nabel ist flach wie ein Brett. Die Blase ein-, die Pickel ausgequetscht, beschließen wir: Wir sind soweit. Also packen wir unseren Koffer und fahren ins Krankenhaus. Dem erstaunten Personal erklären wir, daß wir jetzt bereit seien und mit den Wehen beginnen wollten. Nachdem sie sich weigern, uns so früh aufzunehmen, gehen wir einfach ins nächstbeste Zimmer und fangen an zu pressen.

Kein vernünftiger Mensch würde ernsthaft auf diese Idee kommen. Babys brauchen neun Monate, um sich voll zu entwickeln, ob es uns paßt oder nicht. Und die meisten Schwangeren würden die Dauer ihrer »Umstände« wohl am liebsten verkürzen. Wobei wir froh sein können, daß wir keine Elefantendamen sind... die sind nämlich noch einige Zeit länger schwanger.

Die Entwicklung eines Babys im Mutterleib braucht ihre Zeit, und es kommt dann zur Welt, wenn es soweit ist. Und nicht, wenn wir es gern hätten.

Was wir bei der Schwangerschaft leicht einsehen, fällt uns in vielen anderen Bereichen unglaublich schwer. Dieser Vergleich scheint passend, denn wenn wir es genau betrachten, sind alle Wünsche, die wir haben, und die Zeit, bis sie in Erfüllung gehen, auch so etwas wie eine Schwangerschaft und Geburt. Doch bei den meisten Wünschen wollen wir auf gar keinen Fall die erforderliche Zeit bis zur Erfüllung abwarten. Die hätten wir gern bitte sofort!

Das erste Buch, das ich jemals schrieb, hieß *Listen*, dieses Wort bedeutet »Zuhören«, und ich suchte dafür einen Verlag. Es war auf englisch verfaßt, und ich kriegte es einfach nicht unter. Ich betete und betete, doch nichts passierte. Übrigens bis heute noch nicht. Dieses Buch liegt in meinem Archiv, und vielleicht wird es nie veröffentlicht werden. Ich glaube inzwischen fast, daß es »nur zum Üben« war. Aber damals war ich unwahrscheinlich frustriert. Wochen und Monate vergingen, wir schickten das Manuskript an über fünfzig Verlage, und jedesmal kamen nur Absagen. Die meisten waren die üblichen formalen Briefe, zwei oder drei persönliche und ein sehr netter (aber trotzdem eine Absage), ein Verlag sagte endlich ja, wenn ich die Druckkosten selbst übernähme. (Nein danke!)

Dann schrieb ich mein nächstes Buch, dieses Mal in Deutsch, und nannte es *Endlich aufgewacht*. Ich wußte, daß ich dafür einen Agenten brauchte, aber auch das dauerte eine Weile. Und wieder konnte ich es kaum erwarten. Ich war ungeduldig und leicht genervt.

Zeit ist bekanntlich relativ. Wenn wir auf jemanden warten, ist eine Stunde unendlich lange. Haben wir Spaß, geht sie schnell vorbei. Ich wartete auf etwas. Was für uns lange ist, mag für einen Spirit kurz sein. Manchmal, wenn Zarathustra das Wort »bald« erwähnte, erwartete ich, daß etwas am folgenden, spätestens jedoch übernächsten Tag eintreten würde. Doch irgendwann einmal dämmerte es mir, daß für jemanden ohne Körper »bald« doch ein etwas dehnbarer Begriff ist…

Ich erinnere mich noch gut an eine Vision, die mir vieles klarer machte: Ich stand mit meinem damaligen Engel an einem See. Er schaute mich an und sagte: »Schwimm.« Ich ging näher an den See heran, mußte aber feststellen, daß nicht genug Wasser darin war. Es war nur knöcheltief. »Ich kann nicht, da ist nicht genug Wasser drin«, antwortete ich.

Dann sah ich, wie mein Engel die Arme ausstreckte, und plötzlich konnte ich erkennen, daß da jede Menge Menschen am Ufer waren, die eimerweise Wasser in den See schütteten. Mein Engel erklärte mir: »Hilf mit, Wasser in den See zu schütten, und wenn er voll ist, dann kannst du schwimmen.«

Dies gab mir das erste Mal ein Verständnis dafür, daß vieles eine Vorbereitungszeit braucht und nur dann, wenn alle Umstände zusammentreffen und jeder seinen Teil dazu beiträgt, der »richtige« Zeitpunkt kommt.

Doch obwohl mir diese Meditation weiterhalf, hatte ich trotzdem noch meine Schwierigkeiten mit der Geduld. Was bedeutet Geduld eigentlich? Daß wir warten können. Daß wir eine gewisse Gelassenheit haben, mit der wir unser Leben betrachten. Ein Vertrauen, daß bestimmte Wünsche erfüllt werden. Wir sind ungeduldig, wenn wir schon zu weit in die Zukunft schauen, ohne unsere Gegenwart zu genießen. Wir sind bereits im Morgen, obwohl wir eigentlich im Heute leben sollen. Aber es ist ganz schön schwer, das Heute zu genießen, wenn all unsere Sehnsüchte im Morgen liegen.

Und das ist die Gnade der Geduld: den Fokus vom Morgen wieder auf das Heute zu legen. Mit dem Wissen, daß »morgen« alles so passieren wird, wie wir es uns heute wünschen... oder besser.

Geduld hatte für mich aber auch etwas mit Warten zu tun. Ein Zustand, der mir unglaublich auf die Nerven ging. Ich war jemand, der zugriff. Gibt es ein Problem, ich werde es lösen. Ich habe viele Jahre meines jungen Erwachsenenlebens mit dem Ignorieren von Problemen verbracht. Immer in der Hoffnung, daß sie sich irgendwann einmal in Luft auflösen. Was sie natürlich nicht taten. Nur mein Teppich, unter dem all diese ungelösten Probleme lagen, fing langsam zu stinken an. Ich muß so Mitte Zwanzig gewesen sein, als ich merkte, daß sich Probleme nur dann lösen lassen, wenn ich ihnen ins Auge schaue. Ich mußte aktiv werden, und das wurde ich dann. Allerdings so aktiv, daß jeder, der in diesen Sog geriet, sich nur schüttelnd zurückziehen konnte. Denn bei mir ging es von nun an »zack, zack, zack.«

Als ich mit dreißig heiratete und nach Los Angeles zog, war ich so an »zack, zack, zack« gewöhnt, daß ich nach zwei Wochen in Panik fiel: Es dauerte einfach eine Weile, bis ich meine »Green Card«, meine Aufenthaltsgenehmigung, bekam und bis dahin die USA nicht verlassen durfte. Also auch keine Chance hatte, zum Arbeiten nach Deutschland zu fliegen. Um Himmels willen, was mache ich nur? Da traf ich eine bedeutende Entscheidung: »Wenn ich schon sonst nichts zu tun habe, dann werde ich wenigstens jetzt schon mal schwanger.« Zwei Monate später war ich schwanger, und damit erhielt ich meine erste Lektion in Geduld.

Unsere Julia, ein Geschenk Gottes, kam auf die Welt, und mit ihr jede Menge weitere Lektionen in Geduld. Die Zähne, die sich schmerzhaft durch das Zahnfleisch bohren… dauern. Das Gehen… dauert. Und ich wurde ein bißchen geduldiger… aber wirklich nur… ein kleines bißchen.

In sieben Jahren wurden mir außer der Vision mit dem See noch zwei weitere geschickt, denn ich brachte es einfach nicht fertig, in meinem sturen Hinterkopf die Wichtigkeit von Geduld und ihrem Bruder, dem Warten, zu erkennen.

Julia wurde acht Jahre alt, und ich war inzwischen unglaublich müde. Mir war klargeworden, daß Warten und Geduld eine meiner größten Herausforderungen waren. Ich versuchte zwar, mehr im Jetzt als im Morgen zu leben. Es gelang mir meistens jedoch nicht.

Ich hatte mir so angewöhnt, mich auf das »Morgen« zu konzentrieren, daß es einfach dauerte, bis ich mich von diesem »Zack, zack, zack« entwöhnte. Mittlerweile war ich ja auch ein bißchen bibelfester und versuchte mich damit zu beruhigen, daß selbst Jesus sich ab und zu erholte. Sogar er ging oft auf einen Berg und war allein mit sich und Gott. Und trotzdem, es war fast so, als ob ich mir Ruhe einfach nicht gönnen wollte. Was war denn da in mir, das mir diese Pause nicht erlaubte? War ich es mir selbst nicht wert, einfach »nichts zu tun« oder einfach nur Dinge »für mich zu tun«?

Ich war der Meinung, daß mein Wert damit zusammenhängt, wieviel ich tue. Und nicht damit, wer ich bin. So als ob mein Wert täglich neu bewiesen werden müßte. Ich weiß noch gut, wie schwer es mir fiel, ohne Schuldgefühle zu meditieren. Hier sitze ich also im Garten und meditiere, und meine Haushälterin räumt inzwischen die Küche auf. Mein Mann arbeitet im Büro und verdient Geld. Und ich ..., was mache ich?

Und obwohl ich meditierte, ich »tat« ja etwas und benutzte diese Zeit, um mich besser kennenzulernen, bekam ich trotzdem dieses »Schuldgefühl«.

Und jetzt auch noch diese Müdigkeit. Ich mußte mich ausruhen. Und ich mußte lernen, zu beobachten, einfach nur zu sein. Ein bißchen hatte ich mich ja schon durch meine Donnerstage, meine Tage der Stille, daran gewöhnt. Aber diese Donnerstage hielten nur für ein Jahr, dann füllte ich mein Leben wieder auf. Ich gab meine Schweigetage auf, denn ich dachte, ich hätte es damals schon kapiert. Aber das stimmte nicht.

In dem Buch *Everyday sacred* (»Jeder Tag ist heilig«) von Sue Bender fand ich einen Ausspruch, der mich tief berührte. Die Autorin beschreibt darin den Versuch, ihr Leben zu vereinfachen. Sie wollte Zeit haben. Und sie schaffte es. Da gab es doch tatsächlich eine Weile in ihrem Leben, in der sie genügend Zeit für all das hatte, was sie tun wollte. Doch plötzlich merkte sie, wie die Zeit wieder weniger wurde, und dann kam dieser Satz, den ich so gut verstand: »Ich habe einfach wieder zu oft ja gesagt.«

Das bin ich! Ich fühlte mich erkannt. Auch ich sagte zu oft ja und war dann mit Aufgaben beschäftigt, die ich eigentlich nicht tun wollte. Ich sage ungern nein, ich will ja schließlich niemanden enttäuschen. Aber ich enttäuschte mich selbst. Ich füllte meine Tage auf, als ob es am Ende einen Preis zu gewinnen gäbe. Und den gab es sogar: Ich gewann den Preis der Selbstaufgabe. Den Preis des Opfers. Schaut doch nur, was ich alles für die anderen mache. Für mich verlange ich nichts. Außer natürlich unendlicher Dankbarkeit... Die meistens auch noch ausblieb. So ein Pech aber auch. Da war ja nun mein ganzes Opfer umsonst.

Warum wollte ich Dankbarkeit? Übrigens, freiwillig zugegeben hätte ich das natürlich nie. Mir war ja lange nicht klar, daß ich für all meine »Opfer« Dankbarkeit erwartete. Wenn ich schon etwas für andere tat, was mir keinen Spaß machte, dann war das doch wohl das Mindeste, was ich erwarten konnte, oder etwa nicht?

Man kann nur etwas geben, wenn man es gern tut. Sonst wird es eine Last, eine Pflicht. Im Dienst zu stehen soll etwas sein, was Spaß macht, etwas, was Freude bringt. Ich nehme Jesus immer gern als Beispiel. Können Sie sich vorstellen, daß er auf dem Weg zum nächsten Lepradorf so etwas gesagt hätte wie: »Ach, die schon wieder!«

Nehmen wir einmal an, da gibt es Heinz, dem es Freude macht, sich um Kinder zu kümmern, und da gibt es Lisa, die lieber älteren Leuten hilft. Nehmen wir einmal an, Heinz und Lisa würden die Plätze tauschen. Was käme dabei heraus: lauter unglückliche Menschen. Von Heinz und Lisa mal ganz abgesehen, all die Kinder und die Senioren, mit denen die beiden zusammenkämen, wären auch nicht glücklich. Denn natürlich spüren die Kinder, daß Lisa dieses Herumlaufen und Lautsein auf die Nerven geht, werden die Senioren merken, daß sie Heinz mit den Geschichten von früher unglaublich langweilen. Umgekehrt war es richtig: Lisa liebte es, von der Erfahrung der Älteren zu lernen, und konnte von den Erzählungen gar nicht genug bekommen. Während Heinz am liebsten neue Spiele für die Kinder erfand und im Park herumtobte. Wie schade wäre es doch, wenn beide nicht das machen könnten, was sie wollten, aus einem falsch verstandenen Wunsch, zu dienen und zu helfen, etwas tun, was einfach keinen Spaß macht. Und vielleicht verliert Lisa eines Tages die Lust an den Geschichten, und Heinz wird müde von dem Rumtoben. Sollen die beiden dann weitermachen? Trotzdem im Dienste stehen? Schließlich habe sie ja damit mal angefangen und müssen es »zu Ende« führen. Aber wer hätte denn was davon? Da gäbe es wieder nur jede Menge unglücklicher Leute. Sich selbst einzugestehen, daß man für bestimmte Dinge nur eine bestimmte Zeit wirklich Lust hat, und sich dann etwas anderes zu suchen, auch dazu gehört Mut. Lisa und Heinz werden weiterhin im Dienst stehen. Vielleicht hat Lisa ihre Ausbildung als Heilpraktikerin abgeschlossen und möchte auf diese Weise helfen. Und Heinz wollte lieber im Kinderheim dekorieren und die Wände mit lustigen und fröhlichen Bildern bemalen, als mit den Kleinen rumzutoben. Warum nicht? Es wird sich jemand anders finden, der das Spielen übernimmt. Jemand anderes, der von den Erfahrungen der Älteren lernen kann.

Doch kommen wir wieder zurück zum Thema Zeit.

Was möchten wir im augenblicklichen Stadium in unserem Leben verändern? Was gefällt uns, und was gefällt uns nicht? Diese Pausen, diese Ruhe, sind dazu da, darüber nachzudenken, welche Veränderungen wir uns wirklich wünschen. Aber wenn wir unsere Tage mit Aktivitäten vollstopfen, haben wir nicht die Stunden, die wir brauchen, um nachzudenken. Keine Zeit, um zu sein. Keine Zeit, um zu genießen.

Es gab da meine berühmte »To-do«-Liste, auf der stand, »was zu erledigen ist«. Und diese Liste wurde nie kürzer. War fast immer gleich lang. Und jedesmal wenn ich von oben etwas wegstrich, kam von unten etwas hinzu. Dadurch hatte ich das Gefühl, als ob ich nie wirklich etwas erledigt hätte. Ich nahm mir zuviel vor. Und dabei war meine Frustration schon »mit eingebaut«, denn das Ziel, alles zu erledigen, war nie zu erreichen. Zumindest so lange nicht, wie der Tag vierundzwanzig Stunden hat.

Ich wollte diese Liste loswerden. Also beschloß ich, so lange nein zu sagen, bis ich keine Liste mehr hatte. Das dauerte zwei Monate! Zwei Monate, um für einen Tag nichts zu tun zu haben. Ich konnte es kaum glauben, ich hatte es doch tatsächlich geschafft! Ich wachte morgens auf und hatte nichts zu tun. Meine Tochter war mit meinem Mann für ein Wochenende verreist. Und ich mußte nichts tun…, außer die Tiere zu füttern. Ein Hund, drei Katzen und einen Papagei waren einfach nicht so leicht aus dem Haus zu schicken…

Ich fühlte mich frei! »Zu was hab' ich denn heute Lust?« stellte ich mir selbst diese so frivole Frage. Ich wollte einfach nur im Garten sitzen. Zum Duschen hatte ich keine Lust, nicht mal zum Anziehen. Der Gedanke war ganz plötzlich da. Nach dem ersten »Also nein« dachte ich: »Warum eigentlich nicht?« Das ist mein Haus, niemand ist da, niemand kann in den Garten sehen… Ich blieb nackt. Daran mußte ich mich allerdings erst gewöhnen. Seit meinen Kleinkindertagen bin ich nicht mehr unbekleidet herumgelaufen. Ich legte mich auf die Erde und schaute den Schmetterlingen zu. Sister, unsere Hündin, rekelte sich in der Sonne; ich betrachtete sie und hatte plötzlich Lust, sie zu modellieren. Ich ging ins Haus und holte mir meinen abgepackten Lehm und meine Skulpturutensilien und fing draußen im Garten zu modellieren an. Etwas, für das ich mir bisher zu Hause einfach keine Zeit genommen hatte.

Der Tag war unendlich lang. Jede Stunde verging träge, denn auch sie mußte nichts erreichen. Wie herrlich. Und ich hatte nicht einmal ein schlechtes Gewissen, hatte ich doch zwei Monate hart für diesen Tag gearbeitet…

Wenn es mir nur gelingen könnte, diese Freiheit öfters zu genießen. Ohne daß ich vorher »hart« arbeiten muß, um es mir dann zu erlauben. Selbst Buddha saß unter einem Baum. Wann werden wir wohl anfangen, Zeit zu genießen, statt sie loswerden zu wollen? Ich genoß diesen Tag, doch am nächsten Morgen begann eine neue Liste. Langsam sagte ich wieder öfters ja, jetzt überlegte ich mir aber immer genau, ob ich etwas wirklich wollte. Doch dann kam diese Müdigkeit und mit ihr das Verständnis, daß mein Körper mehr Ruhe brauchte.

Mein Mann wollte mich zum Arzt schicken. Das müsse irgendein Virus sein, den ich mir aufgeschnappt hätte, meinte er. Ich gähnte nur und lachte. Ich kannte den Virus sehr gut. Der Virus heißt: »Und wenn du es nicht von selbst kapierst, dann helfen wir dir einfach dabei.«

Ich konnte nichts erledigen. Denn mein Körper versagte mir den Dienst. Mit Recht. Er hat dem ja lange genug zuschauen müssen. Die Ruhepause fiel mir schwer.

»Mama, bist du immer noch müde?« fragte unsere Tochter erstaunt. Denn so kannte sie mich ja nicht.

»Ja, mein Schatz.« Sie nahm das selbstverständlich hin. War sie doch soviel mehr in Harmonie mit ihrem Körper als ich. Wenn sie müde war, legte sie sich hin. Ansonsten rannte sie herum und genoß ihr Leben. Ich glaube kaum, daß sich meine Tochter darüber Gedanken macht, was die anderen wohl sagen könnten, wenn sie sich in die Hängematte zum Schlafen legt.

Ich lag im Garten und schloß meine Augen. Ich bat in einem Gebet um Klarheit, wie lange ich denn hier noch so rumliegen würde. Nach einer Weile fühlte ich mich entspannt und ruhig, und dann sah ich meinen weißen Adler, mein Spirit-Tier, vor meinem inneren Auge. Ich war mit meinem Adler auf einem hohen Berg und betrachtete meinen Weg. Vor mir im Tal lag da die Straße, auf der ich in meinem Leben ging. In regelmäßigen Abständen konnte ich Bänke erkennen. Geradeaus sah ich mein »Jetzt«. Links davon war meine Vergangenheit, die viele Kurven und Umwege aufwies. Rechts, im »Morgen«, ging der Weg gerade einen Berg hinauf.

»Du bist schon weit gekommen«, schien mir der Adler sagen zu wollen. Dann flog er mit mir zu meinem »Jetzt«. Vor mir war eine Bank. »Nimm Platz!« bot mir mein Adler an. Ich zögerte. Ich wollte lieber den Weg weitergehen.

»Ich habe verschiedene Dinge zu erledigen«, antwortete ich dem Adler. »Ich gehe lieber, statt hier zu warten.«

Mein Adler legte den Kopf zur Seite und deutete auf die Straße. »Schau dir deine Straße genau an.«

Ich fokussierte mich auf die Straße und nahm erstaunt wahr, daß der Straßenbelag bis zu meinem »Jetzt«, bis genau zu dieser Bank, wunderschön flach und gerade war. Und von hier aus in meine Zukunft hinein, an vielen anderen Bänken vorbei, war die Straße aufgerissen. Der Belag hörte genau an dieser Bank auf, an der mich der Adler Platz zu nehmen aufgefordert hatte.

Ich wunderte mich, doch mein Adler erklärte es mir: »Du hast wie immer die Wahl: Du kannst jetzt gehen, vorsichtig und langsam an den tiefen Löchern und Gräben vorbei, in denen du dir wahrscheinlich die Zehen anhauen wirst und oft aus dem Gleichgewicht gerätst. Das wird allerdings einige Zeit in Anspruch nehmen. Oder du wartest hier auf deiner Bank. Bewunderst die Aussicht, genießt die Zeit der Ruhe, denn wenn die richtige Zeit gekommen ist, wird die Straße vor dir gepflastert sein. Du wirst leicht und schnell darüber gehen, bis zur nächsten Bank. Die wieder da ist, um auszuruhen. Denn das ist eine Notwendigkeit und kein Luxus.«

Die Notwendigkeit der Ruhe und der Pausen zu erkennen ist ein wundervolles Geschenk, das wir uns selbst machen. Dieses Präsent liegt eingepackt in dem Geschenkpapier mit dem Namen: »Was werden wohl die anderen denken?« Das Papier muß erst aufgerissen werden, um an das Geschenk heranzukommen. Und damit reißen wir symbolisch die Vergleiche nieder. Die Angst vor der Verurteilung.

Nur dann, wenn wir unser Leben so einzigartig leben, wie es sich unsere Seele wünscht, werden wir Erfüllung finden. Und ist es nicht das, was jeder von uns eigentlich will? Doch würde es uns oft nicht im Traum einfallen, unsere Handlungen oder unsere Pausen mit den Worten zu beschreiben: »Ich bin dabei, Erfüllung zu finden«. Oder: »Heute genieße ich einfach nur den Tag und mache nichts.« Was für ein selbstsüchtiger Mensch, könnten da die anderen denken. Ja, wo kommen wir denn da hin? Anarchie vielleicht? Oder lieber doch Glückseligkeit und Frieden für alle?

Wir haben uns angepaßt. An all die anderen. Und jeder von uns glaubte, daß die Mitmenschen von uns bestimmte Dinge verlangten. Und die machten wir dann auch und gaben unsere Träume und Wünsche auf, um dazuzugehören. Aber »die Masse« unserer Mitmenschen sucht, so wie wir, Erfüllung. Also, was hält uns davon ab?

Eine dritte und bisher letzte Vision war notwendig, um mich von der Wichtigkeit der Geduld und des Wartens zu überzeugen. Es waren die letzten Tage dieser tiefen Müdigkeit, die damals über zwei Monate dauerte. Da kam mir ein Traum, der mir lange im Gedächtnis blieb: Ich sah mich in meinem Studio sitzen, wie ich durch meine Glastüren nach draußen schaute. Vor meinem Studio lag eine lange Straße, die weit im Horizont verschwand. Es war neblig draußen, und ich sah, daß es da ein Auto gab, das auf dieser Straße zu mir herfuhr. So machte ich mich auf, um diesem Auto entgegenzulaufen, denn ich war neugierig, wer mich denn da besuchen kam. Aber der Nebel war dicht. Da gab es Zweige, die ich übersah und die mir schmerzhaft übers Gesicht schlugen. Einer stach mir ins Auge, und dann kam der Gedanke: »Warum bist du nicht einfach im Studio sitzen geblieben und hast gewartet? Da war es warm und gemütlich. Der Wagen kommt auf jeden Fall, und du hättest dich nicht verletzt.«

Ich wachte auf mit einem »Aha«. Und wieder einmal wurde mir gesagt, daß sich – wie es bei der Schwangerschaft auch ist –

manche Situationen einfach entwickeln müssen. Sie sind auf dem Weg. Es ist nur eine Frage der Zeit. Entspanne dich.

Es war meine Ungeduld, die es mal wieder nicht erwarten konnte. Die lieber nach draußen ins Freie lief, in den Nebel, um die Neugierde zu befriedigen, als in Ruhe und mit Vertrauen zu warten. Wo ist mein Vertrauen? Habe ich denn überhaupt nichts dazugelernt?

Meine Freundin Jacqueline hat einmal gesagt: »Wenn du dich gestreßt fühlst, bist du Gott vorausgelaufen.« Was für ein wundervoller Satz! Und wie wahr er für mich ist.

Wenn ich mich gestreßt fühle, dann lasse ich erst einmal für einen Moment alles stehen und liegen und frage mich, warum ich mich so fühle. Und in dieser Stille danach bitte ich um Gottes Segen und darum, daß sein Wille geschehe. Vieles lasse ich dann los. In dem Vertrauen, daß ich nicht alles »allein« machen muß. Ich fühlte mich gestreßt, wenn ich eine große Verantwortung spürte, wie damals auf dem Visionquest, als es regnete. Ich lebe mein Leben nicht allein. Wir bekommen täglich Hilfe angeboten. Von unseren Engeln, von Gott, von unseren Freunden. Das ist das »Wir«, was mir manchmal in Vergessenheit gerät. Und durch diese Pause, die ich in jede Streßsituation hineinlege, erinnere ich mich wieder an unser Wir.

Wann ist es nun Zeit zum Handeln? Oder wann sind wir einfach nur »zu faul« oder ist uns etwas unangenehm, und wir wollen es schlicht und ergreifend noch ein bißchen vor uns herschieben? Beide Fragen sind einfach zu beantworten. Wenn Sie dieses Buch soweit durchgelesen haben, dann haben Sie daran Interesse, Ihre alten Gewohnheiten abzulegen, und Sie haben wahrscheinlich schon viele aufgegeben. Sie kennen sich selbst, und indem Sie sich selbst erkennen, wissen Sie die Wahrheit.

Wir wissen selbst, wenn wir faul sind und Entscheidungen aus dem Weg gehen. Wir wissen, wenn wir versuchen, Veränderungen zu vermeiden, und einfach lieber »so sind, wie wir immer

schon waren«. Und wir wissen auch, wann es Zeit zum Handeln
ist. Da kommt eine Kraft in uns auf, durch die man uns kaum
bremsen kann. Das erinnert mich an den Ausspruch, den ich
früher oft scherzhaft selbst benutzte: »Und wenn mich die Lust
zum Aufräumen überkommt, dann setze ich mich still in eine
Ecke und warte, bis sie vorbei ist.«

Wir wissen selbst, wenn wir »in der Ecke sitzen«, bis die Lust
vorbei ist. Der liebe Gott hat uns nämlich neben unserer Intuition und unserer Sehnsucht auch noch ein Gehirn mitgegeben.
Und das hilft uns in solchen Fällen wunderbar weiter. Wir brauchen niemanden, der uns sagt, wann wir uns bewegen sollen
und wann wir Pausen machen müssen. Wir wissen das selbst.
(Manchmal wollen wir es nicht zugeben... Aber das ist eine ganz
andere Sache.) Da gibt es untrügliche Zeichen und ein tiefes Wissen, und manchmal verschieben wir Entscheidungen, weil wir
denken, daß wir keine Zeit haben. Aber Harmonie kommt nicht
von Müdigkeit. Harmonie kommt nicht von Streß. Und Harmonie kommt nicht von Selbstaufgabe. All das ist uns klar, und damit beginnt die Wahl, wie wir unser Leben denn gerne hätten.

Denn wenn nicht jetzt, wann dann?

8

Der Mut zur Veränderung

Wenn nicht jetzt, wann dann?

Mut, so dachte ich mal, ist wie ein flacher Bauch. Manche haben ihn, und manche haben ihn nicht. Und da ich keinen flachen Bauch besaß, war das auch eine wirklich praktische Ausrede, die für mich einige Zeit wirkte. Aber irgendwann einmal wurde mir die Bedeutung eines paradox wirkenden Spruchs klarer: »Mutig sind wir immer. Wir trauen uns nur manchmal nicht.«

Mutig zu sein ist ein Geschenk, das wir uns selbst machen. Mut ist auch der Vorläufer des Selbstvertrauens. Denn nur wenn wir bereit sind, mutig zu sein, erkennen wir, was wir eigentlich alles können, und dadurch entsteht unser Selbst-Vertrauen. Das Vertrauen in unsere Gedanken, Worte und Handlungen.

Ich war immer dann mutig, wenn ich nichts mehr zu verlieren hatte. Wenn ich schon so lange mit dem Rücken zur Wand stand, daß es nur noch kurze Zeit dauern würde, bis ich vollkommen zerquetscht würde. Und kurz vor diesem Zerquetschen nahm ich »all meinen Mut zusammen« und wehrte mich. Mein Mut war mit Selbstverteidigung verbunden. Wenn wirklich nichts mehr ging, wenn ich so lange wie nur möglich gewartet hatte und keine Luft mehr bekam, dann nahm ich all meinen Mut zusammen und veränderte die Situation.

Ich ging gern den Weg des geringsten Widerstandes. Schlichtweg weil es einfacher schien, und außerdem wollte ich ja auch noch von allen geliebt werden. Und da muß man sich doch anpassen – oder etwa nicht?

Meine ersten »Mutanfälle« verdanke ich der Tatsache, daß ich unglaublich schnell tippen kann. Vierhundertfünfzig Anschläge in der Minute waren keine Seltenheit, und diese Gabe verlieh mir das Gefühl, daß ich, egal, was passiert, meinen Unterhalt damit immer verdienen kann.

Als mein Vater mich rausschmiß, hatte ich es diesem Talent zu verdanken, daß ich meinen ersten Job als Sekretärin bekam. Ein Jahr später wechselte ich den Job und wurde Sachbearbeiterin, wieder ein Jahr später Redaktionsassistentin bei einer Fernsehzeitschrift. Zwei Jahre danach, im selben Verlag, wurde ich zur Fotoredakteurin befördert. Ich wechselte, weil es nicht anders ging. Ich verdiente einfach zuwenig, außerdem wurde mir immer schnell langweilig. Und eines hatte ich mir als Kriterium einfach versprochen: Wenn ich am Morgen aufwachen sollte mit dem Gefühl, »schon wieder dahin zu müssen«, und keine Freude an der Arbeit mehr empfand, dann kündige ich. Ich wußte immer schon, daß ich mein ganzes Leben lang arbeiten würde, deshalb sollte mir die Arbeit Spaß machen.

Ich war ehrgeizig, schlichtweg aus der Tatsache heraus, daß ich nie wieder so wie in meiner Kindheit leben wollte. Ich wollte immer ein Zimmer haben, das mir gehört. Nie mehr in der Küche schlafen müssen, immer genug Geld verdienen und großzügig sein können.

Mit dreiundzwanzig machte ich mich als Fotoreporterin selbständig. Mein damaliger Freund unterstützte mich dabei. Zwei Monate nach Beginn meiner »Selbständigkeit« fand ich heraus, daß er eine Freundin nebenher hatte. Wir trennten uns, und nun war ich ganz und gar auf mich selbst gestellt. Und damit kam der Mut der Verzweiflung – nach dem Motto: »Wenn mir nichts anderes übrigbleibt, dann muß ich es halt auch allein schaffen.« Das ist, glaube ich, eine Familienkrankheit.

Meine Schwester Susanne und ich hatten als Kind nie ein besonders gutes Verhältnis zueinander. Und obwohl ich vier Jahre älter bin, war sie die Stärkere. Sie war laut, ich war leise. Sie war lebhaft, ich war ängstlich. Da gibt es ein Foto von uns, wie sie als Neugeborene auf dem Arm unseres Vaters liegt und ich auf einem kleinen Kinderstuhl daneben sitze. Mein Vater bewegt Susanne in meine Richtung, damit ich sie betrachten kann, und ich lehne mich, soweit ich kann, auf diesem Stuhl in die andere Richtung. »Bloß nicht!« scheint die Geste zu sagen.

Heute können wir beide darüber lachen. Wir sind mittlerweile die engsten Schwestern. Vor vielen Jahren, als Susanne meine Veränderungen beobachtete, fragte sie mich: »Ich weiß nicht, was du machst, aber das will ich auch machen.«

Und damals erklärte ich ihr meinen Weg zu Gott. Susanne geht natürlich ihren ganz eigenen Weg, obwohl das bei »*der* Schwester«, wie ich sie jetzt sogar beim Schreiben hören kann, nicht ganz einfach ist.

Sie hat eine wunderbare visuelle Begabung. Kann mit ein paar Handgriffen ein Zimmer komplett verändern. Sie hat die Gabe, Atmosphäre zu schaffen. Sie ist handwerklich unglaublich geschickt. Sie kann mit Menschen umgehen und hat ein Organisationstalent, für das man sie nur bewundern kann.

Wie jeder von uns hatte auch sie alte Gewohnheiten, die sie verändern wollte: Sie wünschte sich mehr Disziplin und mehr Fokussierung.

Susanne und ich hatten uns über die Jahre eine Art Abhängigkeitsverhältnis aufgebaut, das für uns nicht gesund war. Wenn es brennt, komme ich und helfe aus. Zum ersten Mal begann das mit der Trennung von ihrem Mann. Sie behielt die kleine Wohnung, und ihr Mann holte alle Möbel raus. Alle. Bis auf das Bett, das ich ihr mal geschenkt hatte, und einen Kühlschrank von unserem Vater. Sie war verzweifelt: Übermorgen sollte das Jugendamt kommen und die häuslichen Verhältnisse anschauen, und da saß sie mit ihrer Tochter in der leeren Wohnung und hatte kein

Geld, um Möbel zu kaufen. Sie rief mich an. Wir fuhren zu Ikea, und innerhalb eines Tages hatten wir (mit vier geschwollenen Daumen, um es zu beweisen) diese Wohnung wieder komplett eingerichtet. Ich verdiente damals schon gut Geld, und selbstverständlich half ich ihr.

Das hat sich über die Jahre dann so eingebürgert. Susanne kündigte nach langer Zeit ihren Job in einem Krankenhaus. Nachdem sie einer Kollegin, die sie über Jahre hinaus genervt hatte, regelrecht an die Gurgel gegangen war, war sie zu Tode erschrocken: »Was könnte das nur bedeuten?« fragte sie mich. Ich ließ sie raten … Sie wußte, daß sie da raus mußte, daß es für sie wie ein Gefängnis war. Kurz darauf kündigte sie.

Die Stelle, die sie jetzt eigentlich antreten sollte, war nicht mehr vorhanden – ich habe das schon im 1. Kapitel erzählt –, und so arbeitete sie erst mal umsonst in der Firma, um Erfahrungen zu sammeln. Susanne war nie freiberuflich tätig gewesen. Als alleinstehende Mutter dachte sie, sie brauche diese Sicherheit. Und das war eine weitere Lektion für sie: Vertrauen. Und diesem Vertrauen half ich manchmal nach, wenn es mal wieder brennen sollte. Und es brannte ab und zu. Dadurch hatte es sich in ihrem Hinterkopf irgendwo tief eingegraben: Ohne Sabrina geht es nicht.

Sie zog aufs Land und mietete sich einen uralten Bauernhof. Sie leitet den deutschen Zweig von »My Angel and I«. Das heißt, daß sie unsere Workshops und Visionquests organisiert, selbst Meditationsklassen gibt, unsere Meditationskassetten und CDs vertreibt, spirituelle Fragen am Telefon beantwortet und unsere Rundschreiben verschickt. Nebenher arbeitete sie ab und zu fürs Fernsehen als Gästebetreuerin und half im Drogeriemarkt um die Ecke aus. Ich machte mir immer mehr Gedanken darüber, wie Susanne denn Geld verdienen könnte. Ich ertappte mich dabei, wie ich mich mehr und mehr in ihr Leben einmischte. Ich fühlte die Verantwortung für ihr Wohlbefinden und für ihre finanzielle Sicherheit. Ich lud sie auf Visionquests mit Zarathustra ein, schenkte ihr Astrologiestunden und versorgte sie Schritt für Schritt auf dem Weg in eine ungesunde Abhängigkeit. So konnte es nicht weitergehen. Ich beobachtete ihre Talente und ihre Herausforderungen, und mir war klar, daß sie das alles auch allein schaffen könnte, wenn sie nur mehr Vertrauen in sich hätte. Aber zwanzig Jahre gehen nicht spurlos an uns vorbei. Und sie wußte um die Herausforderung.

In meiner Meditation wurde mir gesagt, daß ich ihr finanziell nicht mehr helfen dürfte. Sie müsse da jetzt selbst durch. Ein für allemal erkennen, daß sie es ohne fremde Hilfe ganz allein schaffen kann. Denn sie ist klug, liebevoll, talentiert, und jetzt müsse sie einfach selbst den Erfolg erfahren.

Es war in einem Januar, ich glaube, sogar um ihren Geburtstag herum, als ich ihr von den Informationen durch meine Meditation berichtete. Sie nickte nur. »Ich weiß«, sagte sie, »ich habe das auch gehört. Ich muß da jetzt durch.«

Mir war das Ganze auch äußerst unangenehm. Ich half ihr gern. Aber da gab es noch einen anderen Grund, warum ich es auch schwer mit dem Loslassen hatte. Und der war die Furcht: »Was werden wohl die anderen sagen?« Hier lebe ich mit meinem Mann in Amerika und könnte doch »weiß Gott« meine Schwester unterstützen, und ich helfe ihr nicht mehr ... Wo bleibt denn da die Großzügigkeit? Auch ich hatte mich daran gewöhnt, die »Großzügige« zu sein. Mir gefiel es, Geschenke zu geben oder im letzten Moment »rettend« einzugreifen. Meinem eigenen Ego, meiner Persönlichkeit, war damit geschmeichelt. Denn solch ein Abhängigkeitsverhältnis besteht immer aus zweien, die lernen müssen. Einer muß loslassen und der andere fliegen lernen.

Susanne verfiel erst einmal in eine Art Schock. Sie war oft zu Hause und »puschelte« herum. Mein letztes Geschenk an sie war ein Massagetisch. Ihr war in einer Meditation auf dem letzten Visionquest gesagt worden, daß sie anfangen solle, Energie-Ganzkörpermassagen zu geben. Sie würde dazu angeleitet werden. So gab sie diese zu Hause. Wenige zuerst, nicht genug, um sich selbst zu finanzieren. Die Gästebetreuung beim Fernsehen fand ebenfalls zu unregelmäßig statt und brachte auch nicht genug Geld, der Job im Drogeriemarkt war's auch nicht. Dann kam die Steuer, die Autoversicherung, und am Schluß rief die Bank an. Mittlerweile war ihr Dispokredit bis an die Grenzen ausgeschöpft, von dort kam kein Geld mehr, und die Miete war fällig. Ich spürte, es brennt! Ich rief sie an. Mit ihrer Miete war sie eine Woche in Verzug, und ihre Vermieter, mit denen sie sich in den letzten Jahren angefreundet hatte, wohnen sogar gleich gegenüber. Aber der Schock hielt immer noch an: »Nicht bewegen«, schien sie sich zu denken. »Vielleicht geht dann der Sturm über mich hinweg.« Und in solchen Fällen kommt ja dann auch noch gern die Idee vom Lottogewinn. Der natürlich nicht kommen wollte. Denn sie mußte da selber raus, und sie wußte es.

Sie schluchzte am Telefon, und ich fühlte mit ihr. Ich zermarterte mir das Gehirn: »Was kann ich nur tun, was kann ich nur tun? Vielleicht kann ich ihr ja noch dieses eine Mal aushelfen? Das würde dann wirklich das letzte Mal sein.« Nein, das geht nicht. Ob es mir paßte oder nicht, sie war jetzt so tief unten, wie sie sein mußte, um den Mut aufzubringen.

»Hast du es schon den Vermietern gesagt?«

»Nein, ich traue mich nicht.«

»Susanne, das Beste ist immer die Wahrheit. Geh rüber und erkläre ihnen deine Situation«, schlug ich vor.

»Ich kann heute nicht.« Ich hörte sie weinen.

»Hast du schon darüber meditiert, was du machen sollst?« fragte ich sie.

Weinend, aber auch gereizt, antwortete sie: »Ich meditiere dauernd, aber ich kriege nichts.«

»Susanne«, erinnerte ich sie, »Gott liebt dich und unterstützt dich auf allen deinen Wegen. Hier geht es um Vertrauen, das Vertrauen in Gott und das Vertrauen in deine Selbständigkeit. Meditiere und frage nach den nächsten Schritten. Und stehe nicht eher auf, bis du diese Schritte hörst.«

»Das weiß ich doch alles«, antwortete sie gereizt.

»Dann mach es auch.« Ich verstand ihre Gereiztheit. Ihr stand das Wasser bis zum Hals.

»Wovor hast du am meisten Angst?« wollte ich wissen.

Sie atmete schwer und antwortete:»Daß ich mein Haus verliere.«

»Lebst du dein Leben im Dienst?« fragte ich sie.

»Ja«, antwortete sie, ohne zu zögern, und meinte trocken: »Aber mein Haus will ich behalten.«

Ich lachte.»Aha, wir stellen also hier Bedingungen? Vielleicht mußt du dein Haus loswerden, um einen anderen Weg zu gehen? Vielleicht steht ein Umzug in eine andere Stadt bevor? Vielleicht sogar ein anderes Land? Und wenn du dort noch wohntest, dann würde das nicht passieren?«

Ich hatte keine besondere Eingebung, als ich diese Fragen stellte. Ich wußte nicht, ob sie umziehen sollte oder nicht. Ich wollte ihr einfach nur die Möglichkeiten aufzählen. Ab und zu wird uns beim Loslassen geholfen, wenn wir es allein nicht schaffen würden. Eine Kündigung kann die Tür aufmachen zu einem anderen Beruf, den man eigentlich schon immer hatte ausüben wollen. Eine Scheidung die Freiheit eines Ortswechsels bringen.

»Ich will mein Haus behalten«, kam es jetzt laut weinend.

»Bitte setz dich vor deinen Altar und bete. Frag, was du tun sollst. Frag nach deinem nächsten Schritt.«

»Also gut.«

»Ruf mich an, wenn du fertig bist.«

Eine halbe Stunde später klingelte das Telefon.»Ich soll zu den Nachbarn gehen und ihnen sagen, was los ist.«

»Wann?« Wohlwissend, wieviel Angst sie vor diesem Gang hat.

»Jetzt.«

»Ruf mich an, wenn du wieder da bist«, bat ich sie.»Alles wird gut«, erinnerte ich sie.

Eine Stunde später klingelte es noch mal. Susannes Stimme

klang jetzt vollkommen anders: »Stell dir vor«, erzählte sie voller Hoffnung, »gerade als ich zu den Nachbarn gehen will, klingelt das Telefon, und ich habe eine Massage für morgen, und als ich den Anrufbeantworter abhörte, rief doch glatt noch ein Sender an, daß sie mich die ganze nächste Woche brauchen!«
Ich liebe es, wie das Universum funktioniert!
»Wie war es bei den Nachbarn?« wollte ich wissen.
»Die waren ganz toll! Sie haben gemeint, daß das schon in Ordnung gehe. Ich soll nur nicht zu viele Monate warten, weil es dann so schwer mit dem Zurückzahlen ist. Sie waren einfach ganz wunderbar. Ich bin ihnen so dankbar.«

Sie hatte losgelassen und flog ... jetzt hatte nur noch *ich* meine Schwierigkeiten. Ich wollte nicht, daß sie ihr Haus verliert, setzte mich an meinen Computer und fing an, einen Brief an die Vermieter zu schreiben. Der Inhalt: Falls Susanne die Miete nicht bezahlen könnte, könnten sie sich darauf verlassen, daß ich die Kosten übernähme.

Der Brief war fast fertig, und mir wurde schlecht. Ich setzte mich vor meinen Altar und zündete eine Kerze an. Ich mußte nicht lange darüber nachdenken, warum mir schlecht war. Der Brief enthielt nämlich noch eine andere Nachricht: »Falls Susanne es nicht schafft, das Geld zu verdienen«... damit schreibe ich sogar auf, daß ich meine Zweifel habe. Denn selbstverständlich schafft sie es! Warum sollte ich in die Lage kommen müssen, ihr wieder auszuhelfen? Wir haben doch gerade dieses Abhängigkeitsverhältnis überwunden? Fällt es mir so schwer loszulassen? Davon abgesehen war es ein unglaublicher Vertrauensbruch, daß ich hinter ihrem Rücken so einen Brief schreiben würde.

Ich rief sie an und erzählte ihr von meinem Dilemma.

Lachend meinte sie: »Also, *sooo* hätte mich der Brief jetzt auch nicht gestört ...«

Eine Woche später brachte sie den Vermietern das Geld vorbei. Durch den Mut entstand etwas, was wichtig ist: Die Lebens-

kraft kehrt zurück. Die Kraft, die uns Ideen gibt. Denn wenn wir
den Kopf in den Sand stecken, dann setzen wir fest im Selbstmitleid. Und in diesem »Zimmer des Selbstmitleids« gibt es keine
Ideen, denn wir sind ja damit beschäftigt, allem anderen die
Schuld zu geben: der Wirtschaftslage, dem Wetter, den früheren
Kollegen, dem Chef, dem Nachbarn, dem Ehemann, der Freundin oder dem, der sonst noch dummerweise in der Nähe herum-
steht.

Susanne bekam »plötzlich« ein Angebot nach dem anderen.
Eines war auch, an der Kasse am Supermarkt zu arbeiten. Sie
überlegte es sich.

»Ist es das, was du willst?« fragte ich sie.

»Nein, aber es bringt erst mal Geld.«

»Hm«, antwortete ich.

Sie mag es nicht, wenn ich mit »Hm« antworte.

»Was?«

»Mach, was du willst«, antwortete ich. Schließlich war es ihre
Entscheidung.

»Sag schon, was du sagen willst«, forderte sie mich auf.

»Nein, das weißt du schon selber.« Ich legte auf.

Natürlich nahm sie den Job an der Kasse nicht an. Denn wenn
sie ihn angenommen hätte, dann wäre dies auf Basis der Angst
passiert: »Wenigstens« wäre es ein »sicherer«Job gewesen. Doch
einer, der ihr nicht gefällt, geschweige denn sie befriedigt.

So fing sie an aktiv zu werden. Sie rief ihre Freunde an, sagte,
daß sie einen Job brauche, und zwar dringend. Sie rief jeden an,
den sie kannte, alle, für die sie schon mal gearbeitet hatte. Nach
kurzer Zeit kam die Energie zurück, die sie ausschickte: Ihre
(nichtmedizinischen) Massagen wurden sehr beliebt, da sie nicht
nur den Körper, sondern auch die Seele anregen. Sie gab mehr
und mehr private Workshops, und für den Rest der Zeit war sie
beim Fernsehen für ein Jahr hinweg ausgebucht.

Alles nur, weil sie Mut hatte.

Veränderungen sind nicht einfach. Das ist wie beim Segeln. Man segelt mit dem Wind, und es geht voran. Irgendwann einmal merkt man, daß einem diese Richtung nicht mehr gefällt, und man möchte sie ändern. Beim Segeln wendet man das Boot, und für kurze Zeit hängt das Segel schlapp herunter. Windstille. Da bewegt sich nichts mehr. Da man ja von einer Windrichtung in die andere fährt, braucht der »neue« Wind erst mal ein bißchen Zeit, bis er die Segel füllt.

Wir, die das Boot so steuern, daß der Wind unser Segel füllen kann, geraten nicht selten genau dann in Panik: »Was passiert nur, wenn es hier keinen Wind gibt? Was ist, wenn wir mit diesem ›schlappen‹ Segel den Rest unseres Lebens verbringen müssen?« Dann hilft es, kurz durchzuatmen, zu wissen, daß man die Richtung geändert hat. Daß sich jetzt alles verändern muß und das manchmal ein bißchen Zeit braucht.

Zuweilen aber geraten wir so in Panik, daß wir wieder in unsere alte Richtung zurücksegeln wollen. Einfach nur, weil wir es nicht mehr erwarten können. Weil wir Angst haben, daß der neue Wind vielleicht nur in unserer Phantasie vorherrschte. Und hier hilft es, wenn man ein Verhältnis zu Gott, den Engeln, zum Spirit hat. Wir können dann genau in dieser Zeit meditieren und in uns hineinfühlen, ob wir hier richtigliegen. Warum wollten wir denn wieder in die alte Richtung segeln? Warum machen wir uns Sorgen?

Und in der Stille, in der Meditation, finden wir dann die Kraft und die Ruhe, die wir brauchen, um auf den neuen Wind zu warten. Wobei das Warten hier nur dafür steht, daß nach einer Aktion das Ergebnis kommt. Das Warten, das nach einer Aktion folgt. Denn wir wissen, daß sich jetzt etwas verändern muß, denn wir haben uns selbst verändert.

Früher habe ich mich auch gern mit der Aussage »Na ja, wenn es denn nicht sein soll« hinweggetröstet. Meine Zukunft ist kein »Komme ich heute nicht, dann komme ich morgen.« Ich plane meine Zukunft so, wie ich sie haben will. Ich gehe die nötigen

Schritte in die gewünschte Richtung. Ich verändere mein Segel, sooft es notwendig ist.

Ich bin das Boot, Gott ist der Wind. Und wenn ich segeln will, dann muß ich mein Boot in diesen Wind legen. Ab und zu kommt zwar der Wind und nimmt mein Boot mit ... aber nicht, wenn es angeknotet am Bootssteg liegt. Wir sind hier, um zu *leben*. Das bedeutet Aktion und erfordert Entscheidungen. Jeden Tag treffen wir Entscheidungen, die unser Leben beeinflussen. Das Lächeln für den Nachbarn. Die zärtliche Berührung für den Geliebten. Der verständnisvolle Blick für die Kollegin. Am leichtesten fallen uns diese Entscheidungen natürlich in der Zusammenarbeit mit dem Göttlichen. Denn wir gehen gemeinsam in eine Richtung.

Vor einiger Zeit bekam ich eine E-Mail von Jürgen, einem Freund, der eine erfolgreiche Computerfirma leitet. Er schrieb mir, ihm sei aufgefallen, daß er seine Spiritualität wie einen Mantel an der Garderobe zu seinem Büro aufgebe und dann abends beim Rausgehen wieder anziehe. »Ich möchte das verändern«, schrieb er mir. »Irgendwelche Vorschläge?«

»Bete mit Deinem Personal. Entweder still oder laut, wie immer Du möchtest. Aber alle zusammen«, schrieb ich zurück.

Am nächsten Morgen kam die Antwort: »Das kann ich nicht. Die halten mich ja glatt für verrückt.«

»Na und? Du bist der Chef. Dein neuer Lehrling wird ein gemeinsames Gebet nicht vorschlagen. Der traut sich nicht. Wenn Du etwas in Deinem Büro verändern möchtest, dann mußt Du damit anfangen.«

Später erzählte mir Jürgen von den Veränderungen, die durch den Gedanken langsam, aber sicher in ihm reiften: »Ich fing an, die Menschen in meinem Büro anders zu betrachten. Ich brachte das Gespräch auf Spiritualität und Gott, und plötzlich merkte ich, daß ich hier Menschen vor mir hatte und nicht nur Mitarbeiter. Statt mich zu beschweren, warum etwas noch nicht erledigt war, bat ich sie zu einem Gespräch in mein Büro und fragte, wie es ihnen gehe. Ich fragte, ob ihnen dieser Teil des Jobs Spaß mache. Ich versuchte einfach, meine Mitarbeiter zu verstehen, und logischerweise machte mich das zu einem besseren Chef. Übrigens«, und er grinste dabei, »das Geschäft läuft jetzt sogar besser.«

Eine Frage konnte ich mir natürlich nicht verkneifen: »Und was ist mit dem gemeinsamen Gebet?«

»Soweit bin ich noch nicht« war seine Antwort.

Aber der erste Schritt ist gemacht... Der nächste wird folgen, wann immer wir soweit sind.

Meine Freundin Samantha bekam in ihrer Meditation die Idee, in den Vertrag mit ihrem Buchverleger ein Gebet hineinzuschreiben. Sie erzählte mir davon, und ich war begeistert. Ich war gerade dabei, mich mit meinem Buchprojekt *Wie Engel uns lieben* vertraglich an den Droemer Knaur Verlag zu binden, und ich faxte meinem Agenten Lionel von dem Knesebeck: »Lieber Lionel, ich hätte gern ein Gebet in meinem Vertrag.« Und das Gebet faxte ich ihm gleich mit. Ich bat darin um Gottes Segen für dieses Buch und daß es seinen spirituellen und finanziellen Auftrag erfüllt. Und ich schrieb in dem Gebet, daß wir mit diesem Buch die Leserinnen und Leser anregen möchten, eine Verbindung mit den Engeln aufzunehmen.

Lionel hatte sich mittlerweile schon an mich gewöhnt und wunderte sich nur noch ein bißchen. Er versprach mir, mit der Geschäftsleitung zu sprechen.

Eine Woche später bekam ich ein Fax von ihm: »Liebe Sabrina, Droemer Knaur ist ein renommiertes Verlagshaus. Du bist da wirklich gut aufgehoben. Die haben keine Gebete in ihren Verträgen und auch keinen Platz dafür. Die meinten, wenn Du so schwierig bist, dann sollten wir das vielleicht ganz lassen. Schreibe doch einfach Dein Gebet in das Buch. Vielleicht ins Vorwort.«

Da hatte ich nun den Salat. Ich fühlte, wie Panik aufkam. Mein erster Gedanke: »Jetzt bist du zu weit gegangen.« Ich hatte

Angst, daß ich den Verlag verlieren würde und mein Buch vielleicht nicht veröffentlicht wird. Ich lief in den Garten, setzte mich unter den nächsten Baum und betete:»Lieber Gott, was soll ich tun?« fragte ich. Zuerst mußte ich meine Gedanken beruhigen, die wie wild in meinem Kopf herumliefen und verzweifelt eine Lösung zu diesem Problem suchten:»Na ja, ein Versuch war es wert. Vielleicht im nächsten Buch.« Oder:»Ist ja auch keine schlechte Idee, das Gebet in das Vorwort zu tun.« Oder: »Mensch, Sabrina, jetzt machst du dich aber lächerlich.« Also atmete ich ein paarmal tief ein und aus, und dann schickte ich mein Gebet noch mal los:»Lieber Gott, was soll ich tun?«

Ich wartete. Atmete. Wartete, und dann kam ein Gedanke: »Tust du irgend etwas ohne Gottes Segen?«

Ich riß meine Augen auf, und mir war die Antwort klar: »Nein.«

Ich lief zurück ins Büro und faxte meine Antwort:»Lieber Lionel, ich kann kein Buch ohne Gottes Segen veröffentlichen – und schon gar kein Buch über Engel. Wenn das dem Verlag nicht gefällt, dann ist das nicht der richtige Verlag für mich.«

Ich rief meinen Verleger an und erklärte ihm die Situation. Auch er versprach, sich darum zu kümmern.

Zwei Wochen später kam der Vertrag mit Federal Express. Ich riß den Umschlag auf und freute mich riesig:»Liebe Frau Fox«, konnte ich dort lesen,»jetzt kann ja nichts mehr schiefgehen«. Hinten an der letzten Seite war mein Gebet angeheftet. Ich schnitt es aus und klebte es auf die einzig freie Stelle auf Seite 2 des Vertrages. Dann schickte ich ihn unterschrieben zurück. Das Buch wurde ein großer Erfolg. Ich bin sicher, das hat was mit dem Gebet zu tun...

Wir alle bekommen Nachrichten und Ideen in unseren Meditationen. Nicht jedesmal, aber immer dann, wenn wir es brauchen. Ab und zu gefällt uns die Nachricht einfach nicht, und wir fragen dann nochmals nach und hoffen auf eine neue Antwort. Dann kommt nichts mehr, denn wir haben die Antwort schon.

Sie ist nur nicht so, wie wir sie erwarteten. Doch wie oft wollen wir einfach nicht zuhören? Wie oft haben wir Angst, daß wir uns lächerlich machen?

In vielen Briefen, die ich bekomme, gehen die Verfasser davon aus, daß mir das konsequente Eintreten für meine so gewonnenen Einsichten leichtfällt. Und das stimmt. Jetzt. Am Anfang jedoch fiel mir das Herz in die Hose. Als ich meinem Mann von diesem Gebet erzählte, lachte er. Er ist ein Geschäftsmann. Geschäftsleute verhandeln, die beten nicht. Als ich ihm von dem Erfolg am Ende erzählte, lachte er wieder. Dieses Mal war es ein anderes Lachen. Das Leben ist viel spannender so. Außerdem haben sie dann jede Menge interessanter Geschichten zu erzählen ...

Ich hatte einen Termin beim Chef eines Fernsehsenders. Ich wollte mit ihm eine Idee für eine spirituelle Sendung besprechen. »Himmel auf Erden« sollte sie heißen, und an einem Montagnachmittag war mein Gesprächstermin. Ich meditierte vorher und hörte, ich solle mit ihm eine Pfeifenzeremonie machen. Ich fing während des Meditierens zu lachen an. Auch das noch! Ist es nicht schon schwierig genug, daß ich eine spirituelle Sendung anbiete, jetzt muß ich auch noch meine Pfeife mitbringen. Das kann ja heiter werden.

Hier beginnt die Wahl, hier beginnt der Mut. Mache ich es, oder mache ich es nicht? Habe ich zuviel Angst, daß ich mich lächerlich mache? Oder folge ich den Ideen aus meiner Meditation?

Ich war in München und ging zu Susanne in die Küche. »Hast du eine Decke, die ich mir ausleihen könnte?« fragte ich sie.

»Wozu brauchst du sie denn?« wollte sie wissen.

»Ich muß heute nachmittag in dieser Besprechung eine Pfeifenzeremonie machen«, grinste ich.

»Viel Spaß«, meinte sie trocken.

»Den werden wir haben.« Das wußte ich.

Ich nahm meine Pfeife, Tabak, meine Adlerfeder, eine Muschel und zwei weiße Baumwollstreifen für die Gebetsknoten mit mir und wickelte alles in eine Decke ein. Ich sah aus, als ob ich mit einem neugeborenen Baby auf der Flucht wäre. Im Auto grinste ich nur vor mich hin. Ab und zu lachte ich laut auf, wenn ich mir die Gesichter im Sender vorstellte. Ein bißchen mulmig war mir natürlich auch. »Wie fange ich diese Zeremonie nur an?« zermarterte ich mir das Gehirn.

Ich parkte den Wagen und sprach noch mal ein Gebet: »Lieber Gott, gib mir bitte den ersten Satz, den Rest finde ich dann schon selber.«

Eine Weile kam nichts – und dann plötzlich der Gedanke: »Darf ich Sie auf eine Reise einladen?« Danke! Damit kann ich etwas anfangen.

Die Sekretärinnen schauten etwas verwundert, als ich da mit meiner Decke unter dem Arm ankam. Ich nahm auf der Ledercouch Platz und wartete, bis sich die Tür zum Chefzimmer auftat. Kurze Zeit später öffnete sich die Tür ganz. »Schön, Sie zu sehen, kommen Sie herein«, begrüßte mich der Fernsehchef höflich, und ich wurde ins Chefzimmer geführt. Da gab es eine Couchecke und einen Sitzungstisch. »Wo möchten Sie denn Platz nehmen?« wurde ich gefragt. Ich schickte noch mal ein kurzes »Dein Wille geschehe« nach oben und meinte dann: »Ich würde Sie eigentlich gern zu einer Reise einladen. Könnten Sie Ihre Sekretärin bitten, daß wir für eine Stunde nicht gestört werden – und wenn wir noch den Feueralarm im Zimmer abstellen könnten?«

Er schaute mich verdutzt an, ging aber zum Vorzimmer und öffnete die Tür: »Bitte für eine Stunde nicht stören... und wenn ich bis heute abend nicht draußen bin, dann klopft mal vorsichtig an«, meinte er lachend.

Mittlerweile hatte ich meine Schuhe ausgezogen, die Decke ausgebreitet und meine Pfeifentasche in die Mitte gelegt. »Wollen Sie gegenüber Platz nehmen?« fragte ich ihn.

Er zog seine Schuhe und sein Jackett aus und setzte sich mit gekreuzten Beinen gegenüber.

»Waren Sie schon mal bei einer Pfeifenzeremonie dabei?« fragte ich ihn.

»Nein«, antwortete er, »aber ich habe schon mal ein anderes indianisches Ritual, einen Pow Wow, mitgemacht. Das hat mich sehr berührt.«

Ich atmete tief durch und freute mich. Ich erklärte ihm die Rituale einer Pfeifenzeremonie, in der man die Gebete sichtbar macht, und wie ich Pfeifenträger wurde (zuerst durch eine Vision und dann durch die Initiation; Näheres in *Wie Engel uns lieben*).

Wir rauchten die Pfeife zusammen, und am Ende der Zeremonie nannte ich ihm den Grund meines Besuches: »Ich würde gern eine spirituelle Sendung machen. Ich habe die letzten Jahre viel gelernt und viel erlebt, und ich würde gern andere dazu inspirieren, daß sie ihren eigenen Erfahrungen folgen. Ich war früher ja selbst Journalistin, und ich weiß, daß so eine Art spirituelle Lebenshilfe nicht von einer journalistischen Seite her behandelt werden kann, obwohl es immer wieder versucht wird. Das ist wie bei einer Sportsendung. Wenn mir da jemand erklären will, warum der Ball aus Leder ist, dann schalte ich ab. Eine spirituelle Sendung ist für Menschen, die sich dafür interessieren. Nur die schalten ein, und nur jemand, der Erfahrungen damit gemacht hat, kann es weitervermitteln. Das würde ich gern tun.«

Ich legte ihm mein Konzept hin, verabschiedete mich und ging.

Natürlich bedeutet es nicht unbedingt, daß, wenn man diesen Eingebungen mutig folgt, alles so in Erfüllung geht, wie man es sich vorstellt. Der Sender hatte schon eine andere Sendung in Planung, von einer Journalistin moderiert, die sich, wie sich später herausstellte, nur kurz hielt und dann abgesetzt wurde.

Das Ergebnis dieses Gesprächs war nicht so wichtig wie das Gespräch selbst. Ich habe gelernt, daß es am besten ist, wenn ich allen meinen Intuitionen folge. Aber gelegentlich versuche ich sie dann doch aus Faulheit zu übergehen … Denken Sie nur an die

Decke für meinen Freund Stan, von der ich im Vorwort berichtete. Es gibt einen Grund für alle Informationen, die intuitiv zu mir kommen, selbst wenn ich ihn aus meiner Sicht noch nicht erkennen kann. Und wer weiß, welche Gedanken es in dem Fernsehchef ausgelöst hat.

Und, was auch nicht unwichtig war, ich habe mir wieder selbst bewiesen, daß ich den Mut habe, diese ungewöhnlichen Schritte zu gehen. Wenn wir uns verändern wollen, dann müssen wir neue Schritte gehen, denn mit den alten sind wir in diese Sackgasse hineingeraten; und falls wir nichts verändern, werden sich unsere Ergebnisse auch nicht verändern.

Wenn uns ein bestimmter Weg von A nach B bringt und wir nicht mehr nach B wollen, dann müssen wir uns einen anderen Weg aussuchen. Wenn wir aber regelmäßig den Weg nach B einschlagen, brauchen wir uns nicht zu wundern, daß wir nie einen anderen Ort kennenlernen. Denn um eine andere Erfahrung zu machen, müssen wir einen anderen Weg gehen. Ein gutes Beispiel ist ein junger Mann, der schon seit Jahren in seiner Meditation vernimmt, daß er seinen Job wechseln soll. Aber er hört nicht darauf. Mittlerweile gibt es unglaubliche Komplikationen mit seinem Chef und allen seinen Kollegen, und er wird auch noch dauernd krank.

»Was soll ich nur tun?« fragte er Susanne und mich mehrmals.

Beide gaben wir natürlich dieselbe Antwort. »Was hörst du in deinen Meditationen?«

Aber er weigert sich, die nötigen Schritte zu unternehmen, und wir weigern uns, den Beschwerden über seine Arbeit mehr an Kommentar hinzuzufügen. Es gibt in seiner Situation keine andere Lösung. Aber er würde gern eine andere Lösung hören wollen, weil er versucht, dieser Konsequenz aus dem Weg zu gehen. Er geht nach B und hofft, irgendwann einmal woanders anzukommen. Aber jeder muß seinen Weg selbst erfahren, und irgendwann einmal wird auch er das tun.

Zarathustra sagte einmal: »An euren Handlungen wird man

erkennen, daß ihr zu mir gehört.« Mit »mir« meinte er nicht sich als Persönlichkeit, sondern den göttlichen Aspekt, den er vertritt. Unser Leben besteht aus »guten Gedanken, guten Worten und guten Taten«. Alle drei müssen aufeinanderfolgen, um ein erfülltes Leben zu leben. Wir wollen in einer spirituellen Welt leben, aber wenn jeder von uns darauf wartet, bis es alle anderen tun, dann können wir lange darauf warten.

Früher war ich eine heimliche Gläubige. Immer ein bißchen besorgt, daß mich die anderen für verrückt halten. Wenn jemand einen Kristall um den Hals trug und *Die Prophezeiungen von Celestine* von James Redfield gelesen hatte, dann traute ich mich, ein bißchen was von mir zu erzählen. Fast so wie in eincm Geheimclub. Laut wollte ich meine Wahrheiten nun wirklich nicht ausplaudern. Was könnten wohl die anderen denken?

Aber ich dachte diesen Gedanken zu Ende. Warum machte ich mir denn so viele Sorgen, was die anderen denken? Warum fürchtete ich mich vor ihrer Verurteilung? Daß ich mein Leben allein verbringen werde? Daß ich nicht mehr ernst genommen würde? Was ist mir wichtiger, daß ich mich selbst ernst nehme und das tue, woran ich glaube, oder daß mir die anderen zustimmen?

Ich hatte mir die Konsequenzen eigentlich nie richtig zu Ende überlegt. Wovor hatte ich denn »im schlimmsten Fall« Angst, und was war eigentlich »der schlimmste Fall«?

Also angenommen, ich wollte meinem Mann mitteilen, daß ich am übernächsten Wochenende zum Meditieren in die Berge führe. Mein Mann würde, das konnte ich mir damals an allen zehn Fingern abzählen, davon nicht begeistert sein. Also, im schlimmsten Fall würden wir einen Streit haben. Er würde wütend sein, ich beleidigt. Und dann? Ich führe trotzdem, denn schließlich ist er mein Mann und nicht mein Vater, und was passierte dann? Würden wir uns scheiden lassen? Würde er mich verlassen? Beides mußte ich ernsthaft mit einem Nein beantworten. Unsere Ehe ist stabiler. Aber trotz allem kann ich meine Bedürfnisse nicht unter die seinen stellen. Und durch dieses »Was wäre, wenn« wurde mir klar, daß der schlimmste Fall gar nicht so schlimm ist.

Es gibt natürlich auch andere Fälle, in denen der schlimmste Fall wirklich lebensgefährlich sein könnte. Wenn etwa der Partner gewalttätig ist. Oder die Situation gefährlich. Aber hier ist der schlimmste Fall in Wirklichkeit die lebenslange Angst. Immer wieder unterdrückt zu werden. Immer wieder schlecht behandelt zu werden. Immer wieder das Opfer zu sein. Immer wieder klein beizugeben. Sich immer wieder kleinzumachen.

Und auch hier kann nur einer unterdrücken, wenn es der andere zuläßt. Und der Mut, der gebraucht wird, um sich aus solch einer unglücklichen Verbindung zu lösen, ist riesig. Aber auch die Möglichkeit, neben dem Spirit andere um Hilfe zu bitten. Die Verwandten, die Freunde, die Polizei.

Unsere Seele hat in jedem Leben den Wunsch, sich selbst zu erfahren. Dieses Mal will sie vielleicht die Erfahrung machen, was es bedeutet, sich aus einer Abhängigkeit zu befreien. Dazu begann diese Seele ihr Leben vielleicht mit einem gewalttätigen Familienmitglied. So sah sie schon als Kind, wie unwohl man sich in solch einer Situation fühlt. Vielleicht hatte ihre Mutter oder ihr Vater nicht die Kraft gefunden, sich loszulösen. Und sie, die Seele, die diese Erfahrung machen will, wurde eingeschüchtert. Über die Jahre ihres Erwachsenenlebens hat sie es immer mal wieder probiert, aber doch jedesmal Partner angezogen, die denselben Wesenszug tragen: das Bedürfnis, andere zu unterdrücken, um sich selbst stark vorzukommen. Immer wieder wählte diese Seele solche Partner aus, um immer wieder vor dem gleichen Problem zu stehen: Wie finde ich die Kraft, mich davon zu lösen? Wie erkenne ich, daß ich selbst etwas wert bin? Und wie erkenne ich, daß ich eine bessere Behandlung verdiene? Wie lerne ich, nein zu sagen? (Es wurde schon an anderer Stelle darauf hingewiesen, daß derlei Ausführungen keineswegs Gewalt oder seelische Grausamkeit bagatellisieren sollen. Vielmehr geht es

darum, den Sinn und die Zusammenhänge einer solchen unglücklichen Situation zu vermitteln, um Wege zu finden, sich aus
ihr zu lösen und zu wachsen.)

Die Seele versuchte vielleicht, den gewalttätigen Partner zu
ändern. Beschwerte sich zuerst und/oder versank dann, schweigend duldend, in ihrer Situation. Lebte als ein Opfer mit einem
Täter und wartete. Auf die Veränderung, die nicht eintrat. Die
nicht eintreten kann, denn einer der beiden muß den Wunsch
und den Willen haben, sich zu verändern. Und dann dies alles
auch noch in die Tat umsetzen. Erinnern wir uns: gute Gedanken, gute Worte, gute Taten. Und wer nicht mehr nach B will,
muß sich einen anderen Weg suchen.

Mir hat die Frage »Wenn nicht jetzt, wann dann?« geholfen.
Mir wurde dadurch klar, daß ich mich irgendwann einmal in der
Zukunft mit diesem Problem auseinandersetzen muß. Und dann
kann ich es ja auch jetzt gleich erledigen. Denn eines ist sicher:
In Luft wird es sich nicht auflösen.

Wir dürfen es häufig erleben, daß mit einem Problem auch noch
fünf andere hochkommen. Plötzlich ist alles in Aufruhr. Nicht
nur der Job, nein, auch die Familie; der Rücken schmerzt, und
das Essen brennt auch noch an. Wenn es kracht, dann kracht es
gleich richtig. Und das hat einen Grund. Manchmal sogar zwei.
Wenn wir nämlich in einer Situation sind, die gelöst werden soll,
dann kommen alle anderen Situationen, die mit dieser zusam-
menhängen, ebenfalls hoch. Denn das ist, wie wenn alle Kinder
beim Kindergeburtstag den gleichen Nachtisch haben wollen:
»Ich auch! Ich auch!« Niemand will zurückgelassen werden.
Ähnlich verhält es sich mit den Gewohnheiten, die unsere Seele
loslassen will. Die rufen ebenso: »Ich auch! Ich auch!« Doch
nicht nur die momentanen kommen hoch, sondern oft auch noch
längst Vergangenes. Dinge, von denen wir glaubten, daß wir sie
schon längst hinter uns gelassen hätten. Und das haben wir zum
Teil auch, sie kommen aus einem anderen Grund hoch: Sie wol-

len endgültig geheilt werden. Wir werden wieder mit ihnen konfrontiert, damit wir sie mit den gleichen neuen Prinzipien aufarbeiten, die jetzt unser Leben gestalten. Auch sie wollen mit einem »Ich auch, ich auch!« unseren neuen »Nachtisch« probieren.

Wenn wir dann unsere neuen Angewohnheiten anwenden, dann sehen wir, wie schnell sich der Aufruhr wieder legt. Er kommt hoch, um uns zu zeigen, wieviel wir schon dazugelernt haben. Ja, wir haben es geschafft. Und irgendwann einmal können wir ganz gelassen »Der nächste, bitte!« sagen. Wie hieß es doch so schön: Ein Meister lebt in Frieden, selbst inmitten von Chaos.

Wir sind wie der Wind. Und es liegt an uns, wie stark wir wehen und welche Konsequenzen wir ziehen. Wir können eine warme Sommerbrise sein, die braungebrannte Schultern und zarte Wangen liebevoll berührt. Wir können wie ein kräftiger Nordwind sein, der alles wegweht, was alt und abgestanden ist. Wir können ein Sturm sein, der wütet und alles durcheinanderbringt. Oder auch ein Orkan, der zerstört und Verzweiflung zurückläßt.

Welche Art von Wind sind wir jetzt? Und welche Art von Wind wollen wir sein? Uns vom Sturm in eine liebevolle Brise zu verwandeln – wenn es das ist, was wir wollen –, erfordert den Mut der Veränderung.

Es half mir, eine Liste zu machen von den Eigenschaften, die ich gern hätte, und denen, die ich gern loswerden wollte. Unbedingt loswerden wollte ich: meine großen und kleinen Dramen; recht haben zu wollen, gewinnen zu wollen; Leute beurteilen zu wollen; in mein »Zimmer des Selbstmitleids« zu gehen; ungeduldig zu sein. Haben wollte ich: Gott in allem zu sehen; Liebe für alle zu fühlen; fröhlich zu sein; Frieden zu fühlen und mein Leben im Dienst zu verbringen.

Ich merkte, wie viele der früheren Angewohnheiten ich schon losgeworden bin. Ich bin ruhiger. Ich lache mehr. Ich habe aufgehört (meistens…), recht haben zu wollen, gewinnen zu wollen; und ich war schon lange nicht mehr im »Zimmer des Selbstmitleids«.

Aber da gibt es eine Ausnahme. Eine Person, die mich ab und zu mit einer Bemerkung oder einer Geste meine neuen Angewohnheiten und meine Vorsätze vergessen läßt. Und die, sosehr ich mich auch bemühe, immer wieder einen Knopf findet, den es an mir zu drücken gibt und der mich auf knappe hundertachtzig bringt. Und das ist mein Mann…

9

Ehen und Beziehungen

Wenn der Partner unser Lehrer ist

Ein weiser Guru, der verheiratet war, wurde von einem Journalisten interviewt. Auf alle Fragen über den Sinn der Welt, die Geburt des Kosmos, die Zukunft und die Vergangenheit gab er die wundervollsten Antworten. Der Journalist war begeistert. Am Ende des Interviews wollte er von dem Weisen einen Rat haben. Er hatte Schwierigkeiten in seiner Ehe und fragte ihn, was denn das Geheimnis einer perfekten Ehe sei. Dem Journalisten schwebte vor, daß so ein weiser Mann bestimmt eine äußerst glückliche und harmonische Ehe führt. Der weise Guru lächelte milde und sagte: »Auch meine Ehe ist, wie Ehen so sind.« Und als er dabei mit den Augen zwinkerte, ging dem Journalisten ein Licht auf...

Ich liebe meinen Mann! Er ist klug und feinfühlig, er hat einen herrlichen Sinn für Humor, ist ein ganz ausgezeichneter Vater, er kann sich entschuldigen, er ist zuverlässig, er weiß, was er will, er ist ein guter Freund für seine Freunde, er liebt seinen Beruf, und in seinem Arm schlafe ich am liebsten ein. Er ist ein ganz besonderes Exemplar... doch manchmal könnte ich ihm den Hals umdrehen... und er mir.

Ich habe ihn mir hergewünscht. Ich war vorher in einer Beziehung mit einem Mann, der »nicht wußte, was er wollte«. Heute »hü« und morgen »hott«, und ein weiteres »Ich weiß nicht, ob es wirklich die große Liebe ist, wenn ich auch ohne dich leben kann« war schließlich zuviel. Wir trennten uns. Nach fünf Jahren und fünftausend Gesprächen haben wir es einfach nicht hingekriegt. Heute weiß ich, daß sein Problem auch mein Problem war: Ich hatte auch keine Ahnung, was ich wollte, und so hingen wir beide etwas ziellos herum.

In Ehen (und ich benutze dieses Wort von jetzt an einfach für alle längeren Beziehungen) lernen wir uns selbst kennen. Nachdem die erste Zeit des »Schau mal, so bin ich, wenn ich gut gelaunt bin« vorbei ist, kommen wir zum Vorschein: so, wie wir wirklich sind, und nicht, wie wir sein wollen.

Eigentlich sind wir großzügig, aber daß er dreimal die Woche mit seinen Freunden weggehen will, reizt uns zur Unendlichkeit.

Eigentlich sind wir ruhig, aber das ewige Meckern übers Essen bringt uns zum Wahnsinn.

Eigentlich sind wir fröhlich, aber der Streit ums Geld drückt uns auf den Magen.

Eigentlich haben wir viele Freunde, aber er oder sie fordert, daß wir von nun an alles gemeinsam machen, und wir werden deprimiert.

Als ich vor Jahren zum ersten Mal John Grays Buch *Männer sind anders, Frauen auch* gelesen hatte, rief ich erstaunt aus: Die sind *alle* so? Ich dachte, *ich* erwische nur immer diese Sonderexemplare. Nein, die sind alle so. Und Männer empfinden das gleiche nach dem Lesen dieses Buches, nur andersherum: Ach, so sind *alle* Frauen. John Gray nennt vor allem folgende Unterschiede: Frauen (und hier gibt es natürlich immer Ausnahmen) reden gern zuerst über ihre Probleme, Männer lösen sie lieber sofort. Frauen öffnen sich mehr, wenn es Probleme gibt. Männer ziehen sich in der Regel zurück. Frauen haben unglaubliche Energien, und die sind jederzeit abrufbar. Männer haben einen bestimmten Vorrat, den sie sich genauestens einteilen.

Doch für Männer und Frauen gilt derselbe Grundsatz in jeder Partnerschaft: Sie sollen sein, wer sie wirklich sind.

Nehmen wir einmal an, jeder von uns hätte sein eigenes Schiff, und mit dem führen wir auf dem riesigen See des Lebens. Ab und zu finden wir ein anderes Schiff, zu dem wir uns besonders hingezogen fühlen. Im Idealfall verbinden wir unsere beiden Schiffe und fahren eine lange Weile zusammen. Jeder auf seinem eigenen, aber mit dem Wunsch, gemeinsam zu reisen. Wenn wir nach einer langen Weile festgestellt haben, daß wir schließlich doch in verschiedene Richtungen reisen wollen, dann knoten wir liebevoll die Taue auf, umarmen uns noch einmal und setzen unsere Reise fort.

Aber was mache ich: Ich verlasse mein Schiff und springe auf das andere auf. Versuche, es mir dort so gut wie möglich einzurichten, was auch am Anfang noch ganz gut geht. Doch dann fällt mir auf, daß die Decke einfach zu niedrig, die Stufen einfach zu hoch, die Heizung einfach zu kalt und das Wasser einfach zu warm sind. Und ich versuche, dieses Schiff zu verändern, aber der Kapitän auf diesem Schiff hat was dagegen. Denn er hat es sich nach seinen Bedürfnissen eingerichtet, so daß es für ihn paßt. Also fange ich an, mich unwohl zu fühlen, und irgendwie kommt die Sehnsucht nach meinem eigenen Schiff hoch. Doch das habe ich irgendwo zurückgelassen, und so suche ich an Deck nach meinem Schiff. Irgendwann einmal finde ich es dann am Horizont und springe vom Schiff des anderen. Der bittet mich zurück, er verspricht, die Heizung höher zu stellen und das Wasser kälter zu machen, und ich schwimme zu ihm zurück, denn mein Schiff ist wirklich zu weit weg. Die Heizung wird wärmer, für eine Weile, und das Wasser kälter, für eine Weile, doch wir beide merken, daß auf diesem Schiff nicht wirklich Platz für mich ist. Und so fährt er mich zu meinem Schiff, ich springe zurück, weine so wie er, und wir betrachten uns mit dem Gedanken: »Es hätte so schön sein können, wenn...« Dieses »Wenn« kennt weder er noch ich. Und wir trauern um diese Beziehung, wir trauen um unsere Träume.

Ich gehe zurück auf mein Schiff und räume auf. Staub hat sich angesammelt, Möbel sind vermodert, die Farbe an den Wänden ist abgebröckelt. Ich mache mich auf, mein Schiff wiederherzurichten. Nach einer Weile fühle ich mich wieder wohl dort. Ich lade Freunde ein, ändere die Richtung, wann immer ich will, und bemale mein Schiff in den Farben, die mir, und nur mir, gefallen. Ich fange wieder an, diese Freiheit zu lieben. Doch nach einer weiteren Weile beobachte ich all die anderen Schiffe, die zusammen fahren, und fühle mich einsam. Ist uns nicht gesagt worden, daß wir nach unserer besseren Hälfte suchen? Ich fühle mich nicht als Ganzes. Hatte ich noch nicht gelernt, mich als Ganzes zu sehen. Mich in mir selbst wohl zu fühlen. Kein Wunder, daß ich diesen Zustand nur kurzfristig genieße. Also fange ich an, mich umzuschauen. Ich suche ein Schiff, das zu meinem paßt. Und da ist schon wieder eines. Doch obgleich mir gleich auffällt, daß die Stufen zu hoch und die Decke zu niedrig sind, mache ich den gleichen Fehler, den ich schon mit den anderen Kapitänen gemacht habe. Ich verlasse mein Schiff, auf dem ich der Kapitän war, und werde wieder »Mannschaft« auf einem anderen. Und wieder lasse ich mein Schiff zurück und versuche auf einem anderen glücklich zu werden.

Und dann gibt es eine Variante, die auch einige von uns ausprobieren: Sie springen von einem Schiff aufs andere und haben vollkommen vergessen, daß es da ja noch das eigene Schiff gibt. Immer hoffend, daß das neue Schiff dann endlich die richtige Temperatur hat…

Als ich 1988 meinen Mann heiratete, besaß ich ein wundervolles Schiff. Ich war eigentlich ganz glücklich. Ich liebte meinen Beruf, ich moderierte das Frühstücksfernsehen bei SAT.1, ich verdiente gut, hatte loyale Freunde, eine kuschelige Wohnung in Hamburg, war gesund und… allein.

Mein Mann und ich lernten uns auf der Hochzeit meiner Freundin Carolin Ohrner kennen. Er war vierzig, ich dreißig. Und wenn er mit jemandem sprach, dann hatte derjenige das Gefühl, er wäre der einzige Mensch auf der Welt. Wir saßen für eine Stunde am gleichen Tisch (dann mußte ich wieder nach Hamburg fliegen, da ich am nächsten Morgen Sendung hatte), und von diesem Treffen an meldete er sich jeden Tag bei mir. Jeden Montag schickte er mir meine Lieblingsblumen, weiße Lilien. Ich hatte weiß Gott nicht vor, mich in einen Amerikaner zu verlieben, aber kurz vorher einen klaren Wunsch »nach oben« geschickt, daß der nächste Mann es jetzt nun sein müßte. Ich hätte die Nase voll von dem ewigen Hin und Her.

Wir sahen uns einen Monat später, als er mich für zwei Tage in München besuchte. Wir küßten uns am letzten Tag. Sechs Wochen darauf besuchte ich ihn in Los Angeles. Gleich am Tag der Ankunft machte er mir einen Heiratsantrag. Als ich wieder nach Hause flog, fing ich im Flugzeug zu weinen an. Kaum in Frankfurt gelandet, rief ich ihn an und sagte: »Ja.«

Meine und seine Freunde waren in hellem Aufruhr: »Ja, seid ihr denn verrückt geworden, ihr kennt euch doch kaum.« Aber wir grinsten nur vor uns hin. Wir heirateten heimlich in Santa Barbara, nur er und ich. Diese Ehe (wir beide waren schon mal verheiratet) war nur für uns. Mein Mann hatte sich auf den ersten Blick in mich verliebt und wußte sofort, daß er mit mir sein Leben verbringen wollte. Bei mir dauerte es ein bißchen länger. Aber auch ich fühlte nach kurzer Zeit, daß er der richtige Mann für mich ist. Daß ich ihn heiraten müßte. Das stand fest. Irgendwo tief in mir erinnerte ich mich an das Versprechen, das wir uns vor diesem Leben gaben.

Und dann sprang ich auf sein Schiff. Meines ließ ich in der Nähe, hatte ich ja doch ein bißchen was dazugelernt. Ich wurde schnell schwanger und verbrachte meine Zeit damit, mich an mein neues Land zu gewöhnen. Die Telefonrechnungen nach Deutschland waren astronomisch. Ich vermißte meine Freunde, aber die neue Verliebtheit, das neue Land, die neue Sprache, die neue Kultur und mein neuer Bauch hielten mich beschäftigt.

Mein Leben war vollkommen anders als seines. Ich ging in

Deutschland eigentlich kaum aus, da ich wegen des Frühstücks-fernsehens dann am Abend einfach zu müde war. Ich hatte einen relativ kleinen Kreis mit wundervollen Freunden, die ich sehr regelmäßig sah. Ins Kino ging ich ab und zu, sah aber nie gewalttätige Filme, da sie mir einfach zu lange auf den Magen schlugen. Große Partys lagen mir nicht besonders, denn irgendwie fühlte ich da immer, daß ich nicht »dazugehörte«.

Mein Mann liebt es auszugehen. Er hat einen großen Freundeskreis, sein Beruf bringt ihn in alle Teile der Welt, und da kommt immer mal wieder jemand zu Besuch. Das Jahr vor unserer Ehe war er zweihundert Tage unterwegs. Am Anfang wollte er mich allen seinen Freunden vorstellen. Und das waren wie gesagt nicht wenige. Fünfmal die Woche gingen wir zu »Dinners«, jeweils mit einem anderen Paar. Immer wieder die gleichen Fragen: wie wir uns kennengelernt haben, was mein Bauch macht und wie die Lage in Deutschland sei. Nach zwei Monaten hielt ich es nicht mehr aus. Ich bat meinen Mann, mir eine Liste mit seinen Freunden zu machen – und die auch noch nach Priorität zu ordnen, denn in den Staaten sind alle *friends* – »Freunde« –, und das Wort »Bekannte«, das ich so großzügig in Deutschland benutzt hatte, existiert hier kaum. Ich mußte mir einfach erst mal einen kleinen Freundeskreis aufbauen, was ich dann auch tat.

Mir fiel auf, daß mein Mann ein Arbeitstier ist. Nun, das war ich eigentlich auch, aber ich arbeitete hier nicht. Mein Selbstbewußtsein hing mit meinem Beruf zusammen. Dort wurde ich gelobt, dort war ich erfolgreich, und hier war ich »nur« die Ehefrau. Ich lernte jeden Tag sechs Stunden Englisch, aber das war eher frustrierend. Dann mußte ich einen Führerschein machen, mein deutscher galt hier nicht. Feststellen, wie das Bankensystem funktioniert, das Einkaufen, die verschiedenen Haushaltsgeräte. Los Angeles wird nach den Himmelsrichtungen eingeteilt, und statt daß jemand nach rechts abbiegt, fährt er in den Osten. Auch daran mußte ich mich erst gewöhnen.

Mein Mann hatte viele berufliche Verabredungen und erwartete von mir, daß ich überallhin mitging, und auch ich fühlte als seine Frau die Verpflichtung mitzukommen. Das waren Premieren, Partys, Dinners. Und er liebt das Kino. Ich saß in Filmen, in denen ich zehnmal aufs Klo ging, um die gewalttätigen Teile zu verpassen. In denen ich die Augen zumachte und die Finger in die Ohren steckte, aber auf die Idee, nein zu sagen, kam ich nicht. Ist es nicht meine Aufgabe, ihn glücklich zu machen, und macht ihn nicht das besonders glücklich?

Mein Mann regte sich schnell auf und schnell wieder ab. Ich brauchte dagegen unglaublich lange, bis ich auf hundertachtzig war, dann blieb ich aber auch eine Weile dort oben. Schließlich ist auch gleich um die Ecke das »Zimmer des Selbstmitleids«. Mein tiefster Wunsch war schon immer, Frieden um mich herum zu haben. Ich wußte nur nicht genau, wie, aber ich versuchte immer, egal, wo ich war, eine ruhige Atmosphäre zu schaffen. Zu schlichten. Zu verstehen. Zu beruhigen. Ich bin nicht umsonst Waage. Und bei meinem Mann gab es viel zu beruhigen. Aber er brauchte seine Dramen, und ich versuchte, sie zu vermeiden. Sprach nicht über Dinge, von denen ich wußte, daß sie ihn ärgern. Hielt Informationen zurück, die diese Dramen auslösen konnten. Waren wir unterschiedlicher Meinung, versuchten wir uns gegenseitig zu überzeugen. Meine »Neins« waren keine klaren, sondern ich sagte: »Ich würde heute wirklich so gern zu Hause bleiben. Was hältst du davon?« Das wurde von seiner Seite als ein Vorschlag und nicht als eine Entscheidung verstanden. Ein Vorschlag, den es zu verändern gilt. Und so nahm er all seine Kraft und versuchte mich mit einem »Ich muß wirklich dringend diesen Film sehen. Du weißt, wie wichtig das für mich ist« zu überzeugen. Und ich gab nach. Wieder einmal. Und so zog sich ein Teil von mir zurück, und ein anderer übernahm: der, der so tat, als ob. Der, der den Schwierigkeiten nicht ins Auge schauen wollte. Den, der hoffte, daß mein Mann das alles ja irgendwann einmal »von selbst« einsehen würde. Denn ich wollte ja schließlich auch die beste Frau sein, die er sich nur vorstellen konnte..., und damit verlor ich mein Schiff aus den Augen. Den anderen glücklich zu machen und mich selbst dabei aufzugeben war etwas, was ich immer tat. Ich paßte mich an, je nachdem, was für eine Art Frau mein Geliebter brauchte: Einer liebte Fußball und seine Stammkneipe, und so wurde ich eine Fußballbraut. Ein anderer liebte teure Lokale, und so wurde ich zum Feinschmecker. Noch einer brauchte jemanden, der repräsentierte, und ich spielte Dame. Ein weiterer suchte eine unabhängige junge Frau, er ging am liebsten allein aus, und so ging auch ich allein aus.

Und dann war da mein Mann. Ich glaubte, ich müßte alle Filme dieser Welt sehen, da er in der Filmindustrie arbeitet. Müßte auf alle Premieren, auf alle Feiern und auf alle Partys gehen. Ich fühlte mich wie ein Hund, der hinter meinem Mann herlief, oder wie seine Lieblingsjacke, die er gerne dabeihat.

Aber ich war viel zu beschäftigt, Mutter zu sein, genügend Schlaf zu kriegen, unser Haus zu renovieren und nach Deutschland zum Arbeiten zu fliegen, um mich wirklich ernsthaft mit meinen heraufkommenden Problemen auseinanderzusetzen. Mein Mann war es gewohnt zu bestimmen, und seine früheren Beziehungen funktionierten nach dem Motto: »Wenn du tust, was ich will, kommen wir prima aus, und wenn nicht, auf Wiedersehen.« Natürlich stritten wir, natürlich diskutierten wir, wie wir es besser machen könnten. Aber keiner von uns hatte einen richtigen Plan. Wir wußten nur, daß da irgend etwas nicht stimmt. Aber was?

Die Schwierigkeiten mit meinem Englisch wurden besser, aber mittlerweile hatten wir uns angewöhnt, weniger miteinander zu sprechen. Damit lagen wir sogar im Trend: Das durchschnittliche Ehepaar spricht zehn Minuten am Tag miteinander...

Für viele in Deutschland lebte ich ein Traumleben in Hollywood – oder was man sich denn mit aller Phantasie so darunter vorstellt. Ich hatte plötzlich mit dem Image der verheirateten

»Präsidentenfrau« zu kämpfen. Sätze wie »Ja, warum arbeiten Sie denn überhaupt noch, das haben Sie doch gar nicht mehr nötig« verletzten mich zutiefst. An manchen Blicken glaubte ich ein »Na ja, den hat sie ja nur des Geldes wegen geheiratet« zu erkennen. Gerüchte über den Stand unserer Ehe schwirrten herum, und nicht mal unsere Julia konnte das beruhigen. »Ja immer noch kein zweites Kind?« kam es kurz danach, und dann gab ich auf.

Was mir sehr schwerfiel. Ich wollte, daß mich alle mögen, und das ist anstrengend, wenn man plötzlich ein Image bekommt, mit dem man eigentlich nichts zu tun haben will. Zuerst war ich die »nette Blonde von nebenan«, und dann wurde ich die »Ehefrau von Hollywood«. All das berührte mich weit mehr, als ich es mir zugestehen wollte. Mein Land zu verlassen war mir nicht leichtgefallen. Alles zurückzulassen, an das ich mich gewöhnt hatte, ebenfalls. So schloß ich diesen Schmerz tief in mein Herz ein und begann einen äußeren Ring darum aufzubauen, der die Aufgabe hatte, keinerlei Gefühle mehr durchzulassen, die mir weh taten. Denn daß mein Charakter so mißdeutet wurde, das tat mir weh.

In unserer Ehe fing es zu kriseln an, ohne daß wir beide etwas dagegen unternahmen. Sein Arbeitspensum ging mir zum Beispiel unglaublich auf die Nerven. Selbst im Urlaub verbrachte er Stunden am Telefon. Da sein Geschäft international ist, ist irgendwo auf der Welt immer schon ein Büro offen. Richard war nur einmal kurz verheiratet und verbrachte den Rest seiner Zeit so, wie er sie verbringen wollte. Er hat sein Schiff nie verlassen. Und auf seinem wurde es langsam zu eng für mich.

Die Heizung war zu kalt und das Wasser zu warm. Die Stufen waren zu hoch, und die Decke war zu niedrig. Und dann gab es noch ein Kind, das darin herumkrabbelte … Außerdem klingelte pausenlos das Telefon. Ich war nicht in der Lage, einen Überblick über unsere Situation zu bekommen. Denn für mich war das Problem der andere, mein Mann. Ich war ja so, wie ich war, ganz in Ordnung.

Mein typischer Fehler: Die anderen sind an allem schuld. Und mit dieser Einstellung rannte ich auch in meine tiefste Krise. Ich verlor eine Sendung mit riesigem Trara und damit auch mein Selbstbewußtsein. So kam ich nach Hause zurück, gebeutelt, verletzt, und der Ring um mein Herz wurde noch härter. Ich leckte meine Wunden und schaute auf mein Kind, das ein Bild von mir gemalt haben wollte. Und dann versuchte ich, meinen Schmerz und mein verletztes Ego in die Waagschale zu legen: Mein Kind ist wichtiger.

Aber mittlerweile war zu einer wackeligen Ehe auch noch eine wackelige Karriere hinzugekommen. Hier kam also auch alles auf einmal, denn ich suchte nach einer Lösung, und die fand ich dann schließlich auch... mit Gott.

Die nächsten zwei Jahre verbrachte ich mit meinem spirituellen Studium. Konzentrierte mich völlig darauf. Ja, ich war Mutter, und ja, ich war Ehefrau. Aber meine Gedanken fanden einen neuen Fokus: Wer um Himmels willen bin ich? Wer ist Gott? Wo sind die Engel? Und wie finde ich endlich Frieden in mir?

Ich fand wunderbare Lehrer und lernte Zarathustra kennen. Und am Anfang erzählte ich meinem Mann auch ganz begeistert davon. Einesteils war er recht froh, denn ich hörte zu nörgeln auf, mich störte es jetzt nicht mehr, daß er so viel arbeitete, gab es mir doch die Zeit, die ich brauchte, um zu lernen. Und obwohl ich mir Sorgen machte, daß es kaum Fernsehangebote aus Deutschland gab, so wußte ich doch, daß das hier jetzt einfach wichtiger war. Aber langsam machte sich mein Mann Sorgen. Was wird nur aus seiner Frau? Ich plante meine erste Reise mit Jacqueline Snyder und Zarathustra. Vier Tage auf einem Berg in Colorado. Doch Richard war dagegen. Ich war verzweifelt. Ich wollte doch so gern, daß er dem einfach zustimmt. Aber den Gefallen tat er mir nicht. Heute weiß ich natürlich auch den Grund: Ich mußte einfach lernen, klar ja und nein zu sagen. Und so gab es wochenlange Diskussionen um meine erste Reise. Bis ich es nicht mehr aushielt und ihn anbrüllte: »Ich gehe da auf den Berg! Ob es dir paßt oder nicht! Und wenn es das letzte ist, was ich tue!« Ich sprach plötzlich mit Ausrufezeichen.

»Na gut« war seine Antwort. Und ich konnte es kaum glauben. Aber ein klares Nein hat mein Mann immer schon verstanden. Ich hatte es nur nie gesagt…

Jacqueline hatte ein Dutzend Suchender auf diesen Visionquest geladen, und dort gingen mir die Augen auf. Ich kam von diesem Berg zurück und war eine andere. Ich sah plötzlich, wo ich hinwollte. Das ist, wie wenn man nach jahrelangem Umhersegeln endlich ein Bild von einer Insel sieht, auf der man ankern möchte. Auf diesem Berg sah ich das Bild. Ich sah es in den Augen von Jacqueline. Ich sah die Lebenslust, die ich nicht hatte. Ich sah die Freude, die ich nicht hatte. Ich sah die Demut, die ich nicht hatte. Ich sah den Glauben, den ich nicht hatte. Und ich sah, wieviel Gnade es bringt, sein Leben in den Dienst zu stellen, und auch das kannte ich nicht.

Ich war inspiriert. Mein Mann war alarmiert. Ich kam von diesem Berg nach Hause, und die Stimmung stand auf Sturm. Die Klimaanlage fiel aus (meine Schuld), da war nicht genügend Orangensaft im Haus (natürlich auch meine Schuld), und Julia bekam auch noch einen Schnupfen (auf jeden Fall meine Schuld). Ich schaute mir meinen grantigen Mann an und wünschte mir: »Wäre ich doch nur auf dem Berg geblieben.«

Ich erzählte begeistert, was da alles passiert war: »Die Leute da waren einfach so liebevoll… da war sogar ein katholischer Pfarrer dabei… wir schliefen unter freiem Himmel… Zarathustra sprach darüber, daß du das erlebst, worauf du dich fokussierst… traf eine ganz tolle Frau, die Kim heißt, die du unbedingt kennenlernen mußt… in meiner Meditation traf ich meine Ängste… ich fühle mich wie flüssiges Blau…«

Kein Wunder, daß er in Panik geriet: Seine bis dahin ganz normale Frau, die zwar ein bißchen meditiert (aber na ja, das geht ja noch), geht mit wildfremden Menschen auf einen Berg, um zu beten. Wahrscheinlich ist das sowieso eine Sekte, die sie dann irgendwann einmal ins tiefste Indien verschleppen wird, nicht ohne vorher noch alle Kreditkarten mitgenommen zu haben. Und dann ist da auch noch ein Prophet dabei, der allerdings schon seit Tausenden von Jahren tot ist und den Körper einer Frau mit langen schwarzen Haaren und viel Augen-Make-up benutzt, um seiner Frau Ratschläge zu geben.

Bei aller Liebe, heute verstehe ich ihn.

Damals war ich nur genervt. Oft hob er seinen Zeigefinger und deutete auf mich mit den Worten: »Und du bist auf jeden Fall auf dem falschen Weg.« Und damit begab ich mich wieder mal ins »Zimmer des Selbstmitleids«. »Wenn ich doch schon versuche, der beste Mensch zu werden, der ich sein kann, dann habe ich doch ein bißchen Bewunderung dafür verdient, oder nicht?« Natürlich gab ich das nicht zu, aber trotzdem fühlte ich es. »Siehst du, himmlischer Vater, der Mann paßt einfach nicht zu mir. Ich brauche jemanden, der spirituell auf demselben Weg ist.« Wann ich genau diesen Satz zum ersten Mal gedacht habe, ist mir nicht mehr klar. Aber er bestimmte plötzlich mein Denken. Denn ich lernte andere Ehepaare kennen. Beide knieten miteinander, beide meditierten, beide sprachen über die Dinge, die mich interessierten – warum konnte ich das nicht haben?

Als ich Zarathustra zum ersten Mal danach fragte, ob ich nicht fortgehen könnte, sagte er: »Nein.« Ich war überrascht, denn normalerweise gibt er keine Anweisungen.

»Nein?« fragte ich. »Aber wieso hat sich denn die Jacqueline scheiden lassen dürfen und ich nicht?«

Er ging darauf nicht ein, aber er erklärte mir, daß es einen Pakt zwischen Richard und mir gäbe und daß wir beide hier zusammen sind, damit wir gegenseitig voneinander lernen. Die Antwort paßte mir nicht. Außerdem war es mir völlig unklar, was ich denn (die ich ja nun doch schon soweit war) doch bitte von meinem Mann lernen könnte. (Da war ich in der Hochphase meiner spirituellen Arroganz. Da geht jeder mal durch – einige bleiben darin stecken… Immer nach dem Motto: Kuck mal, was ich schon von der Welt verstehe, und schau mal, was du immer noch nicht weißt.)

Aber da war auch der tiefe Schmerz. Alles, was ich tat, wurde von meinem Mann in Frage gestellt. Bei Bekannten machte er sich lustig über mich. Er rollte mit den Augen, wenn das Gesprächsthema auf Spirituelles kam. Und er war genervt, wenn ich wieder mal in mein Meditationszimmer ging.

Eines Tages weigerte ich mich, weitere gewalttätige Filme anzuschauen, und die Stimmung stand auf Sturm. Er fühlte, daß ich mich löste. Und das tat ich auch. Ich verließ langsam, aber sicher sein Schiff und stand schon mit einem Bein in meinem. Mein Mann verfügt über eine sagenhafte Intuition und Sensibilität. Er weiß, ob die Hühnersuppe von mir oder von unserer Haushälterin gekocht worden ist, er weiß, wenn ich mich in Gedanken von ihm entferne. Er fühlte, daß ich sein Schiff verließ.

Denn jede Nacht, wenn wir nebeneinander schliefen, öffnete sich die Aura und vermischte sich. Unser Feld – unsere Aura –, in dem wir fühlen und in dem wir unsere Gedanken und unsere Wahrheit halten, vermischte sich mit dem Feld des anderen. Mein Feld war voll von Wut und Ärger und Zorn. Alles Aufgestaute, was ich jahrelang heruntergeschluckt hatte, war immer noch nicht verheilt. Und in dieser Energie hielt sich ein Wunsch: der Wunsch, wegzugehen. Das fühlte mein Mann jede Nacht.

Im Laufe der nächsten Monate explodierte ich öfters. Ich erinnere mich noch gut an einen Abend, an dem wir nach einem Film im Restaurant saßen und er von mir verlangte, daß ich eine Kollegin von ihm zum Mittagessen traf. Ich hatte keine Zeit und auch keine Lust, doch er versuchte, mir ein schlechtes Gewissen einzureden. »Daß du dich einfach nicht um unsere gemeinsamen Freunde kümmern kannst. Was hast du denn nur gegen die Frau! Ich bitte ja hier nur um ein Mittagessen. Andere Frauen machen das doch auch.« Eine nicht unbekannte emotionale Erpressung.

Mir schossen Tränen des Zorns in die Augen – hatte ich doch

schon soviel für ihn getan –, und dann entlud sich ein Sturm, der nicht zu bremsen war. Alles, was sich da so angesammelt hatte, kam auf den Tisch des Restaurants. Mein Mann wollte nach Hause gehen, aber ich wollte hier sitzen bleiben. Endlich wurde ich alles los, was ich immer schon mal hatte sagen wollen. Still saß er daneben, und nur einmal versuchte er, eine Erklärung zu geben. Ich unterbrach ihn mit den Worten: »Jetzt rede ich! Du hörst heute einfach nur zu, weil es mich sonst zerreißt.«

Ich war erschöpft in dieser Nacht, und schließlich lagen wir uns in den Armen. Mein Mann liebt mich, das weiß ich. Und ich ihn auch. Aber unser Leben war so anstrengend! Soviel an ihm war so anders als bei mir. Er schaute die Welt von einer anderen Seite an. Ich fand keine Gemeinsamkeiten mehr, außer in den Augen unserer Tochter. Wenn ich ihn beobachtete, wie liebevoll er mit ihr war, dann wünschte ich mir dasselbe für mich. Bei ihr verstand er ihre Sensibilität. Meine war genauso, aber das schien er nicht wahrhaben zu wollen.

Und wieder beschwerte ich mich bei Zarathustra. Dieses Mal forderte er mich auf, daß ich mein Denken ändere: »Jede Nacht schickst du deinem Mann im Schlaf Botschaften darüber, was dich an ihm stört. Signalisiere ihm, was du gern hättest. Stell dir ein ideales Leben mit deinem Mann vor, so daß ihr beide ein Ideal habt, zu dem ihr streben könnt.«

Auch das noch! Warum kann ich nicht einfach gehen? Ich konnte mir ein ideales Leben mit meinem Mann schon nicht mehr vorstellen, weil ich es eigentlich nicht mehr wollte. Aber ich wußte um Zarathustras Weisheit, und ich war bereit, es zu probieren.

Jacqueline bot sich an, mit meinem Mann zu sprechen. Ich ließ die beiden allein. Jacqueline schlug vor, daß er alle Fragen, die er hatte, ob sie nun Zarathustra oder sie selbst betreffen, stellen könnte. Sie verbrachten zwei Stunden miteinander. Richard mochte sie. Sah und erkannte ihre Liebe und Großzügigkeit und daß sie kein Interesse hatte, unsere Ehe auseinanderzubringen.

Ihre Kinder sind beide erfolgreich. Eines im Beruf, das andere Klassenbester in der Schule. Er beruhigte sich.

Ich bat ihn, mit mir Zarathustra kennenzulernen. Er weigerte sich. Damit wollte er nichts zu tun haben. Seiner Meinung nach handelte es sich bei Jacqueline um so was wie eine gespaltene Persönlichkeit. Nicht, daß sie mit Absicht behaupten würde, daß da ein anderer durch sie spricht, denn sie glaubt es wahrscheinlich selbst.

Ich war gekränkt: »Für wie blöd hältst du mich denn eigentlich?« fragte ich. »Glaubst du denn im Ernst, daß ich als Journalistin nicht erkennen würde, wenn jemand so etwas erfindet? Ich weiß von Zarathustra aufgrund seiner Antworten, aufgrund der Gefühle, die in mir hochkommen, aufgrund der Erinnerungen, die da geweckt werden, nicht, weil da ein anderer Akzent ist.«

Aber er verstand mich nicht. Wollte sich nicht selbst überzeugen und konnte mir nicht glauben. Und es ist, zugegebenermaßen, auch nicht einfach zu verstehen.

Ich begann langsam meine Gedanken umzustellen. Es wurde mit der Zeit immer leichter, mir meine ideale Beziehung mit Richard vorzustellen; doch immer dann, wenn es gerade mal für ein paar Wochen besser wurde, krachte es wieder einmal.

Und wieder war ich so erschöpft, daß ich für Wochen nur noch weinend meditierte. »Wie lange noch!« schrie ich auf, und ich begann mich wie verdurstet zu fühlen. Mehr und mehr lebte ich auf meinem eigenen Schiff, fühlte mich aber an seines angekettet, fühlte mich nicht frei. Wenn wir allein waren, stritten wir uns fast nur noch. Es gab für mich nur zwei Möglichkeiten: Entweder ich sagte zu allem ja und amen, oder wir stritten uns. Wir befanden uns je am entgegengesetzten Ende von einem Seil. Jeder versuchte, den anderen zu sich herüberzuziehen.

Aber wir waren in den Gebärwehen! Und die sind schmerzhaft. Wir waren dabei, eine neue Beziehung zu gebären. Am Anfang unserer Ehe kam jeder zu dieser Vereinigung mit seinem ei-

genen Rucksack voller Probleme. (Ich bespreche hier nur meine
ausführlich, da mein Mann dieses Buch nicht schreibt ... und ich
auch seine privaten Gefühle respektieren möchte.) Meine waren,
daß ich lernen mußte, wahrhaftig zu mir selbst zu sein. Mein
Leben so zu leben, wie ich es brauche, und nicht das Leben eines
anderen. Ich mußte erkennen, was eine Beziehung bedeutet und
daß sie nur dann funktionieren kann, wenn jeder sein eigenes
Schiff hat. Ich mußte erkennen lernen, daß mein Mann »auf meiner Seite« ist und nicht gegen mich arbeitet. (Ich fühlte damals,
daß ich immer alles verteidigen muß.) Ich mußte auch lernen,
daß ich nicht jedesmal vor meinen Problemen davonlaufen kann.

Denn was ich in dieser Beziehung nicht löse, kommt in der
nächsten noch einmal hoch. Und ich lernte, daß ich das, was ich
glaube, auch in meiner Ehe leben muß. Denn wenn dein eigener
Mann dir dauernd sagt, daß du auf dem falschen Weg bist, dann
lernst du, gerade zu stehen. Es bleibt dir nämlich gar nichts anderes übrig: Entweder du fällst um oder du bleibst stehen.

Mir wurde auch bewußt, daß ich immer mit einem Fuß schon
aus der Tür war. Immer dieses Damoklesschwert über meinem
Mann hing. »Na ja, wer weiß, wie lange sie noch bleibt.« Doch
an unserem achten Hochzeitstag gab ich meinem Mann ein Versprechen. Das Versprechen, daß ich bleibe und daß wir alle Probleme gemeinsam lösen werden.

Ich war mal wieder in San Diego in einer Klasse von Jacqueline und Zarathustra, und da hörte ich folgenden Dialog. Eine
Frau fragte Zarathustra, was sie denn tun könne, wenn sie andere Menschen beobachte, die nicht nach spirituellen Prinzipien
leben. Die entweder zu oft wütend oder ärgerlich sind. Wie soll
sie sich dabei verhalten? Zarathustra antwortete darauf: »Wenn
du dich auf das Benehmen von jemand anderem konzentrierst,
dann konzentrierst du dich nicht auf Gott.«

Ich saß mit offenem Mund da. Das war das, was ich die ganze
Zeit tat! Ich konzentrierte mich darauf, wie Richard was tat und
wie er es tat. Ich konzentrierte mich auf ihn und nicht auf Gott.

Stundenlang wälzte ich diese Aussage in meinem Kopf herum und überlegte, was ich nun zu tun hätte. Ich kam an diesem Abend nach Hause, und er war gereizt. Irgendwas im Büro war schiefgelaufen. Ich versuchte, ihn mit Verständnis anzusehen, und fragte, ob es irgend etwas gäbe, was ich tun könnte. Er verneinte. Und dann plötzlich war mir klar, was ich dann normalerweise immer tat: Ich versuchte seine Stimmung zu verändern. Was ich meistens nicht schaffte, weswegen ich dann ein Gefühl des Versagens spürte. Daraufhin ärgerte ich mich über meinen Mann, weil er nicht bereit war, diese Stimmung loszulassen. Ich nahm alle seine Stimmungen persönlich! Jede Stimmung war meine Schuld oder zumindest doch meine Verantwortung. Aber dann gingen mir die Augen auf.

Das nächste Mal, in einer ähnlichen Situation, bot ich wieder meine Hilfe an. »Kann ich etwas für dich tun?« fragte ich, und wieder sagte er nein. Und dann, zum ersten Mal, ließ ich ihn in seiner Stimmung und ging in ein anderes Zimmer. Ich machte etwas anderes und bemühte mich *nicht,* an ihn zu denken. Und meine üblichen Gedanken versuchten verzweifelt, Gehör zu kriegen: »Was hat er denn nur?« – »Muß er denn immer alles zu wichtig nehmen.« – »Jetzt schaut er schon wieder so grantig.« – »Jetzt bloß nicht bewegen, weil er sonst explodiert.«

Ich beschäftigte mich mit etwas anderem. Ich wußte ja, daß diese Stimmung irgendwann einmal vorbeigehen wird. Und sie ging vorbei. Dieses Mal sehr viel leichter für mich. Denn ich nahm sie nicht mehr als meine Verantwortung an.

Nach einer Weile hörten die vielen Streitigkeiten auf, und ich war in der Lage, mehr und mehr meine Gedanken zu kontrollieren, aber ich stellte ebenso Forderungen. Ich erwartete auch von ihm, daß er nicht jede Stimmungsschwankung einfach zu Hause »ausleert« wie einen vollen Abfalleimer.

Einmal hängte ich ein großes Schild in der Garage auf, so daß er es beim Hereinfahren sofort sehen mußte. Darauf stand: »Ich bin dabei, meine Familie zu sehen. Die Menschen, die mir am nächsten stehen. Ich werde sie mit Liebe und Zärtlichkeit umgeben, denn ich will eine glückliche Familie haben.«

Er kam lachend in die Küche. »Was dir immer wieder einfällt!«

Ich benutzte öfters meinen Sinn für Humor. Wenn er nach Hause kam und wieder mal vergaß, daß ich seine Frau und nicht seine Angestellte war, dann fiel ich beispielsweise auf die Knie und hob die Arme nach oben und rief theatralisch: »Massa, Massa, was kann ich für dich tun? Ich habe den ganzen Tag nur auf deine Anweisungen gewartet.« Er konnte sich ein überraschtes Grinsen nicht verkneifen.

Ich merkte an mir selbst, wie ich bei Streitereien reagierte. Wir beide hatten versucht zu gewinnen, manchmal auch mit Hieben unter die Gürtellinie. Kannten wir doch die Schwachpunkte des anderen ganz besonders. Beide versuchen wir jetzt, das nicht mehr zu tun. Wir sprachen das aber auch aus: »Laß uns so nicht miteinander reden, du weißt, was dann passiert.« Wir geben uns inzwischen Zeit zum Durchatmen, um jeden ruhig ausreden zu lassen. Ich war öfters weinend in ein anderes Zimmer gelaufen, statt Meinungsverschiedenheiten bis zum »Ende« gemeinsam durchzustehen. Ich bemühte mich nun zu bleiben, selbst wenn ich manchmal vor Tränen nicht reden konnte.

Und noch etwas fiel mir auf, was mir an mir nicht gefiel. Wenn wir Meinungsverschiedenheiten nicht beilegen konnten, dann fing ich an, »den schlimmsten Fall« anzunehmen. Ich lag im Bett, und in meinen Gedanken stellte ich mir den folgenden Tag vor und wie ich reagieren würde: was ich sagen, was ich machen würde. Und dann konnte ich natürlich lange nicht einschlafen. War ich doch zu beschäftigt damit, mir den »schlimmsten Fall« in allen möglichen Farben auszumalen. Das wollte ich nicht mehr, aber wie werde ich diese Angewohnheit los? Ich bat in einer Meditation um Hilfe, und mir wurde der Gedanke gegeben, das »Vaterunser« zu sagen. Es einfach zu wiederholen, bis ich eingeschlafen sei. Mir immer wieder sagen, woraus mein

Leben besteht. Und daß ich diese Streitereien in die Hand Gottes lege.

Beim nächsten Mal wollte ich es ausprobieren. Einige Wochen später kam denn auch die erste Gelegenheit dazu. Wieder konnten wir keine Einigkeit erzielen, und ich lag im Bett. Meine Gedanken wollten automatisch den Weg gehen, der ihnen doch so vertraut war. Aber ich erlaubte es diesmal nicht. Zum ersten Mal rief ich ein klares Nein aus. Ich sagte mein »Vaterunser« auf und konzentrierte mich auf das, was ich da sagte. Wieder und wieder fing ich von vorn an: »Vater unser im Himmel, geheiligt werde dein Name...« Und ich schlief ein. Zum ersten Mal nach einem Streit in Ruhe. Zum ersten Mal ohne Ärger, ohne Zorn. Und am nächsten Morgen war ich sogar in der Lage, meinen Mann mit einem Kuß zu begrüßen und ihm zu sagen: »Ich liebe dich trotzdem.« Er schaute mich an und grinste zurück: »Ich dich auch.« Für mich war es das »Vaterunser«, das mir damals half. Heute sage ich einfach ab und zu: »Himmlischer Vater, du kümmerst dich darum.« Jeder von uns hat seine eigenen Gedanken, die ihm aus dieser Sackgasse heraushelfen können.

Ich merkte, wie auch er versuchte, seine Stimmungen zu kontrollieren. Und langsam wurden die Perioden des Friedens länger. Doch dazwischen »kracht« es immer wieder, aber anstatt wie früher bei jeder Auseinandersetzung ein »Warum muß das jetzt schon wieder sein, wo es doch nun so schön ruhig war« zu denken, bemühe ich mich jetzt, die immer länger werdenden Perioden der Ruhe als Besserung zu sehen. Es gab Zeiten, da hatten wir nur tageweise Ruhepausen. Jetzt sind es manchmal sogar Monate.

Wir fingen an, unsere persönlichen »Minenfelder« zu erkennen. Ja, ich bin noch nicht ruhig und entspannt, wenn ich mir zuviel auflade. Und er wird wütend, wenn ich mal wieder zu oft zu Hause bleiben will. Aber wir verstehen jetzt immer mehr, was den anderen verletzt, und können diese Minenfelder umgehen. Im Gegensatz zu früher, als wir gern mal mit Absicht »draufgestiegen« sind, erkennen wir jetzt ihre Sensibilität. Und ab und zu schaffen wir es sogar, das eine oder andere Minenfeld gemeinsam für immer zu »entschärfen«.

Einmal hatte ich meine sechs Seelenschwestern zu Besuch. Alle kamen sie nur für einen Abend zusammen. Wir planten eine Pyjamaparty. Wir holten alle Matratzen zusammen und freuten uns darauf, gemeinsam in meinem Meditationsraum zu übernachten. Wir beteten und tonten zusammen, und diese Zeit ist uns heilig. (Beim Tonen lassen wir sanfte Töne entstehen, die natürlich aus unserem Inneren kommen.) Eine gemeinsame Freundin aus der Schweiz kam für einen Abend in die Stadt, genau an dem Abend, an dem meine Schwestern hier waren. Richard versuchte, mich zu überreden, doch an einem kurzen Abendessen teilzunehmen. Ruhig, aber bestimmt sagte ich ihm, daß das nicht geht. Ich wollte diese Zeit mit meinen Seelenschwestern nicht missen. Ich sah ihm an, daß er enttäuscht und auch ein bißchen ärgerlich war. Er ging in sein Arbeitszimmer. Eine halbe Stunde später kam er zum Abendessen in die Küche. Ich konnte sehen, daß er sich beruhigt hatte. Ich bedankte mich bei ihm, daß er nicht versuchte, mich mit allen Mitteln zu überreden, wußte ich doch, wie wichtig ihm diese gemeinsame Freundin ist. »Na ja«, meinte er, »ist ja auch ziemlich aussichtslos geworden, du reagierst ja nicht mehr darauf.«

Obwohl mein Mann meinen spirituellen Weg nicht geht, haben wir trotzdem Gebete in unsere Familie gebracht. Ich wünschte mir lange schon ein gemeinsames Familiengebet. Einfach in der Stille, jeder für sich, aber doch gemeinsam betend. Wie frage ich nur meinen Mann? Ich erwartete ein klares Nein, wenn ich den Vorschlag machte, und vor dem scheute ich mich. Ich traute mich schlicht und ergreifend nicht. Plötzlich war es ein paar Tage vor Muttertag, und mir kam eine Idee. Beim Abendessen legte ich sie Richard vor: »Hast du dir eigentlich schon was für den Muttertag überlegt?« fragte ich ihn. Richard schaute überrascht, denn normalerweise habe ich keine speziellen Wünsche, schon gar nicht am Muttertag.

»Nein, wieso?« fragte er erstaunt.

»Ich hätte da einen Wunsch«, meinte ich leicht nervös. Was wird er wohl sagen, wenn ich mit meiner Frage rausrücke?

»Und der wäre?«

»Ich würde gern gemeinsam mit dir und Julia beten wollen. So ein Familiengebet. Bisher machen Julia und ich das immer allein, und es wäre doch schön ...«

»Von mir aus«, kam die Antwort.

Von mir aus? Ich freute mich. Am Abend des Muttertags saßen wir an Julias Bett und hielten uns bei den Händen. Ich sprach nur einen Satz: »Ich bitte um Gottes Segen für unsere Familie und alle Lebewesen«, und dann waren wir für eine Weile still.

Wie herrlich! Ich freute mich und gab Julia und meinem Mann einen Kuß.

Am nächsten Abend holte ich meinen Mann nach Julias Zähneputzen hinzu. »Zeit fürs Gebet«, rief ich.

Ganz erstaunt steckte er seinen Kopf durch die Wohnzimmertür: »Ich dachte, das Beten war nur für den Muttertag?«

Ich lachte. Kein Wunder, daß er so einfach »Von mir aus« gesagt hatte! Mittlerweile haben wir uns dieses Familiengebet jedoch angewöhnt. Wir sagen immer laut die Namen der Menschen, die wir in unser Gebet mit einschließen wollen. Jemand, der krank ist, oder jemand, der vor einer besonderen Herausforderung steht.

Zarathustra schlug einmal einem Ehepaar in der Krise ein gemeinsames Gebet für sieben Tage vor: »Betet jeden Tag gemeinsam für den Fortbestand eurer Ehe. Geht dazu auf die Knie und bittet, jeder für sich, in Demut und Liebe um die Weisheit, Klarheit und das Verständnis, die ihr braucht. Wenn ihr bereit seid, für eure Verbindung auf die Knie zu gehen, dann erkennt euer Partner die Tiefe eures Einsatzes und eurer Hingabe.«

Natürlich erfordert das einen gewissen Mut. Wir sind nun mal nicht so erzogen worden, daß wir glauben, Gebete können wahrlich helfen und auch in Eheproblemen eingesetzt werden. Es liegt an uns, wie weit wir gehen wollen. Doch wenn ich meinen Mann nie gefragt hätte, dann würden wir immer noch nicht gemeinsam beten. Ich möchte nicht in einer Ehe leben, in der ich nicht so sein kann, wie ich sein möchte. Und dazu muß ich mich meinem Partner in allem, was ich bin, zeigen.

Uns wurde beigebracht, wir müßten dafür sorgen, daß unser Partner glücklich ist. Das darf aber nicht mit Selbstaufgabe verwechselt werden, denn Selbstaufgabe macht nicht glücklich. Wir verlassen dann nämlich unsere eigenen Träume und unsere eigenen Wünsche um der Wünsche von jemand anderem willen. Und sosehr uns dieser andere auch am Herzen liegen mag, es ist unser Herz, das aufblühen muß, um auch den anderen wirklich glücklich zu machen. Wir müssen der Sehnsucht unserer Seele folgen. Und unsere Sehnsucht können wir nur selbst befriedigen. In einer wahren Beziehung achtet man im anderen die Sehnsucht, der er folgen muß, um erfüllt zu sein.

Einer meiner Lehrer, Solano, ein weiser Mann, der von meinem Freund Dean Thompson gechannelt wird, hat uns das einmal folgendermaßen erklärt: »Mit jedem Wesen, das in euer Leben tritt, beginnt ein Trainingsprogramm. Beide Wesenseinheiten trainieren sich gegenseitig. Das Training ist oft unbewußt: Es ist in der Regel ein Zusammentreffen, bei dem beide sich darstellen und somit entschieden wird, wie sie behandelt und betrachtet werden wollen. Wenn es einem hingegen bewußt ist, daß er sich in einem Trainingsprogramm befindet, dann ist es wichtig zu erkennen, daß man dem anderen immer mit Achtung, Liebe und Respekt entgegentritt. Wie wenn man jemanden trifft, der über große Weisheit, Kraft und Kreativität verfügt. Denn wisse wohl, daß jeder von euch eine wachsende Kraft auf dieser Erde darstellt. Seid euch bewußt, daß ihr euch in einem Trainingsprogramm befindet. Und daß ihr jederzeit mit eurer Körpersprache, euren Worten und euren liebevollen Handlungen und der Art, wie ihr euch ausdrückt, durch euer ganzes Sein einem anderen zeigt, wie man euch erkennen soll und wie ihr behandelt werden wollt. Und wenn ihr in euch diese Klarheit und diese Liebe findet und sie dann nach außen hin zeigen könnt, dann werden die anderen leicht erkennen, daß ihr offen für eine klare Kommunikation seid. Man wird erkennen, daß in euch eine Ruhe liegt, die sich in allen euren Handlungen ausdrückt, und daß ihr auf Wut, Zorn und Aggression verzichtet.«

Ich dachte, ich hätte mich »nur« verliebt, und dabei habe ich mich bei diesem Trainingsprogramm angemeldet! Offensichtlich ein Trainingsprogramm, das nicht nur für uns seine Herausforderungen hat.

»Ehen sind wie Sandpapier, sie nehmen uns die rauhen Ecken«, sagte einer meiner Meditationlehrer, David Pomeranz. Alles, was wir nicht zeigen wollen, kommt in einer engen Beziehung zum Vorschein. Alles, was wir vor unseren Freunden verbergen können, platzt in einer Ehe auf. Denn das ist der Sinn einer Ehe: sich selbst kennenzulernen. Und nur in einer engen Gemeinsamkeit lernt man sich selbst kennen. Und dann besteht die Möglichkeit, gemeinsam zu erkennen, was man verändern kann.

Das geht allerdings nur, wenn beide das wollen. Wenn einer sich weigert, Probleme anzuerkennen, behauptet, es gäbe keine, oder sich durch Drogen oder Alkohol davon entzieht, dann ist es nicht möglich, die Beziehung weiterzuführen. Ich vergleiche das gern mit dem Tennisspielen. Wenn zwei versuchen, den Ball hin und her zu schlagen, spielt es keine Rolle, wie gut jeder spielt. Man versucht sein Bestes, und irgendwann einmal lernt man auch, gemeinsam zu spielen. Falls aber einer sich weigert, den Schläger zu heben, oder bewußt den Ball jedesmal ins Aus schlägt, dann macht es keinen Sinn, das Spiel fortzusetzen.

Doch wenn man als Reaktion auf dieses Verhalten des Partners einfach nur plötzlich schulterzuckend vom Platz verschwände oder sich »heimlich« auf einem anderen Spielfeld vergnügte, wäre auch das nicht viel besser. Man muß schon den

anderen darauf aufmerksam machen, was einem nicht gefällt.
Daß man so nicht spielen kann und auch nicht willens ist, ewig
zu warten. Daß man aber bereit ist, es gemeinsam noch eine ganz
bestimmte, begrenzte Zeit lang zu versuchen. Daß man sich vielleicht einen »Trainer« nimmt, der einem erklären kann, wie man
es schafft, die Regeln des gemeinsamen Spiels einzuhalten.
Doch manchmal ist die Zeit miteinander abgelaufen. Viele
glauben, »was Gott zusammengeführt« habe, solle der Mensch
nicht trennen. Ich denke hingegen, daß Gott manchmal eben
auch trennt, und zwar dann, wenn man sich verändert, sich
anders entwickelt, keine Gemeinsamkeiten mehr und auch keine
Hoffnung für eine gemeinsame Zukunft hat.

Wenn ich mich früher von einem Partner getrennt habe, dann
spielte auch immer noch eine andere Emotion eine Rolle. Die des
Verletztseins. Manchmal, weil ich es wieder nicht geschafft habe,
und manchmal, weil ich so leicht zu ersetzen war. Wenn wir uns
schon trennen, dann soll der andere wenigstens lange darunter
leiden, nicht wahr? Aber wie unverschämt, wenn er sich kurzfristig wieder verliebt und glücklich ist, während ich noch allein
bin! Natürlich wissen wir, daß das nur verletzter Stolz ist. Unsere
Persönlichkeit hat daran zu knabbern, aber unserer Seele macht
das nichts aus. Mit der Zeit können wir auch darüber schmunzeln.

Zarathustra gab uns einmal ein wunderschönes Ritual für
Trennungen: »Jede Beziehung hat euch geholfen, einen Teil von
euch zu erkennen. Zündet eine Kerze an, nehmt eine Feder und
geht in die Badewanne. Nehmt euch in Gedanken die erste Beziehung vor, den ersten Geliebten, den ihr hattet, und erkennt,
was ihr von ihm oder ihr erfahren habt. Dann bedankt euch bei
dieser Seele dafür. Verzeiht diesem Geliebten, was er euch angetan hat, und verzeiht euch selbst, was ihr ihm angetan habt.
Dann nehmt die Handflächen, und blast in euer Herz. Damit
wird die Last genommen. Weht sie nun mit der Feder zur Ker-
zenflamme. Und dann geht zum nächsten Partner. Und beginnt

noch mal von vorn... Bis ihr alle eure Beziehungen gelöst und geheilt habt.

Gehen wir eine neue Beziehung ein, ist es am besten, wenn wir uns von Anfang an wahrhaftig gegenüberstehen. Wir wissen, daß wir unsere Erfahrungen anziehen, und zu einer Abhängigkeit gehören immer zwei: einer, der unterdrückt, und einer, der es zuläßt. Manchmal hilft es, den neuen Freund oder die neue Freundin für diese Heilphase allein zu lassen. »Auf einem lahmen Gaul reitet sich schlecht«, hörte ich einst in einem Radiointerview. Das hat einen bleibenden Eindruck bei mir hinterlassen. Wir müssen uns immer wieder daran erinnern, daß jeder von uns sein eigenes Schiff hat, das aber auch seetüchtig sein muß.

Wenn ich jetzt meinen Mann betrachte, ihn dabei beobachte, wie er liebevoll mit unserer Tochter umgeht, wie er mich zärtlich in den Arm nimmt und lächelnd auf Situationen reagiert, bei denen er früher genervt gewesen wäre, dann fühle ich diese tiefe Liebe in mir. Eine Liebe, die gewachsen ist. Durch unseren Einsatz und durch unseren Wunsch, es besser zu machen. Wir beide sind besser geworden. Wir haben uns gegenseitig anerkannt, und wir achten unsere individuellen Entscheidungen. Und darin haben wir eine tiefere Liebe gefunden. Ich bin jetzt auf meinem eigenen Schiff. So wie Richard auf seinem ist.

Aber wir segeln gemeinsam. Wir haben ein gemeinsames Leben: Familienabendessen in unserer gemütlichen Küche, Filme, die uns beiden gefallen, lange Spaziergänge in den Hügeln von Los Angeles, Rollerblades am Meer entlang, Reisen zu zweit, zu dritt oder mit lieben Freunden, unsere Italienischstunden und unsere Yogaklasse, unser Tiefseetauchen.

Auf seinem Schiff sind die Filme, die er mit Freunden sieht, sein Tennis, das er liebt, das begeisterte Sammeln von Informationen, sei es durch Nachrichtensendungen, Bücher oder Zeitungen.

Meines ist mein spirituelles Leben. Die Zeit der Stille, die Zeit im Gebet, meine Klassen und Vorträge, meine Bücher, die ich schreibe, die Sendungen, in denen ich zu Gast bin, die Reisen, die ich mit meinen Freundinnen mache. Deutschland. Und selbst unsere Tochter hat schon ein eigenes kleines Schiff: ihre Klavierstunden, Basketball, Schwimmen, ihre eigenen Freundinnen und Partys. Fest mit uns vertäut und mit klaren Regeln, aber auch mit der Freiheit, die ihre Seele braucht, um zu lernen, was für sie wichtig ist.

Doch unsere drei Schiffe sind nicht die einzigen auf unserem Meer. Obwohl die Beziehung zu meiner Familie eine enge ist, weiß ich doch, daß ich mich sehr viel weiter öffnen muß. Jeder gehört zu meiner Familie. Und das ist noch nicht ganz zu mir durchgedrungen. Die Innigkeit und die Hilfe, die ich so leicht meiner Familie gewähre, möchte ich mit der gleichen Leichtigkeit allen Menschen schenken. Ich muß da immer an Jesus denken, der keinen Unterschied zwischen seiner Familie und einem Fremden machte. Für ihn gab es keinen Unterschied zwischen einem Bettler, der Nahrung brauchte, und einem Reichen, der eine Umarmung suchte. Er gab mit der gleichen Leichtigkeit und Liebe jedem, was er brauchte. Ich wünsche mir, daß auch ich dazu in der Lage sein werde. Daß ich mich weder von der Macht noch der Machtlosigkeit beeinflussen lasse, weder vom Geld noch der Armut, weder von der Beliebtheit noch dem Zorn. Wir sind alle eine Familie. Wir sind alle miteinander verbunden. Ein Wassertropfen neben dem nächsten. Blut mag zwar dicker als Wasser sein, aber auch Blut besteht aus Wasser.

10

Kinder

Weise Seelen in kleinen Körpern

Ich war oft hin und her gerissen zwischen dem Dienst an meinen Mitmenschen und meiner Rolle als Mutter. Eine Aufgabe schien der anderen die Zeit zu stehlen. Bekommt unsere Tochter ausreichend Zuwendung, und habe ich genug Zeit für das Erfüllen dessen, was ich als meine Aufgabe ansehe? Schließlich legte ich mein Problem Zarathustra vor, und er gab mir durch seine Antwort große Klarheit: »Der Dienst an einem Kind ist immer ein Dienst an der Menschheit.«

Als Eltern stehen wir im Dienst, und mit diesem Dienst kommt die Verantwortung. Eine Seele, die beschlossen hat, eine weitere Erdenerfahrung zu machen, legt sich in unsere Arme. Und die Augen, von denen wir glauben, daß sie Schwierigkeiten haben, uns zu fokussieren, betrachten doch eigentlich die Schönheit der Engel um uns herum. Die Kinder erkennen unsere Aura, fühlen unsere Freude, nehmen aber auch unsere Ängste auf.

Jedes Kind ist der höchste Aspekt seiner Eltern. Dieses Kind nimmt das höchstmögliche Potential seines Vaters und das höchstmögliche Potential seiner Mutter und baut es ein in seine genetische Beschaffenheit. Seine Aufgabe ist es, dieses höchstmögliche Potential zu leben und sich durch seine Entscheidungen, die es in diesem Leben trifft, »einige Stufen« nach oben zu entwickeln.

Diese neuen Seelenkinder suchen sich ihre Eltern sehr sorgfältig aus. Denn es ist dieses Potential, das ihnen helfen wird, ihre gewünschten Erfahrungen zu machen.

Am Anfang dieses Buches habe ich schon erwähnt, daß meine Eltern mir ganz wichtige Geschenke machten: meine Mutter die Gabe, auch mit wenig auszukommen. Sie gab mir Geduld und Hingabe. Die Leichtigkeit, wieder von vorn anzufangen und sich anzupassen. Eine klare Stimme. Die Reiselust. Einen Sinn für Schönheit. Das Wissen um Verantwortung. Von meinem Vater bekam ich sein Lachen, sein Aussehen, seine Lebenslust, Großzügigkeit und Ausdauer. Und das Aufgehen in einer Tätigkeit.

Beide bemühten sich aber ebenso, bestimmte Angewohnheiten loszuwerden, und einige von ihnen waren auch für mich Herausforderungen: Durchsetzungsvermögen und Mut zu beweisen fiel mir schwer. Die Unfähigkeit, Grenzen zu setzen, die Gefahr der Oberflächlichkeit, sich selbst nur als Opfer zu sehen und sich beleidigt zurückzuziehen, all das galt es für mich zu überwinden.

Als ich vor vielen Jahren zum ersten Mal diese Liste mit den Geschenken meiner Eltern machen wollte, erkannte ich das, was mir meine Mutter mitgab, sehr leicht. Mit meinem Vater hatte ich da schon größere Schwierigkeiten. Am Anfang wollte mir einfach keine positive Eigenschaft einfallen. Nach einer Weile war mir auch klar, warum. Er gab alle seine Geschenke seinen Freunden. Für seine Freunde war er lebenslustig, großzügig und stark. Seiner Familie zeigte er diese Seite nicht. Trotzdem hatte er sie aber.

Als unsere Tochter auf die Welt kam, war ich an Spirituellem noch nicht interessiert. Ich war viel zu beschäftigt damit, von einem Drama ins andere zu fallen, und deshalb war auch die erste Zeit im Leben meiner Tochter anders, als ich sie jetzt gestalten würde. Das gilt für alles, was in unserer Vergangenheit liegt. Denn wenn wir die Erfahrungen von heute schon immer hätten, würde es ja wohl keinen Sinn machen, sie noch mal zu erarbeiten: Wir legen nach und nach, wie bei einer Zwiebel, die Schalen bestimmter Gewohnheiten ab, damit wir irgendwann einmal zum Kern unserer Existenz kommen.

Wenn ich unsere neugeborene Tochter betrachtete, dann sah ich immer »nur« ein Baby, einen beginnenden Menschen, der unfähig war, bestimmte Funktionen auszuführen. Ich ging auch von einer gewissen Unausgefülltheit aus. Glaubte, daß durch ihre neuen Erfahrungen im Leben jede Stunde und jeden Tag leere Blätter beschrieben würden. Mir war nicht klar, daß sie mit einem kompletten Buch hier in meinen Armen lag. Ich wollte sie erschaffen. Wollte sie zu diesem neuen Lebewesen formen. Was ich mir da nur eingebildet habe! Die Charaktereigenschaften standen fest! Was wir unseren Kindern geben können, ist entweder das Fördern dieser Eigenschaften oder das Ignorieren. Wir sind für den emotionalen Aufbau zuständig. Wird mein Kind Vertrauen in die Welt haben? Wird es sich hier wohl fühlen? Wird es sich geliebt fühlen? Wird es sich geachtet fühlen? Das alles hängt ab von der Art und Weise, wie wir unsere Kinder erziehen.

In Kalifornien gibt es viele sogenannte »Meine-Mama-und-ich«-Klassen. Die Mütter lernen sich kennen, können sich austauschen und gründen Freundschaften, die nicht selten lange halten. Auch ich schleppte meine Julia in alle möglichen »Klassen«. Am Anfang unterschied sie sich noch nicht von den anderen krabbelnden Kindern, aber mit zwei Jahren war es nicht mehr zu übersehen: Sie war permanent an meiner Hüfte festgeklebt. Wir gingen zu kleinen Tanzklassen, mein Kind wollte nicht tanzen. Wir gingen zu kleinen Malklassen, mein Kind wollte nicht malen. Wir gingen zu kleinen Musikklassen, mein Kind rührte nichts an. Da hing sie nun an meiner Hüfte und war durch nichts zum Mitmachen zu bewegen. Als sie drei Jahre alt war, bekam sie Schwimmunterricht. In Los Angeles haben viele Häuser einen Swimmingpool, und immer wieder wird davor gewarnt, wie gefährlich es ist, wenn Kinder nicht schwimmen können. So folgten auch wir dieser Warnung und engagierten eine nette

Schwimmlehrerin. Julia, die bis zu diesem Zeitpunkt äußerst gerne mit uns im Wasser war, war nicht mehr zu halten. Schreiend versteckte sie sich, wenn die Lehrerin nur aus der Ferne zu sehen war. Wir gingen zwar immer mit ihr ins Wasser, aber auch da konnte sie sich nur selten beruhigen. Mittlerweile begann ich meinen spirituellen Weg und betrachtete die Dinge nun von einer etwas anderen Seite. Was mache ich denn da eigentlich mit meinem Kind?

Julia hatte nun endgültig die Lust am Schwimmen verloren und weigerte sich, sich nur in die Nähe von irgend etwas zu begeben, das mit Wasser zu tun hat. Sie hatte mittlerweile eine ungesunde Angst vor diesem Element.

Mit einem Freund, einem Psychologen, besprach ich das Problem. Er schlug vor, diese Schwimmstunden zu vergessen und langsam wieder Spaß mit dem Schwimmen zu verbinden. Das hörte sich gut an. Schließlich hatte ich nicht vor, mein Kind zu vermurksen. Als ich nach einer Weile wieder ihr Lachen und Prusten im Wasser hörte, fing ich an, sie besser zu verstehen. Sie will nicht, daß jemand anders ihr etwas beibringt. Noch nicht. Es sollen Mama und Papa sein, die mit ihr tanzen, mit ihr malen, mit ihr basteln, mit ihr schwimmen. Von uns will sie lernen, nicht von irgendwelchen Fremden, so nett sie auch sein mögen.

Ich fing an, sie aufmerksamer zu beobachten, und versuchte zu verstehen, warum sie was tat. Ich dachte mir eigentlich immer, wenn ich sie von einer dieser Klassen in die andere schleppe, daß sie »dankbar« sein müßte. Wenn ich das nur als Kind gehabt hätte! Aber ich verglich meine Erfahrungen als Kind mit ihrer Erfahrung als Kind, und die haben nun wirklich nichts gemeinsam. Plötzlich fiel mir eine Eigenschaft auf, in der sie ihrem Vater sehr ähnlich ist und die ihr Kinderleben am meisten zu bestimmen schien: Sie wollte beobachten.

Sie wollte beobachten! Und hier kam ich mit der Sensibilität eines Nilpferdes (was wahrscheinlich eine Beleidigung für dieses arme Tier ist) und wollte sie zum Mitmachen zwingen. War genervt, daß sie nicht tat, was ich von ihr erwartete, und gab ihr damals die Botschaft, daß so, wie sie war, irgend etwas mit ihr nicht stimmte.

Mittlerweile war Julia fast vier Jahre alt und ging zweimal die Woche für zwei Stunden in einen kleinen Kindergarten. Jetzt wußte ich schon mehr von meinem eigenen Kind. Den Betreuerinnen zufolge machte Julia selten mit. Sie schien zwar recht glücklich dort zu sein, sagte aber so gut wie nie etwas und spielte auch am liebsten allein oder neben einem anderen Kind. Ganz klar. Sie war mit Beobachten beschäftigt. Sie wollte sehen und erfahren, was denn hier so passiert. Wie die Dinge hier im Kindergarten ablaufen, und deshalb machte sie das, was sie damals am liebsten tat: Sie beobachtete.

Ich verglich sie inzwischen nicht mehr mit den anderen, obwohl mir natürlich auffiel, wie anders sie sich benahm. Jetzt allerdings nicht mehr mit dem Gedanken: »Was stimmt denn bloß mit meinem Kind nicht?«, sondern mit dem Wissen, daß sie ihre eigenen Erfahrungen so machen muß, wie sie für sie wichtig sind.

Am Ende jedes Kindergartenjahres gab es eine kleine Aufführung, in der jede Gruppe ein Lied singt. Selbst die ganz Kleinen machen schon mit. Julia erklärte mir von Anfang an, daß sie sich da nicht beteiligen wollte. »Wie du möchtest«, antwortete ich ihr, und diese Einstellung wurde auch von den Betreuerinnen unterstützt. Wir würden nicht das süße Foto von ihr haben, aber mir ist es lieber, sie darf erfahren, daß ihre Entscheidungen akzeptiert werden. Und wenn sie sich nun partout unwohl auf der Bühne fühlt, dann muß das auch nicht als Vierjährige überwunden werden. Falls dies notwendig sein sollte, hatte das noch Zeit für später. Sie übte fleißig mit den anderen, und selbst am Tag der Aufführung zog sie brav ihr Kostüm an. Kaum war sie mit dem Anziehen fertig, erklärte sie uns, daß sie sich zwar anziehe, aber trotzdem nicht auf die Bühne gehen werde. »Wie du möchtest«, war wieder unsere Antwort, und wir fuhren zum Kindergarten.

Sie traf all ihre kleinen Freunde, und irgendwann einmal war es Zeit, daß die Eltern sich in den Saal setzten und die Kinder in den Räumen hinter der Bühne zurücklassen mußten. Richard und ich standen ein bißchen unschlüssig herum, bis eine Betreuerin Julia bei der Hand nahm und unsere Tochter meinte: »Tschüs, Mama und Papa, bis gleich.« Julia nahm es gleichgültig hin, und wir (konnten wir es doch kaum fassen) gingen zu unseren Plätzen. Und da war sie nun doch (und mit ihr das süße Foto), wie sie ganz selbstverständlich und stolz auf der Bühne stand und ihr kleines Lied mit ihren Freunden sang. Sie hatte es selbst so entschieden. Da gab es kein Drama, keine Drohung, kein Überreden. Es war ihre Freude, und sie hat das ganz allein gemacht. Wir waren auch ein bißchen stolz auf uns selbst, daß wir es geschafft hatten loszulassen.

Bis zur ersten Klasse war ihre Lieblingsbeschäftigung dieses Beobachten. Nur zu Hause war sie aktiver. Ein Bündel an Lebenslust und allen möglichen Aktivitäten, allerdings nur mit Mama oder Papa und ihren kleinen Freunden, mit denen sie vertraut war. Hier war sie der »Chef«, hier wollte sie die Führung übernehmen. Wenn wir Freunde besuchten, die ihr nicht so vertraut waren, dann blieb sie stundenlang still auf unserem Schoß sitzen. Erst mit sieben Jahren hat sich das verändert. Sie schließt jetzt leicht Freundschaften, geht offen auf fremde Menschen zu, hat sie doch in ihren ersten Lebensjahren all die Zeit gehabt, Erfahrungen zu sammeln.

Jedes Kind beobachtet seine Eltern und zieht daraus seine Schlüsse. Wenn wir uns am Telefon verleugnen lassen: »Sag ihnen, ich bin nicht da«, dann lernen unsere Kinder, daß Lügen normal ist. Wenn wir als Eltern Geheimnisse voreinander haben, dann lernen die Kinder, daß dies normal ist. Wenn wir uns schlecht behandeln lassen, dann lernen unsere Kinder das als normales Benehmen. Wenn wir immer klein beigeben, dann vermitteln wir unseren Kindern kein Rückgrat. Wenn wir von unseren Kindern das Teilen der Spielsachen fordern, aber selbst nichts hergeben wollen, dann ziehen sie auch daraus ihre Schlüsse.

Wir leben als Eltern in einem Glashaus. In einem Glashaus, in dem sich vor unseren Kindern wahrlich nichts verheimlichen läßt. Eine meiner Angewohnheiten zum Beispiel machte mir Julia sehr deutlich, als ich aus Versehen den Kofferraumdeckel auf ihren Kopf schlug. Ich winkte mit einer Hand Freunden zum Abschied und sah Julia aus dem Augenwinkel auf die Seite gehen. Als ich dann den Deckel zumachte, dem Himmel sei gedankt nicht mit zuviel Schwung, hörte ich ihren Schmerz. Sie schaute mich an, die Tränen schossen ihr in die Augen, und sie lief weg. Ich lief ihr nach. »Julia!« rief ich, aber sie blieb nicht stehen. Endlich hatte ich sie erreicht. Ich nahm sie in den Arm, tröstete sie, entschuldigte mich, doch sie wollte mich wegschubsen. »Schatz, es tut mir leid. Laß dir doch helfen«, rief ich, aber sie meinte: »Geh weg, geh weg.« Ich wußte nicht mehr, was ich tun sollte. Ich nahm sie gegen ihren Willen in den Arm und hielt sie fest und küßte sie. Sie fing zu weinen an, und ich konnte fühlen, wie ihr Körper nachgab. Nachdem sie getröstet war und ich die Hand auf ihre Beule gelegt hatte, mittlerweile saßen wir beide am Boden, fragte ich sie: »Warum bist du denn von mir weggelaufen?«

»Du läufst doch auch immer weg, wenn dir was weh tut!«

Schlagartig wurde es mir klar. Das stimmt. Immer wenn ich sehr verletzt bin, dann gehe ich aus dem Zimmer, um mich zu beruhigen. Das machte mir meine Tochter nach. Ich holte tief Luft und versprach: »Mein Engelkind, das mache ich falsch. Danke, daß du mir das sagst. Von jetzt an bleibe ich immer da und lasse mich trösten.«

Und dieses Versprechen habe ich auch gehalten.

Als ich ein kleines Mädchen war, versuchte unsere Mutter, ihre Emotionen vor uns zu verheimlichen. Einfach aus dem Wunsch heraus, daß wir davon »geschützt« werden. Sie war oft traurig und einsam und hoffte, daß wir Kinder das nicht merken würden. Natürlich merkten wir es, wie alle Kinder es merken. Denn

Kinder haben eine Sensibilität, die noch nicht von Mauern umschlossen ist. Auch wenn es nicht so aussieht, als ob sie Emotionen mitbekommen, sie tun es. Denn ihre Aura ist sehr klar und damit leicht aufnahmefähig.

Wenn meine Mutter also etwas hatte, das ihr auf der Seele lag, dann fragte ich sie oft, ob denn alles in Ordnung sei. Und meistens antwortete sie mir mit einem »Ja«. So wurde mir, von ihr natürlich nicht beabsichtigt, etwas Falsches beigebracht – nämlich, daß ich mich auf meine eigene Intuition nicht verlassen kann, denn meine Mutter sagte doch immer die Wahrheit!

So wuchs ich einer Atmosphäre auf, in der mir meine Intuition andere Botschaften vermittelte als die Antworten meiner Mutter. Meine Intuition sagte mir, meine Mutter sei unglücklich, während sie dem direkt widersprach. Das wollte ich bei unserer Tochter vermeiden.

Eine andere Situation tat sich auf, in der mir auch wieder meine Mutter half, mir Klarheit zu verschaffen. Meine Mutter kommt aus einer Familie, in der sich die Eltern offenbar nie gestritten hatten. Sie hatte sieben Geschwister und ging davon aus, daß Liebe ist, wenn man sich nicht streitet. Und da war sie nun mit meinem Vater verheiratet, und irgendwie war das alles ganz anders...

Aber sie hatte keine Ahnung, wie man mit Meinungsverschiedenheiten umgeht, da sie es als Kind von ihren Eltern nie gelernt hatte. Wie diskutiert man richtig? Und vor allen Dingen, wie versöhnt man sich?

Wie wollten wir, Richard und ich, diese Situation anpacken? Wir sprachen lange darüber und waren uns eigentlich klar, daß »dicke Luft« schlichtweg nicht zu vermeiden war. Und daß unsere Julia, besonders bei ihrer Beobachtungsgabe, »dicke Luft« nun sofort erkennen würde.

Ich erinnerte mich an mein eigenes Durcheinander als Kind: Ist Mama nun traurig, oder bilde ich mir das nur ein? Wir beschlossen, vor ihr zu diskutieren (natürlich nicht dauernd, und in den schwierigsten Phasen unserer Ehe stritten wir meistens am Abend im Auto auf der Fahrt zum Restaurant oder zum Kino, natürlich auch nicht über Themen, die unpassend für das Alter sind). Aber was uns am wichtigsten war, war die Versöhnung. Wir unterbrachen auch immer wieder jede Diskussion, indem wir beide auf Julia schauten und ihr erklärten: »Papa und Mama lieben sich. Wir sind nur unterschiedlicher Meinung.« Am Ende jeder Auseinandersetzung gab es dann immer eine Umarmung und einen Kuß.

Julia hat es sich angewöhnt, mich nach meinen Gefühlen zu fragen: »Bist du traurig oder grantig?« Ich erklärte ihr dann genau, wie ich mich fühle, zum Beispiel: »Ich bin verletzt. Ich fühle mich nicht gerecht behandelt.«

Julia ist mein Thermometer. Wenn ich manchmal aus meiner üblichen Ruhe in eine Schärfe verfalle: »Jetzt reicht es, räume dein Zimmer auf«, spürt sie das sofort und fängt nicht selten zu weinen an. Denn diese Schärfe ist sie nicht gewöhnt. Es gibt einen Unterschied zwischen Bestimmtheit und Schärfe. Ich versuche, liebevoll zu sein, aber natürlich ist eine gewisse Disziplin notwendig, und ich halte sie auch für sehr wichtig. Denn Kinder müssen ganz klar ihre Grenzen kennen, in denen sie sich frei bewegen können. Eine Bestimmtheit in der Stimme reicht. Schärfe drückt immer eine Machtposition aus, verrät auch ein gehöriges Maß an Gereiztheit. Ich merke dann immer sofort, daß ich innerlich nicht ruhig bin, wenn aus mir diese Schärfe kommt. Ich entschuldige mich dann jedesmal bei ihr. Erkläre ihr, daß ich es hätte anders ausdrücken sollen und wie sehr ich sie liebe.

Julia darf die meisten Filme und Fernsehsendungen, die Kinder ihres Alters sehen, nicht anschauen. Viele halte ich für zu gewalttätig und nicht altersgerecht. Sie weiß das und hat sich nie darüber beschwert. Denn, auch das weiß sie, wir ändern unsere Meinung nicht. Früher haben mich ihre Freundinnen nach meinem Grund gefragt. Ich habe es ihnen erklärt: »Ich will, daß die Julia glücklich ist und keine Alpträume in der Nacht hat. Und deshalb lasse ich sie nur Filme oder Sendungen sehen, die fröhlich sind oder Sachen gut erklären und keine Angst machen.« Alle nickten, und so, wie es aussah, verstanden sie die Erklärung. Nicht selten sehe ich einen Film vorher allein im Kino und erlaube ihr dann erst, sich diesen Film anzuschauen. Das ist zwar ein bißchen viel Arbeit, aber mir ist es das wert. Nachrichten werden in unserem Zuhause nur dann gesehen, wenn sie nicht im Zimmer ist. Nachrichten, als eine Ansammlung von allen möglichen Dramen auf der Welt, geben kein ausgewogenes Bild von der wirklichen Situation. Natürlich gibt es diese Dramen, aber es gibt auch sehr viele liebevolle Menschen, die helfen. Doch davon ist in den Nachrichten recht selten etwas zu sehen.

Wenn ich ihr etwas nicht erlaube oder etwas von ihr verlange, das sie eigentlich nicht möchte, dann habe ich da einen Lieblingssatz, bei dem sie mittlerweile schon die Augen rollt und wahrscheinlich denkt: »Ach, der Satz schon wieder.« Ich erkläre ihr oft, daß der liebe Gott und ihr Geist sich uns als ihre Eltern ausgesucht haben, damit ich ihr helfe, der beste Mensch zu werden, der sie sein kann. Und dazu gibt es bestimmte Dinge, die wir erlauben, und andere, die wir nicht zulassen. Denn am Ende meines Lebens gehe ich wieder nach Hause zu Gott, und der wird mich fragen, ob ich denn alles so gemacht habe, wie es am besten für Julia war. Und dann möchte ich gerne ja sagen können.

Einmal gab ich für die Fastenzeit Zucker auf, und auch Julia wollte unbedingt daran teilhaben. Sie überlegte kurz und beschloß, auf Zuckerwatte zu verzichten. Ich mußte herzlich lachen. Zuckerwatte gibt es bei uns vielleicht einmal im Jahr... das würde sie gar nicht vermissen. Das sah sie ein. Also gut, auch sie wollte keinen Zucker mehr essen. Am zweiten Tag kam sie von der Schule nach Hause und meinte, sie wolle mit dem »Fasten« aufhören. Denn einer ihrer Klassenkameraden hatte Geburtstag und brachte Plätzchen mit.

»Mama, das ist so schwer!« rief sie aus. Ich konnte nur nicken. Auch ich liebe Plätzchen.

»Hast du von den Plätzchen probiert?« fragte ich sie. Sie schüttelte den Kopf. Ich lobte sie. »Siehst du, die erste Herausforderung hast du schon hinter dir, die anderen schaffst du auch noch.« Sie machte weiter und hielt durch. Ich war sehr stolz auf sie.

Etwas anderes war uns aber auch noch sehr wichtig. Wir wollten ihr die Angst vor Fehlern nehmen. Wir wollten ihr beibringen, wie notwendig es ist, Fehler zu machen. Ohne Fehler lernen wir nicht. Fehler sind unvermeidlich. Denn sie sind einfach nur Erfahrungen, die uns nicht das gewünschte Resultat gebracht haben. Aber wenn wir es uns genauer betrachten, dann haben sie doch ein wichtiges Resultat gebracht: Sie haben uns nämlich gezeigt, was wir nicht wollen, und das ist jede Erfahrung wert.

Ich hörte einmal, wie ein Wissenschaftler (dessen Namen ich leider vergessen habe) gefragt wurde, wer für seine Neugierde und für seine Beharrlichkeit verantwortlich sei. Denn es ist nicht nur die Neugierde, die einen Wissenschaftler erfolgreich macht. Da gibt es auch die Frustration und die unendlichen Versuche, die auch manchmal nach dem fünfzigsten Mal nicht funktionieren wollen. Da nicht aufzugeben, sich nicht entmutigen zu lassen – das ist eine große Gabe. Der Wissenschaftler beantwortete die Frage ganz einfach: seine Mutter. Sie vermittelte ihm, daß jeder »Fehler« eine Chance bedeutet, und ließ ihn damit spielen, damit er merkte, daß es keine Fehler gibt, sondern nur Erfahrungen.

Ich nahm mir das sehr zu Herzen und beobachtete zum Beispiel, wie frustriert Julia wurde, wenn sie ein Bild malte, das nicht so aussah, wie sie sich es vorgestellt hatte. Wütend zerkritzelte sie ihre Kreation und schmiß sie ärgerlich in den Abfalleimer. Ich holte sie dann immer wieder ruhig raus und sagte vor mich hin: »Mal sehen, was wir daraus noch machen können.« Und versuchte irgend etwas Neues daraus zu schaffen. Manchmal war es ein anderes Bild, indem ich ihres einfach auf den Kopf stellte. Zuweilen bastelte ich einen Flieger daraus, und ein andermal raufte ich mir innerlich die Haare, weil mir nichts einfallen wollte, aber irgendwie kriegte ich immer irgend etwas hin. Jahrelang ging das so. Julia war frustriert, ihre Arbeiten landeten im Eimer, und ich holte sie jedesmal wieder heraus. Dabei fragte ich mich immer, ob sich denn irgendwann einmal diese Lektion in ihr festsetzen würde. Und da, eines Tages, ich glaube, sie war sechs Jahre alt, betrachtete sie eines ihrer Bilder und meinte: »Diese Kuh schaut aus, als ob sie ein trauriges Pferd wäre.« Ich hielt den Atem an... es wird doch nicht...?

Ich beobachtete sie dabei, wie sie das Blatt hin und her wendete (normalerweise wäre es schon längst im Abfalleimer verschwunden), und meinte dann: »Ich male da einfach ein Haus drumherum. Den Kopf finde ich ganz lustig, und den Rest lasse ich verschwinden.« Und dann malte sie drauflos.

Ich konnte es kaum glauben. Endlich hat sie eines ihrer Bilder nicht weggeschmissen, sondern den vermeintlichen Fehler korrigiert. Lange hat es gedauert, aber die Mühe war es wert.

Einmal, Julia war vielleicht drei oder vier Jahre alt, fiel ihr der Milchkarton aus der Hand, und der ganze Liter ergoß sich über unseren Holzboden. Meine erste Reaktion war, die Milch bloß schnell aufzuwischen. Meine zweite – Moment mal, das hier ist ein Mißgeschick, was hätte wohl die Mutter des Wissenschaftlers getan? Die Milch war schon ausgelaufen, und ob ich sie jetzt oder in fünf Minuten aufwische, macht auch keinen Unterschied mehr. Julia schaute mehr überrascht als erschrocken, weiß sie ja, daß sie bei so was nicht ausgeschimpft wird. Wir waren beide barfuß und schauten uns nur kurz an. Ich schlug vor, daß wir in diesem Milchsee ein bißchen herumpatschen. Julia schaute überrascht. So was haben wir ja noch nie gemacht.

»Mit Essen spielt man nicht«, diese Mahnung aus meiner Kindheit kam klar und deutlich in meine Gedanken. Aber die Milch war eh schon ungenießbar, ob ich sie jetzt einfach aufwischte und dann wegschüttete oder damit wenigstens noch etwas Spaß hatte, war egal, und daß ich meiner Tochter etwas

beibringe, machte für mich mehr Sinn. Wir holten uns Watte-
bäuschchen aus dem Badezimmer und stellten uns vor, daß das
Schiffe auf diesem Milchsee seien, und bliesen sie in die verschiedensten Richtungen. Nach einer Weile wurde das langweilig, und
wir wischten den See auf. Ich füllte Wasser in den Milchkarton
und schickte Julia nach draußen. Sie sollte ausprobieren, wie sie
diesen Milchkarton am besten halten kann. Nach ein paar Minuten kam sie stolz zurück. Eine Hand war am Boden des Kartons,
und mit der anderen preßte sie den Rest des Kartons an ihren
Oberkörper. »Schau mal, Mama, was ich jetzt kann.«

Julias Erziehung fällt mir leicht. Abgesehen davon, daß ich in
grauer Vorzeit mal den Beruf der Kinderpflegerin gelernt hatte,
half es mir, daß ich selbst mit Julia meine ersten Krabbelversu-
che machte. Sie mit ihren Beinen, ich mit meiner Seele. Durch
mein Aufwachen in der Spiritualität wurde ich auch eine bessere
Mutter. Einfach weil ich die tieferen Zusammenhänge verstehen
lernte und anfing, bewußter zu leben. Ich arbeitete nicht nur an
mir selbst, meiner Geduld, meinem Verständnis für andere und
der Möglichkeit, Liebe bedingungslos zu geben, sondern gab
auch gleichzeitig all das neue Wissen an Julia weiter. Einmal
fragte sie mich beispielsweise, ob ich sie denn auch liebte, wenn
sie jemanden umbringe. Instinktiv erkannte ich (obwohl ich
mich doch eines gewissen ersten Schreckens nicht erwehren
konnte), daß sie einfach nur wissen wollte, ob ich sie auch in
solch einer Situation immer noch liebte. Ich antwortete ihr, daß
ich sie immer lieben würde, egal, was sie täte, aber daß ich doch
sehr traurig wäre, wenn sie jemanden tötete. »Keine Sorge«, tröstete sie mich, »das mache ich nicht.«

Wir haben für unsere Eltern Verständnis entwickelt, und manche von uns mußten ihren Eltern schwierige Dinge vergeben,
oder wir wollen es zumindest. Denn wir wissen, daß sie es besser gemacht hätten, wenn sie gewußt hätten, wie. Unsere Eltern
hatten natürlich auch Eltern, die es mit ihnen »probierten«. Und

so versuchten auch sie das Beste. Das Beste, was ihnen nach ihrem damaligen Stand des Wissens geboten erschien. Im nachhinein sind wir oft über unseren damaligen Wissensstand unglücklich, manchmal zutiefst deprimiert, und wir machen uns nicht selten die größten Vorwürfe. Doch was für unsere Eltern gilt, gilt auch für jeden von uns. Vielleicht denken Sie an Ihre Kinder und bedauern, wie Sie sich ihnen gegenüber in der Vergangenheit verhalten haben. Für manche mögen diese Schuldgefühle sehr schmerzhaft sein. Doch bitte lassen Sie mich Ihnen von Herzen sagen, daß Schuldgefühle nur dann weiterhelfen, wenn sie die Situation verändern. Falls ich durch Schuldgefühle auf ein Fehlverhalten meinerseits aufmerksam gemacht werde und es ausgleichen kann, dann hat mir dieses Gefühl geholfen: Ich kann mich bei dem betroffenen Menschen entschuldigen oder etwas, das ich »verbockt« habe, durch eine geeignete Handlung richtigstellen.

Die Erziehung unserer Kinder ist wahrlich in der Vergangenheit passiert; ihre Seelen wußten, wie weit wir als Eltern entwickelt waren, was wir verstehen und was wir nicht verstehen würden. Jetzt gilt es, das zu tun, was wir schon auf anderen Gebieten getan haben: uns selbst zu vergeben. Denn, ich wiederhole das gern noch einmal, wenn wir es anders gewußt hätten, dann hätten wir es anders gemacht.

Bitten Sie im Gebet, daß Ihnen die Schmerzen und Schuldgefühle genommen werden, und erlauben Sie sich, aktiv etwas dagegen zu tun. Gehen Sie mit Ihren Kindern in eine Familientherapie. Oder nehmen Sie sich meine Schwester Susanne als Beispiel, die damals ihrer Tochter sagte, daß sie sich wünschte, sie wäre eine bessere Mutter gewesen.

Ob Ihre Kinder noch bei Ihnen leben oder ob sie woanders sind, fangen Sie jetzt damit an, anders zu sein. Denn jeder »Fehler« und jedes »Fehlverhalten« (und ich setze diese Wörter bewußt in Anführungszeichen) sind notwendige Erfahrungen, die wir machen. Und die auch unsere Kinder durch uns machen.

Ich wußte um die Probleme meines Vaters. Schon weit vor meiner Geburt. Und Sie wußten um die Probleme Ihrer Eltern, und Ihre Kinder kannten Ihre. Verzeihen Sie Ihren Eltern, und verzeihen Sie sich selbst. Denn unser Leben ist dazu da, Erfahrungen zu machen, die uns erwachen lassen. Die uns erkennen lassen, was Leben wirklich bedeutet. Keiner von uns ist ohne »Schuld«, sprich ohne Erfahrungen. Erfahrungen, die wir heute nicht mehr machen würden, denn wir wissen jetzt mehr. Jeder von uns macht seine Erfahrungen auf dem Gebiet, das seiner Seele am wichtigsten ist. Und die Kunst, uns selbst unsere »Fehler«, sprich unsere alten Erfahrungen, zu vergeben, ist eine der wichtigsten.

Ich wollte Julia neben der Leichtigkeit, mit »Fehlern« umzugehen, auch gern Disziplin und Konzentration beibringen; und irgendwie kam mir die Idee von den »Lektionen in Meisterschaft«. Oft, wenn sie abends ins Bett geht, wünscht sie sich eine neue Lektion. Die Idee dahinter ist eine mentale Konzentration, die ja auch die Grundlage jeder Meditation ist. Die Gedanken werden so kontrolliert, daß sie in eine bestimmte Richtung gehen. Während dieser Lektion in Meisterschaft darf sie sich nicht bewegen. Bewegt sie sich, ist die Lektion vorbei. Da sie will, daß sie so lange wie möglich dauert, hält sie still. Am Anfang waren das mal gerade zwei Minuten, mittlerweile sind es mehr als zwanzig.

Es ist mir wichtig, daß sie lernt, wie man seinen Körper beruhigt. Daß sie Disziplin und das Fokussieren lernt. Dadurch, daß sie das Stillsein übt, wird es ihr später im regelmäßigen Meditieren leichter fallen. Ich verlasse mich bei diesen Lektionen in Meisterschaft auf meine Intuition. In den meisten Fällen berühre ich sie nicht, sondern bitte sie, zuerst tief ein- und auszuatmen: »Jetzt hole tief Luft, und lasse diese Luft durch deine Nase in deinen Körper hinein, bringe diese Luft durch deinen Körper bis tief in die Beine, und lasse dann die Luft aus deiner großen Zehe wieder hinaus.«

Manchmal stellt sie sich Farben in ihrem Körper vor: »Bei dem nächsten Atemzug stelle dir vor, daß du eine rosafarbene Wolke einatmest. Nimm diese Wolke, und lasse sie durch deinen ganzen Körper gehen. Bei jedem Atemzug kommt noch mehr Rosa in deinen Körper und breitet sich aus.«

Manchmal geht sie durch die einzelnen Chakren, die fein-stofflichen Energiezentren des Körpers: »Stelle dir ein Licht über deinem Kopf vor, das durch deinen Scheitel in dein Drittes Auge (zwischen den Augenbrauen) geht. Dieses Licht geht zu deinem Hals, weiter zu deinem Herzen, deinem Nabel, deinem Bauch und deinem Sitz. Dreht sich dann um und geht wieder nach oben durch den Bauch, durch den Nabel, durch das Herz, durch den Hals, durch das Dritte Auge zum Scheitel.«

Manchmal berühre ich sie in ihren Chakren und führe sie durch eine Reinigung dieser Chakren: »Stelle dir vor, da ist ein Regenbogen, der sich zu einem Kreis formt, und dieser Kreis bewegt sich ganz schnell wie ein Kreisel.« (Jetzt lege ich meine Hand auf ihren Bauch.) »Dann nimm diesen Regenbogen, und lasse ihn in deinem Bauch drehen, bis dieser Regenbogen funkelt und strahlt. Nicke, wenn du soweit bist.« (Ich warte auf ihr Nicken, und dann berühre ich zart ihren Nabel.) »Und jetzt bewegt sich dieser Regenbogen kreisend nach oben, und auch hier bewegt er sich so lange, wie er funkelt und strahlt.« Und so geht es über ihr Herz, ihren Hals und ihr Drittes Auge zu ihrem Scheitel.

Manchmal halte ich meine Hände etwa zehn Zentimeter über ihrem Körper oberhalb bestimmter Körperteile, und sie muß mir mit geschlossenen Augen sagen, wo meine Hand liegt. Sie fühlt dadurch die Aura meiner Hand, und damit trainiert sie diese Wahrnehmung.

Wir »tonen« auch oft zusammen. Julia und ich liegen dann gemeinsam in ihrem Bett, und wir fangen zu summen an. Jeder hört auf sein eigenes Lied, das tief aus der Seele kommt, und singt es so lange, bis der Körper selbst zu summen anfängt. Das ist ein Gefühl, als wenn man unter seiner Haut leicht gewackelt wird.

Sie selbst singt ihre Töne, ich meine; und egal, wie viele Menschen das gemeinsam machen, solange jeder seinen eigenen Ton singt, der ganz natürlich aus ihm herauskommen will, ist das ein wundervolles harmonisches Erlebnis.

Jedes Kind hat seine eigenen Talente, eigene Eigenschaften und auch seinen eigenen Lebensplan. Wenn wir in der Lage sind, diese zu erkennen und zu fördern, ohne sie in ein Konzept, das *wir* für sie haben, einzuzwängen, dann haben wir das Beste getan, was wir tun können. Julia geht oft mit mir zu den »Hope«-Kindern. Kinder, die kein eigenes Zuhause haben, sondern mit ihren alleinerziehenden Müttern bis zu zwei Jahren in diesem Heim leben können. Es wird den Müttern durch Beratung und Schulung geholfen, sich wieder auf die eigenen Beine zu stellen. Es war mir wichtig, daß Julia früh ein Verständnis und eine Großzügigkeit für die Herausforderungen anderer entwickelt. Sie freut sich, wenn sie ihre Sachen mit den anderen teilen kann, und sagt oft zu mir: »Das können wir doch für die ›Hope‹-Kinder besorgen.« Obwohl ich ihr die Nachrichten vorenthalte, so enthalte ich ihr dennoch nicht die Erfahrungen vor. Aber das sollen persönliche Erfahrungen sein, denn nur die berühren uns am tiefsten. Ich möchte gern, daß sich in Julia dieses Mitgefühl noch weiter entwickelt, und habe sie oft gefragt, was sie denn glaubt, wie sich die anderen fühlen würden. Wenn ein neues Kind in die Klasse kam, bat ich sie immer, sich vorzustellen, wie es ihr denn an dessen Stelle gehen würde. Wäre sie nervös? Werden die anderen Kinder sie denn mögen? Und was können wir tun, damit sich dieses neue Kind so schnell wie möglich wohl fühlt? Wir haben uns angewöhnt, die neuen Kinder mit ihren Eltern immer vor dem neuen Schuljahr zum Spielen zu uns nach Hause einzuladen. Dann kennen die neuen Mitschüler wenigstens schon eine aus der neuen Klasse.

Doch was ist mit den Kindern, die auf diese Welt kommen und anders sind? Kinder, die in einer oder mehreren Körperfunktionen behindert sind? Behindert sind im Ausdruck? Behindert sind im Denken? Was ist da »falsch« gelaufen? Wie oft machen sich die Eltern Vorwürfe, daß sie in irgendeiner Form daran »schuld« sind!

Auch hier übersehen wir häufig die Sehnsucht der Seele. Wenn wir als Persönlichkeit darunter leiden, dann heißt das nicht, daß dies eine »Strafe für die Seele« ist. Es handelt sich um eine Herausforderung und oftmals eine, die uns an den Rand unserer Belastbarkeit bringt. Aber auch wieder nur an den Rand. Wir merken erst dann, wie belastbar wir sind. Wenn wir glauben, daß wir nur einen Körper haben, dann ist es unmöglich, diese Erfahrung zu verstehen.

Lassen Sie uns als Beispiel einmal drei verschiedene Situationen annehmen: einmal ein Kind, das blind geworden ist; einmal ein Kind, das geistig behindert ist; und eines, das jung krank wird und stirbt. Das sind einige der Situationen, in denen wir unser Gottvertrauen verlieren. Wie kann nur ein unschuldiges Kind so leiden müssen? Wie kann das Gott nur zulassen? Wieso ausgerechnet ich? Wieso ausgerechnet wir?

Es ist nicht Gott, der uns »aus einer Laune heraus« vor diese Herausforderung stellt. Was für ein ungerechter Gott wäre das denn? Gott ist nicht ungerecht! Ohne daß ich die Problematik verharmlosen will, gilt vielmehr auch hier, was schon im Zusammenhang mit traumatischen Kindheitserlebnissen gesagt wurde: Wir erleben die Erfahrungen, die wir brauchen.

Es ist unsere Wahl, welche Erfahrungen wir hier auf Erden machen wollen, um uns weiterzuentwickeln; und meistens erinnern wir uns an diese Wahl nicht mehr. Und dann kommt es, daß wir unser Los als ungerecht bezeichnen: Warum hat der eine etwas, was der andere nicht hat?

Aber wenn wir es aus der Sicht der Seele betrachten, dann macht es Sinn. Wir *sind* nicht unser Körper. Das ist nicht unsere einzige Erfahrung. Wir sind viel mehr als das. Wir sind ein Teil von Gott und erleben eine menschliche Erfahrung. Wir sind kein

Mensch, der eine göttliche Erfahrung sucht. Es ist genau umgekehrt. Wir wollen Erkenntnis erlangen und etwas kreieren. Und dazu brauchen wir Situationen, die uns in diesem Erkennen helfen. Was für die Kinderseele gilt, setzt sich natürlich im Erwachsenenleben fort.

Also angenommen, hier ist eine Seele, die wir Arum nennen wollen. Arum möchte in diesem Leben Verschiedenes erfahren: was es bedeutet, Vertrauen zu haben. Er möchte mehr seiner Intuition folgen. Arum möchte auch anderen dabei helfen, ihre Vorurteile abzulegen. Und er will seine Mitmenschen zusammenbringen, so daß sie mehr Verständnis füreinander entwickeln.

Er beschließt, ohne Augenlicht auf die Welt zu kommen. Sein Gehör wird er besser ausbilden. Er wird eher fühlen, wer in ein Zimmer tritt, und weiß um die Aura dieses Menschen. Er wird Vertrauen erfahren, da er oft geführt wird und sich so ganz auf den anderen verlassen muß. Einige seiner Mitschüler werden sich über ihn lustig machen, und er wird lernen, sich selbst zu vertrauen. Sich selbst so zu akzeptieren, wie er ist. Aufgrund seiner Erfahrungen in seinem jungen Leben hat er sich vorgenommen, ein neues System der Blindenschrift zu entwickeln. Eines, das auch von Nichtblinden gelesen werden kann. Und natürlich wird er dieses neue Verfahren entwickeln, das ihn als Sehender nicht interessiert hätte.

Am Ende seines Lebens hat er erreicht, was er erreichen wollte. Und obwohl er blind war, gab er seinen Mitmenschen zwei der größten Geschenke, die man geben kann: das Geschenk der Inspiration und das Geschenk des Verständnisses füreinander. Denn oft, wenn Menschen in Arums Umgebung sich über ihre kleinen Unzulänglichkeiten beschwerten, dann brauchte er nur in ein Zimmer zu gehen, und sofort waren genau diese Menschen plötzlich dankbar, daß sie sehen konnten, und ihre Problemchen gingen wieder in die Reihe zurück.

Und hier ist die Seele Sian. Sian kommt aus einer Ecke des Universums, in der Liebe wichtiger als der Verstand ist. Sie sucht sich als Seele dieses Leben auf der Erde aus und wird das, was man mongoloid nennt. Sian weiß, daß Liebe wichtiger ist als alles andere. Weiß aber auch, daß hier auf der Erde oft der Verstand für wichtiger gehalten wird. So stellt sie sich als Botschafterin zur Verfügung. Sie sucht sich vielleicht eine Familie aus, für die der Verstand eine große Bedeutung hat. Und so haben die Eltern, die sich mühsam Informationen angesammelt haben und sich durch dieses Wissen ihr Leben geschaffen haben, ein Kind in ihren Armen, das dies nie erreichen wird. Für die Eltern ist das am Anfang ein Verlust. Für Sian nicht. Denn sie kam, um ihren Eltern zu zeigen, wieviel wichtiger die Liebe ist. Die Eltern erkennen bei Sian über die Jahre eine gewisse Selbständigkeit. Sie hat ihre Freunde. Verliebt sich auch. Möchte heiraten. Warum auch nicht, so kommt es ihnen plötzlich in den Sinn. Und die Eltern sind glücklich über kleine Erfolge und glücklich über manche große. Der größte Erfolg ist aber, daß die Eltern ihr Kind ohne Bedingungen zu lieben lernen und stolz auf die Erfolge sind, die eben nur Sian machen kann. Und sie hören auf, ihr Kind mit anderen zu vergleichen, und haben schon lange den Gedanken losgelassen, daß ihnen ein gesundes Kind lieber gewesen wäre. Und Sian ist glücklich. Sie bringt so viel Liebe, Wärme und kindliche Freude, und genau das ist es, was uns manchmal am meisten fehlt…

Da ist Falam, eine Seele, die für ihre Aufgabe nicht lange brauchen wird. Denn ihre Sehnsucht wird schnell erfüllt sein. Falam möchte Mut verteilen. In ihrem Körper wird eine Krankheit kreiert werden, die schnell erkannt wird. Und obwohl Falam unter Schmerzen lebt, sind es doch Schmerzen, die sie auf sich genommen hat. Als Seele. Mit einem Ziel. Mit einem Wunsch. Und sie genießt die Liebe ihrer Eltern, die Fürsorge im Krankenhaus, die Zärtlichkeit der Schwestern und Ärzte und die Umarmung von anderen, die sie besuchen. Und in ihren Träumen verläßt sie ihren Körper und holt sich die Kraft, die sie braucht, vom Himmlischen. Um am nächsten Morgen wieder gestärkt für das zu sein, was sie sich ausgesucht hat. Ihr Mut wird bewundert. Und sie hilft anderen, die im selben Zimmer liegen. Sie inspiriert und motiviert. Und wenn sie dann zum letzten Mal ihre Augen zumacht, ist niemand, der je mit ihr in Berührung kam, derselbe wie zuvor. Jeder wurde durch Falams Mut verändert. Und jede Seele, die mit ihr diese kurze Zeit leben durfte, ist ihr dankbar.

Wir werden in der nahen Zukunft immer mehr erkennen, daß jedes noch so behinderte Kind Geschenke für alle hat. Da gibt es in jedem ein besonders ausgeprägtes Talent, möge es zum Beispiel das Talent der Telepathie sein, das Produzieren von Tönen, die andere Lebewesen oder Pflanzen verstehen, oder eine unendliche Liebe, die sie ausstrahlen. Jedes Kind ist in erster Linie ein geistiges Wesen. Und als solches kam es mit einem tieferen Wissen und einem größeren Plan, als es die Körperform vielleicht annehmen läßt.

Und wir, die wir zurückbleiben, haben uns angewöhnt, nur dieses tiefe Vermissen zu fühlen. Aber unsere Seele weiß, daß der Tod auch immer eine Geburt ist. Eine Geburt in unserem wirklichen Zuhause. In den Armen unseres himmlischen Vaters und unserer himmlischen Mutter.

Es muß wohl die größte Herausforderung sein, sein Kind sterben zu sehen. Denn es waren unsere Schmerzen, unsere Wehen, die dieses Kind, das so nah an unserem Herzen lag, in diese Welt brachten. Es ist ein tieferer Schmerz, wenn wir dieses Kind dahin zurückschicken, wo es hergekommen ist.

Wenn wir annehmen, daß der Mensch alles ist, was es da gibt, dann muß dieser Schmerz wohl bodenlos sein. Aber in dem Wissen, daß wir immer leben, daß wir nie sterben, sondern nur einen Körper für einen anderen verlassen, fangen wir uns selbst auf und wissen, daß das, was wir als »bodenlos« gesehen haben, nur ein anderes Wort für »unendlich« ist...

11

Sterben

Die andere Geburt

Vor einiger Zeit war eine Gruppe von Freunden bei mir im Meditationszimmer, und wir hörten Solano zu, dem Spirit, der wie gesagt von meinem Freund Dean Thompson gechannelt wird. Wir fragten Solano nach Krankheit und Tod und warum es Leiden gibt. Seine Antwort hat mich tief berührt. Fühlte ich doch, daß sie die Wahrheit ist.

»Vor langer, langer Zeit lebten die Menschen, ohne jemals zu sterben. Eure alten Schriften berichten davon. Sie waren gesund, kräftig, produktiv und kannten keinen Tod. Und nach Jahren des Lebens auf Erden wurden sie ruhelos. Ihnen war langweilig. Denn wie viele Sonnenuntergänge kann man wahrlich bewundern, wie vielen Vogelgesängen für immer zuhören und wie viele Zärtlichkeiten austauschen, ohne das Gefühl zu haben, daß man das schon viele, viele Male erlebt hat. Sie hatten jedes Erlebnis so oft erlebt, daß sie sich danach sehnten, etwas Neues zu kreieren. So mußten sie etwas erfinden, um dieses Leben zu verlassen. Sie beschlossen, ihren Körper aufzugeben und mit einem neuen Leben auch einen neuen Körper zu kreieren. Und um diesen Körper aufzugeben, mußte er schwach werden, und sie entzogen ihm die Lebenskraft. Die Haare wurden grau und fielen aus, die Knochen wurden morsch und müde. Doch etwas passierte, in dieser Zeit der Schwäche, mit der keiner gerechnet hatte: Die anderen

kamen und pflegten sie, umsorgten sie, sagten ihnen, wie sehr sie
sie lieben. Diese Seelen hatten seit ihren Kleinkindertagen nie
wieder so eine Art von Aufmerksamkeit erfahren; und sie fingen
an, sie zu mögen, begannen, dieses Umsorgen zu genießen. So
beschloß das Kollektiv dieser Menschen, die Lebenszeit zu verkürzen und ihren Körper früher aufzugeben, denn sie genossen
diese Liebe, die sie da so umgab. Und das Leben wurde kürzer
und kürzer, bis es so kurz war, daß zwischen Geburt und Sterben
nur noch drei Jahrzehnte lagen. Und den Seelen in diesen Menschen war klar, daß diese Zeit zu kurz ist, um die Erfahrungen
zu sammeln, die sie sich hier auf Erden vorgenommen hatten. So
wurden die Jahre wieder länger und die Abstände wieder weiter.«

Solano fuhr fort: »Diesen Tod, diese kollektive Idee, euren
Körper so zu verlassen, um eine neue Erfahrung zu sammeln,
habt ihr euch angewöhnt. Und in diesem euren Leben wird es
nicht selten sein, daß ihr länger leben werdet, als ihr es von anderen gehört habt.«

Er machte eine Pause und meinte dann: »Und falls ihr beschließt, euren Körper mitzunehmen, kann auch das erfolgen.«

Mir gefiel diese Erzählung, sie machte Sinn für mich. Wir verlassen unser jetziges Leben, wenn wir damit fertig sind. Wenn
wir das erreicht haben, was wir erreichen wollten. Und das ist
für jede Seele ein anderer Zeitpunkt. Ein Bekannter von uns
starb beim Fischen. Er liebte diese Zeit am Wasser, und als die
Familie seinen plötzlichen Tod beklagte, meinte ich: »Aber war
das für ihn trotz allem nicht eine wundervolle Weise zu sterben?«

Obwohl wir uns unser Sterben selbst kreiert haben, hat doch
jeder von uns seinen eigenen Weg, dieses Leben zu verlassen.

Meine Schwiegermutter wollte nicht sterben. Sie hatte panische
Angst, daß sie auf der anderen Seite wieder mit ihrem Ehemann
leben muß. Ich hatte meinen Schwiegervater nie kennengelernt. Er

war fünfzehn Jahre zuvor an Herzversagen gestorben, aber nach dem, was ich so aus Erzählungen über ihn hörte, konnte ich sie gut verstehen. Sie war sechsundachtzig Jahre alt, als sie zum letzten Mal ins Krankenhaus eingeliefert wurde. Da lag sie nun, nicht immer alles klar um sich herum wahrnehmend, müde, erschöpft und nicht bereit, diese Welt zu verlassen. Da war jedesmal eine fühlbare Unruhe, wenn ich in ihr Zimmer trat. Fast so, als ob sie möchte, daß wir Besucher so schnell wie möglich wieder gehen.

Die Familie versuchte, eine Normalität aufrechtzuerhalten: »Frau Walter läßt schöne Grüße ausrichten.« – »Die Narzissen sind im Garten aufgegangen.« – »Wenn du wieder nach Hause kommst, dann gibt es dein Lieblingsessen.« – »Der Erdbeerkuchen hier ist gar nicht mal so schlecht.«

Aber gerade diese Normalität schien ihr unglaublich auf die Nerven zu gehen. »Ich bin müde. Ich will schlafen. Geht nur«, verkündete sie in der Regel nach knappen zwanzig Minuten. Und trotz aller Liebe zu ihr machte sich eine Erleichterung breit. Wir wußten einfach nicht, was wir weiter sagen sollten. Es war anstrengend, so zu tun, als ob nichts passieren würde …

Nach einem Besuch bei ihr dachte ich viel über das Sterben nach. Was geht wohl in einem Sterbenden vor sich? Ich weiß von Gott und dem Leben danach. Energie kann sich nicht in nichts auflösen. Nur unser verbrauchter Körper wird zurückgelassen. Unsere Seele, unsere Lebensenergie, bleibt bestehen und beginnt ein neues Leben.

Ich versuchte mir vorzustellen, was ich wohl in den letzten Wochen meines Lebens hören möchte. Daß »der Erdbeerkuchen gar nicht so schlecht« ist, wird mich dann herzlich wenig interessieren. Da werde ich nun irgendwann einmal dem Ende dieses Lebens entgegenblicken und über mein gelebtes Leben nachdenken. Die Entscheidungen, die ich getroffen habe, die Freude und den Schmerz, die ich bewußt oder unbewußt verteilt habe, die Chancen, die ich genutzt oder vertan habe. Werde ich mein Leben bedauern oder das Gefühl der Befriedigung und des Abschlusses haben? Je länger ich darüber nachdachte, desto klarer wurde mir, was meine Schwiegermutter jetzt braucht: Bestätigung für ein Leben, das wichtig war.

Am nächsten Morgen sprach ich mit der Familie. Ich wollte es so zartfühlend wie möglich tun. Schließlich bin ich »nur« die Schwiegertochter und möchte niemanden mit meinen Vorschlägen verletzen, besonders nicht in dieser sehr schmerzvollen Zeit. »Mama wird jetzt hören wollen, daß wir sie lieben. Wie wichtig sie für uns war. Was sie alles für uns getan hat.«

Ellen, die älteste Tochter, faßte mich liebevoll am Arm und meinte: »Aber das weiß sie doch.«

Ich verstand, was sie damit sagen will, trotzdem: »Aber ist es nicht herrlich, wenn wir es nicht nur wissen, sondern ab und zu auch noch hören?«

Ein Sohn, drei Töchter, zwei Schwiegersöhne, drei Enkelkinder und ich stehen dieses Mal um ihr Bett herum, und da ist ein neues Gefühl in diesem Raum. Eine Erwartung. Fast wie bei einer Premiere. Einer schaut zum anderen und wartet, daß einer von uns anfängt. Mama liegt müde und erschöpft im Bett, ihre Zähne in der Schublade, ihre Hände kraftlos über dem Laken, ihre Adern an Schläuchen angeschlossen.

»Hallo, Nana«, sagt unsere Tochter Julia und drückt ihr scheu die Hand. Oma ist zu müde, ihren Händedruck zu erwidern, aber schafft es noch, ihr ein kleines Lächeln zu schenken.

Ich streichle zärtlich ihren Arm, räuspere mich und fange an: »Weißt du, Mama, was der Richard mir von dir erzählt hat, als er mich zum ersten Mal mit nach Hause nahm?« Mama wirft zuerst einen überraschten Blick auf mich, dann auf ihren Sohn. »Er hat ganz stolz gesagt: ›Meine Mutter ist die gescheiteste Frau, die ich kenne. Sie ist sehr belesen, immer neugierig, und stell dir vor, wie sie siebzig Jahre alt wurde, da hat sie sich ihren ersten Computer gekauft.‹«

Für uns alle sichtbar kam plötzlich Leben in meine Schwiegermutter. »Wirklich?« fragt sie mich. »Das hat er gesagt?«

Richard mischt sich ein. Er gibt ihr einen Kuß auf die Backe und drückt ihre Hand. »Ja, Mama, für mich bist du die klügste Frau, die ich kenne.«

Meine Schwiegermutter wirft mir einen neugierigen Blick zu. Ich lache, merke ich doch, was sie sich denkt. »Nein, Mama, das stimmt. Du bist die Klügste von uns allen.«

»Aber ich bin auch klug«, mischt sich unsere damals fünf-jährige Julia ein. Alles lacht.

Meine Schwiegermutter setzt sich auf, macht mit einer ein-ladenden Bewegung Platz auf ihrem Bett, und jeder von uns quetscht sich auf eine Kante. Ellen nimmt die andere Hand und sagt: »Weißt du, Mama, damals, wie ich schwanger war, kein Ehemann, kein Geld, keinen vernünftigen Job, und wie ich dann nach Hause kam, und ich hatte so Angst, und ich wußte nicht, was ich machen sollte, da hast du ganz einfach gesagt: ›Das Kind kriegen wir auch noch groß.‹« Ellens Augen füllen sich mit Trä-nen. Ihr mittlerweile erwachsener Sohn Brian legt seine Hand auf ihre Schulter. Ellen fährt fort: »Weißt du, Mama, du hast mir nicht nur mein Leben gegeben, du hast mir meines auch gerettet. Ich danke dir, Mama. Du hast mir gezeigt, was es bedeutet, be-dingungslos geliebt zu werden.«

Meine Schwiegermutter schaut liebevoll auf ihre älteste Toch-ter, und beide weinen ein bißchen und lachen ein bißchen. Eine lange Umarmung folgt, und ich habe das Gefühl, als ob ich mich zurückziehen soll. Das ist die Zeit, die meine Schwiegermutter in der Intimität, die man mit den eigenen Kindern hat, allein ver-bringen soll. Julia und ich gehen einkaufen, und als wir nach eineinhalb Stunden zurückkommen, sitzt meine Schwiegermut-ter immer noch aufrecht und mittlerweile strahlend in ihrem Bett. Nur die vier erwachsenen Kinder sind noch da, und in ihren Gesichtern kann ich sehen, wie erfolgreich dieser Nachmittag war.

Nachdem sich jeder verabschiedet hat, bleibe ich alleine mit ihr zurück.

»Darf ich dir was vorsingen, Mama?« frage ich sie.

»O ja, singe mir ›Lili Marleen‹.«

Ich schüttele ihr das Kissen auf, und sie legt sich langsam zurück. Ich halte ihre Hand und singe ihr Lieblingslied. Das Krankenhaus scheint plötzlich ruhiger zu werden. Es passiert nicht oft, daß hier Lieder gesungen werden, und mehr als einmal schaut jemand überrascht durch die offene Zimmertür.

»Sabrina, gestern war die Jungfrau Maria da.«

»Wo war sie denn?«

»Da in der Ecke ist sie gestanden. Plötzlich war sie da.«

»Und was hat sie gemacht?«

Meine Schwiegermutter schaut wieder in die Richtung, in der die Erscheinung war. »Sie hat mich gefragt, ob ich nach Hause kommen will.«

Tränen kommen mir in die Augen. Aber nicht aus Traurigkeit, sondern aus Dankbarkeit. »Und was hast du gesagt?«

Meine Schwiegermutter dreht den Kopf zu mir und sagt bestimmt: »›Jetzt noch nicht…‹ Und dann nickte die Heilige Jungfrau mir zu und verschwand.«

»Weißt du, Mama, du wirst auf der anderen Seite immer von denen begrüßt, die deinem Herzen am nächsten sind. Das mag die Heilige Jungfrau Maria sein, Jesus, Buddha, deine Mutter, ein Lieblingsonkel. Sie helfen dir dabei, deinen alten Kokon zu verlassen.« Ich erkläre ihr die Geschichte vom Schmetterling. Elisabeth Kübler-Ross, eine Schweizer Wissenschaftlerin, die Tausende von Stunden am Bett von sterbenden Patienten verbracht hat, vergleicht unser Sterben in ihrem Buch *Über den Tod und das Leben danach* mit der Verwandlung der Raupen. Wir sind wie die Raupen, die alle ihren Raupenkörper zurücklassen, um sich dann in einen wundervollen Schmetterling zu verwandeln. Meine Tochter Julia und ich haben sogar Schmetterlingsraupen aufgezogen, damit sie die Verwandlung mit eigenen Augen verfolgen kann. Besonders Kinder verstehen diese Beschreibung

vom Sterben. Auch meine Schwiegermutter liebt den Vergleich.
»Wie schön. Fliegen würde ich wirklich gerne können.«

Sie nickt langsam ein, und ich bleibe neben ihrem Bett und halte weiter ihre Hand. Was für ein Abenteuer unser Leben doch ist. Uns wurde nicht nur das Leben, sondern auch ein freier Wille mitgegeben. Und mit diesem freien Willen kreieren wir unser Leben und unsere Welt. Irgendwann einmal beenden wir unseren »Abenteuerurlaub«. Wir wollen nach Hause. Manche früher und manche später. Für uns, die Zurückgebliebenen, ist das viel schwerer als für die, die gegangen sind. Wir vermissen die Berührung, die Worte, das Lächeln. Die gegangen sind, vermissen nichts. Sie erfahren keine Trennung zwischen dem Leben auf der Erde und dem Leben im »Himmel«. Sie sind ja jetzt endlich wieder zu Hause.

Mama wacht ruckartig auf: »Wo bin ich?« fragt sie überrascht.

»In deinem Bett im Krankenhaus.«

»Aber ich war gerade noch im Gang.« Sie schaut überrascht auf all ihre Schläuche, die sie mit diversen Maschinen verbinden.

»Deine Seele verläßt jetzt den Körper öfter als sonst. Fast wie im Schlaf, Mama. Nur da bekommt es dein Bewußtsein nicht so mit.«

Sie ist verwirrt: »Vielleicht fange ich zu spinnen an.«

»Nein, Mama«, beruhige ich sie, »du spinnst nicht. Wie fühlte sich das an, als du draußen im Gang warst?«

»Echt. So wie jetzt hier bei dir.«

»Siehst du, Mama, verlaß dich auf deine Gefühle und Wahrnehmungen.«

Sie schaut auf ihre Hände und fragt: »Was meinst du, Sabrina, wie es drüben wohl sein wird.«

»Tausende von Menschen, Mama, die klinisch tot waren und wieder zurückgekommen sind, egal, von welchem Land oder aus welchem Kulturkreis, haben alle dasselbe erzählt: Sie sahen ein wundervolles Licht, und sie haben sich noch nie so wohl gefühlt, eigentlich wollten sie nicht mehr zur Erde zurück. Und allen ist eines gemeinsam: Sie haben keine Angst mehr vorm Sterben.«

»Ja, aber Sabrina, meine Nachbarin war auch mal bei einem Autounfall klinisch tot, und die erinnerte sich an gar nichts. Ich habe sie gefragt.«

»Mama, das läßt sich mit der Erinnerung an Träume vergleichen. Jeder träumt, aber nur einige erinnern sich.«

Ich streiche ihr übers Haar und fahre fort: »Das Leben drüben ist anders als hier. Wir heiraten nicht und haben keine Kinder. Wir leben mit anderen Seelen in unendlicher Liebe. Wie hat es Jesus in der Bibel beschrieben? Die Kinder dieser Welt heiraten und lassen heiraten ... nach der Auferstehung ... werden (sie) weder heiraten noch sich heiraten lassen ... Denn sie sind den Engeln gleich. Und das schöne ist, Mama, daß die Auferstehung gleich passiert.«

»Das ist gut«, seufzt sie, und ich ahne, woran sie denkt. Sie dreht ihren Kopf zur Seite und schläft ein.

Am nächsten Morgen versammeln sich die Erwachsenen wieder um ihr Bett, und wir sehen, daß Mama uns etwas zu sagen hat.

»Ich will nach Hause!« verkündet sie bestimmt. Ihre Kinder wollen sie aus Fürsorge überreden, doch noch länger im Krankenhaus zu bleiben. »Mama, bleib noch, bis du wieder gesund bist.« – »Die Ärzte sagen, daß du mindestens noch einen Monat bleiben mußt.« – »Du bist zu schwach, um nach Hause zu kommen.«

Nach einer Pause schaut uns Mama an: »Ich will zu Hause sein, wenn die Maria noch mal kommt.«

Meine Schwiegermutter starb drei Monate später in ihrem Haus, das sie mit ihrer ältesten Tochter Ellen bewohnte. Meine Schwiegermutter bekam die bedingungslose Liebe zurück, die sie so großzügig all die Jahre vorher verteilt hatte. Am frühen Morgen muß Maria noch mal gekommen sein.

Es ist nun, da ich diese Zeilen schreibe, vier Jahre her, daß meine Schwiegermutter gestorben ist. Ein Jahr später gingen meine Tochter Julia und ich spazieren, als sie von mir wissen wollte, wo denn Menschen sterben. »Manche sterben in Krankenhäusern, und manche sterben zu Hause«, antwortete ich.

»Ich möchte zu Hause sterben, Mama.«

»Wie kommst du denn darauf?« fragte ich sie.

»Ich will nicht Schläuche überall haben wie die Oma, ich will lieber in meinem Bett liegen.« Sie schaute mich erwartungsvoll, aber bestimmt an.

Ich drückte sie fest an mich: »Das verspreche ich dir, mein Schatz.« Denn wenn ihre Zeit gekommen ist, wird das normal sein.

Wir haben Angst davor, bei Sterbenden zu sein, ganz einfach deshalb, weil wir nicht wissen, was wir da machen sollen. Wenn wir einen Erste-Hilfe-Kurs absolviert haben, dann wissen wir, was bei einem Unfall zu tun ist. Doch fürs Sterben gibt es noch keine »Erste-Hilfe-Kurse«. Wir versuchen, der Situation aus dem Weg zu gehen, und wollen uns zurückzuziehen, wenn es soweit ist. Und zuzeiten mag das auch das richtige sein, denn manche Seelen, die gehen wollen, brauchen unseren Rückzug. Besonders dann, wenn wir eigentlich nicht bereit zum Loslassen sind. Denn wie oft muß ein Mensch auf dem Weg des Sterbens sich ein weinendes »Geh nicht, laß mich nicht allein« anhören, und wie schwierig mag das wohl sein, wenn man weiß, daß dieses Leben, diese Erfahrung, vorbei ist und man eigentlich »nach Hause« möchte. Manchmal schläft derjenige, der nicht loslassen kann, erschöpft am Bett des Sterbenden ein. Verbringt er dann eine einzige Nacht ausnahmsweise woanders, kann die Seele gehen. Der Vorwurf, den man sich dann selbst macht (»Wäre ich nur hiergewesen!«), ist nicht notwendig, denn die Seele mußte sich lösen, und das konnte sie in diesem Fall nur, weil sie allein, ohne Menschen war, die sie zurückhalten wollten... Denn dann ist es die Aufgabe der Engel, uns bei diesem Übergang zu helfen.

Wenn wir uns dann weiter vorstellen, daß die Seele noch drei Tage beim Körper ist, um sich zu verabschieden, dann können wir diese drei Tage auch als Zelebrieren eines Lebens benutzen. Als meine Schwiegermutter starb, war die Beerdigung für den dritten Tag anberaumt. Jedes Familienmitglied und die engen Freunde standen vor ihrem Sarg, wir hielten uns bei den Händen, und jeder von uns erzählte eine Geschichte von Claire, meiner Schwiegermutter. Manche haben uns tief berührt und uns Tränen in die Augen geschickt, bei manchen mußten wir laut loslachen, bei anderen nicken, wenn eine Begebenheit erzählt wurde, die »typisch« für sie war. Und wenn ich mir dann vorstelle, daß Claires Spirit nahe bei uns weilte und das erleben durfte, bevor sie in ihre neuen Erfahrungen ginge, dann muß das wohl ein wundervolles Abschiedsgeschenk gewesen sein.

In diesen drei Tagen verabschieden nicht nur wir uns von dem »Verstorbenen«, sondern seine Seele nimmt auch von uns Abschied. Manchmal in Träumen, ein andermal durch einen Geruch, der ihm ganz persönlich gehörte, zuweilen durch sein Lieblingslied im Radio oder etwas Persönliches, das uns plötzlich in die Hände fällt. Manche Menschen kontaktieren ihre Lieben in einer Meditation oder einem Gebet, um noch etwas zu sagen, was einem wichtig war, sich noch zu bedanken.

Einige Seelen, die fühlen, daß sie Unrecht begangen haben, wollen diese Zeit benutzen, um sich zu entschuldigen. Aber wenn da zuviel Zorn und Verbitterung herrscht, kann das nicht gefühlt werden. Doch manchmal passiert das viel später.

In einer meiner ersten Meditationen sah ich plötzlich meinen Vater vor meinem inneren Auge mit der dringenden Bitte, nicht mit dem Meditieren aufzuhören. Er, der mich als Mensch nicht sonderlich unterstützt hatte, war als Spirit sehr viel aktiver.

Meine Freundin Jacqueline Snyder starb am 4. Juli 1998. Es war nicht nur eine Freundin, die ich verlor, sondern mit ihr ging auch die Möglichkeit dahin, meinen geliebten Zarathustra durch einen anderen Körper vor mir manifestiert zu sehen. Jacqueline hatte Krebs, und sie war ein Jahr zuvor schon operiert worden. Sie ging zu keiner Nachuntersuchung, glaubte sie doch an die Kraft der Gebete, und daran glaubten auch wir, alle ihre Freunde. So beteten wir jeden Tag um ihre Heilung, denn wir nahmen an, daß ihre Heilung auf jeden Fall Gottes Wille sein mußte.

Jacqueline lebte ein Leben, das ich sehr bewunderte. Sie war meine Lehrerin, meine Vertraute und unterstützte mich auf meinem Weg wie keine andere. In ihren Augen sah ich damals das, was ich auch suchte: In ihren Augen sah ich eine Sicherheit und ein Wissen, das mir fremd war, aber mich unglaublich anzog. In ihren Augen sah ich ihre Hingabe zu Gott. In ihren Augen sah ich die Lebensfreude, die mir damals fehlte. Und in ihren Taten sah ich das Ergebnis dieser Liebe. Durch sie erkannte ich, daß Lebensfreude nur dann wahrlich kommt, wenn man das tut, was sich die Seele wünscht. Wenn man der Sehnsucht seiner eigenen Seele folgt und entgegen allem, was da so als »Aber...« von anderen kommt, trotzdem seinen Weg geht.

Und Jacqueline tat das. Sie hörte zwölf Jahre vorher auf eine Meditation, in der ihr gesagt wurde, daß sie umziehen soll. Sie hörte auf Zarathustra und Jesus, die ihr vor ihrem inneren Auge erschienen waren. Sie ließ Zarathustra durch ihren Körper sprechen, was eine unendliche Vorbereitung erforderte. Und es war nicht leicht für sie: Ihre Beine, die oft in Schmerzen geschwollen waren; ihr Körper, der manchmal so erschöpft war, daß nur die Stimme ihres Sohnes sie aufwecken konnte.

Aber in ihr war diese unglaubliche Kraft und diese Liebe, die sie zu Gott hatte. Jacqueline fing an, neben ihren spirituellen Klassen auch Gebetsmessen zu zelebrieren. Viele Menschen schrieben ihr anschließend, daß sie geheilt wurden, daß ihnen emotionale und körperliche Schmerzen genommen worden waren.

Und Jacqueline war glücklich darüber. Nur ihre eigenen Schmerzen wurden immer stärker. Ihre eigene Heilung fand nicht statt. Zwei meiner Seelenschwestern kümmerten sich Tag und Nacht um sie. Und wir waren verwirrt. Warum wird sie nicht gesund? Jacqueline bestand darauf, daß nur positive Nachrichten über ihre Krankheit nach außen drangen. So wurde die Wahrheit verändert, und jeder nahm an, daß sie auf dem Weg der Besserung sei.

Ich hatte einen Traum, in dem ich Jacqueline sah, wie sie in einem Sarg lag, der von einer Kutsche mit weißen Pferden auf einen Berg gezogen wurde. Wir Schwestern tanzten um diesen Sarg herum. Fröhlich. Glücklich. Ausgelassen. Als diese Kutsche auf dem Berg ankam, stellte sich der Sarg wie von selbst senkrecht auf, und der Deckel öffnete sich. Darin war Jacqueline, jung, schön und gesund. Sie schritt aus dem Sarg heraus und tanzte mit uns. Dann wachte ich auf.

Ich nahm an, daß es sich bei diesem Traum um einen Heilungstraum handelt. Daß der Sarg den alten Körper repräsentiert und wir, die Seelenschwestern, wußten, daß sie nicht tot darin lag. Ich nahm an, daß, wenn diese Krankheit vorbei sein wird, Jacqueline einen vollkommen gesunden und etwas anderen Körper bekommt.

Das stimmte auch ..., nur mußte sie dazu sterben.

Jacqueline sprach in den letzten zwei Jahren viel über die Macht der Gebete, und gerade sie mußte erleben, daß ihre eigenen Gebete und die ihrer Freunde ihr keine Gesundheit brachten. Haben Gebete keine Wirkung? Warum wurde ausgerechnet Jacqueline krank? Haben wir etwas gelernt, was nicht stimmte?

Die letzten drei Monate waren die schwierigsten. Sie hatte große Schmerzen, übergab sich nach jeder Mahlzeit, verweigerte aber jede Medizin. Endlich konnten wir sie dazu überreden, in eine Klinik nach Mexiko zu gehen. Dort wurde traditionelle Medizin mit holistischer, ganzheitlicher verbunden. Sofort fühlte sie sich besser. Ich flog nach Deutschland, ohne zu ahnen, daß sie zwei Tage später ihren Körper verlassen würde. Aber meine Seele fühlte es ...

Ich hatte einige Workshops sowie einen Visionquest vorbereitet und wollte zwei Tage in Hamburg bleiben, denn wir planten eine Zeremonie für meinen Patensohn Sam. Ich fühlte mich nicht gut. War sehr erschöpft und sehr müde. Etwas, das ich eigentlich nach einem Flug nicht kenne. Ich kam am Abend in Hamburg an, und meine liebe Freundin Eva warf nur einen Blick auf mich und schickte mich mit den Worten »So habe ich dich ja noch nie gesehen« ins Bett. Sie hatte ein kleines Hotel für alle Verwandten und Freunde gemietet, und ich zog mich in das oberste Zimmer zurück. Ich stellte meinen Altar auf und ließ die ganze Nacht eine Kerze brennen. Ich hielt meinen Rosenkranz in den Händen und meditierte. Eine tiefe Erschöpfung kam über mich. Ich fühlte jeden Muskel und jeden Knochen in meinem Körper. Mein rechter Arm war wie taub und konnte auch durch aktives Massieren nicht aufgeweckt werden. Ich schlief unruhig diese Nacht, wachte hundertmal auf, in seltsamen Schmerzen, schwitzend, so als ob ich etwas loswerden wollte. Als der Wecker klingelte, holte er mich von wer weiß wo zurück.

Ich hatte nur eine Stunde Zeit, um mich für die Abfahrt mit einem Bus zur Feier vorzubereiten, und versuchte zu meditieren. Ich konnte mich nicht konzentrieren. Ich war kaum in der Lage, mein Bett zu verlassen. Ich kroch mehr, als ich ging, ins Badezimmer. Ich wünschte mir so sehr ein heißes Bad, aber das Zimmer verfügte nur über eine Dusche. Ich stellte den Stöpsel in die kleine Auffangwanne, die diese Dusche besaß, und stellte das Wasser an. Dann legte ich mich, wie ein Embryo, in diese kleine Wanne und ließ das Wasser über mich rinnen. Ich stellte mir vor, daß alles an Erschöpfung von mir geht und durch dieses Wasser in den Ausguß verschwindet. Ich erinnerte meinen Körper daran, daß ich diese Zeremonie an diesem Tag leitete und daß ich meine Kraft brauche. Zwanzig Minuten später ging es mir besser. Ich zog mich an und verbrachte den herrlichen Tag mit Eva, ihrem Mann Tom, ihrem Sohn und ihren Verwandten und Freunden. Die Schmerzen waren verschwunden. Nach einem wundervollen Tag brachte uns der Bus wieder zum Hotel zurück.

Irgendein Fußballspiel war für den Abend angekündigt, und in diesem kleinen Hotel gab es ein Frühstückszimmer mit einem großen Fernseher, vor dem sich die anderen treffen wollten. Eva wollte nur ihren Sohn ins Bett bringen und dann noch mal zum Reden auf mein Zimmer kommen. Es war 18.00 Uhr, und ich legte mich auf mein Bett, um zu meditieren, denn langsam kamen die Schmerzen wieder zurück. Ich war sofort weg...

Ich wachte am nächsten Morgen um 7.00 Uhr auf. Ich erinnerte mich nur noch, daß ich von Jacquelines Sohn Brandon träumte. Eva erzählte mir später, daß ich weder auf das wiederholte Klingeln des Telefons, das direkt neben meinem Ohr lag, reagiert hätte noch auf das wiederholte laute Klopfen an der Tür. Sie fühlte instinktiv, daß mir nichts »passiert«, sondern daß ich wohl eingeschlafen war. Ich habe normalerweise einen leichten Schlaf und weder ein Telefon noch ein Klopfen an einer Tür jemals verpaßt. Aber in dieser Nacht war ich nicht da... Ich habe mich von Jacqueline verabschiedet.

Als ich die Augen aufschlug, fühlte ich keinen Schmerz mehr in meinem Körper. Alles war wie weggeblasen. Ich fühlte eine tiefe Ruhe in mir und ahnte, daß Jacqueline »nach Hause« gegangen ist. Eine halbe Stunde später klingelte das Telefon, und ich erfuhr die Nachricht aus den USA.

Ich weinte nicht. Ich trauerte nicht.

Ich war ihr dankbar. Sie hat ein wundervolles Leben geführt. Soviel erreicht und so viele Menschen inspiriert. Mir ist Jacqueline seither in meinen Meditationen nicht erschienen, und ich habe auch sonst keine Nachrichten von ihr bekommen. Darüber denke ich aber kaum nach. Denn ich werde sie dann wiedersehen, wenn auch ich »zu Hause« bin.

Nach ihrem Tod gab es viel, worüber ich nachdenken mußte. Hier hatte ich alle meine Informationen, alles, was ich bisher gelernt hatte, und mußte sie überprüfen. Was »wußte« ich wirklich, und was »glaubte« ich nur. Was war »wahr«, und was »nahm ich an«?

Ich glaubte zu wissen, daß die Seele eine Krankheit erlaubt und sie sich aus einem ganz bestimmten Grund im Körper manifestiert. Was könnte der Grund für Jacquelines Krankheit gewesen sein?

Ich glaubte zu wissen, daß wir durch Gebete und den Wunsch, diese Krankheit loszulassen, geheilt werden können. Aber warum wurde Jacqueline nicht geheilt? Habe ich etwas gelernt, was nicht wahr ist? Und warum wird ausgerechnet Jacqueline krank? Sie, die so sicher glaubte. Sie, die soviel wußte.

Warum?

Warum?

Warum?

Und tief in mir war auch der Glaube, daß die besten Lehrer nicht krank werden. Und war dann, wenn Jacqueline krank wurde, sie nicht so gut, wie ich annahm?

Jacqueline hatte neben dem Wunsch, dem Göttlichen zu dienen, auch eine Persönlichkeit. Wie jeder von uns hatte auch sie »Herausforderungen«: Sie hatte ...

Ich legte gerade eine Pause ein, um herauszufinden, ob Jacqueline mir erlaubt, darüber zu schreiben. Ich möchte nicht über ihre Persönlichkeit berichten, ohne ihre Erlaubnis zu haben ... ich schloß meine Augen und suchte nach einer Nachricht von ihr ... ich fühlte eine gewisse Traurigkeit ... und vielleicht ist das eine Traurigkeit, die sie fühlt, die von ihr kommt, da sie gewisse Angewohnheiten in diesem letzten Leben nicht losgeworden ist ... da ich nicht weiß, ob diese Traurigkeit bedeutet, daß ich darüber schreiben darf oder nicht, lasse ich es lieber. Es ist auch nicht wichtig. Jeder von uns, ohne seiner Phantasie freien Lauf

*zu lassen, kann einfach annehmen, daß es eher Kleinigkeiten
waren, und die haben ihrem Dienst und ihrer Integrität und ihrer
Liebe zu Gott keinen Abbruch getan.*

Über eines muß ich aber schreiben, und auch da fühle ich, daß
das so in Ordnung ist: Jacqueline hatte es schwer, ein »Schüler«
zu sein. Sie tat sich mit der Lehrerrolle leichter. Sie hatte es
schwer, Unsicherheiten in ihrem Glauben zuzugeben. Sie ging
da allein durch. Und teilte uns dann, nachdem sie sie gefunden
hatte, die Antworten mit. Wir erfuhren nie, wenn sie gerade
durch solch eine Phase ging, denn sie war nur bereit, das Endergebnis zu teilen. So hatten wir immer den Eindruck, daß es in
Jacquelines Leben keine Herausforderungen gab. Ihre Geburtswehen wollte sie nicht mitteilen.

Dieses Wissen ist eines der größten Geschenke, die mir Jacqueline je gemacht hat. Durch dieses Geschenk wurde mir noch
klarer, daß ich immer wieder von den »Geburtswehen« erzählen
muß und nicht einfach nur das fertige Kind zeigen kann. Nicht,
weil die Geburtswehen wichtiger als das Kind sind. Nein. Aber
viele betrachten die »Kinder« von anderen und wundern sich,
warum nur sie selbst solche »Schmerzen« haben. Warum nur sie
durch diese »Wehen« gehen. Jeder von uns geht durch seine eigenen »Geburtswehen«, und die sind notwendig, da auch ein
Kind nicht einfach aus dem Bauch hüpft. Wahrheiten werden
durch Fragen geboren. Wahrheiten werden durch eine Neugierde
geboren, die manchmal schmerzhaft ist. Denn wir lassen alte
»Wahrheiten« gehen, wenn wir neue erfahren.

Wir sind wie eine Schlange, die die alte Haut ablöst. Die Haut
einer Schlange fällt nicht plötzlich von ihr ab. Die Haut bekommt Sprünge, wird schmerzhaft, da sie zu eng sitzt. Um diese
Haut loszulassen kriecht diese Schlange an Steinen und Wurzeln
vorbei, damit ihr die Steine und Wurzeln helfen, die Haut abzu-

streifen. Dieser Prozeß dauert. Und endlich fällt ein Teil ab, und die Schlange kann sich besser bewegen, kann besser atmen. Und dann kriecht sie weiter an scharfen Kanten vorbei, und wieder fällt ein Stück von ihr ab. Um dann irgendwann einmal die alte Haut ganz loszuwerden und wie »neugeboren« zu sein in dem Gefühl, endlich atmen zu können. Endlich wieder mobil zu sein. Endlich frei zu leben.

Und obwohl ich immer von meinem »Hautabstreifen« erzähle und schreibe, hört sich das doch manchmal schneller und einfacher an, als es wirklich war. Denn man schreibt und erzählt nicht in den Stunden und Tagen, die man gebraucht hat, um etwas zu verstehen. Jedes Kapitel ist eine Ansammlung von Informationen, die ich über Jahre erhalten habe. Und wenn Sie es lesen, dann mag es sich so anhören, als ob mir diese Klarheiten in ein paar Tagen gekommen sind. Dem ist natürlich nicht so.

Und obwohl wir beide beschlossen haben, sie und ich, daß wir nicht mehr vergleichen, tat ich es doch selbst häufig. Ich verglich mich mit Jacqueline. Ich wollte damals lieber so wie sie sein, als ich wie ich sein wollte. Und durch ihren Tod habe ich mein eigenes Ich besser erkannt.

Ich habe erkannt, daß es nicht auf die Weisheit einer Seele ankommt, ob man krank wird oder nicht. Jede Seele beschließt auf ihre Art und Weise zu gehen, und das hat auch Jacquelines Seele getan. Ihre Aufgabe war beendet. Ihre Seele wußte das. Ihre Persönlichkeit wollte es nicht glauben. Deshalb waren die Gebete ohne Erfolg, und deshalb ging sie auch nicht zu Nachuntersuchungen. Denn ihre Seele hatte längst beschlossen, daß sie mit diesem Leben fertig ist.

Ihre Persönlichkeit wünschte sich eine Heilung. Denn das war es, was sie lehrte. Daß eine Heilung möglich ist, durch den tiefen Wunsch und das Gebet. Und sie bewies es ... bei anderen. Aber nicht bei sich selbst. Denn sie selbst hatte lange vorher eine andere Wahl getroffen.

Ich lernte daraus, nicht mehr für die Heilung von anderen zu beten. Ich bete jetzt darum, daß der Wille ihrer Seele, ihres Spirits erfüllt wird. Daß »Gottes Wille geschehe«, der stets in Verbindung mit dem Willen der Seele steht. Und was immer diese Seele sich ausgesucht hat, das werde ich unterstützen. Denn ich kann keine »Geburtswehen« unterbrechen...

12

Körper

Der Tempel unserer Seele

Jacquelines Krankheit half nicht nur ihr selbst, sich ihre persönlichen »Herausforderungen« klarzumachen. Sie half auch uns, ihren Freunden, bei unserem eigenen Überprüfen von unseren eigenen Wahrheiten. Was wissen wir, und was wissen wir nicht? Diese Entscheidung trifft jeder von uns selbst, und jeder muß sie selbst treffen. Denn es ist die Sehnsucht unserer Seele, wahrhaftig zu leben. Aber was wahrhaftig für mich ist, muß nicht wahrhaftig für Sie sein. Denn nur was wir selbst wissen, entscheidet über unsere Erfahrungen, die wir haben wollen. Und manchmal ist Krankheit eine davon. Krankheiten, die uns helfen, uns zu fokussieren. Die unsere Aufmerksamkeit auf einen Bereich bringen, den wir bisher ignoriert haben. Und einige Krankheiten sind einfach Schritte, um diese Erde zu verlassen, diesen Übergang zu erleben, ohne den wirklich großen Sprung zu tun.

Alzheimer zum Beispiel ist eine Möglichkeit der Seele, den Körper nur noch teilweise zu bewohnen und die andere Zeit »drüben« zu verbringen. Bildlich gesprochen ist das, wie wenn man beschließt, schwimmen zu gehen, aber noch nicht ganz naß werden möchte. Die Seele, die sich für Alzheimer entschließt, steckt damit den großen Zeh ins Wasser, um sich auf das Schwimmen vorzubereiten. Wann immer sie soweit ist, und das kann viele Jahre dauern, wird sie irgendwann einmal ins Wasser gehen.

Seelen, die in ein Koma verfallen, verlassen den Körper aus einem Schockzustand. Irgend etwas ist passiert, mit dem sich die Seele oder unsere Persönlichkeit nicht auseinandersetzen möchte. Wie wir, wenn wir bei einem Film erschrocken die Augen zumachen, wenn wir etwas sehen, was uns erschreckt, so verlassen wir den Körper, ohne ihn wirklich aufzugeben. Seelen, die ihren Körper ins Koma setzen, hören und erleben alles, was um sie herum passiert. Manche erinnern sich noch daran, wenn sie aus dem Koma erwacht sind. Ich traf einmal eine Frau, die für acht Jahre im Koma war und jetzt als Massagetherapeutin arbeitet. Sie erzählte mir, daß sie alles mitbekommen hatte, was so um ihr Bett herum passiert war. Besonders fiel ihr auf, daß jeder, der allein mit ihr war, ihr von all seinen Problemen erzählte. Denn irgendwie fühlte der Besucher, daß er bei ihr »sicher« mit seinen Erzählungen war. Für sie, als Seele, war das unglaublich anstrengend und hielt sie noch ein bißchen länger davon ab, wieder in ihren Körper zu gehen. Was ihr half, wieder zurückzukommen, waren Musik, Pflanzen, Tiere, Erde und Menschen, die meditierten und so mit ihrer Seele Kontakt aufnehmen konnten.

Herzanfälle haben mit dem emotionalen Herzen zu tun und manifestieren sich dann im körperlichen Herzen. Wir senden unsere Lebensenergie durch die verschiedensten Chakren nach außen. Ist es zum Beispiel unser erstes Chakra (an unserem Sitz), dann schicken wir unsere Lebensenergie hauptsächlich durch Sexualität nach außen. Geht unsere Lebensenergie durch den Solarplexus, unser Kraftzentrum (unser drittes Chakra um den Nabel), nach außen, dann bevorzugen wir es, uns selbst und unsere Gefühle »unter Kontrolle« zu haben. Die Energie geht nicht weiter nach oben zum Herzen, in dem die Weichheit und Liebe liegt, und gibt damit dem Herzen nicht genug Lebenskraft. So wie man lebt, mit dieser Fokussierung auf Kontrolle, ist das Herz in Schmerzen, denn die Energie wird auf dem Fluß nach oben unterbrochen. Das Loslassen von Kontrolle und das Erlauben von Weichheit ist hier eine große Herausforderung. Im Idealfall geht unsere Energie vom ersten Chakra (Lebensursprung) über unseren Solarplexus (Machtzentrum) nach oben zum Herzen (Liebe) und weiter bis hoch zum Dritten Auge (Verständnis für alle), und dann wird diese Energie durch das Herz nach außen geschickt. Durch den »Schwenker« über das Dritte Auge schicken wir nicht nur Liebe, sondern auch Verständnis nach außen. Und ohne Verständnis gibt es keine bedingungslose Liebe.

Manche von uns lernen zum Beispiel Demut und Loslassen nur durch eine Krankheit. Jahrelang wollten wir »unter Kontrolle« sein. Es fiel uns schwer, Geschenke anzunehmen oder um Hilfe zu bitten. Aber wenn unsere Seele beschlossen hat, daß das Annehmen von Unterstützung etwas ist, was wir noch lernen wollen, dann wird alles versucht, um uns auf diese Gedanken zu bringen. Und manchmal ist die Krankheit der einzige Weg, auf den die Persönlichkeit hört, und sie muß dann ebendiese Erfahrungen machen, damit sie zum Beispiel rund um die Uhr versorgt wird. Um in Dankbarkeit Hilfe von anderen anzunehmen. Natürlich hat die Persönlichkeit auch die Wahl, erst einmal zornig zu werden und wütend über diesen Zustand zu sein, den man sich »doch nicht gewünscht hat«. Man hat ihn sich vielleicht nicht gewünscht, aber man hat ihn gebraucht. Denn nichts in unserem Leben passiert aus Zufall.

Ich versuche mich immer wieder daran zu erinnern, daß ich ein Teil des »Meeres«, der Unendlichkeit, bin. Wir alle sind Wasser im Meer der Unendlichkeit. Kein Wassertropfen ist von dem anderen zu trennen. Zuerst sind wir Geist (Spirit), untrennbar mit Gott verbunden. Daraus entwickelte sich unsere Seele, die uns Wahrnehmung und Bewußtsein unserer selbst bringt, und daraus ist die Persönlichkeit entstanden, mit der wir uns der Welt zeigen. Wenn das Meer wie unser Geist ist, dann ist unsere Seele wie das Wasser in dem Eimer, mit dem wir Wasser aus diesem Meer schöpfen. Unser Eimer steht für unsere Persönlichkeit und hat eine eigene Farbe und Form. Sind wir ein grüner Eimer oder ein roter? Haben wir Streifen oder Punkte? Sind wir klein und rund oder länglich und dünn? Das alles spielt für das Wasser keine Rolle. Nur unsere Persönlichkeit hat sich angewöhnt, uns mehr mit dem Eimer als mit dem Wasser zu identifizieren. Wann immer wir in unserem Leben eine Herausforderung sehen, bestimmt einer dieser drei Teile unsere Reaktion: Ist es der Eimer, das Wasser darin oder das Meer, aufgrund dessen wir entscheiden?

Das Wasser im Meer »hat« den größeren Überblick und gibt uns die Perspektive, die wir brauchen. Für den Eimer ist vieles einfach ein »Drama«, das »plötzlich und ohne Sinn« auf einen zukommt und das man so schnell wie möglich wieder loswerden möchte. Aber zum »Loswerden« müssen bestimmte Schritte unternommen werden. Schritte, die nicht nur äußerlich, sondern auch innerlich vollzogen werden müssen.

Und dazu darf man auch ruhig die Hilfe von anderen dazuholen. Denn wir leben nicht allein, obwohl wir allein für unseren Körper und unsere Handlungen verantwortlich sind. Arztbesuche zum Beispiel haben sich bei einigen esoterischen Kreisen wie ein Versagen breitgemacht: »Ich kann ja wohl nicht besonders spirituell sein, wenn ich operiert werden muß oder wenn ich Schmerzen habe.« In einem meiner Workshops bat mich eine Frau um Hilfe. Sie hatte seit Wochen Zahnschmerzen und bat mich, ob ich nicht mit ihr beten könnte. »Geh zum Zahnarzt und bete währenddessen!« riet ich ihr.

Wir kommen mehr und mehr in eine Zeit, in der erkannt wird, wie eng die Seele mit dem Körper verbunden ist. Und mehr und mehr werden angehende Ärzte in Universitäten darauf aufmerksam gemacht. Ein Arzt, eine Schwester oder ein Pfleger zu sein ist ein großes Geben. Warum entscheiden sich Menschen für solch einen Beruf? Sie möchten anderen helfen. Sie möchten das Leiden verringern. Sie möchten Leben retten. Eine noble Aufgabe, so finde ich. Wenn man sich solch eine Aufgabe gesucht hat, dann sieht man viel, das einem das Herz zerreißen kann. Schmerzen, die man nicht aufhalten kann; Weinen, das man nicht trösten kann. Und manche von ihnen fingen an, ihre Herzen vor diesem Schmerz und diesem Leid, das sie tagtäglich sahen, zu schützen. Denn ohne das Verständnis um die Sehnsucht der Seele und die Wahl, die jeder von uns hat, mag dieses nahe Erleben der Krankheit und des Sterbens auch nur durch emotionales Abschotten zu ertragen sein.

Immer wenn ich in ein Krankenhaus kam, wegen der Geburt unserer Tochter, einer Mandeloperation oder dem Abbinden meiner Eierstöcke, fühlte ich diese Liebe und die Fürsorge, die da über mich kam. Zarte Gesten, liebevolle Blicke berührten mich tief und halfen mir bei meiner schnellen Heilung. Ich betete aber auch vorher mit meinem Arzt, segnete die Hände meines Doktors, brachte meine Musik und meinen Altar mit und sang, bevor ich in den Operationssaal gerollt wurde. Und immer waren die Ärzte neugierig. Einmal bat ich meinen Arzt, ob ich bitte meinen Kristall, einen Rosenquarz, in den Operationsraum mitnehmen könnte. Ich hatte ihn in meiner linken Hand fest umschlungen. Als ich aufwachte, war er mir mit einem Klebestreifen in die Hand geklebt worden. Was für eine liebevolle Geste!

Eines Nachts bekam ich plötzlich unglaubliche Schmerzen. Ich hatte eine Meditation am Morgen und merkte, daß sich da in mir etwas lösen muß. Zwölf Stunden später liefen mir vor Schmerzen die Tränen herunter. Zuerst versuchte ich alles andere: Ich betete, ich sang, ich saß vor dem offenen Feuer in unserem Kamin, ich nahm Bachblütentropfen, ich versuchte, den Schmerz zu ignorieren (was für mich in diesem Moment vollkommen ausgeschlossen war), ich fiel auf die Knie.

Der Schmerz blieb. Es war 3.00 Uhr morgens, und ich lief schniefend durchs Haus, um irgendeine Schmerztablette zu finden. Ich fand nach einigem Suchen eine Schachtel mit Kindertabletten für Fieber und Schmerzen, die Julia nahm, als sie noch ein Baby war. Da gab es eine Tabelle nach Gewicht und wieviel Tabletten man nehmen soll. Das hörte bei dreißig Kilo auf. Vier von diesen Tabletten sollten dann eingenommen werden. Ich rechnete hoch und nahm acht. Sie halfen nicht. Ich lag in meinem Meditationszimmer (ich wollte meinen Mann nicht aufwecken) und weinte vor mich hin. Irgendwann einmal war es Morgen, und ich ging zum Arzt. Er stellte eine schlimme Halsinfektion fest, die aber »eigenartigerweise« nur an einer relativ kleinen Stelle am Hals war. Mein Hals-Nasen-Ohren-Arzt schüttelte den Kopf. »Komisch«, meinte er, »normalerweise ist da sehr viel mehr infiziert.« Ich grinste durch meine Schmerzen. Wenigstens etwas... Er bot mir eine Spritze mit Antibiotika in meinen Allerwertesten an, und ich zögerte nicht eine Sekunde. Danke, liebe Medizin, mache, was zu machen ist, und ich nahm mit Dankbarkeit meine Schmerztabletten, nicht ohne beides vorher zu segnen. Der Blick der Schwester, als ich sagte: »Kann ich die Spritze mal einen Moment haben, ich würde sie gern segnen wollen«, war ein Foto wert.

Es gibt keinen Grund, Schmerzen zu haben, wenn es etwas gibt, was man dagegen tun kann. Eine Abhängigkeit davon ist etwas anderes. Aber den Schmerz zu lindern, ohne das Darübernachdenken zu vergessen oder am Ende eines Lebens schmerzlos zu sterben, ist eine Gnade, die, wie ich glaube, angenommen werden soll.

Ich lernte, großzügiger im Denken zu sein und Ärzte und alles, was mit der Medizin zusammenhängt, als Hilfe, als Unterstützung anzunehmen. Dabei half mir auch meine Augenoperation. Ich war schwer kurzsichtig. Hatte acht Dioptrien und schaffte es vor einigen Jahren, durch Meditation und Fokussierung auf sieben Dioptrien herunterzukommen. Aber dann gab ich es auf. Ich wollte meinen Fokus einfach woandershin setzen, und da ich Kontaktlinsen vertrug, war das auch kein übermäßiges Problem. Was mich aber eigentlich immer störte, war, daß ich nachts die Sterne nicht sehen konnte. Ich liebe es, im Freien zu schlafen. Ich habe dann meine Brille auf, die ich irgendwann einmal von meiner Nase nehme und in meine Schlafsacktasche stecke. Mitten in der Nacht, wenn ich aufwache, sehe ich nur einen dunklen Himmel vor mir. Die Sterne sind nie zu erkennen. Dann suche ich nach meiner Brille, die mittlerweile natürlich auch durch den Tau feucht geworden ist, trockne sie ab, was auch immer eine Zeit dauert, und setze sie dann endlich auf meine Nase. Was immer dann am Himmel passiert ist, ist auf jeden Fall schon vorbei, bis ich soweit bin.

In den letzten Jahren wurde immer mehr von dieser Laseroperation berichtet, und letzten Sommer meinte mein Augenarzt zu mir, diese Operation sei jetzt so perfekt, daß er sie mir empfehlen würde. Ich war ganz begeistert, aber da rührte sich eine Stimme in mir: »Haben spirituelle Leute eigentlich Schönheitsoperationen?« Schließlich war es nicht nur das Praktische, das mich zu so einer Operation hinzog, sondern auch ein gewisses Maß an Eitelkeit. Und dann noch eine zweite Idee: »Sollte ich es nicht selbst versuchen, meine Kurzsichtigkeit loszuwerden, und bedeutet das dann nicht, daß ich versagt habe?«

Ich dachte lange über beide Fragen nach und kam dann irgendwann einmal zu dem Entschluß, daß ich es trotzdem tun möchte. Ja, das stimmt, ich habe es nicht hingekriegt, daß ich mich selbst heile. Fällt es mir leicht, das zuzugeben? Jein... Wochen später: immer noch Jein... Weitere Wochen später: Ja, warum eigentlich nicht? Dafür habe ich andere Sachen geschafft, die mir damals wichtiger waren. Ich habe mir erlaubt, nicht »perfekt« zu sein..., und das fiel mir wirklich sehr schwer. Wollte und wünschte ich mir doch *so* sehr, perfekt zu sein. Und das Loslassen von diesem Anspruch dauerte eine lange Weile. Eine ganz lange Weile... Glauben Sie mir, dieses Buch wäre wohl fünf Meter dick, wenn ich es mit den Zeiten vergleichen müßte, in denen ich an diesem Anspruch herumgenagt habe...

Und ja, ich freue mich, wenn ich keine Brillen mehr tragen muß, und ein weiteres Ja, ich freue mich, wenn ich gut aussehe. Und wenn das denn eitel ist, dann bin ich eitel, gab ich mir selbst gegenüber zu und fühlte eine gewisse Freiheit, aber auch ein Erschrecken über meine Aussage. Meine Engel gaben mir den Gedanken hinterher, daß der Wunsch, schön zu sein, nur dann überprüft werden muß, wenn man das Aussehen wichtiger nimmt als alles andere. Und das tue ich nicht.

Mir war ein bißchen mulmig bei der Idee, daß ich nur lokal betäubt werde. Eine Vollnarkose wäre mir lieber gewesen. Die Idee, daß ich die Augen offen habe, während mir da jemand mit Licht drin herumschneidet, hatte mich nicht so begeistert. Ich meditierte und fragte, ob alles während und nach der Operation in Ordnung ginge, und mir wurde ein wohliges Gefühl geschickt, das ein Ja bedeutet.

Den Morgen der Operation verbrachte ich im Gebet. Ich war ruhig – all diese Jahre in der Meditation müssen ja schließlich zu was nütze sein – und bat den Arzt, ob er mit mir beten würde. Normalerweise bin ich immer diejenige, die ein Gebet spricht, aber dieser Arzt nahm ganz selbstverständlich meine Hand und sprach ein wundervolles Gebet. Dann fragte er mich, warum ich die Operation durchführen lassen möchte, und ich sagte ihm, daß ich gern die Sterne in der Nacht sehen will. Er lächelte mich an und meinte, das war auch sein Grund, als er sich selbst operieren ließ.

Ich wurde in den Operationsraum geführt und legte mich auf diesen Stuhl, der wie ein Zahnarztstuhl zurückgeklappt wird. Dann fing ich zu summen an. Das Singen beruhigt mein Feld, meine Aura, und hilft meinem Körper bei der Entspannung und Heilung. Ich hörte, wie der Doktor zu seiner Assistentin sagte: »Na, das ist ja eine schöne CD. Die habe ich noch nie gehört. Wer singt denn da?« Die Schwester flüsterte: »Das ist die Patientin!«

Ich schmunzelte nur, da der Laser gerade gut beschäftigt war. Ich summte durch die ganze Operation hindurch. Ich fühlte mich ruhig und entspannt und beobachtete mit offenen Augen das phantastische System dieser Operation. Den Rest des Tages verbrachte ich mit Tonen, Meditieren und der Eingabe jeder Menge Augentropfen. Am nächsten Morgen wachte ich auf und konnte zum ersten Mal meinen Mann klar erkennen. Und die Vorhänge und die Blumen, die durch das Fenster schauten. Ich war so glücklich! Ich bedankte mich in einem Gebet und fragte meine Engel, warum ich das denn nicht selbst hingekriegt habe. Die Antwort, die ich erhielt, berührte mich tief: »Gott arbeitet auch durch Ärzte.«

Meine Freundin Sharon hatte Krebs, die Ärzte hatten alle Untersuchungen abgeschlossen, und das war das Ergebnis. Sie meditierte und versuchte, die Klarheit darüber durch das »Meer« und nicht den »Eimer« zu sehen. Sie bekam in ihrer Meditation ein Ritual, das aus einem bestimmten Tanz, einer bestimmten Bewegung und einem Gesang bestand. Es hier zu schildern ist nicht wichtig, da es auf Sharons Körper und auf ihre Seele abgestimmt war und nur ihr half. Sie ging am selben Abend noch nach draußen, barfuß, und verband sich mit allen Himmelsrichtungen und tanzte und sang für die nächsten zwei Stunden. Dies machte sie über zwei Wochen. Danach ging sie wieder zum Arzt... und der konnte nichts mehr feststellen. Ihr Krebs war verschwunden, daß die Ärzte glaubten, daß die Laborwerte vertauscht worden waren. Sharon lächelte nur. Sie wußte den Grund.

Meine Freundin Sheila hatte wahnsinnige Zahnschmerzen. Der Arzt stellte fest, daß an den beiden hinteren Backenzahnen eine Wurzelbehandlung gemacht werden mußte. Eine ließ sie sich gleich machen. Die andere war für die Woche darauf anberaumt. Sie betete jeden Tag und konzentrierte sich auf die Heilung. Bevor der Arzt zum Bohren anlegte, bat Sheila ihn noch mal um eine Röntgenaufnahme. Der Arzt war erstaunt. »Wozu denn?« wollte er wissen. Sheila erklärte ihm, daß sie gebetet hätte und das Gefühl habe, alles sei verheilt. Außerdem habe sie auch keine Schmerzen mehr. Der Arzt nickte und machte noch mal eine Aufnahme. Erstaunt zeigte er Sheila das Ergebnis. Da war nichts mehr. Er hielt die Aufnahme der vorherigen Woche daneben. »Ihr Vertrauen möchte ich haben«, meinte der Zahnarzt und schickte sie nach Hause.

Doch wann ist es nun richtig, daß man sich durch Gebete und Meditation heilt, und wann sollte man sich auf eine Operation einlassen? Meistens sind die Möglichkeiten nicht so klar, und man muß sich zwischen zwei, manchmal sogar drei oder vier Möglichkeiten entscheiden. Dazu muß man den Körper verstehen lernen.

Unser Körper ist so konstruiert worden, daß er in Harmonie, Gesundheit und Jugend in alle Ewigkeit funktionieren kann. Oder besser gesagt... könnte. Dazu braucht er gewisse Voraussetzungen. Wir haben ja schon im Kapitel über die Kinder erfahren, warum manche Seelen sich entschließen, mit körperlichen Schwachheiten auf diese Welt zu kommen. Dieses Mal wollen wir von einer Seele ausgehen, die mit einem gesunden Körper in dieses Leben geht.

Wenn wir jemanden sähen, der eine Pflanze in die dunkelste Ecke im Zimmer stellt, sie mit Wodka gießt, ab und zu Abfälle in die Erde vergräbt und mit Maschinenöl besprüht, würden wir uns wahrlich nicht wundern, daß die Pflanze eingeht. Und wenn dieser Freund, der sich um die Pflanze auf diese Weise »kümmert«, zu uns kommt und uns um Rat fragt, dann könnten wir ihn geben. Wir würden ihm erklären, daß eine Pflanze Licht und klares Wasser braucht, ab und zu umgetopft werden muß und ein bißchen Liebe dabei notwendig ist. Nur so kann sie wachsen.

Und so gedeihen auch wir. Wir wissen, daß uns Alkohol und Nikotin nicht guttun, daß denaturiertes Essen ungesund ist und daß Zucker den Körper davon abhält, wichtige andere Nährstoffe aufzunehmen. Wir wissen, daß wir genügend Schlaf brauchen, frische Luft und Bewegung – und trotzdem ignorieren wir das. Wir wissen, daß verpestete Luft, vergiftetes Wasser und Pestizide den Körper zerstören – und trotzdem haben wir noch nicht damit aufgehört, diese Schadstoffe nicht mehr zu produzieren. Aber wir leben mehr und mehr in dem Wissen, was zu tun ist. Wir machen die Schritte in diese Richtung, und irgendwann einmal werden wir eine gesunde Umwelt und eine gesunde »In-Welt« haben. Doch wichtig ist, daß wir damit anfangen, und wir können erst einmal damit beginnen, was zu kontrollieren ist – was wir zu uns nehmen. Unser Körper teilt uns mit, was er von uns braucht. Und er meldet sich. Darauf können wir uns verlassen.

Vor einigen Jahren mußte ich das Rauchen und das Trinken aufgeben. Ich rauchte eigentlich nur noch, wenn ich nach Deutschland kam, denn in den USA wird man fast als Schwerverbrecher behandelt. Und da ich ein Gesellschaftsraucher bin, interessierte mich die Zigarette vor dem Restaurant oder in der Toilette nicht besonders. Ich rauchte am liebsten während eines angeregten Gesprächs. Getrunken hatte ich noch nie recht viel. Aber das eine oder andere Glas Wein gönnte ich mir gern. Als ich damals meine Vision von meiner Pfeife bekam (eine indianische Zeremonienpfeife, manchmal auch »Friedenspfeife« genannt), mußte ich mit beidem aufhören. In einer meiner Meditationen wurde ich von meinem damaligen Lehrer gerügt, daß ich den Rauch »wie nichts« benutze. Wenn man die Pfeife raucht, repräsentiert der Rauch die Gebete, die man sichtbar macht. Und wenn ich da so vor, während und nach dem Essen rauchte, konnte vom »Gebete-sichtbar-Machen« keine Rede sein.

Einerseits fiel mir das Aufhören schwer, andererseits auch wieder nicht. Denn ich gab es für etwas auf, was ich wirklich wollte, nämlich diese Pfeife, und ich wußte, daß sie mir zerbrechen würde, sollte ich weiter »normal« rauchen. (Das »normal« gilt natürlich für die Zigarette, der Tabak in der Pfeife ist auch »normal«). Ich hatte von solchen Situationen gehört.

Eigentlich wollte ich auch gern vegetarisch essen. Und auch das versuchte ich vor einigen Jahren mal, aber es funktionierte bei meinem Körper nicht. Ich wurde aufgebläht, und mein Stuhlgang wehrte sich. Mein ganzer Körper wurde müde und wenig aktiv. Ich dachte zuerst, daß das nur die üblichen »Veränderungserscheinungen« sind, mußte mich dann aber von meinem chinesischen Arzt aufklären lassen, daß mein Körper wohl zu »bayerisch« dafür sei. Ja, ja, die Gene...

Als Jacqueline starb, aß ich die Tage kaum etwas. Ich war nicht hungrig. Zwei Tage später war ich bei meiner Freundin Andrea zu Gast, und wir aßen Fleischklößchen. Ich übergab mich fast sofort. Das konnte aber nicht an den Fleischklößchen liegen, da Andrea überhaupt keine Probleme damit hatte. Später am Abend aß ich ein paar Kirschen und trank eine unglaubliche Menge an Wasser, was mir in dieser Kombination seltsamerweise recht gut tat.

Als ich in dieser Nacht ins Bett ging, betete ich und fragte, warum ich die Fleischklößchen nicht vertrug. Ich sah vor meinem inneren Auge einen Baum, einen See, ein Stück Land und ein Ei. Irgendwie hatte ich das Gefühl, daß ich das, was von den Bäumen, von der Erde und vom Wasser kommt, in Zukunft zu mir nehmen soll. Und Eier natürlich. Ich war kein großer Fischesser und doch ein bißchen erstaunt über diese Mitteilung. Aber vielleicht bildete ich mir die ganze Information schlichtweg einfach nur ein, überlegte ich mir. Ich erinnerte mich noch an meinen letzten Versuch als Vegetarier und auch an meine Liebe für Leberkäsesemmeln und die Kruste vom Schweinebraten. So erklärte ich meinem Körper und Gott meinen Willen: Ich bin bereit, diesem Vorschlag zu folgen, aber nur wenn ich keinerlei Gelüste auf Fleisch mehr habe.

Das war für mich wichtig, denn ich war auf dem Weg nach Bayern, und ich wollte nicht jedem gierig auf den Teller starren. Ich flog am nächsten Morgen nach München und traf mich mit meiner Freundin Rita. Wir machten es uns in meinem Zimmer in Susannes Bauernhof gemütlich.

»Rita, ich brauche deine Hilfe«, bat ich sie. »Meditiere bitte mit mir, ich habe da eine Frage, die mir auf dem Herzen liegt, und ich möchte gern, daß du die Antwort für mich bekommst.«

Rita nickte, setzte sich mit überkreuzten Beinen mir gegenüber und meinte:»Was ist die Frage?«

»Die kann ich dir nicht sagen«, antwortete sie.»Ich möchte gern, daß wir gemeinsam meditieren, Gott kennt natürlich meine Frage, und dann beobachte bitte einfach, was du da an Informationen bekommst.«

Rita schaute mich erstaunt an. Sie ist sehr intuitiv, aber sie hat mit diesem System noch nie gearbeitet, und das erklärte sie mir auch:»Sabrina, bitte gib mir die Frage, ich kann das andere nicht.«

»Doch, doch, meine Liebe, das kannst du schon. Beobachte einfach, was du an Gefühlen oder an Bildern so bekommst.«

Rita schaute mich an, wußte aber, daß ich mich davon nun doch nicht mehr abbringen lassen würde. Wir schlossen beide unsere Augen, und ich sprach unser Gebet:»Himmlischer Vater, himmlische Mutter, wir bedanken uns für eure Liebe und eure Fürsorge, bitte schickt Rita die Antwort zu meiner Frage. Danke.«

Ich konzentrierte mich auf meine Frage, die lautete:»Stimmt die Information, daß ich nur noch Nahrung zu mir nehmen soll, die von den Bäumen, der Erde und aus dem Wasser kommt?« Ich hielt diesen Gedanken, diesen Wunsch, in meiner Meditation fest.

Ein paar Sekunden später hörte ich Rita sagen:»Ich sehe einen Baum, einen See und ein Stück Land dazwischen…«

Ich konnte mein Jubeln nicht unterdrücken. Rita öffnete überrascht die Augen, und ich erklärte ihr die Meditation, die ich am Tag davor hatte. Übrigens ein System, das immer funktioniert. Wenn ich mir bei manchen Sachen nicht sicher bin, und ab und zu passiert mir das einfach, dann frage ich durch eine Freundin oder einen Freund noch mal nach. Jeder von uns bekommt seine Informationen durch den Filter des Gehirns. Und mein Filter ist noch nicht so fein, daß alle Informationen durchkommen. Bei manchen fällt es mir schwer, sie anzunehmen, und deshalb bitte ich gern meine Freunde um Hilfe.

Ich hatte keine Gelüste nach Fleisch mehr, und mein Körper gewöhnte sich ohne Probleme an diese neue Ernährung. Der Grund lag darin, daß mein Körper jetzt zu dieser Veränderung bereit war. Hätte ich das früher »mit Gewalt« und schierem Willen durchgezogen, wäre das gegen den Wunsch meines Körpers passiert. Deshalb hatte ich damals die Blähungen und wurde schlapp. Mein Körper war dazu noch nicht bereit. Und selbst Fisch schmeckt mir mittlerweile.

Meine größte Herausforderung sind Süßigkeiten. Nicht, daß ich sie übermäßig esse, aber mich gelüstet es öfter danach, als ich eigentlich möchte. Ich nehme keinen Zucker mehr für meinen Tee, was mir auch nicht leichtfiel, aber woran ich mich jetzt doch gut gewöhnt habe. Manchmal überkommt mich eine regelrechte Gier nach Süßigkeiten, und das ist in der Regel dann, wenn ich nicht genügend Proteine zu mir genommen habe oder zwei bis drei Tage vor meinem Mond, meiner Regel, bin. Wer weiß, wann ich das ablegen kann. Ich arbeite noch daran.

Um zu verstehen, was der Körper braucht oder nicht braucht, muß man ihn lieben. Das ist wie in einer Ehe. Manche sind der Meinung, daß uns unser Körper in unserer spirituellen Arbeit behindert. Ich bin vom Gegenteil überzeugt: Unser Körper unterstützt uns bei unserer spirituellen Entwicklung. Denn nur durch unseren Körper sind wir in der Lage, zu berühren, zu umarmen, Dinge zu verändern, aktiv zu sein. Warum würden wir uns als Spirit etwas aussuchen, was uns in unserer spirituellen Entwicklung behindern würde? Welchen Sinn würde das haben?

Unser Körper ist ein sensibles Instrument, das uns zur Verfügung steht. Und wie bei jedem Instrument liegt es an uns, was wir damit machen. Ein Messer kann zum Kochen und zum Töten verwendet werden. Es mag dasselbe Messer sein, aber was wir damit tun, liegt an der Hand, die es führt, also am Willen, der dahintersteht.

Wir als Seelen haben uns in einem bestimmten Kulturkreis reinkarniert. Wir wissen, wie wir uns zu benehmen haben, was wir anziehen sollen, wie wir aussehen sollen. Und in diesem Kulturkreis gibt es bestimmte Regeln. Denen wir uns fügen. Manche sind durch Gesetze festgelegt, manche durch gesellschaftliche Zwänge. Wir gehen nicht nackt in ein Restaurant, bohren nicht während eines Gesprächs mit jemandem in der Nase und begrüßen uns nicht durch eine tiefe Verbeugung. Wir wissen, daß unsere Kinder in die Schule gehen müssen, daß wir unsere Steuern bezahlen sollen und daß unser Wagen abgeschleppt wird, wenn wir in einer Feuerwehreinfahrt parken. Wir wissen aber auch, daß wir älter werden und dann Falten bekommen, daß wir im Durchschnitt um die siebzig bis achtzig Jahre alt werden und daß soundso viel Prozent von uns im Jahr an Krebs sterben werden. Daran haben wir uns als Kollektiv gewöhnt, das haben wir auch als Kollektiv beschlossen, und daran gibt es nichts zu rütteln. Oder doch?

Wenn wir der Sehnsucht unserer Seele folgen, dann sind wir uns bewußter, daß wir unsere eigene Realität kreieren. Wir haben, als Spirit in Verbindung mit der göttlichen Kraft, unseren eigenen Körper geschaffen; wir haben uns sogar unsere Eltern ausgesucht. Dahinter steht eine Macht. Eine, die wir kaum wahrnehmen. Und die wir in unserer technischen Welt auch immer mehr in Frage stellen; denn was sind wir schon ohne Telefon, ohne Flugzeuge, ohne Fernseher, ohne Faxmaschine, ohne Auto, ohne Herzschrittmacher? Wir fühlen uns manchmal klein und unbedeutend und nehmen dadurch unsere eigene Macht nicht wahr. Macht hat auch noch so einen schlechten Beigeschmack. Ist sie doch in vielen Fällen mißbraucht worden. Aber ich spreche nicht von und bin nicht interessiert an der Macht über andere. Ich spreche von und bin nur interessiert an der Macht über mein Leben und meine Situation. Denn damit kommt auch Verantwortung, und es ist dann ausgeschlossen, andere Menschen oder bestimmte Situationen für seine eigene Lage verantwortlich zu machen.

Ich merke manchmal, wie das Wort »Spiritualität« einige Mitmenschen zusammenzucken läßt. Als spirituell gelten oft die ganz »verhuschten«, die, die mit dem Leben nicht zurechtkommen und sich in irgendeine »Phantasiewelt« flüchten. Spiritualität bedeutet für mich ein wahrhaftes Leben, und dazu gehört die eigene Verantwortung darüber. Es ist also das Gegenteil von »verhuscht«, das Gegenteil von einer Phantasiewelt, denn man schaut auf die Realität unserer Gesellschaft und überlegt sich, was da für einen persönlich stimmt oder nicht.

Unser Körper hat das Potential, sich selbst zu heilen. Hat die Möglichkeit, nicht zu altern. Die Fähigkeit, sich in Los Angeles auseinanderzunehmen und sich dann in München zusammenzusetzen. Oder wo wir sonst sein wollen. Wie die Mannschaft der »Enterprise«. Nur daß wir nicht »gebeamt« werden müssen. Wir nehmen uns selbst auseinander und setzen uns selbst wieder zusammen. Das ist keine Reise unserer Seele allein. Das ist eine Reise, in der wir den Körper mitnehmen. Es gibt heute schon Menschen, die das können. Sai Baba ist einer davon. Jesus war ein anderer. Auch in unserem Körper steckt dieses Potential; und ich glaube, innerhalb der nächsten vierzig Jahre werden wir das erleben dürfen. Wenn wir es wollen, sogar an uns selbst.

Es gibt viele weise Menschen, die unglaublich jung aussehen. Laut Geburtsurkunde sind sie sechzig oder sogar siebzig Jahre alt, aber unser Auge sieht jemanden, der ein undefinierbares Alter zu haben scheint. Manchmal sogar jünger als dreißig aussieht. Diese Menschen haben gelernt, den Alterungsprozeß des Körpers aufzuhalten. Denn der Körper muß nicht altern. Das war nicht der ursprüngliche Plan, den wir für unsere Körper ausgesucht haben. Wir haben als Kollektiv beschlossen, zu altern, um zu sterben. Auch das Sterben ist nicht notwendig. Wir haben die Möglichkeit, unseren Körper mitzunehmen. Es gibt Gruppen von Menschen, die einfach verschwunden sind. Alte Kulturen, von denen man nie erfahren hat, warum sie »gestorben« sind. Vielleicht sind sie es nicht.

Doch wie können wir das tun? Wir können mit unserem Körper reden und das Gen, das für das Altern zuständig ist und mit den Jahren immer »kleiner« wird, vom »Schrumpfen« zurückhalten. Dabei hilft uns die Meditation und natürlich in erster Linie die Frage, ob wir daran glauben, daß das möglich ist, oder nicht.

Es liegt an uns, was wir »glauben« wollen. Denn das wird für uns wahr werden. Ich saß in einem Vortrag von Wayne Dyer, einem spirituellen Lehrer, der in den Staaten sehr berühmt ist. Er erzählte eine Geschichte von einer jungen Frau, die ihn vom Flughafen abholte. Er war auf einer Lesereise, und sie war vom Verlag geschickt worden, um ihn zu begleiten. Sie hatte einen unglaublichen Schnupfen und nieste in dem kleinen Auto, einem weißen Leihwagen, ununterbrochen vor sich hin. Wayne schaute sie an und fragte sie, warum sie denn krank werden wollte.

Die junge Frau war wütend: »Ach, ihr spirituellen Leute und euer Blödsinn. Ich werde nicht krank, weil ich es mir ausgesucht habe, sondern ich werde krank, weil da so ein blödes Virus kam. Und ich habe die Nase voll von diesem Gerede, daß ich selbst daran schuld bin. Grippe bekommt man halt einfach ab und zu. Fertig.«

Wayne war doch leicht überrascht über diesen Ausbruch und meinte dann ruhig: »Sie sind aber ganz schön wütend.«

»Ja«, schnaubte sie, »und zwar mit Recht. Ich kann diesen Blödsinn einfach nicht mehr hören.«

Wayne gab ihr noch ein bißchen Zeit, um sich zu beruhigen, und meinte dann: »Ich war schon seit zehn Jahren nicht mehr krank.«

Ärgerlich drehte die junge Frau ihren Kopf zu ihm und meinte: »Aha, und was machen Sie, wenn da so ein Virus kommt?«

Wayne schaute sie an und meinte: »Ich rede mit ihm. Ich sage, daß da bei mir kein Platz für ihn ist, aber daß ich da eine junge Frau in einem weißen Leihwagen kenne…, die würde es schon erwarten.«

Die junge Frau mußte trotz allem lachen. Und auch wir im

Publikum lachten über diese Geschichte. Aber dennoch ging sie mir nicht mehr aus dem Kopf. Ja, ich weiß, daß wir unseren Körper kontrollieren, und ich weiß auch, daß Viren uns nur krank machen können, wenn unser Immunsystem erschöpft ist, aber trotz allem störte mich die »absolute« Haltung, die in dieser Aussage lag. Ich bin ab und zu krank. Kreiere ich *jedesmal* diese Krankheit, und wenn ja, was kann ich tun, um das zu vermeiden? Irgendwie störte mich diese Idee. Störte sie mich, weil sie mir klarmachte, was ich noch nicht kann?

Nachdem ich diese Gedanken für einige Zeit hin und her gewälzt, darüber meditiert und auch viel darüber gelesen hatte, war ich mir doch immer noch nicht sicher. Gut, es gibt Krankheiten, die sich die Seele aussucht, um zu lernen. Disharmonien im Körper, die Sinn machen. Aber bedeutet das dann, daß man diesen Sinn, den man durch die Krankheit bekommen kann, auch durch etwas anderes erfahren kann? Und ist das dann unsere Wahl, und wie aktiv müssen wir an der Wahl beteiligt sein? Bedeutet es, daß ich jetzt jeden Tag zu meinem Körper sage: »Wir sind gesund«, oder reicht es, wenn ich diesen Auftrag einmal weitergebe?

Ich sprach mit Solano darüber. Ist es möglich, Krankheiten ganz zu vermeiden?

»Um das zu tun, mußt du deinen Körper verstehen. Du mußt in der Lage sein, eine Disharmonie zu fühlen. Nehmen wir das Beispiel, das du gewählt hast: Eine Grippe kommt auf. Ein Virus dringt in deinen Körper ein und hat den Wunsch, sich auszubreiten. Wenn du dieses Virus während oder kurz nach dem Eintreten erkennst, dann hast du die Möglichkeit, dich mit dem Bewußtsein dieses Virus in Verbindung zu setzen. Wie ein Gast, der ungebeten in dein Haus kommt, kannst du es auffordern zu gehen. Indem du dich diesem Gast näherst, in der Stille deiner Meditation, und ihm erklärst, daß in deinem Haus, ›in deinem Körper‹, kein Platz für es ist. Dann muß dein Wille stärker sein als der des Eindringlings, und er wird, und er muß dich verlassen.

Du mußt dir ›bewußt sein‹, wer du bist, daß du der ›Herr in deinem Haus‹ bist, und mußt dem ›Bewußtsein‹ des Virus klarmachen, daß es hier sein ›Bewußtsein‹ nicht ausbreiten kann. Wenn du dir aber nicht bewußt bist, wer du bist – also Angst vor diesem Virus hast –, dann wird das Virus stärker sein. Denn man hat nur vor etwas Angst, von dem man annimmt, daß es machtvoller ist.«

»Doch was ist, wenn ich diesen Moment verpaßt habe und die Krankheit schon da ist, und angenommen, es ist mehr als nur eine Grippe?« fragte ich.

»In deinem Körper entstand eine Disharmonie, denn der Gast hat sich breitgemacht.«

Ich stellte mir gerade vor, wie dieser Gast, dieses Virus, sich in meinem Schlafzimmer breitmacht, meine Küche mitbenutzt, seine Freunde zum Wohnen einlädt. Und ich stehe ein bißchen hilflos davor, denn mittlerweile sind schon so viele da, und ich würde mich wahrscheinlich übergangen und schwach dabei fühlen.

Solano nickte – las er doch meine Gedanken – und fuhr fort: »Wenn du also so ein Virus hast, das sich ausgebreitet hat, dann hat es einen Teil von deinem Körper mit seinem Bewußtsein besetzt. Dieses Virus hat seine eigene Agenda, seinen eigenen Plan, sein eigenes Bewußtsein. Aber es konnte das nur tun, weil du es ihm erlaubt hast. Um diese Disharmonie aus dem Weg zu räumen, kannst du es auch ›herausschneiden‹ lassen, wenn es sich um etwas handelt, was operativ entfernt werden kann. Doch dann entscheidet dein Wille, ob es sich wieder auffüllt. Wenn du also zuviel Angst vor einem Wiederkommen dieser Krankheit hast, dann gibst du damit eine Schwäche zu. Denn man hat nur Angst vor Dingen, die stärker sind. Also liegt es an dir und deinem Mut und deinem Bewußtsein und ob du weißt, daß du deinen Körper kreierst, ob diese Krankheit verändert werden kann oder nicht.«

Doch da war noch eine andere Frage, die mir sehr am Herzen

lag. Ich weiß um die Entscheidung der Seele, ob man hier auf Erden bleiben will und ob man »nach Hause« möchte. Spielte es denn dann überhaupt eine Rolle, für welche Behandlung ich mich entscheide, wenn meine Seele beschlossen hat zu leben? Das heißt, wäre ich in der Lage, einer Operation oder einer sonstigen Behandlung aus dem Weg zu gehen und einfach durch Beten gesund zu werden?

»Es ist möglich. Und es ist durch das, was ihr Wunder nennt, an Menschen bewiesen worden. Doch wie entsteht so ein Wunder? Um ein Wunder in einer Heilung zu erleben, muß alles zustimmen: dein Geist (Spirit), deine Seele, also damit dein Intellekt und dein emotionaler Körper, und deine Persönlichkeit. Wenn alle zusammen dieser Heilung zustimmen, dann wird sie sich sofort manifestieren. In der Sekunde, in der alle Aspekte von dir diese Wahl treffen, findet sie statt. Wenn also dein Fokus klar und kraftvoll ist, dann ist das durch ein Gebet zu erreichen. Ist es das nicht, dann benutze, was dir die Medizin in allen Bereichen zur Verfügung stellen kann. Aber benutze auch dazu dein Bewußtsein. Arbeite in dir mit den Ärzten zusammen: Visualisiere, daß du mit deinen Zellen sprichst, und fordere sie zu Gesundheit und Harmonie auf.«

Ich erinnerte mich an die Halsschmerzen, die ich hatte, und dachte an die Rückenschmerzen, die ich in letzter Zeit häufig zwischen meinen Schulterblättern spüre. »Offensichtlich bin ich noch nicht in der Lage, alle meine Aspekte zusammenzuführen, denn sonst hätte ich ja diese Schmerzen nicht«, stellte ich fest.

Solano lächelte milde. »Laß uns deine Halsschmerzen als erstes betrachten. Du hast meditiert, saßt vor dem Feuer, gingst auf die Knie und hast vieles andere probiert. Es hatte dir nicht den gewünschten Erfolg gebracht.«

»Aber warum denn nicht?« unterbrach ich ihn.

»Du hattest den Anfang verpaßt. Du merktest sehr bald, daß irgend etwas hier nicht stimmte, aber du kommuniziertest nicht mit dem Bewußtsein des Virus. Obwohl du erkannt hast, wie das

Virus in deinen Körper eindrang, hast du aber nichts dagegen unternommen. Dann als sich das Virus schon in deinem Körper verteilt hatte, versuchtest du, es zu stoppen.«

Klar, logisch. Das Virus hatte seine Freunde schon eingeladen. Sie hatten sich bei mir schon breitgemacht.

Solano fuhr fort:»Du hast dich dann entschlossen, zum Arzt zu gehen und Medikamente zu nehmen. Das hat dir geholfen. Es war nicht notwendig, diese Schmerzen noch länger zu ertragen, da du nur den Moment des Einstiegs ignoriert hattest.«

Ich mußte lachen. Ich hatte mir also ein »Räumungskommando« bestellt. Die Medikamente schubsten alles heraus, was sich da schon breitgemacht hatte. Also gut, das verstand ich, aber was ist nun mit meinen Rückenschmerzen?

»Gehe zurück in deiner linearen Auffassung von Zeit, und sage mir, was vor einem halben Jahr passiert ist.«

Ich dachte nach. Ich erinnere mich, daß ich eine Zeit der Ruhe brauchte. Es war kurz nach Jacquelines Übergang und kurz nachdem ich aus Deutschland zurückgekommen war. Ich war unendlich müde und hörte sogar auf, regelmäßig zu trainieren und mich zu bewegen. Damals tanzte ich jeden Tag für eine halbe Stunde. Ich verändere meine Übungen regelmäßig, da sie mich nach einiger Zeit etwas langweilen. Nach Gewichteheben, Karate, Joggen, Pilates, Schwimmen und Yoga kam eben das Tanzen. Teilweise hatte ich ein schlechtes Gewissen, denn ich weiß, wie wichtig es ist, den Körper zu bewegen, aber ich fühlte tief in mir, daß ich Ruhe brauchte, und die schloß meinen Körper mit ein.

Ich holte tief Luft und antwortete Solano:»Ich fühlte, daß mein Körper Ruhe braucht.«

Solano nickte:»Das ist richtig. Dein Körper paßte sich deiner neuen Entwicklung an. Er folgte dir. Und das dauerte ein bißchen, da der Körper eine etwas langsamere Vibration als dein Spirit hat. In deinem Körper haben sich Erfahrungen aufgestaut, alte Erlebnisse, die du nicht mehr tragen willst, von denen du dich lösen möchtest. Und dieses Lösen findet auf diese Art statt. Manchmal entsteht dadurch ein Schmerz, denn das Lösen dieser alten Strukturen ist eine Starrheit, die aufgeweicht werden muß. Und in diesem Aufweichen liegt manchmal dieser Schmerz.« Ich mußte an die Geschichte mit der Schlange denken. Es fällt ihr bestimmt nicht leicht, die alte, zu enge Haut loszulassen, und wahrscheinlich ist das Gefühl, die Schlangenhaut abzustreifen, ähnlich meinem Gefühl, alte Erfahrungen loszuwerden, quasi meine alte Haut loszuwerden.

Ich fühlte damals auch, daß ich diese Ruhe wirklich brauchte, und fragte Solano danach, ob das eine richtige Entscheidung war.

»Du hast gelernt, deinem Körper zuzuhören. Und selbst wenn das, was du gehört hast, deinem Intellekt nicht gefallen hat, dann hast du es trotzdem getan. Denn dein Intellekt klagte dich der Faulheit an. Aber du wußtest, daß es etwas anders war. Es war das Wissen, daß dein Körper jetzt in Ruhe gelassen werden will und daß du ihm diese Zeit geben mußt. Das hast du getan, und erst vor kurzem kam wieder diese Lust auf, dich zu bewegen. Und auch das hast du erkannt, durch dein neues und tieferes Verhältnis zu deinem Körper.«

Ein paar Wochen später durfte ich gleich mal ausprobieren, was ich von Solano gelernt hatte. Ich war wieder mal auf dem Weg nach Deutschland und merkte schon im Flieger, daß ich eine verstopfte Nase bekam. Fast automatisch dachte ich mir:»Na ja, das wird schon nichts werden, das ignoriere ich einfach.« Aber plötzlich wurde mir klar, daß Ignorieren vielleicht doch nicht genug ist. Also schloß ich die Augen und suchte das Virus. Ich fand es hinten im Hals auf dem Weg in meinen Oberkörper. Ich forderte es zu einem Gespräch auf. Ich brachte für es und mich einen Stuhl und setzte mich ihm gegenüber:»Mein liebes Virus«, erklärte ich ihm, »dies ist mein Haus, und ich habe keinen Platz für dich. Dieser mein Körper ist gesund und in Harmonie und so, wie er ist, vollkommen zufrieden. Ich habe dich nicht eingeladen, und du bist hier nicht willkommen. Stehe auf und gehe.«

Das Virus guckte mich nur verdattert an und antwortete nicht. »Hast du mich verstanden?« fragte ich streng. Es nickte. Ich nahm ihm den Stuhl weg und schickte es zur Tür, meinem Mund. »Spring«, forderte ich es auf, und es drehte sich um und meinte jammernd: »Ja, wo soll ich denn hingehen?« »Das kann ich dir nicht beantworten.« Und nach einem kräftigen Husten in meine Serviette faltete ich dieses Virus darin zusammen und versteckte es in der Seitentasche meines Sitzes, um es dann später wegzuwerfen. Ich bemühte mich, bestimmt zu wissen, daß das jetzt damit erledigt sei. Und das war gar nicht so einfach... Ab und zu kratzte mein Hals ein bißchen; dann erinnerte ich mich daran, daß ich das Virus hinausgeschmissen hatte, und sofort hörte das Kratzen auf.

Ein anderes Mal erwischte ich ein Virus, wie es langsam an der Innenwand meiner Nase hochkrabbelte. Als ich mit ihm sprach, antwortete es scheinheilig: »Sei mir doch dankbar, daß ich komme, dann hast du endlich mal ein paar Tage Ruhe und kannst dich hinlegen.« Auch kein schlechtes Argument. Aber ich gönne mir mittlerweile auch Ruhe, ohne daß ich krank bin, und so wirkte das nicht mehr. Dieses Virus mußte ebenfalls gehen.

Ich tonte auch regelmäßig, seither habe ich es mir angewöhnt, denn ich glaube, daß es mir hilft, Harmonie und Balance in meinem Körper aufrechtzuerhalten. Denn ich habe noch viel mit ihm vor! Ich stelle es mir herrlich vor, wenn ich in der Lage bin, ohne Flugzeuge zu reisen und meinen Körper auseinanderzunehmen und wieder zusammenzubauen. Und um das zu erfahren, will ich ihn gut behandeln. Doch was ist es, was unser Körper braucht, und wie schaffen wir es, noch harmonischer mit uns und unserem Umfeld zu leben?

13

Technik

Neues zum Leben

Die meisten von uns leben nicht auf einer Bergspitze. Wir sind nicht umgeben von natürlichem Holz, tragen weder Baumwolle aus eigenem Anbau, noch essen wir Lebensmittel aus dem eigenen Garten oder lesen bei Kerzenschein mit Tinte geschriebene Briefe. In unserem Leben brauchen wir den Strom, das Telefon, den Computer, das Auto, das Flugzeug. Selbst unsere Kinder wissen, wie die Fernbedienung des Fernsehers zu bedienen ist, die Stereoanlage an- und ausgeht, und von dem Einstellen eines Super-Nintendos ganz zu schweigen. Wir sind umgeben von einer Technik, die wir zwar brauchen, aber meistens nicht verstehen. Wir haben keine Ahnung, wie die meisten Objekte, die uns umgeben, funktionieren.

Wir werden von einem Wecker geweckt, den wir nicht reparieren könnten. Wir heben ein Telefon ab, dessen System wir nicht begreifen. Wir bekommen ein Fax, und es ist uns unerklärlich, wie diese Nachrichten bei uns ankommen. Die Arbeitsweise einiger unserer Geräte ist einfacher nachvollziehbar: Wie unsere Kaffeemaschine funktioniert, verstehen wir leicht, ebenso unser Ofen und der Eierkocher. Im Auto fehlt uns wahrscheinlich wieder (außer Sie sind Automechaniker) jedes Verständnis, warum dieses Ding sich denn eigentlich bewegt. Unser Computer ist nur für Eingeweihte einschaubar, und wie ein Flugzeug fliegt, werde ich wahrscheinlich nie begreifen.

Wir sind die Menschen, die weder auseinandernehmen noch reparieren können, was uns so tagtäglich umgibt. Das unterscheidet uns gewaltig von unseren Vorfahren. Wir fühlen diese Abhängigkeit von unserer technischen Welt, und in dieser Abhängigkeit fühlen wir eine Unselbständigkeit. Wir befürchten manchmal, daß wir ohne die Technik verloren sind. Deshalb ist es auch möglich, daß zum Jahr 2000 so viele Menschen nervös geworden sind. Wo kommt mein Strom eigentlich her? Wie funktioniert eigentlich eine Banküberweisung? Wo ist eigentlich mein Geld?

Viele erinnern sich mit Beruhigung daran, wie ihr Geld noch relativ sicher unter der Matratze lag. Das konnte man nachzählen. Unser Vermögen steht heute auf einem Stück Papier oder erscheint auf einem Computerbildschirm. Der Wert ist nicht mehr »berührbar«. Und in dieser Unfaßbarkeit fühlen wir uns manchmal wie verloren.

Wir fühlen uns abhängig und vergessen die Grandiosität unseres Seins. Statt dessen sollten wir uns daran erinnern, daß alles Gerät, was wir benutzen, von uns Menschen ausgedacht und konstruiert worden ist. Nicht immer von uns persönlich. Aber einige Menschen wissen, wie sie funktionieren. Wenn wir uns klarmachen, daß die menschliche Intelligenz alle diese Kreationen erschaffen hat, dann erkennen wir erst, zu was wir fähig sind.

Wir leben in einer Welt, in der wir ohne Technik so wohl nicht leben könnten. Jeder von uns »Normalbürgern« hat jetzt mehr »Macht« als vor relativ kurzer Zeit ein König. Wir können nach einem Knopfdruck mit jemandem am anderen Ende der Welt sprechen. Wir können in wenigen Stunden bei ihm sein. Wir können durch E-Mailing global miteinander kommunizieren. Keine Information der Welt ist uns wirklich verborgen. Wir haben diese Macht, doch gleichzeitig auch eine Sorge: Wir benutzen die Macht zwar, aber wir kontrollieren sie nicht mehr persönlich.

Oder doch?

Wir entscheiden, wieviel Technik wir »zu uns nehmen« wollen. Und wir entscheiden ebenso, ob und wie wir diese Technik benutzen und auch ausbalancieren wollen. Denn es ist möglich, trotz Computer, Telefon, Strom und Auto ein ausgeglichenes Leben zu führen, selbst wenn wir nicht auf eine Bergspitze ziehen wollen. Aber das erfordert ein Bewußtsein und damit eine Erkenntnis für das, was wir brauchen, und für das, was für uns und unseren Körper zuviel Belastung ist.

Unser Körper ist keine technische Kreation. Er hat keine elektrischen Schalter und keine Knöpfe. Er besteht zu sechzig bis siebzig Prozent aus Wasser und wird durch das, was von der Erde kommt, ernährt. Und doch tun wir oft so, als ob Strom unsere Nahrung wäre. An unserem Körper tragen wir mobile Telefone, Pager und batteriebetriebene Uhren. In unseren Wohnungen sind wir von jeder Menge elektrischen Geräten umgeben, vom Büro oft ganz zu schweigen. Es gibt einen Grund, warum in Flugzeugen Mobiltelefone ausgeschaltet werden müssen und warum CD-Spieler nicht benutzt werden sollen. Jedes elektrische Gerät schickt eine elektrische Frequenz aus. Und diese Frequenz bewegt sich irgendwohin und löst irgend etwas aus. Und das tut sie auch an unserem Körper. Denn auch wir verfügen über eine elektromagnetische Frequenz, die Informationen ausschickt und aufnehmen kann.

Mein Computer hat sich zum Beispiel an mich gewöhnt. Durch das Berühren seiner Tastatur habe ich meine Frequenz in ihn hineingeschickt. Wenn jemand meinen Computer reparieren soll, dann funktioniert bei ihm oft das Touchpad nicht mehr: Das ist eins von diesen Sensorenfeldern, auf denen man mit dem Daumen den Mauszeiger bewegt. Jedesmal, wenn der Techniker an meinem Computer arbeitet, höre ich bald ein Stöhnen: »Dieses Ding funktioniert bei mir einfach nicht.« Er hat die größten

Schwierigkeiten, den Mauszeiger zu bewegen, und nicht selten sitze ich am Computer, während er mir Anweisungen gibt, was zu tun ist. Die ersten beiden Male gab ich den Computer frustriert zur Reparatur. Aber da war nichts zu reparieren. Alles war wunderbar in Ordnung. Solange *ich* darauf schrieb.

Oft öffnet mein Computer irgendwelche Programme nicht. Fast ausschließlich immer dann, wenn ich »eigentlich« an etwas anderem arbeiten soll. Da war der Newsletter für »My Angel and I«, den ich fertigschreiben wollte, aber die Datei ging nicht auf. Mittlerweile probiere ich es nicht mehr lange aus, sondern überlege mir gleich, was ich zuerst erledigen soll; wahrscheinlich ist es irgendein Brief, der dringender rausmuß. Und diese Datei läßt sich dann ohne Probleme öffnen. Wie mit magischer Hand öffnet sich dann auch mein Newsletter, wenn ich mit dem anderen fertig geworden bin.

Ich spreche nicht davon, daß wir unsere Telefone aufgeben sollen, den Computer ausschalten und per Pferdekutsche nach Italien reisen sollen. Aber wir brauchen ein Gleichgewicht, in der die Technik unser Diener und nicht unser Meister ist. Neben meinem Computer steht eine Pflanze, damit die positiven Ionen, die mein Computer ausschickt, den negativen, die von der Pflanze kommen, gegenüberstehen. Dadurch kreiere ich an meinem Schreibtisch die Harmonie, die ich suche.

Unsere elektrischen Geräte haben sich an uns gewöhnt, wie wir uns an sie. Aber trotz allem braucht unser Körper Natürliches um sich herum, um sich zu regenerieren. Und wann regenerieren wir uns am meisten? Im Schlaf. Doch viele Schlafzimmer schauen wie Unterhaltungszentren aus: Da ist die Stereoanlage gleich neben unserem Kopf. Der Fernseher gleich gegenüber. Die diversen Lichter um uns herum. Manchmal brennt noch eine Lampe im Halbdunkel, der elektrische Wecker arbeitet ununterbrochen während der Nacht, und vielleicht sind wir auch noch vor dem laufenden Fernseher eingeschlafen. Dieses elektrische Feld arbeitet und bewegt sich in unserem Schlafzimmer und hat natürlich einen Einfluß auf die Tiefe und die Ruhe unseres Schlafes.

Schlafstörungen treten nicht selten dann auf, wenn zu viele elektrische Frequenzen in einem Zimmer sind. Und bedenkt man, daß Schlafstörungen dann auch noch mit diversen Elektroden am Körper gemessen werden, in einem Raum voller elektrischer Geräte, ist das schon bemerkenswert...

Vor einigen Jahren fing ich an, unser Schlafzimmer zu entleeren. Mein Mann liebt seinen Fernseher. Er ist ein »Informationsjunkie«. Er möchte wissen, was in der Welt vor sich geht, und Nachrichtensendungen sind seine liebste Informationsquelle. Früher hatten wir für ihn im Schlafzimmer einen Kopfhörer, da ich keine Lust hatte, mit den Dramen der ganzen Welt einzuschlafen. Was immer in der letzten Stunde vor dem Einschlafen passiert, nehmen wir mit in unseren Schlaf. Ob es die Nachrichten sind oder ein tödliches Drama, das wir gespannt verfolgen, oder ein spannender Krimi, den wir ganz fasziniert lesen, der Inhalt wird in unserem Unterbewußtsein gespeichert und in unseren Träumen verarbeitet. Das wurde mir durch mein Studium als Hypnosetherapeutin klar, und nicht nur Julia mußte ihre halbe Stunde Fernsehen täglich auf einen früheren Zeitpunkt legen. Es sollte ebenso der Fernseher aus unserem Schlafzimmer verschwinden. Mein Mann war da ganz anderer Meinung. Ich schlafe dort aber auch, und selbst wenn er seine Kopfhörer benutzt, ist da trotzdem das Flimmern des Bildschirms und das Flüstern der Akteure. »Entweder der Fernseher oder ich« war dann einfach eine Forderung, die ich stellen mußte. Irgendwie wurde ihm klar, daß er hier auf verlorenem Posten stand, und er entschied sich dann doch für mich.

Am nächsten Morgen war der Fernseher aus unserem Schlafzimmer verschwunden. Damit war eine ganz erstaunliche Ruhe eingekehrt. Wir unterhalten uns jetzt viel mehr im Bett, als wir es vorher getan haben, denn wir genießen diese Zeit zusammen. Mein Mann hat sich übrigens über den Verlust des Fernsehers im Schlafzimmer noch nie beschwert.

Erst vor kurzem bin ich wieder aufmerksam durch mein Schlafzimmer gegangen. Ja, da sind noch einige elektrische Geräte. Wie kann ich sie benutzen und dabei auf unnötige elektronische Schwingungen verzichten? Nach etwas Nachdenken bekam ich einige Ideen. Ich will meine Stereoanlage im Schlafzimmer behalten, denn ab und zu höre ich gern Musik, aber die meiste Zeit ist sie unbenutzt. Also beschloß ich, den Stecker aus der Dose zu ziehen. Ein kleiner Brunnen plätschert tagsüber vor sich hin, um die Energien im Schlafzimmer zu bewegen. Auch er wird nachts ausgestellt. Wie unser warmes Wasserbett, das wir beide sehr lieben. Durch ein elektrisches Heizsystem unter dem Bett wird das Wasser erwärmt, wann immer es unter eine bestimmte Temperatur fällt. Und das passiert natürlich auch in der Nacht. Automatisch ziehe ich jeden Abend den Stecker aus und stecke ihn am Morgen wieder ein. Tagsüber hat es genügend Zeit, sich aufzuheizen, um für den kommenden Abend warm zu sein.

Die Lage unseres Schlafzimmers hat Vorteile. Es hat zwei Außenwände, die von Natur umgeben sind. Wir haben Pflanzen im Schlafzimmer, um ihre beruhigende Wirkung im Schlaf aufzunehmen. Viele Kerzen und Düfte, die für uns beide angenehm sind. Und wie gesagt einen Brunnen, der die Energie bewegt.

Mein Wunschtraum ist es, einmal ein Schlafzimmer mit einer riesigen Terrassentür zu haben, damit das Bett zum Schlafen auf Rollen auf die Terrasse geschoben werden kann. Um nachts beim Einschlafen den Sternen zuzusehen und dann morgens einfach wieder hereingerollt zu werden. Irgendwann einmal in diesem Leben kreiere ich das noch. So stelle ich mir die ideale Kombination von Technik und Natur vor: ein elektronischer Bewegungsmechanismus, der das Bett nach draußen fährt, damit wir dann unter freiem Himmel schlafen können: Technik und Natur perfekt vereint.

Doch die Technik hat nicht nur individuelle Ergebnisse, sondern auch globale. Durch die Technik lernen wir andere Menschen kennen. Durch unseren Fernseher, unsere Radios, unsere Telefone und das Internet beziehungsweise E-Mails verbinden wir uns mit anderen und beeinflussen uns dadurch gegenseitig. In dieser Verbindung fühlen wir eine Nähe zueinander, die uns auch mehr gegenseitiges Verständnis bringt. Aber ebenso mehr Verantwortung. Denn was ist es, was wir zu uns lassen, und was ist es eigentlich, das unsere Wahrnehmung beeinflußt?

Vor hundert Jahren wurde unsere Wahrnehmung hauptsächlich von den Eltern und den Geschwistern beeinflußt. Stellen wir uns vor, daß wir damals auf dem Land lebten. Wir hatten mehr Platz, aber auch weniger Informationen darüber, was in der Welt geschah. Wir beobachteten unsere Familie und die Nachbarn und entschieden so, wie und was wir sein wollen. Heute ist der Einfluß der Eltern und Geschwister sehr viel geringer. Denn das Fernsehen liefert uns die Vorgaben, wie wir denken sollen. Jede Frage scheint beantwortet zu werden: was wir anziehen, was wir essen, wie wir miteinander schlafen und was wir kaufen sollen.

Unsere Einzigartigkeit ist einer Modeerscheinung gewichen. Wir wollen dazugehören. Wir haben uns angepaßt, um nicht aufzufallen. Doch gerade unsere Einzigartigkeit ist eines unserer größten Geschenke. Ähnlich wie bei Puzzlestücken, die, wenn sie alle gleich wären, keinen Sinn ergäben, so muß sich auch unsere Einzigartigkeit ausdrücken können, denn erst dann fühlen wir die Freiheit und die Lebenslust. Die Sehnsucht unsere Seele gibt es nicht im Zehnerpack. Die kommt einzeln. Allein. Individuell verschieden. Um unsere Einzigartigkeit zu erkennen, hilft es, Zeit mit sich selbst zu verbringen. Für Stunden oder Tage oder vielleicht sogar Wochen Abstand von dieser Beeinflussung durchs Fernsehen, durch das Radio zu haben, um erkennen zu können, wer wir wirklich sind und wer wir sein wollen. Wir nehmen dadurch Urlaub von der Beeinflussung.

Doch nicht nur die Technologie beeinflußt uns, auch die Gedanken unserer Mitmenschen. Gedanken sind zwar frei, aber keineswegs ohne Effekt. Das hat zur Folge, daß das zu enge Zusammenleben sehr anstrengend für uns ist. Im Unterbewußtsein erkennen wir die Gedanken der anderen und fühlen uns oft wie bombardiert. Wir fangen telepathisch Gedanken auf, die nicht immer unsere sind. Nicht nur wenn wir nebeneinander stehen, sondern auch, wenn wir nebeneinander leben. Halten wir uns also in einer Umgebung auf, die aggressiv und gereizt ist, dann fühlen wir das. Ein Umfeld, das liebevoll, fröhlich und ausgeglichen ist, unterstützt uns in unserer eigenen Leichtigkeit. Gedanken sind Energien, die unser Lichtfeld – unsere Aura – berühren. Das heißt übrigens nicht, daß jemand anders uns gedanklich kontrollieren kann. Wir haben unseren freien Willen. Aber die Gedanken haben Einfluß auf uns. Wie das Wetter. Die Nachrichten. Die Modeerscheinungen. Unsere Nahrung. Wenn wir uns über unser Lichtfeld bewußt sind, dann wissen wir, wie wichtig alles in unserer Nähe ist. Man kann es mit den Pflanzen in unserer Nähe vergleichen: Manche Blumen riechen gut, und manche Pollen, die um uns herumschwirren, bringen uns zum Niesen. Positive Gedanken haben eine höhere Frequenz als negative. Und je klarer wir unsere Gedanken kontrollieren, desto weniger Einfluß entsteht durch die Gedanken anderer. Man kann es auch mit der Ernährung vergleichen. Je gesünder unser Essen ist, desto kräftiger sind unser Körper und unser Immunsystem.

Was für den einzelnen gilt, gilt natürlich ebenso für unseren Globus. Auch hier liegt es an uns, inwieweit wir die Gedanken der Welt erleichtern. Erleichterung entsteht aber nicht durch Anpassung. Wir sind dabei, unsere Einzigartigkeit zu erkennen, und wenn wir sie dann erleben, werden wir unsere Technologie nicht mehr dazu benutzen, uns anzupassen, sondern dazu, uns miteinander zu verbinden. Das größte Geschenk unserer Technik.

Durch diese Verbindung aller Menschen entsteht eine Veränderung im globalen Bewußtsein. Denn wenn wir unsere Gedanken weltweit erhöhen, dann erhöhen wir damit auch die Frequenz unseres Planeten. Ein wichtiges Ereignis, das das Bewußtsein unseres Planeten regelrecht »geschüttelt« hat, war der Tod von Prinzessin Diana. Die Welt fühlte sich mit ihr verbunden und betrachtete ihr Leben als heldenhaft. Diana war in ihrem Leben durch viele Krisen gegangen und hatte sich daraus zu dem Menschen entwickelt, der Mitgefühl und Zärtlichkeit publik machte. Die Haltung des britischen Königshauses, früher respektiert wegen seiner stoischen Haltung, war plötzlich nicht mehr zeitgemäß. Daß sie keine Gefühle zeigte, brachte der englischen Königsfamilie den Ruf ein, herzlos zu sein. Was einst wichtig war – nämlich die Einstellung »The show must go on« –, wurde über Nacht überholt. Wir weinten gemeinsam, und wir fühlten gemeinsam. Was für ein Geschenk Prinzessin Diana sogar durch ihren Tod ihren Mitmenschen gab!

Unsere Technik half uns in dieser Verbundenheit. Wir sahen Prinzessin Dianas Auto, den Tunnel, die Beerdigung. Wir sahen die weinenden Menschen und die Zärtlichkeit von Fremden, die sich gegenseitig trösteten. Wir fühlten uns eins in diesem Schmerz. Aber nicht nur dort. Wir fühlten auch die Veränderung einer Anschauung. Einer Anschauung, die sich von einem »Nur nichts anmerken lassen« in ein »Ich zeige, wie ich mich fühle« veränderte.

Wochen später waren die Zeitschriften, Zeitungen und Sendungen immer noch voll mit Berichten über diese überraschende Veränderung. Wohl nie zuvor gab es so viele Artikel über Emotionen. Wir haben uns verändert. Global verändert. Denn durch die Hilfe der Technik waren wir verbunden, und in dieser Verbundenheit haben wir Gedanken und Wahrnehmungen verändert. Zu unserem Besten und zum Besten unseres Planeten. Wir machten dadurch Mitgefühl »hoffähig«.

Wir haben die Möglichkeit, durch unsere Technik das Bewußtsein auf unserem Planeten zu verändern. Wir benutzen die

Technologie, da wir mit Telepathie noch nicht so vertraut sind. Aber auch das wird sich ändern. Je natürlicher wir mit unseren Talenten umgehen, desto selbstverständlicher wird sich die Welt in das Paradies verwandeln, zu dem es ausersehen ist. In eine Welt, in der wir natürlich leben und unsere Individualität ausdrücken werden.

14

Natur und Naturgeister

Natürlich leben

Um natürlich zu leben, ist es wichtig, daß wir uns mit Dingen umgeben, die noch nicht verändert worden, die noch so ursprünglich wie möglich sind. Die uns in ihrer Ursprünglichkeit an uns selbst erinnern. Fast an allem haben wir Menschen schon herumgebastelt und es verändert. Aber bei einigem ist noch die ganze Natürlichkeit erhalten geblieben. Da gibt es Steine, die wir in Ruhe gelassen haben, Bäume, die noch so wachsen, wie es mal geplant war, und unsere Tiere, die im wesentlichen noch unverändert sind, selbst wenn wir sie gezüchtet haben.

Solano beschreibt Tiere, Pflanzen und Steine als »das unverändert Göttliche«. Und in der Nähe dieses unverändert Göttlichen zu sein beruhigt unser »Sensorenfeld« und heilt unsere Nervosität. Jedes dieser unverändert göttlichen Wesen hat ein Geschenk für uns.

Ein Stein enthält Informationen. Jeder, der schon mal einen Stein bewußt in der Hand gehalten hat, fühlte diese Ruhe, die von ihm ausgeht. Ein Stein lehrt uns Geduld: Ein Stein lehrt uns, jetzt im Moment zu leben und nicht der Zukunft vorzugreifen.

Da ist ein Baum, der uns mit Sauerstoff versorgt. Ohne den wir hier in dieser Körperform wahrlich nicht existieren könnten. Ein Baum hat eine Wahrnehmung. Ein Bewußtsein. Ein Baum hat diese unverbrauchte göttliche Energie, an der wir uns wieder aufladen können. Ein Baum ist ein lebendiges Beispiel dafür, daß wir wachsen können, wenn wir fest in der Erde verwurzelt sind. Je größer und weiter das Wurzelbett, desto höher kann der Baum werden und sich zum Licht strecken. Auch wir fühlen uns geerdet, ruhig und verbunden, wenn wir ein natürliches Leben leben, und wir bekommen dadurch die Kraft zum Wachsen!

Und unsere Tiere, die uns das Leben im Moment beibringen. Eine Katze, die sich zum Schlafen ausstreckt und sich keine Sorgen macht, wo ihr nächstes Mahl herkommt. Deren Augen fasziniert eine Fliege verfolgen. Ein Vogel, der uns am frühen Morgen sein Lied schenkt und dessen Töne unser Nervensystem beruhigen. Ein Hund, der uns liebevoll begrüßt, der uns zum Spielen und zum Spaziergehen »überreden« will und uns durch seine Vertrautheit ein Zusammengehörigkeitsgefühl vermittelt.

Tiere schenken uns ihre Liebe bedingungslos. Ein Tier kennt seine Pflicht, seine Aufgabe und seine Begrenztheit. Tiere opfern sich für uns. Die Tiere sind sich ihres Opfers als Nahrung durchaus bewußt und haben dem auch als Seelen zugestimmt. Und in Dankbarkeit dafür sollten wir sie gut behandeln. Es ist wichtig für uns, anzuerkennen, daß Tiere Emotionen haben. Diese Emotionen manifestieren sich auch in ihrem Fleisch, ähnlich wie unsere Gefühle im Körper Ausdruck finden. Ist ein Tier glücklich und artgerecht aufgewachsen, ist es dieses Glück und dieses Wohlgefühl, das sich im Fleisch wiederfindet, welches dann wir verzehren. Es versorgt unseren Körper mit hilfreichen Nährstoffen und mit Lebenskraft. Sind es aber Verzweiflung, Schmerz und Angst, die das Tier erlebt hat, dann ist es auch genau das, was wir durch dieses Fleisch in uns aufnehmen. Fleisch, das zu billig ist, muß aus einem Zuchtbetrieb kommen, der so knapp wie möglich kalkuliert. Es ist dann kein »Schnäppchen« für uns, wenn wir dieses Fleisch kaufen, sondern sein Verzehr bedeutet eine Belastung für unseren Körper.

Meine Freundin Samantha Khury, die telepathisch mit Tieren

kommuniziert, erzählte mir eine Geschichte, die mich sehr berührt hat. Sie wurde nach Schweden gebeten, um mit den Kühen auf einem Bauernhof zu »sprechen«. Die Bauern hatten in der Zeit zuvor große Schwierigkeiten mit dem Nachwuchs ihrer Kühe gehabt: Es wurden zuwenig Kälber geboren, und sie wollten herausfinden, warum. Samantha empfängt Bilder und Emotionen von den Tieren, die sie dann an deren Besitzer weitergibt. Sie antwortete durch Bilder und Emotionen, die sie an die Tiere schickte. Samantha ging in den ersten Stall zu einer Kuh mit einem zwei Tage alten Kalb. Das erste, was Samantha auffing, war ein unendlich trauriger Blick aus diesen großen Kuhaugen und eine tiefe Panik, gepaart mit dem Gedanken: »Ist es heute schon soweit?« Samantha wußte nicht genau, was sie damit anfangen sollte, und ging näher auf das Tier zu. Das Muttertier wich zurück, und wieder trat diese unglaubliche Panik auf, gepaart mit einer tiefen Traurigkeit, daß Samantha zu weinen anfangen mußte. »Ist es heute schon soweit?«, und wieder war da diese Frage, mit der sie nichts anfangen konnte.

Sie schickte der Kuh das Gefühl einer Frage. Und die Mutterkuh schickte ihr ein Bild: Wie ihr das Kind zu früh weggenommen wird.

Viel zu früh! Samantha sprach mit den Bauern, die ihr erklärten, daß das Kalb der Mutter in der Regel nach drei Tagen entzogen wird. Unter natürlichen Umständen würde es fünf bis sechs Monate bei der Mutter bleiben. Kein Wunder, daß die Kühe keine Kinder mehr bekommen wollen! Wir würden auch damit aufhören, wenn man uns jedes unserer Kinder so früh wegnähme. Jede Mutter kann das nachvollziehen. Und solche Gefühle sind bei einer Kuh genauso vorhanden. Ob wir das annehmen wollen oder nicht. Doch nicht nur in Schweden ist der Rückgang der Geburten aufgefallen. Auch in den USA geht der Bestand der Jungtiere immer mehr zurück. Hier wird ebenfalls überlegt, woran das denn nur liegen könnte...

Mehr und mehr Menschen kümmern sich darum, daß das Bewußtsein um natürliche Tierhaltung wächst. Und die Erkenntnis, daß die Masse nicht wichtiger als die Qualität ist. Wie die Tiere muß auch unsere Erde natürlich behandelt werden, denn sonst ist sie eines Tages einmal zu ausgelaugt, um überhaupt noch irgend etwas herzugeben.

Vor Jahren sah ich mal im Fernsehen einen Bericht über zwei Landwirte. Der eine bewirtschaftete sein Land ohne Pestizide, und der andere benutzte alle möglichen »modernen« Methoden. Das Land der beiden grenzte aneinander, und dazwischen war ein kleiner Grünstreifen von etwa zwei Metern. Der Reporter stand auf diesem Grünstreifen und hielt je eine Handvoll Erde. Die eine Erde war hellbraun und dünn, fast wie Sand, und rann ihm durch die Finger. Sie kam von dem Land, das mit »modernen« Mitteln bearbeitet wurde. Die andere Hand war voll von dunkler fester Erde. Sie sah so aus, wie Erde aussehen soll. Man sah einen Wurm, der da noch kroch, und eine Kraft, die sich förmlich durch den Fernseher auf den Zuschauer übertrug. Welche Erde mehr Nährstoffe enthält und diese an das Gemüse weitergibt, braucht nicht erklärt zu werden.

Wir fangen an, Gemüse gentechnisch zu manipulieren, um es länger frisch zu halten. Wir fügen den Pflanzen Gene zu, die sie eigentlich nicht enthalten. Es ist mir mit einem einleuchtenden Vergleich erklärt worden: Das ist so, als wenn wir ein Zimmer voller wundervoller und teurer Museumsstücke hätten. Angenommen, wir wollten eine weitere wundervolle Skulptur dazugeben, weil wir glaubten, daß unser »Museum« dadurch verschönert und verbessert werden würde. Also öffneten wir das Fenster und würden die Skulptur einfach hineinwerfen. In der Hoffnung, daß sie schon sicher und heil irgendwo landet, natürlich nichts auf dem Weg dahin zerstört und irgendwie wie ein Wunder sich auf einem herrlichen Stand niederläßt. So ähnlich funktioniert das, wenn wir ein Gen einem Gemüse zufügen. Das Gen »kennt sich nicht aus«. Wir kennen uns nicht aus. Und die anderen Gene kennen sich mit dem neuen Gen nicht aus. Was da passiert, können wir nur ahnen. Und auch darin kennen wir uns nicht aus.

Es ist meiner Meinung nach wichtig, unsere Nahrung so natürlich wie möglich zu halten. Denn das bringt uns die Natürlichkeit in unseren Körper, die wir brauchen. »Unnatürliches« gibt es schon genug in unserer Umgebung. Das muß nicht noch vermehrt werden.

Alles unverändert Göttliche um uns herum hilft uns, natürlich zu leben. Wann war es das letzte Mal, daß wir nackt auf der Erde lagen? Als Baby vielleicht? Unsere Körper kommen von der Erde, die Erde bringt uns unsere Nahrung und unsere Medizin. Nackt mit dem Rücken auf der Erde zu liegen hilft uns, unsere Chakren zu balancieren. Und dabei kann man auch einfach vor sich hin träumen. Die Erde und unser Körper verbinden sich ganz natürlich, wir müssen es einfach nur zulassen.

Oder Barfußgehen. Nicht nur im Haus, auf dem weichen Teppichboden, sondern besonders im Garten. Julias Freundin Erika war einmal bei uns zu Besuch, und es regnete diesen warmen Frühlingsregen. Wir alle drei gingen draußen spazieren. Ohne Hut und ohne Schirm tanzten wir im Regen. Barfuß natürlich. Erika jauchzte vor Vergnügen und meinte nur: »Meine Mama würde mir das nie erlauben.« Warum erlauben wir das nicht? Weil uns erzählt worden ist, daß wir davon einen Schnupfen kriegen, in eine Glasscherbe treten können oder einfach die Nachbarn nur wirklich komisch schauen würden. Nichts von dem ist mir je passiert.

Doch, halt, einmal haben ein paar Leute wirklich ganz erstaunt geschaut. Julia und ich waren auf einem Kinderspielplatz, und dort gab es einen Hügel. Als ich diesen Hügel betrachtete, erinnerte ich mich an ein Spiel, das wir als Kinder immer gespielt haben. Wir legten uns auf die Spitze dieses Hügels und rollten nach unten. Etwas, was ich schon seit dreißig Jahren nicht mehr gemacht hatte. Ich winkte meine Tochter her und meinte: »Ich zeig' dir mal, was deine Mama als Kind immer gern gemacht hat.« Und damit rollte ich lachend den Berg hinunter. Ich habe schon lange aufgehört, mir darüber Sorgen zu machen, ob ich irgendwelche Flecken auf meine Kleidung bekomme. Das habe ich von Julia gelernt. Kinder haben diese Spontaneität noch nicht verloren, und durch Julias Hilfe bekomme ich sie wieder. Natürlich waren auch andere Eltern mit ihren Kindern auf dem Spielplatz, und mehr und mehr konnten wir aus unseren Augenwinkeln heraus sehen, wie wir beobachtet wurden. Mittlerweile waren es gut fünf Kinder, die mit mir diesen Berg runterrollten. Nach einer Weile gingen wir zum Auto, und ich drehte mich noch mal um. Da war doch glatt ein Vater, der mit seinem Sohn lachend den Berg runterrollte. Ich habe Julia angestubst, und wir beide freuten uns sehr.

Durch die Sohlen unserer Füße werden Mineralstoffe aufgenommen, und wir holen uns keinen Schnupfen vom Barfußgehen. Wir bekommen Schnupfen, weil unser Immunsystem geschwächt ist, aber eben durch Barfußgehen wird es gestärkt. Und selbst wenn man irgendwann in seinem Leben mal auf irgend etwas tritt... die positiven Effekte des Barfußgehens sind weitaus höher einzuschätzen.

Es gab mal eine Zeit, da ging ich sogar barfuß zum Bergwandern. Ich nahm mir schon gar keine Schuhe mit. Nein, meine Hornhaut ist keine zwei Zentimeter dick. Im Gegenteil. Aber ich habe meiner Intuition, meinem »Sensorenfeld«, erlaubt, mich zu führen. Bevor ich losging, nahm ich mir ein paar Minuten Zeit, um zu beten. Ich bat mein Sensorenfeld, meine Aura, vorauszugehen und meinen Körper vor spitzen und scharfen Gegenständen zu schützen und mich natürlich dahin zu führen, wo ich sie vermeiden kann. Dann ging ich los. Ich vertraute diesem Gebet und schaute nicht mal auf den Boden. Ich ging leichtfüßig und ganz natürlich diesen Berg hinauf, und meine Beine machten ganz natürlich manchmal etwas größere und weitere Schritte. Meine Beine standen mit meinem Sensorenfeld in Kontakt und sorgten dafür, daß ich nirgendwo schmerzhaft auftrat. Aber in dem Moment, in dem ich auf den Boden blickte, um doch mal zu schauen, ob da nicht irgendwelche spitzen Steine zu vermeiden sind, trat ich auf irgend etwas. Mein Verstand versuchte, etwas zu kontrollieren, was er auf gar keinen Fall kontrollieren kann. Nur mein Sensorenfeld ist in der Lage, das zu tun.

Einige Bergsteiger kamen mir entgegen, die überhaupt nicht fassen konnten, daß ich da barfuß ging. Aber offensichtlich sah ich nicht schmerzverzerrt aus, und sie fragten neugierig, wie das denn funktioniere. Ich erzählte ihnen von meinem ersten Mal.

Ich war damals mit Freunden in Breitenbusch, einem kleinen heiligen Ort in Oregon. Das liegt mitten in einem Wald, umgeben von natürlichen heißen Quellen und einem wundervollen Fluß, der durch dieses Land streift. Kleine Hütten und Zelte stehen großzügig verteilt auf diesem Land, durch Dutzende von Kieselwegen miteinander verbunden. Zarathustra, mein Lehrer, gab uns allen am Abend einen kleinen Stein, in den er seinen Atem legte. Ich ging später zu meiner Hütte, um meinen Schlafsack zu holen und um draußen zu schlafen. Am nächsten Morgen stellte ich fest, daß ich diesen Stein verloren hatte. Ich war entsetzt. Ich suchte und suchte diese Wege ab und konnte ihn natürlich nicht finden. Ich wußte nicht einmal mehr, welchen dieser Kieselwege ich eigentlich gegangen war. So konnte ich den Stein nie finden. Ich dachte noch eine Weile nach, und plötzlich fiel mir ein, was uns Zarathustra eigentlich die ganze Zeit hatte beibringen wollen: »Verlasse dich auf dein Sensorenfeld um dich herum. Du fühlst nicht nur die Stimmung, wenn du in einen Raum mit Menschen trittst, du fühlst auch, oft im Unterbewußten, alles, was in einem weiteren Umkreis von dir passiert. Vertraue darauf.« Also ging ich nach draußen und redete mit meinem Sensorenfeld. »Also, liebes Feld, du weißt, wo der Stein ist. Führe mich zu ihm.« Und dann ging ich los. Ich schaute nach oben in den Himmel, und meine Gedanken waren mit einem Schmetterlingspaar beschäftigt, das sich zu einem faszinierenden Tanz zusammenfand. Plötzlich blieb ich stehen. Ich schaute erstaunt nach unten. Da war mein Stein! Ich hatte Tränen in den Augen. Ich schickte ein Danke zu Zarathustra und zu meinem Sensorenfeld. Ich erkannte den Stein gleich wieder. Er hatte so eine eigenartige Kante, die ich vorher noch nie gesehen hatte. Und genauso ist es auch beim Wandern. Mein Sensorenfeld findet den Weg. Nur wenn mein Verstand sich einmischen will, dann hau' ich mir die Zehen an.

Die Bergsteiger lachten. Irgendwann einmal wollen sie das auch ausprobieren.

Zarathustra war es auch, der uns aufforderte, Kisten mit Erde unter unsere Schreibtische zu stellen und die Füße hineinzustellen. Diese Erde sollte jede Woche gegen neue Erde von draußen ausgewechselt werden. Denn Erde wird von der Sonne, dem Mond, den Sternen, dem Wasser und dem Wind aufgeladen und ist nach einiger Zeit schal. Er schlug uns auch eine andere Kiste mit Wasser vor. »Holt sie euch von euren Flüssen, und stellt eure Füße hinein, damit ihr euren Körper auffüllen könnt.«

Das erinnert mich auch an ein Erlebnis, das ich mit einem Tennispartner meines Mannes hatte. Ich war auf dem Weg zum Tennisclub Richards, um ihm bei einem Spiel zuzusehen. Er zog sich gerade um, und sein Partner setzte sich zu mir. Ich beobachtete ihn, wie er ganz selbstverständlich eine große Plastiktüte voll Eis an seine Fußsohlen hielt. »Was machen Sie denn da?« fragte ich erstaunt.

»Ich muß mir meine Füße vereisen. Sonst kann ich nicht spielen. Ich kriege anderenfalls unglaubliche Schmerzen«, antwortete er ganz selbstverständlich.

Mir tat's im Herzen weh. Der arme Mann! Die armen Füße!

»Darf ich Ihnen einen Vorschlag machen?« fragte ich.

»Bitte, bitte, nur zu. Aber ich warne Sie, ich habe schon alles ausprobiert.«

»Gehen Sie oft barfuß?« fragte ich ihn.

»Nie. Ich brauche ja diese ganz besonderen Schuheinlagen.«

»Wenn Sie dazu Lust haben, dann probieren Sie doch einfach folgendes aus. Wohnen Sie eigentlich in der Nähe des Meeres?« Er nickte. »Gehen Sie doch jeden Tag entweder auf einer Wiese oder am Meer barfuß spazieren. Machen Sie das jeden Tag für eine halbe Stunde, und stellen Sie sich dabei vor, daß Sie eine große Nase an Ihren Fußsohlen haben und dann diese Erde, diesen Sand und die Kraft, die dahintersteht, in Ihren Körper einatmen.«

Er nickte. »Na gut, das kann ich ja mal probieren.«

Ich hatte den Rest der Woche nicht mehr an ihn gedacht. Denn ich höre häufig Sätze wie »Ich probiere es mal«, und dann vergißt der Betreffende es doch und hat auch oft kein Vertrauen in solche »einfachen« Rezepte. Ich habe mir angewöhnt, Ratschläge ohne Erwartungen zu geben. Jeder entscheidet selbst, ob er etwas ausprobieren möchte oder nicht.

Eine Woche später klingelte das Telefon: »Was möchten Sie haben?« hörte ich seine Stimme.

Ich war erstaunt: »Wie bitte?«

»Ich bin jeden Tag barfuß gegangen, und Sie werden es nicht glauben, aber gestern konnte ich zum ersten Mal in fünfzehn Jahren ohne Vereisen Tennis spielen.« Er war begeistert.

»Ich glaube es Ihnen«, antwortete ich und freute mich.

Zarathustra half mir, wieder barfuß zu gehen, und forderte uns auf, an schamanischen und indianischen Ritualen teilzunehmen. Mein Training mit weisen indianischen Frauen inspirierte mich dazu, daß ich mich wieder auf die Erde setzte. Daß ich einen Sonnenuntergang betrachtete. Daß ich draußen unter freiem Himmel schlief. Daß ich regelmäßig Vollmondrituale abhalte, in dem Mondlicht ein »Bad« nehme. Und bald verstand, daß der Wind mein Bruder ist.

Ich war schon immer diejenige gewesen, die bei Cowboyfilmen zu den Indianern hielt. Ich war fasziniert von der Art, wie sie leben, sich kleiden, und den Ritualen, die mir, einer »eingeborenen« Münchnerin, so fremd und geheimnisvoll vorkamen. Ich weinte oft ob der Ungerechtigkeiten, die diese Ureinwohner Amerikas über Jahrhunderte hatten erdulden müssen. Ich hätte mir damals nie träumen lassen, daß mein Weg mich dereinst regelmäßig nach Montana, der Heimat der Crow-Indianer, bringen würde. Oder daß die Nächte in einem Tipi, dem indianischen Zelt, mir einmal so vertraut wären, daß ich sogar in meinem eigenen Garten ein sechs Meter hohes Tipi mit einem Durchmesser von vier Metern haben würde.

Ich erinnere mich noch gut an das erste Mal: Ich traf Tana Blackmoore auf einer Konferenz für Visionäre, als sie mir ihre Broschüre über »Sacred Ground« (heiligen Boden) in die Hand drückte. Tana, eine schöne dunkelhaarige Mitdreißigerin, hatte ihre Laufbahn als erfolgreiche Geschäftsfrau aufgegeben, um von der Großstadt wieder zurück auf ihren Berg zu gehen. In Visionen wurde ihr gezeigt, was das heilige Land von ihr will: »Das Land braucht die Hufe der Büffel wieder. Bringe die Büffel zurück.« In einer anderen Meditation sah sie Menschen aller Hautfarben und Kulturkreise zusammenkommen und um das Feuer sitzen. Trommeln und Flötentöne begleiteten diese Vision, und die Tipis waren wie kleine Berge um diese Szene aufgebaut: »Teile mit allen Rassen die Weisheit deines Volkes.« Und Tana folgte. Ihre Seele erinnerte sich an ein uraltes Versprechen. Sie folgte ihren Visionen, um Sacred Ground auf dem Land ihrer Familie aufzubauen. Jetzt grasen wieder Büffel auf diesem unendlichen Land, das zu großartig ist, als daß eine Postkarte einen angemessenen Eindruck vermitteln könnte. Und während der warmen Monate sieht man schon von weitem die Tipis, die wie riesige weiße Fingerhütchen auf einem Plateau stehen.

Es war vor einigen Jahren im August, als ich von Los Angeles nach Denver flog und in die kleine Maschine nach Billings stieg. Bei mir mein Schlafsack, der mich schon auf vielen spirituellen Reisen begleitet hat, und eine Tragetasche, die eine Jeans, eine kurze Hose, T-Shirts, einen dicken Pullover, ein Handtuch, Toilettensachen und meinen kleinen Reisealtar mit Steinen, Kristallen und Bildern enthält. Bei mir ist alles Handgepäck, so wenig habe ich dabei. Ich reise gern leicht. Dieses zusätzliche Gefühl der Freiheit lasse ich mir nicht nehmen. Was macht schon ein zerknautschtes T-Shirt, wenn ich mich mehr um meine Seele als ums Bügeln kümmern will.

Ich habe meine Broschüre vor mir auf dem Schoß und sammle meine Gedanken und Erwartungen. Neues will ich erfahren, um zu lernen, zu wachsen, mehr zu verstehen. Wie das wohl sein wird, nachts den Trommeln statt dem CD-Player zu lauschen? Wie werden meine Träume sein, meine Visionen? Gibt es ein Badezimmer? Eine Dusche? Werde ich mein Gesicht bemalen? Und wird die Farbe wieder runtergehen?

Ich schaue aus dem Fenster des Flugzeugs und sehe dieses unglaublich schöne, weite Land. Die Hügel sanft über die Erde geschoben, wie eine Hand, die zärtlich über die verschiedenen Rundungen eines Körpers streicht. Das Land lebt. Du siehst es, wenn du aus dem Fenster nach unten blickst. Vereinzelt kleine Wälder verteilt wie Muttermale auf diesem unendlichen grünen und unendlich weiten Körper.

Tana begrüßt mich mit einer Umarmung, und wie immer habe ich das Gefühl, eine Schwester zu halten. Wir verlassen das Flughafengebäude, und ich ziehe erst einmal meine Schuhe aus, um mich auf ein Fleckchen Erde zu stellen. Ich stelle mir vor, ich hätte eine Nase unter meiner Fußsohle, und atme die Kraft der Erde in mich ein. Ein Ritual, das mir hilft, mich nach einem Flug wieder zu erden, und jeden Jetlag verhindert. Ich schließe meine Augen und begrüße dieses neue Land. »Lehre mich«, bitte ich, »ich verspreche, ein aufmerksamer Schüler zu sein.« Zehn Minuten später sitzen wir in ihrem leicht mitgenommenen Truck. Je näher wir dem Berg kommen, desto stiller werde ich. Und weit in der Ferne sehe ich einige Tipis stehen. Mein Blick streift Tana fragend, und sie nickt. Als wir um die nächste Kurve fahren, sehe ich ein zweites Lager, höher auf dem Berg und weiter weg vom ersten.

»Wir haben oft zwei Lager. Das untere ist bei der Küche, da gibt es mehr zu essen, Duschen, Pferde, einen kleinen See. Das obere Lager ist sehr viel einsamer. Keine Duschen, Obst, Gemüse, Nüsse und nur das Land, das Tipi und du.« Ihr Blick streift mich liebevoll: »Ich weiß, wo du hinwillst.« Ich lache, als sie an einer Gabelung wie selbstverständlich nach oben, zum einsameren Lager abbiegt.

»Suche dir eines aus«, deutet sie mit einer Handbewegung an, als wir aus dem Auto aussteigen. Ich bin die erste hier. Die anderen kommen morgen. Ich wollte früher hier sein, um die Stille und die Einsamkeit zu genießen. Tana umarmt mich noch einmal. »Hast du Lust auf eine Pfeifenzeremonie?« fragt sie mich, und ich weiß, was das bedeutet. Ich nicke. »Ich sehe dich bei Sonnenuntergang.« Tana steigt ins Auto und fährt den holprigen Feldweg hinunter.

Die Sonne brennt heiß vom Himmel herunter, als ich mich unter den nächsten Baum setze, um erst einmal zu fühlen, wo ich hier bin. Ich schließe die Augen, und – »Autsch« – schon erwischt mich der erste Mückenstich. »Willkommen auf dem Berg«, denke ich mir lachend, als ich mit Spucke, vermischt mit Erde, den Juckreiz behandle. Wie vertraut mir das alles vorkommt. Eine wunderschöne Legende kommt mir in den Sinn: Die Indianer, die damals von den weißen Siedlern getötet wurden, wurden jetzt als weiße Europäer wiedergeboren und suchen nach ihren alten Weisheiten, um den Kreis zu schließen.

Ich lege meinen Schlafsack und meine Siebensachen in eines der Tipis am Rande des Lagers. Plötzlich fällt mir ein kleines, kaum mannshohes Tipi auf, und beim näheren Untersuchen stelle ich fest, daß dies eine Ursprungsform der Toilette beherbergt.

Ich lasse meine Augen wandern, folge einem kleinen Pfad den Berg hinunter, der mich vorbei an Büschen und Bäumen an einen kleinen Bach bringt. Ich erinnere mich daran, was die Broschüre über Sacred Ground versprach: »Die Zeit so verbringen, wie auch heute noch viele Indianer leben: natürlich! Im Einklang! Wir werden lernen, zu trommeln, Medizinbeutel anzufertigen, ein heiliges Feuer aufzubauen, die Erde um Erlaubnis zu bitten. Der Wind ist dein Verwandter.« Ich muß lachen, wenn ich an mein Verhältnis zum Wind denke.»Er bringt meine Frisur durcheinander.« Ein Blick in den kleinen Bach zeigt mir, daß von Frisur schon jetzt keine Rede mehr sein kann. Ich frage mich, ob ich im Tipi schlafen soll oder doch lieber im Freien. Ich schließe meine Augen, um darüber zu beten. Und plötzlich kommt mir ein ganz klarer Gedanke: »Frage den Wind. Er ist dein Bruder.«

Frage den Wind? Wie, um Himmels willen, fragt man den Wind? Vielleicht sollte ich erst einmal fühlen, ob der Wind überhaupt da ist. Ich halte meine Augen geschlossen und konzentriere mich auf den Wind. Etwas, was ich noch nie im Leben getan habe. Ich fühle eine leichte Brise auf meiner Haut. Fast zärtlich kommt sie mir vor. Da! Sie streicht jetzt sanft über mein Gesicht. Hm. Was wohl ein »Ja« beim Wind bedeuten könnte, wenn ich den Wind etwas frage, denke ich mir. Plötzlich, aus »heiterem Himmel«, kommt dieser Sturm! Der Wind schwenkt von der Zärtlichkeit in diese Kraft um. Was habe ich gerade gedacht, daß der Wind so reagiert?

Ich erinnere mich: »Das könnte wohl ein ›Ja‹ bedeuten.« Der Windstoß wird noch stärker. Jetzt will ich es wissen! In mir ist eine unglaublich freudige Erregung. Mein Gott, der Wind spricht?!? »Also gut«, versuche ich mich zu beruhigen, »Wind, gib mir ein ›Nein‹.« Innerhalb einer Sekunde ist es vollkommen windstill. Ich öffne meine Augen und sehe in der Ferne, wie sich die Büsche und Gräser lebhaft bewegen. Selbst in einem Meter Entfernung bewegt der Wind die Pflanzen. Nur da, da wo ich sitze, meine nackten Füße im Bach, bewegt sich nichts.

Ich stelle meine Frage noch einmal: »Soll ich heute nacht draußen schlafen?« – Und da kommt der Wind wieder mit dieser Kraft, die das »Ja« ausdrückt. Tränen steigen mir in die

Augen. Da ist erst einmal Dankbarkeit und eine Liebe für den Wind, der wohl wahrlich mein Bruder sein muß.

Kurz vor Sonnenuntergang höre ich in dieser wundervollen Stille Tanas Truck, wie er sich in der Ferne den Berg hinaufbemüht. Ich mache mich auf den Weg zurück ins Lager, zu meinem Tipi. Tana hat sich umgezogen. Sie trägt eine wunderschöne traditionelle Hirschlederjacke, und ihre Augen leuchten, während sie die Holzscheite zusammenstellt, um Feuer zu machen. Sie hat Tabak in ihrer Hand, ein Geschenk an die verschiedenen Geister, Spirits, die sie zu dieser Zeremonie einlädt. Sie schließt die Augen, hält ihre Hand mit dem Tabak nach oben, betet, und dann legt sie den Tabak in den Himmelsrichtungen um die Feuerstelle.

Ich sitze ihr respektvoll gegenüber. Es ist immer eine Ehre, zu einer Pfeifenzeremonie eingeladen zu werden. Wenn man eine Pfeife miteinander raucht, dann teilt man seine Gebete miteinander und damit seine Seele. Der Pfeifenkopf, der das weibliche Element darstellt, wird mit dem Pfeifenhals, dem männlichen Element, in dieser Zeremonie verbunden. Der Rauch macht die Gebete sichtbar und bringt sie zum »Great Spirit« und zu den »Greatfathers«, also Gott und den Vorfahren. Vor Tana, oder Buffalo Woman, wie sie auch heißt, liegen ihre. Salbei, der zur Reinigung verbrannt wird, wie etwas Sweetgras, eine Grasart, die großzügig in Montana wächst. Verschiedene Steine und Knochen und ein Bild von dem berühmten Indianerhäuptling Sitting Bull, ihrem Urururgroßvater.

Jede Himmelsrichtung wird mit dem Rauch geehrt, die Pfeife einige Male gedreht, dann der Rauch in die verschiedenen Richtungen geblasen. Dazwischen lange Pausen des Gebets und der Meditation. Nachdem Tana mit ihren Gebeten fertig ist, reicht sie mir ihre Pfeife. Ich habe schon die Ehre gehabt, einige Pfeifen zu rauchen, und es ist erstaunlich, wie unterschiedlich sich jede anfühlt – und das nicht nur in der Hand. Eine Pfeife hat die Eigenschaften des Pfeifenträgers: Manchmal ist sie stark oder zart, liebevoll oder fordernd. Mit dem Rauchen der Pfeife fühlt man die Essenz der Seele des Pfeifenträgers, und mit ihr erfährt man auch die Gaben, die dieser Pfeifenträger der Welt bringt.

Ich habe viel erleben dürfen auf diesem Berg, der ein Zuhause geworden ist. Ich lernte, die Natur nicht als Szenerie, sondern als Verwandte zu erkennen. Ich bemalte mein Gesicht, tanzte ums Feuer, sang mit den Trommeln und verbrachte Stunden damit, einem Schmetterling zu folgen. Ich malte einen Adler auf die Rückseite meiner Lederjacke, lernte, wie man respektvoll Feuer macht, den Wind um Rat bittet und ein Medizinrad aufbaut.

Während ich diese Zeilen schreibe, fünf Jahre nach meinem ersten Besuch, bin ich selbst Pfeifenträgerin. Ich weiß um die Kraft des Feuers. Ich höre oft meiner Stimme zu, wenn ich in ruhigen Nächten mit dem Wind singe. Ich verbringe in Los Angeles und München viele Nächte draußen unter dem Sternenhimmel. Unter mir fühle ich den Herzschlag der Erde und in mir die Gewißheit, daß die Erde meine Mutter ist.

Auf einem Ohr war ich allerdings für die längste Zeit taub. Mir wurde immer und immer wieder gesagt, daß ich mit einer Pflanze reden soll. Und nie fand ich die Zeit dazu. Das waren nicht nur Monate, sondern Jahre, in denen ich nicht in der Lage war, mir diese Zeit zu nehmen. Langsam wurde mir das peinlich, und als ich anfing, an diesem Kapitel zu schreiben, hatte ich immer noch mit keiner Pflanze geredet. Da ich grundsätzlich nur das weitergebe, was ich selbst erlebt habe, wurde es langsam Zeit. Als ich meine Decke in den Garten mitnahm, um mich ein wenig hinzulegen und zu meditieren, kam ich an dieser Pflanze vorbei, die kleine lila Blüten trägt. Sie war in einem großen Blumentopf neben einer unserer Gartenliegen. »Wunderbar«, dachte ich mir, »da schlage ich gleich zwei Fliegen mit einer Klappe. Ich lege mich zum Meditieren hin, und dabei kann ich dann auch gleich mit der Pflanze reden.« Also schob ich die Liege näher zu dieser Pflanze hin. Ich kuschelte mich in meine Decke ein und schloß die Augen. Zuerst tonte ich ein bißchen, und dann erinnerte ich mich daran, was uns Zarathustra vor Jahren vorgeschlagen hatte. »In jeder Pflanze lebt das Wesen, das sie zum Wachsen und zum Blühen bringt. Bittet dieses Wesen, daß es sich euch zeigt.«

Ich konzentrierte mich mit geschlossenen Augen auf diese Pflanze neben mir, und plötzlich sah ich vor meinem inneren Auge einen Halbkreis, der über meinem Herzen aufgebaut worden war. Dahinter war eine wunderschöne zarte Gestalt, die die herrlichsten Blüten um sich herum hatte.

»Darf ich mich vorstellen«, so fing ich an, »ich heiße Sabrina.«

»Ich weiß, wer du bist, wir sehen dich jeden Tag. Nur du siehst uns nicht«, antwortete sie mir.

Sofort fühlte ich eine tiefe Traurigkeit. Wie achtlos ich doch bin. Mir standen Tränen in den Augen. Wie grußlos ich doch immer an jeder Pflanze vorbeigehe, so als ob sie nicht da wäre.

Kaum hatte ich mich von diesem ersten Schock erholt, kam auch schon der zweite: »Wir scheinen dir nicht viel wert zu sein. Du sitzt nicht einmal aufrecht und achtsam, wenn du mit mir sprechen willst.«

Ruckartig setzte ich mich auf, obwohl ich gestehen muß, daß ich doch sehr gemütlich eingekuschelt lag und mir das doch ein bißchen schwerfiel. Aber bei meinem ersten Gespräch mit einer Pflanze will ich es mir nicht gleich verderben.

Ich fragte sie, was ihre Aufgabe ist (sie verscheucht mir die Fliegen) und was ich für sie tun kann (ein Gruß wäre angebracht). Dann meinte sie auch, daß ich jedesmal, wenn ich in einen Raum trete, die Pflanzen dort in Gedanken begrüßen soll. Sie wahrnehmen soll. Sie achten soll. Das ist nicht zuviel verlangt, versprach ich.

Ist es nicht erstaunlich, daß wir alle so tun, als ob wir die einzigen Lebewesen auf der Erde wären?

Indianische Rituale und schamanische Bräuche haben alle mit

der Erde zu tun. Mit den Wesen, die in den Pflanzen leben und arbeiten. Denn in diesem alten Wissen ist die Wichtigkeit darüber gespeichert. Und es ist kein Wunder und auch kein Zufall, daß immer mehr Menschen sich zu diesen Bräuchen hingezogen fühlen. Denn ganz intuitiv wissen wir, daß wir Erde um uns brauchen.

Aber viele Menschen haben Angst draußen in der Natur, und wir haben uns eine Angst vor der Dunkelheit angewöhnt. Da gibt es Insekten, die stechen, Bazillen, die übertragen werden können, Sachen, die feucht werden, Schatten, die uns verfolgen, Geräusche, die uns zusammenzucken lassen. Die Natur ist zu unserem Feind geworden. Alles, was »draußen« ist, ist unsicher, alles, was »drinnen« ist, ist sicher … haben wir doch abgesperrt. Doch in Wirklichkeit haben wir uns nicht in Sicherheit gebracht, wir haben uns selbst eingesperrt. Wir sind in unserem eigenen Gefängnis gelandet. Denn alles, was »draußen« ist, macht uns angst. Diese Angst gilt es zu überwinden. Denn durchs Fenster betrachtet, sehen die Sterne anders aus. Der Wind fühlt sich anders an. Und das Rauschen der Bäume singt nicht durch unsere Wände. Und falls Sie am Anfang »draußen« unsicher sind, dann nehmen Sie sich Freunde mit. Meditieren Sie gemeinsam im Park um die Ecke. Fünf von Ihnen werden bestimmt nicht »überfallen« werden …

Als ich das erste Mal im Wald schlief, mußte ich meine eigene Angst überwinden. Ich machte die ersten Schritte in die Tiefe und die Dunkelheit, meinen Schlafsack unter dem Arm und eine ausgeschaltete Taschenlampe in der anderen Hand, und plötzlich kam mit lauter Stimme in meinem Kopf eine fürchterliche Panik auf: »*Ja bist du denn wahnsinnig geworden, im Wald zu schlafen? Vergewaltigung! Mord! Totschlag!*« Meine Angst versuchte die Oberhand zu gewinnen. Ich fiel auf die Knie und betete: »Himmlischer Vater, ich bin hier auf Einladung des Waldes da. Und ich will nur die Gedanken unterstützen, die mich in meiner Schwingung und meiner Liebe erhöhen.« Ich konzentrierte mich

nur auf das und ließ alles andere von mir abfallen. Nach einer
Weile in tiefer Konzentration verschwand die Angst.

Ich gab ihr keine Nahrung mehr.

Aber was ist, wenn einen die Angst fast lähmt und man nicht
weiß, wie man sie überwinden kann?

15

Ängste

Erkennen, loslassen
und überwinden

Wovor haben wir Angst? Oftmals ist es uns unmöglich, diese Frage klar zu beantworten, unsere Finger genau auf »die Wunde« zu legen. Da gibt es einfach ein Gefühl, daß diesem Leben nicht zu trauen ist. Und damit auch gleich das Gefühl, das darunter liegt, nämlich: Gott ist nicht zu trauen. Wir beginnen unseren spirituellen Weg oft, um ein Geschäft mit Gott zu machen. Das hört sich dann ungefähr so an: »Also, lieber Gott, ich werde ab heute regelmäßig beten und meditieren. Ich werde versuchen, der beste Mensch zu sein, der ich sein kann. Das heißt, ich werde Gutes tun, nicht klatschen und tratschen, Verständnis für andere haben und mich bemühen, liebevoll und fröhlich zu sein. Ich werde sogar anfangen, meine Gedanken zu kontrollieren, und versuchen, wie ein Meister zu leben, was ja bedeutet, in Frieden zu leben, selbst inmitten von Chaos. Aber deine Aufgabe ist, daß ich dieses Chaos nicht habe und daß mir auch sonst nichts passiert, was mir nicht paßt.«

Hört sich fair an – oder nicht? Gott bekommt, was er will, einen guten Menschen, und ich bekomme, was ich will, keine Probleme mehr. Mit diesem Geschäft fühlen wir uns wohl, und wir meinen wirklich nicht, daß wir da zuviel verlangen.

Und dann passiert irgend etwas. Der Job, den wir so sehr wollten, ist jemand anderem gegeben worden. Die Beziehung, an der wir so lange gearbeitet und für die wir gebetet haben, bricht zusammen. Wir werden krank. Unser Hund stirbt. Wir haben einen Unfall. Und wir sind entsetzt: »Ja, sag einmal, himmlischer Vater, was ist denn hier los? Wie kann mir denn so etwas passieren?«

Manchmal sind wir wütend mit Gott und wenden uns von ihm ab. Manchmal überlegen wir, ob wir nicht etwas vergessen haben. Wir gehen durch diese Krise und glauben, daß uns das vielleicht nicht passiert wäre, wenn wir mehr gebetet hätten, tiefer meditierten oder sonst irgend etwas machten, was uns noch weiter bringt oder was uns noch wahrhaftiger leben läßt.

Ein Meister zu sein bedeutet nicht, daß wir kein Chaos mehr um uns haben werden. Es bedeutet, wie bereits gesagt, daß wir in Frieden leben, selbst im Chaos. Und das ist ein gewaltiger Unterschied.

In unserem Leben wird es immer Herausforderungen geben, die uns stören, solange wir wahre Meisterschaft noch nicht erreicht haben. Denn erst dann werden uns diese Herausforderungen nicht mehr irritieren (wir sind also in Frieden damit), und dann sehen wir, was sie sind: unsere spezielle Möglichkeit, uns selbst zu erkennen. Und nur wenn wir uns erkennen, dann wissen wir um die Veränderungen, die wir anstreben. Jede Erfahrung, die wir machen, ist für uns wichtig. Erinnern wir uns: Unsere Seele kreiert in unserem Leben (und in allen unseren Leben) die Erfahrungen, die wir brauchen. Die Erfahrungen, die sich unsere Seele gewünscht hat. Denn durch die Erfahrung und wie wir damit umgehen, erreichen wir das, was wir suchen: ein erfülltes Leben.

Doch dazu hilft es uns, unsere Handlungen genauestens zu betrachten. Wann reagieren wir wie? Jeder Gedanke und jede Handlung basiert entweder auf Liebe oder auf Angst. Jeder Gedanke. Jede Aktion.

Will ich mich von meinem Geliebten nicht trennen, obwohl
ich schlecht behandelt werde, weil ich
a) glaube, daß unsere Beziehung zu retten ist,
b) ich nicht allein sein will?

Will ich nicht in eine andere Stadt umziehen, weil ich
a) das Gefühl habe, daß mir diese Entscheidung keine Freude
   bringen wird,
b) weil mir Neues unheimlich ist?

Will ich nicht draußen im Freien übernachten, weil ich
a) noch keinen Schlafsack gefunden habe oder
b) weil das nicht notwendig ist? Ich bin nun mal anders.

Schlafe ich mit der Frau oder dem Mann, den ich erst vor kurzem
kennengelernt habe, weil ich
a) mich verliebt habe oder weil
b) ich mich einsam fühle und vielleicht keine(n) andere(n) mehr
   kriege?

Auch die Antworten unter b) sind den meisten von uns vertraut.
Aber die Basis dieser Antwort ist eine Angst. Die Angst vor dem
Alleinsein, vor etwas Neuem. Eine Angst, die uns lähmt und die
uns davon abhält, unser volles Potential zu leben.
    Alles Neue ist ungewohnt. Wir wissen nicht, was uns eine neue
Situation wirklich bringt. Alles Neue kommt immer mit einem
gewissen Aufruhr. Aber in diesem Aufruhr liegt eine Lebenskraft,
die uns die Lust bringt, unseren eigenen Weg zu finden. Ohne
diesen Aufruhr, ohne diese Veränderungen stagnieren wir. Und
alles, was stagniert, ist irgendwann einmal leblos.
    Wenn wir uns die Situationen betrachten, vor denen wir uns
bisher immer gescheut haben, dann finden wir zwei Gründe für
unsere Haltung: Es ist entweder nicht der richtige Zeitpunkt,
oder wir haben Angst vor der Entscheidung und der damit ver-

bundenen Konsequenz. Meistens ist es die Angst vor der Entscheidung, die uns lähmt. Der richtige Zeitpunkt ist fast immer eine Ausrede, die ich auch sehr gern benutzt habe. Vor kurzem war ich noch der Meinung, daß ich auf eine bestimmte Inspiration warten muß, um dieses neue Buch zu schreiben. Und sie kam einfach nicht. Beim Schreiben stehe ich immer um drei Uhr morgens auf, bete für eine Weile und schreibe dann bis mittags durch. Dann schlafe ich für ein paar Stunden, und anschließend kümmere ich mich um meine Familie. Also wartete ich darauf, daß ich wieder Lust hatte, um drei Uhr morgens aufzustehen. Aber wer hat denn darauf schon Lust?

Ich wartete und wartete und wurde immer öfters gefragt, wann ich denn ein neues Buch schreibe, und immer antwortete ich ruhig und gelassen: »Es ist noch nicht soweit.« Ich war nämlich auch noch der Meinung, ich hätte Geduld gelernt. Das mag schon sein, daß ich auch geduldiger geworden bin, aber ich bin auch auf jeden Fall fauler geworden. Fauler? Hm. Moment mal, Gott muß fauler geworden sein, denn schließlich warte ich ja auf seine Inspiration, oder etwa nicht? Ich schob die Verantwortung für meine Entscheidungen auf Gott. Ganz schön praktisch, oder? Irgendwann einmal dauerte es mir dann aber doch zu lange. Es war nun fast eineinhalb Jahre her, daß ich das letzte Buch geschrieben hatte, und ich fragte mich: Wann fangen wir endlich an, dieses neue Buch zu schreiben? In einer Meditation kam die Antwort: »Ich bin immer bereit, aber bist du es?«

Schlagartig wurde mir klar, daß es an mir liegt, ob ich um drei Uhr aufstehen will oder nicht. Daß es meine Entscheidung ist, die dieses Buch entstehen läßt oder nicht. Gott ist immer bereit, mich zu inspirieren. Ich hatte nur meine Antennen nicht auf Empfang gestellt. Also fing ich zu planen an: Ich brauche noch einen Monat, um alles »aufzuräumen«, was da noch unfertig auf meinem Schreibtisch lag, außerdem gab es noch eine längere Reise nach Deutschland dazwischen, also fange ich im Februar an.

Und prompt am Dienstag, den 2. Februar (nachdem ich den Montag noch zum Auspacken brauchte) war es dann soweit. Ich wachte um zwei Minuten vor drei Uhr auf. Wach und bereit. Ganz kurz im Hinterkopf kam die Idee hoch, doch noch länger im Bett zu bleiben, den Beginn des Buches vielleicht doch noch mal zu verschieben, weil es doch *so* gemütlich in meinem Bett ist. Und hier lag es wieder an meiner Entscheidung, ob ich aufstehe oder nicht.

»Wenn nicht jetzt, wann dann?« ist eine Frage, die uns Zarathustra immer wieder gestellt hat (siehe auch das 8. Kapitel). Wenn ich mich also heute vor einer Entscheidung scheue, wann werde ich sie dann treffen? Morgen? Übermorgen? Nächstes Jahr? Wenn der Kirschbaum blüht oder wenn die Entscheidung von anderen gefallen ist? Aber die Angst vor dieser Entscheidung wird sich nicht von selbst verändern.

Wenn eine Beziehung nicht mehr zu retten ist, bringt uns unser Leiden darüber nicht näher zu Gott. Gott wird uns am Ende unseres Lebens nicht dafür loben. Er wird uns auch nicht bedauern. Und er wird uns selbstverständlich nicht einmal bestrafen. Denn der Sinn und Zweck unseres Leben ist es, wahrhaftig zu leben. Jetzt. Hier. Heute. Und nicht erst, wenn wir gestorben sind, wenn die Kinder groß sind oder wenn die Schwiegermutter wieder auszieht. Und ganz bestimmt nicht erst dann, wenn wir einen Lohn für unsere tragischen Umstände und unsere Selbstaufgabe bekommen haben. Aber vielleicht ist es das Leiden darüber, an das wir uns so gewöhnt haben. Das »Zimmer des Selbstmitleids«, das wir doch schon so schön eingerichtet haben. Auch das ist unsere Entscheidung, und auch das wird weder be- noch verurteilt werden.

Ich blieb in vielen meiner Beziehungen zu lange. Im nachhinein betrachtet, war das natürlich immer der richtige Zeitpunkt, denn ich war noch nicht in der Lage, die Situation früher zu erkennen. Aber eigentlich stimmt das dann doch wieder nicht. Ich erkannte die Situation sehr wohl früher, ich beschloß dennoch, nichts dagegen zu unternehmen. Ich hatte Angst, Angst, ob das Verlassen denn die richtige Entscheidung war. Ob ich mich jemals wieder so verlieben werde? Ob da wirklich etwas Besseres nachkommt? Ich blieb, denn es hätte so schön sein können, wenn ... Dieses »Wenn« hielt mich fest wie ein Kaugummi. Aber an diesem »Wenn« sind immer zwei beteiligt. Und weder er noch ich waren in der Lage, unsere Situation zu verändern. Wir beide klebten an diesem Kaugummi fest. Es war der Kaugummi der Unentschiedenheit. In meinen früheren Beziehungen waren wir oft beide nicht in der Lage, unsere Situation wahrhaftig und ehrlich zu betrachten. Da gab es zuviel an uns, das wir selbst nicht wußten. Zu viele Reaktionen, zu denen wir neigten, ohne uns über den Grund im klaren zu sein. Sich selbst zu entwickeln bedeutet, die Gründe des eigenen Handelns zu erkennen und dann, falls diese Gründe auf Angst basieren, sie zu verändern. Sollte ich also gehen, oder sollte ich bleiben?

Ich wünschte mir ein deutliches Klingelzeichen. Und das war es auch, was ich mir von der Spiritualität erhoffte. Ein unverkennbares »Ja, mein Kind, verlasse diese Situation«. Am liebsten wäre mir natürlich solch eine klare Erscheinung gewesen oder ein Himmel, der sich plötzlich durch Gottes Stimme öffnet. Aber weder das eine noch das andere kam.

Also wartete ich, hoffte, daß ich irgendwann einmal in der Lage sein würde, die Situation klarer zu erkennen. Und auch im Warten liegt eine Wahrheit. Denn dann sind wir noch nicht soweit. Dieses Warten ist aber unsere Entscheidung. Das zu erkennen ist wichtig. Doch irgendwann einmal hatte ich vom Warten die Nase voll, und dann mußte ich mich für eine Tat entscheiden.

Das ist der berühmte Sprung in den Abgrund. Was wird da unten sein? Ein warmes Wasser, das mich sanft eintauchen läßt, oder ein Felsbrocken, an dem ich zerbreche? Ich mußte einfach ab und zu mal springen. Mir ist aber klargeworden, daß ich, wenn ich an diesem Abgrund stand, schon eine Entscheidung getroffen hatte. Der Sprung selbst machte mir weniger angst, als die Entscheidung, die es zu treffen galt. Sie war schon lange vorher getroffen worden. Ich hatte mich bereits auf dem Weg nach oben, auf dem Weg zu diesem Absprung entschieden. War die Entscheidung einmal getroffen, dann merkte ich, daß der Sprung unvermeidbar war, und vollzog ihn auch.

Auf meiner Lesereise in Amerika traf ich eine junge Frau, die sehr verweint aussah. Ich konnte sehen, wie sie sich Sorgen machte. Am Ende meines Vortrags blieb sie so lange, bis alle gegangen waren. Sie hatte da eine Frage:»Was ist, wenn man seinen Seelenpartner gefunden hat und er das nicht erkennt.« Dahinter stand die Traurigkeit einer unerwiderten Liebe. So wie die Angst, daß es nur einen Seelenpartner gebe. Nur diesen einen. Und wenn man den verpaßt hat, würde man den Rest seines Lebens entweder allein sein oder mit Partnern verbringen, die nicht so gut zu einem passen.

Ich nahm sie in die Arme.»Ich habe gute Nachrichten«, flüsterte ich ihr ins Ohr.»Es gibt mehr als einen Seelenpartner im Leben.« Sie fing zu weinen an, und dieses Weinen war der Anfang vom Loslösen der Angst, die sie lähmte.

»Wirklich?« fragte sie hoffnungsvoll.

»Wirklich«, antwortete ich ihr lächelnd.

»Aber vielleicht ändert ja dieser Kollege von mir noch seine Meinung.« Fügte sie hinzu.

»Vielleicht«, sagte ich,»und wenn nicht, dann kommt ein anderer.«

Hier mußte sie etwas ablegen, an das sie glaubte. Denn der Gedanke, daß es nur einen Seelenpartner gibt, basiert auf Angst. Nicht auf Liebe. Denn warum würde uns Gott mit nur einem Seelenpartner ausrichten? Und was würde passieren, wenn wir den verpassen? Der Gott, den ich kenne, würde so etwas nicht kreieren.

Wie gesagt legen wir manchmal wie die Schlange »Ausgewachsenes« ab; Erfahrungen, die nicht mehr stimmen. Das Ablegen dieser alten Haut ist nicht selten schmerzhaft. Aber dahinter steckt ebendiese Angst über die neue Haut, die wir noch nicht kennen.

Mit dieser neuen Haut haben wir noch keine Erfahrung gesammelt. Ist sie so flexibel wie die alte? Wird uns die neue Farbe gefallen? Gefällt sie unseren Freunden? Werden die uns wiedererkennen?

Vertraue ich meiner Seele und den Entscheidungen, die mir gebracht werden, dann werde ich blind springen und wissen, daß ich irgendwie aufgefangen werde. Denn ich vertraue Gott. Und selbst wenn ich noch keine Ahnung haben sollte, wie sich die Situation entwickelt, so werde ich sie doch wagen. Das ist der Mut, von dem wir schon sprachen.

Doch dieser Mut kommt nur dann, wenn wir die Angst ablegen können. Und selbst wenn es nur für diese eine Sekunde des Absprungs ist. Denn häufig genügt eine Sekunde, um Dinge zu verändern, zu springen. Wenn wir dann fühlen, daß uns warmes Wasser umgibt und die Angst vor den Felsen uns daran hindern wollte, diese neue Erfahrung, diesen neuen Sprung zu wagen, dann wird unsere Angst beim nächsten Mal kleiner. Schrumpft. Denn wir geben ihr keine Nahrung mehr.

Die Angst und die Liebe vergleiche ich gern mit zwei Pflanzen, die in mir wachsen. Welche davon gieße ich mehr? Welche davon bekommt mehr Aufmerksamkeit, wird umgetopft, bekommt mehr Licht?

Es liegt an den Gedanken, die ich denke. Den Worten, die ich sage. Und den Taten, die ich vollbringe. Es war in meinem zweiten Jahr der Meditation, in der mir von meiner früheren Lehrerin eine neue Art des Meditierens beigebracht wurde. Nämlich, wie man altes Karma auflöst (etwas, was ich heute nicht mehr für notwendig halte, denn an dem, was uns schwerfällt, können wir erkennen, was wir in der Vergangenheit noch nicht gelöst haben). Das erste, was mir gesagt wurde, war, daß ich einen weißen Lichtkreis zum Schutz um mich aufbauen muß. Denn wenn ich mich öffne, dann können andere Spirits in mich eindringen. Das machte damals für mich Sinn. Heute weiß ich, daß der Hintergrund dieses Schutzkreises die Angst ist. Denn wovor muß ich mich schützen? Vor Spirits, die stärker sind als ich? Die mich besetzen? Übernehmen? Deren ich mich nicht erwehren kann?

Meine Meditationen begannen also mit einer Angst. Mit der Angst, daß da jemand kommt, der sich bei mir einnistet. Irgendwie kam mir dieser Lichtkreis schon immer ein bißchen komisch vor. Genauso wie die Idee, daß ein Kristall von mir nicht von anderen berührt werden darf, weil dann deren Energie übertragen wird und nicht meine. Aber ich halte ihn doch, und ich werde ihn auch später noch halten. Ist meine Energie denn schwächer als die andere? Und warum sollte ich so viel Angst vor der Energie der anderen haben? Bin ich es nicht, die meine eigene Energie in jedem Moment meines Lebens produziert? Und ist nicht alles um mich herum meine Energie? Und sind wir nicht alle aus demselben Meer, und ist es da nicht wirklich vollkommen egal?

Irgendwann einmal legte ich diesen Lichtkreis ab, denn ich fühle nicht, daß mich irgend jemand besetzen kann. Ich habe meinen freien Willen, und in diesem freien Willen lasse ich etwas zu oder nicht. Ich bin kein schwaches Früchtchen, das von jedem herumschwirrenden Geist besetzt werden kann.

Auch eine andere esoterische Theorie erstaunt mich immer wieder: Angeblich sind wir alle von Außerirdischen hier auf diese Erde »gepflanzt« worden, und an unserer DNA sei so herummanipuliert worden, daß wir eine bestimmte Erleuchtung nie erreichen könnten. In manchen Fällen kämen dann die Außerirdischen zurück und bastelten uns wieder zurecht. Wie bitte? Was für einen Sinn sollte denn das haben? Schauen wir uns die Theorie doch mal genauer an: Wir sind von irgend jemandem hier »gepflanzt« worden – das bedeutete, daß wir damit auch unseren freien Willen aufgegeben hätten. Etwas, das jedem Lebewesen als Geschenk mitgegeben worden ist. Und wir als Erdenbewohner sollen das freiwillig aufgegeben haben? Falls wir es nicht freiwillig getan haben, hat uns jemand dazu gezwungen? Also wieder jemand, der »stärker« ist als wir? Hinter einer solchen Auffassung kann nur die Angst stecken, daß wir klein und schwach sind, und der Glaube, daß wir ja eh »nichts dafür können« – das genaue Gegenteil von dem, was ich wirklich gelernt habe.

Kein Wunder, daß sich viele Menschen vor spirituellen Dingen erschrocken zurückziehen, kommt ja da offensichtlich zu den Ängsten, die wir loswerden wollen, noch mal eine ganz eigene Batterie von außerirdischen Ängsten dazu. Und wer will die schon. Übrigens weiß ich von Lebewesen auf anderen Planeten. Ich bin nur nicht der Meinung, daß wir deren Sklaven sind.

Der Bruder der Angst ist die Sorge. Man macht sich Sorgen um Dinge, die noch nicht eingetreten sind. Meine Babysitterin Daniela sollte einmal unsere Tochter zu meiner Seelenschwester Sunny fahren. Mein Mann und ich fuhren für ein Wochenende weg, und Sunny würde Anaheim besuchen, eine Stadt, die etwa eine dreiviertel Autostunde von uns entfernt liegt. Ich bat Daniela, unsere Tochter hinzufahren und dann am Nachmittag wieder abzuholen. Sie ist eine sehr zuverlässige und liebe junge Frau und fährt auch aufmerksam Auto.

Als ich ihr von diesem Plan erzählte, merkte ich ein Zögern an ihrer Stimme: »Ich mache mir ein bißchen Sorgen. Was ist denn, wenn irgend etwas passiert?«

»Worüber machen Sie sich denn genau Sorgen?« fragte ich zurück.

»Vielleicht habe ich einen Unfall…«, waren ihre Bedenken.

»Liebe Daniela, so denke ich nicht«, erklärte ich ihr. »Nichts im Leben ist sicher. Die Julia kann auch zu Hause in der Badewanne ausrutschen. Dazu muß sie nicht zu Ihnen ins Auto steigen. Es macht für mich keinen Sinn, mir Sorgen zu machen. Die meisten Dinge, worüber wir uns Sorgen machen, treten nie ein.«

»Da bin ich ja beruhigt«, antwortete sie.

Jede Seele, und auch die meiner wundervollen Tochter Julia, macht die Erfahrungen, die sie machen muß. Wäre nun Daniela unzuverlässig oder hätte ein Alkoholproblem, dann wäre es leichtsinnig von mir, meine Tochter in ihr Auto zu setzen. Regelrecht unverantwortlich. Aber davon kann hier keine Rede sein. Ich kann es auch einmal anders betrachten: Was ist, wenn ich wirklich Angst hätte, daß Julia in einen Unfall verwickelt würde? Dann müßte ich sie immer selbst fahren. Und ich kann mir ja auch nicht sicher sein, daß ich in keinen Unfall verwickelt werde. Was bliebe mir also übrig? Nie wieder Auto zu fahren? Sie womöglich im Haus einzusperren?

Sorgen lösen keine Situation, wir stellen uns nur ununterbrochen vor, was nicht alles passieren *könnte*. Und damit geben wir auch ungewollt, aber sicher unseren Kindern die Idee mit, daß die Welt ein schlimmer Platz ist. Die größte Sorge oder die größte Angst ist wohl die vor dem Sterben. Plötzlich aus unserem Leben herausgerissen zu werden durch unseren eigenen Tod oder den Tod von jemandem, der uns nahe steht.

Unser eigener Tod ist weniger ein Problem, was wir spätestens beim Übergang feststellen werden. Wir sind schon oft gestorben, und offensichtlich war es nicht schlimm genug, denn sonst gäbe es keine Reinkarnation mehr. Wer würde das ansonsten schon noch mal mitmachen wollen?

Der Tod von anderen konfrontiert uns mit einer dramatischen Veränderung und mit dem, was wir glauben. Ist der Tod das Ende oder eine Geburt in ein neues Dasein? Sehen wir das Leben als das Wasser, das vom Meer kommt, oder sind wir der grüne Eimer, die Persönlichkeit, die nicht über den Rand des Eimers herausschauen will oder kann. Die Angst vor dem Tod löst sich dann völlig auf, wenn wir eine Klarheit und ein Verständnis für den Sinn des Lebens haben. Und nicht nur »dieses« Lebens hier auf der Erde, sondern des unendlichen Lebens unseres Spirits, unseres Geistes.

Die Sorgen und Ängste, die wir uns heute machen, haben eines gemeinsam: Sie haben meistens keine »reale« Basis. Und das ist nicht mit einer Intuition zu vergleichen. Meine Intuition mag mir sagen, daß ich an *einer bestimmten* dunklen Hausecke nicht vorbeigehen soll, weil da wirklich jemand ist, der mich erschrecken könnte. Angst ist, wenn ich *jeder* dunklen Hausecke ausweiche. Es gibt also für diese Sorge, daß hinter jeder dunklen Hausecke jemand lauert, keine reale Basis. Wir bilden uns das ein. Weil wir davon gehört oder selbst einmal solch eine Situation erlebt haben. Beide Möglichkeiten lassen Ängste wachsen und überdimensional groß werden.

Sorgen sind Gedanken, die ich immer wieder habe. Sorgen sind wie das Wasser, mit der ich die Pflanze der Angst gieße. Doch woher kommt nun die Angst? Was ist die Wurzel dieser Emotion?

Angst kommt von alten Erfahrungen. Wir haben entweder in diesem oder in einem früheren Leben eine Erfahrung gemacht, deren Konsequenz uns zutiefst erschrocken hat. Nehmen wir beispielsweise einmal an, wir beschäftigten uns in einem früheren Leben mit spirituellen Dingen und sind dafür als Hexe verbrannt worden. Viele von uns haben diese Erfahrung übrigens gemacht. Latent mag da die Angst vor spirituellen Dingen übriggeblieben sein. Die Realität ist jedoch, daß es zu unserem jetzigen Zeitpunkt keine Hexenverbrennungen mehr gibt. Die Angst ignoriert diese Tatsache, wir sind uns ja der Ursache unserer Haltung nicht bewußt.

Angenommen, wir haben in einem vorherigen Leben, etwa vor einem Jahrhundert, einen Mann verlassen und sind anschließend verhungert. Diese tief vergrabene Erinnerung hilft uns nicht unbedingt, notwendige Beziehungen zu beenden. Liegt uns doch die Angst vor diesem Tod noch sprichwörtlich »im Magen«, obwohl auch sie in unserer Zeit und vor allem in unserem Kulturkreis unbegründet ist.

Oder wir haben uns als Kinder einsam und unverstanden gefühlt und sind vielleicht sogar mißhandelt worden. Die Angst vor dieser Einsamkeit läßt uns womöglich mit Menschen zusammensein, die uns ausnutzen. Doch jetzt sind wir erwachsen und können uns wehren. Aber auch hier nimmt die Angst vielfach überhand, und man akzeptiert die Realität nicht.

Diese Angst gilt es zu überwinden! Denn, wir erinnern uns, als Seele haben wir diese bestimmten Erfahrungen, die uns ängstlich gemacht haben, kreiert, um uns selbst zu erkennen. So schlimm und so schwierig sie uns damals und auch jetzt noch vorkommen: Unsere Seele hatte einen Grund dafür.

Ich bekam einst einen Brief von einer Frau, die ich Inge nennen möchte. Wir hatten uns bei einem meiner Vorträge kennengelernt, und sie schrieb mir anschließend. Es ist nicht notwendig, durch die Dramen zu gehen, die sich in ihrer Kinderzeit abgespielt haben, aber glauben Sie mir, es war das Schlimmste, was ich je gehört hatte. Aufgrund dieser Kindheit war ihr Leben angefüllt mit Panik und Angstzuständen, die sie nicht aus dem Haus ließen und die ihr die kleinsten Aufgaben monumental erscheinen ließen. Sie war in einer Therapie und machte langsam Fortschritte. Sie suchte meinen Rat, was sie sonst noch tun könnte, um diese Ängste loszuwerden. Ihr Gott war der Gott des Alten Testaments. Einer, der straft, wenn man etwas Falsches tut, und da gab es vieles, von dem sie glaubte, daß es falsch sei. Angefangen beim »Respekt« vor den Eltern über die Sexualität bis zur Selbstachtung. Gott, so stellte sie ihn sich vor, hatte Inge eh schon zur ewigen Verdammung preisgegeben. Denn da gab es vieles, was sie als nicht perfekt und nicht liebevoll an sich sah. Ich hatte Tränen in den Augen, als ich ihren Brief las. Und ich war dankbar, daß ich ihr helfen konnte, ihr den Gott vorzustellen, den ich kenne… Einen Gott, der liebt, der Verständnis hat, der nicht be- und nicht verurteilt. Ich erzählte Inge davon. Aber ich wollte ihr natürlich auch helfen, aktiv ihre Angst zu überwinden.

Ich wußte von Zarathustra, daß man nicht singen und gleichzeitig Angst haben kann. Die Vibration der Angst, die eine sehr langsame und tiefe ist, kann sich durch das Singen nicht halten. Töne heben diese Vibration der Angst und machen sie leichter. Sich selbst etwas vorzusingen unterstützt zusammen mit einer Therapie das Loslassen. Töne, die ganz natürlich aus uns herauskommen, sorgen dafür, daß sich die Vibration verändert. So schlug ich ihr vor, jeden Tag eine halbe Stunde zu singen.

Sie hatte damit die größten Schwierigkeiten, schrieb sie mir zurück: »Ich habe keine Stimme.« – »Ich traue mich nicht.« – »Immer wenn ich singe, muß ich husten.« – »Vielleicht später mal«, meinte sie.

Und immer wieder ermunterte ich sie, zu singen. »Ja, das ist am Anfang nicht leicht, da sich ja auch die Vibration verändert. Und das Loslassen wird oft mit Husten oder krächzender Stimme beantwortet. Aber nicht aufgeben! Jeden Tag ein bißchen und dann jeden Tag ein bißchen mehr. Und selbst wenn die Töne am Anfang nicht schön klingen, das geht einfach immer besser, je länger Sie es probieren.«

Zu der Zeit, in der ich diese Zeilen schreibe, singt sie ein kleines bißchen. Dank ihrer Therapeutin, den Tönen und einem anderen Verständnis für Gott wird sie ihre Angst abbauen können. Das wünsche ich mir sehr für sie.

Ununterbrochene Panik ist etwas, was ich nicht ganz verstehe. Ich kenne Angst, und die zur Genüge, aber so eine lange Strecke der Panik ist mir unbekannt. Zarathustra sagte einmal zu mir, als ich mich über eine bestimmte Situation in meinem Leben beschwerte, daß ein guter Lehrer alle Erfahrungen einmal selbst gemacht haben müsse. Und ich fragte: »Alle?«, und er antwortete: »Alle. Denn erst dann kannst du einen wahren Rat geben, wenn du das Verständnis für die Situation hast, in der der andere steckt.«

»Das kann ja heiter werden«, dachte ich mir damals mit einem gewissen Galgenhumor. Aber jetzt, im nachhinein, weiß ich, wie wichtig alle meine Erfahrungen waren. Trotzdem wollte ich keine Panik in meinem Leben kreieren, hatte es doch so lange gedauert, bis ich meine Sorgen und Ängste losgeworden bin. Da ich dazu nicht bereit war, bat ich Solano um Rat.

»Solano, ich kenne diese Panik nicht und weiß nicht, ob ich da die richtigen Vorschläge machen kann. Ist es nicht wahr, daß man, um Verständnis zu haben, alle Erfahrungen selbst gemacht haben muß?«

Solano, gechannelt von Dean Thompson, blickte mich liebevoll und milde lächelnd an und meinte dann: »Aber du hast Erfahrung in Panik. Da gab es Zeiten, wo du um dein Leben gefürchtet hast. Diese Panik dauerte vielleicht eine Minute oder ein paar Sekunden. Aber nun nimm diese Minute, und strecke sie aus auf jede Minute deines Tages, und dann weißt du, wie sich diese Panik anfühlt.«

Ich saß mit offenem Mund da. Ja, es ist wahr, ich kenne die Panik. Nur nicht so lange. Und wenn ich mir vorstelle, daß dieses Gefühl immer in meinem Leben wäre, dann fühlte ich mich überwältigt.

»Was kann man tun, um dieses Gefühl loszuwerden?« fragte ich.

»Erst einmal verstehe, woher es kommt. Stelle dir eine Schallplatte vor, auf der das Lied deiner Seele eingeprägt ist. Irgendwann einmal, entweder in der Kindheit oder in Zeiten davor, ist auf den Tonarm des Plattenspielers gedrückt worden, und ein tiefer Kratzer wurde auf dieser Schallplatte hinterlassen: Eine bittere Erfahrung hat tiefe, tiefe Spuren hinterlassen. Der Kratzer wird nun jedesmal, wenn diese Schallplatte abgespielt wird, gehört. Und er verändert die Musik, denn er ist tief. Um diesen Kratzer zu überwinden, muß eine Brücke geschaffen werden. Eine Brücke, die die Nadel benutzen kann, um den Kratzer zu überwinden.«

»Wie entsteht so eine Brücke? Durch Singen?«

»Ja«, Solano nickte, »es geht auch durch Singen. Aber das ist nicht alles. Durch diesen Kratzer entsteht in dem Körper eine chemische Reaktion, die diese Angstgefühle auslöst. Adrenalin wird produziert und ausgesendet. Das setzt sich dann im Körper fest und muß ausgespült werden. Es kann etwa durch Bewegung geschehen. Laufen, Schwimmen, Tanzen. Und natürlich auch durch Singen.«

»Aber angenommen, jemand sitzt in einer Besprechung und bekommt so ein Angstgefühl. Was kann er dann tun?«

»Erinnere dich daran, was du selbst gern vorschlägst.«

Ich dachte nach: »Er wird doch wohl nicht...« Solano nickte.

...ins Bad gehen!«

Manchmal fühlen wir uns bei Entscheidungen überfordert. Es sieht so aus, als ob wir sie sofort treffen müßten. Die meisten können aber ruhig ein paar Stunden, wenn nicht sogar Tage warten. Falls wir allerdings eine Entscheidung relativ schnell treffen müssen oder wollen, schlage ich gern vor, mit einem kurzen »Ich bin gleich wieder da« die Situation abzubrechen und sich dann im Bad daran zu erinnern, was man schon weiß, und sich dann in Ruhe zu entscheiden, wie man auf diese Situation reagieren will.

»Ja, entferne dich aus einer Situation und hole erst einmal Luft, wenn du es nicht an Ort und Stelle machen möchtest. Atme tief für mindestens fünf Minuten. Höre deinem Atem zu. Oder singe. Oder bewege dich. Jede der Handlungen wird diese Brücke über die Kratzer aufbauen.«

Wenn meine Tochter Angst vor dem Dunkeln hat, dann schlage ich ihr immer vor zu singen. Mittlerweile macht sie das schon von selbst, denn sie kennt ja meine Reaktion. Ich unterstütze ihre Angst nicht. Tue aber auch nicht so, als ob sie nicht existierte. Denn jede Angst ist einfach da, und ein »Na, hab dich mal nicht so« oder ein »Wie kann man nur davor Angst haben« hilft nie.

Ich erinnere mich noch gut an die Garage meiner Mutter. Immer wenn ich ihren Wagen zur Garage fuhr und den Schlüssel in das Schloß steckte, dachte ich an eine Vergewaltigung. Jedesmal bei ihrer Garage. Ich meditierte darüber, und plötzlich wurde mir bewußt, wie viele Frauen wohl diesen Gedanken haben, wenn sie in eine Garage fahren. Solche Gedanken haben sich wie eine Wolke um das Schloß gelegt. Und jedesmal wenn wir unsere Hand mit dem Schlüssel zum Schloß ausstrecken, dann »berühren« wir diese Angstwolke. Ich sprach in Gedanken ein Gebet: »Hiermit bitte ich den himmlischen Vater und alle Engel, diese Wolke der Angst aufzulösen und zu euch nach Hause zur Veränderung zu bringen. Von jetzt an wird das Gefühl der Zuversicht und Ruhe um dieses Schloß liegen.« Dann blies ich meinen Atem in das Schloß und sang einige fröhliche Töne.

Wenige Tage später fiel mir auf, daß der Gedanke der Angst in der Nähe der Garage nicht mehr in mir hochkam.

Angst zu überwinden ist eine sehr aktive Aufgabe. Da kommt kein Prinz und keine Prinzessin und nimmt sie uns weg. Aber wenn wir beschließen, daß die Angst etwas ist, was wir wirklich und wahrhaftig loswerden wollen, dann unterstützt uns ein Gebet.

Wie ich damals im Wald auf die Knie ging und mich darauf konzentrierte, was ich wußte und wer ich war, und Gott um Hilfe bat, wurde ich meine Angst los. Wir können bei jedem Gebet auf die Knie gehen und um Mithilfe bitten. Aber danach müssen wir auch bereit sein, unsere überkommenen, als falsch erkannten Angewohnheiten abzulegen.

Wenn man Angst loswerden will, dann sollte man auf alles verzichten, was zusätzlich die Angst noch schürt. Das sind die Nachrichten, die Zeitung, der Krimi und das Gespräch mit den Kollegen und der Nachbarin über die »Schlechtigkeit der Welt«. So fingen meine Ängste an, langsam, aber sicher immer kleiner zu werden. Ich gab ihnen kein Wasser mehr. Ich fing an, die Pflanze zu gießen, die Liebe nährt, und die Pflanze, die Angst erzeugt, bekam kein Wasser und auch keine neue Erde mehr.

Ja, es stimmt, ich bin über die Geschehnisse in der Welt längst nicht mehr so detailliert auf dem laufenden, wie ich das schon

mal war. Aber das stört mich jetzt nicht mehr. Ich habe nicht vor,
irgendwelche politischen Kommentare zu schreiben, und plane
auch kein Buch über die Lage der Welt im Hinblick auf Gewalt-
tätigkeiten. Meine Gesprächsthemen drehen sich nicht um den
letzten Mord aus einem Fernsehbericht oder das letzte Attentat,
von dem jeder spricht. Ich ignoriere dieserartige Geschehnisse
nicht, aber ich konzentriere mich auch nicht darauf. Ich versuche, in meinem Leben und in meiner Umgebung das zu verbessern, was ich verbessern kann. Allein durch das Sorgenmachen
wird die Welt nicht besser.

Ich enthielt mich damals für zwei Jahre aller Nachrichtensendungen und aller Zeitungen. Nachdem ich meine Ängste
überwunden hatte, fing ich an, langsam und ausgewählt Informationen wieder zuzulassen. Da gibt es gelegentlich eine Nach-
richtensendung, die ich betrachte, aber die hat jetzt diesen Effekt
des Angstmachens nicht mehr, da mein Verständnis für die Welt
ein anderes geworden ist. Ich habe erkannt, daß die guten Ereignisse sehr viel häufiger passieren, als es unsere Nachrichtensendungen verbreiten. Nachrichten sind nicht ausgewogen. Ihre
einzige Ausgewogenheit besteht in dem Zeigen von beiden Meinungen in politischen Konflikten. Aber das ist auch schon alles
und für mich nicht genug.

Ich habe mir wieder angewöhnt, die Zeitung zu lesen. Aber
auch hier selektiere ich, was ich in mich hineinlasse oder nicht.
Auch in der Erziehung unserer Tochter bin ich sehr streng und
selektiv, was Informationen und Nachrichten angeht. Julia ist
jetzt zehn Jahre alt und darf immer noch keine Nachrichten
sehen. Das ist zuviel Dramatik für ein Kind. Wenn es bestimmte
Situationen gibt, die sie wissen möchte, oder Fragen stellt, werden die von uns besprochen. Auch ihr Mitgefühl ist groß durch
das Leben, das sie selbst, unvermittelt, erkennt: Obdachlose, al-
leinerziehende Mütter, die in Armut leben, Menschen, die Hun-
ger haben. Sie sieht es mit ihren eigenen Augen und nicht aus der
Distanz.

Um Angst loszuwerden, hilft es, in uns bewußt das Vertrauen in die Welt zu fördern. Inspirierende Bücher zu lesen, positive Filme zu sehen, viel zu lachen und Freude zu haben. Jemand schrieb mir mal: »Aber wie kann ich mich freuen, wenn es um mich herum so viel Elend auf der Welt gibt!« Meine Antwort war eine einfache: »Wird das Elend besser, wenn Du leidest?«

Es gilt, aktiv etwas zu tun, anderen zu helfen und dadurch sich selbst zu erkennen. Jeder von uns kann im Leben eines anderen ein Licht in der Dunkelheit sein. Als ich damals an meinen Ängsten arbeitete, gab ich das immer zu. Wenn also ein Gespräch in eine Richtung ging, die ich gerade mühsam zu verlassen suchte, unterbrach ich das Gespräch mit einem »Entschuldigung, aber ich versuche gerade, meine Ängste loszuwerden, und dieses Thema fördert das nicht. Können wir bitte über etwas anderes reden?«

Oder ich bin weggegangen. Aufgestanden. In den Garten, in die Küche, auf den Balkon oder wieder mal ins Bad...

Und ja, es stimmt, manchmal werden unsere Freunde von uns genervt sein, und manchmal rollt der Partner die Augen (meiner tat es oft genug), aber darauf kann ich keine Rücksicht nehmen. Es läßt sich mit dem Wunsch vergleichen, Gewicht zu verlieren. Angenommen, ich beschließe, deswegen in Zukunft auf Kuchen und Nachtisch zu verzichten. Meine wahren Freunde, die auf meiner Seite sind und mich unterstützen, werden sich bemühen, mir den Kuchen vom Leib zu halten. Die allerdings, die nicht wollen, daß ich mich verändere, weil sie sich sonst vielleicht selbst verändern müssen, werden mir jedes Stück Sahnetorte unter die Nase halten. Das sind nicht die Freunde, die mich so lieben, wie ich bin beziehungsweise sein will. Nein, das sind die Freunde, die nicht wollen, daß ich mich verändere. Die mich so haben wollen, wie ich war. Es ist ja meine Entscheidung gewesen, keinen Nachtisch mehr zu essen. Und ich erwarte, daß mich die Menschen, die mich lieben, in meiner Entscheidung unterstützen.

Wenn wir unsere Angst loslassen, dann lassen wir nicht selten Beziehungen los, die nur auf dieser brüchigen Basis funktionierten. Falls meine Freunde und ich uns jeden Freitagabend zum Klatschen (meistens über andere) getroffen hatten und ich das aufgäbe, dann gehörte ich nicht mehr dazu. Ich habe mich verändert. Ich fange an, nach einer anderen Musik zu tanzen. Und in diesem Tanz verändern sich alle, die vorher mit mir getanzt haben. Aus einem Walzer wird ein Tango. Und die anderen hören entweder auch diese andere Musik, oder sie suchen sich einen anderen Tanzpartner. Das ist normal, und das passiert sehr, sehr häufig. Denn wenn wir unsere Einstellung zum Leben verändern, dann gibt es bestimmte Menschen, die ähnlich wie wir die Richtung geändert haben, und andere, die das nicht wollen. Das bedeutet übrigens nicht, daß die, von denen wir uns trennen, in irgendeiner Form »schlechter« oder »weniger entwickelt« sind wie wir. Sie haben eine andere Wahl getroffen. Und ab und zu trifft man sich später wieder. Wir nehmen in unserer Entwicklung vielleicht einen Zug, während ein anderer sich lieber in der Gegend noch etwas aufhalten will. Aber vielleicht kommt er später mit einem Flugzeug nach und ist möglicherweise an einem unserer nächsten Reiseziele schon vorher da.

Wir finden auf dem Weg zu einem neuen Leben, einem, das ohne Angst und ohne Sorgen harmonisch vorwärtsschreitet, neue Freunde und neue Partner. Denn wir finden dann die, auf die unsere Seele schon lange gewartet hat.

Unsere Seelenschwestern und Seelenbrüder, die auch, wie wir, vor dem Eintritt in dieses Leben wußten, daß wir viel Zeit miteinander verbringen werden. Und ist es nicht das, was wir uns wünschen? Von Menschen umgeben zu sein, die uns so, wie wir sind, lieben und akzeptieren und die unsere Seele verstehen?

16

Seelengruppen

Schwesternschaft und Bruderschaft

Niemals in meinen kühnsten Träumen hätte ich mir die Freundschaften vorstellen können, die ich jetzt erleben darf. Nicht, daß meine Freunde heute einfach »besser« sind als die früheren. Nein, ich habe mich verändert und bin deshalb auch ein anderer Freund geworden. Freundschaften hatten für mich früher einen sehr viel egoistischeren Zweck: Ich wollte nicht allein sein. Und so gab es eine Batterie von Freundschaften, die ich mir aufgebaut hatte, auf die ich »im Notfall« zurückgreifen konnte. Und der »Notfall« war relativ häufig. Immer dann, wenn ich »Gesellschaft« brauchte, rief ich einen von meinen Freunden an, in der Hoffnung, daß irgend jemand von ihnen Zeit hätte.

Meine Freundschaft gab es nicht bedingungslos. Da gab es bestimmte Ansprüche, die erfüllt werden mußten. Meine Freunde mußten meiner Meinung nach zuverlässig, verfügbar sein, und sie mußten mich im Notfall gegen den »Rest der Welt« verteidigen.

Und ich gab dieselben Gaben, die ich von meinen Freunden verlangte, zurück. Außer einer: bedingungslose Liebe. Meine Freundschaft war an Bedingungen geknüpft: »Wenn du das und das tust, dann bist du mein Freund.«

Dummerweise gab es da aber immer ein unterschwelliges Schuldgefühl: »Warum hast du dich letzte Woche überhaupt nicht gemeldet?« – »Ja, gibt es dich auch noch?« – »Von dir hört man ja gar nichts mehr.« – »Bin ich jetzt deine Freundin oder nicht?«

Da gab es eine bestimmte Starrheit im Umgang miteinander, man wollte die anderen überreden: »Wie, du bist heute zu müde? Komm schon, das wird bestimmt lustig!« – »Bitte geh mit mir zu der Veranstaltung. Ich kenne ja sonst keinen.«

Auch eine falsch verstandene Solidarität, die einem Wachstum hinderlich war: »Wie kann deine Chefin nur so engstirnig sein!« – »Männer sind doch alle gleich!«

Und eine Unwahrhaftigkeit, die sich öfters einschlich: »Erzähl aber Sibylle nicht, daß ich das gesagt habe.«

Ich erinnere mich noch gut an eine Situation in meiner Meditationsgruppe, die mir klar vor Augen führte, wie sehr sich doch meine Freundschaften verändert hatten. »A« machte sich Sorgen um »B«, rief mich an und erzählte mir von der Situation, in die Klarheit gebracht werden müßte, und fügte hinzu: »Kannst du bitte ›B‹ anrufen und deine Hilfe anbieten, denn auf dich hört sie eher. Aber sag ihr bitte nicht, daß ich mit dir darüber gesprochen habe.«

»Das kann ich leider nicht« war meine Antwort.

»Warum nicht?« kam es erstaunt zurück.

»In meinen Freundschaften gibt es kein ›Sag Soundso aber das und das nicht‹. Wenn du mir etwas anvertrauen möchtest und mich dann bittest, diverse Schritte zu unternehmen, dann muß ich die Wahrheit sagen können. Ich glaube nämlich, daß ›B‹ gerührt ist, wenn sie hört, daß sie dir so am Herzen liegt, daß du versuchst, ihr auf viele verschiedene Arten zu helfen. Also, wenn ich nicht sagen kann, von wem ich meine Informationen habe, dann kann ich dir nicht helfen.«

Da war ein Moment Stille am anderen Ende der Leitung. Ich merkte, wie sie nachdachte. Ich fügte hinzu: »Wir haben jetzt eine neue Art von Freundschaft. Und alles, was nicht offen und wahr ist, hat darin nichts zu suchen.«

»Also gut«, meinte »A«, »sag ihr, daß ich dich angerufen habe.«

Wie erwartet war »B« gerührt.

Sätze, die mit »Erzähle aber Soundso nichts davon« anfangen, unterbreche ich immer sofort. »Dann behalte es für dich« ist in der Regel meine Antwort. Das kann und will ich nicht versprechen. Wenn einer meiner Freunde über einen anderen unserer gemeinsamen Freunde etwas zu sagen hat, dann will ich diese Heimlichkeiten nicht unterstützen, das ist mir zu anstrengend. Ich bin dafür, immer sofort zur Wurzel zu gehen. Also, wenn »Soundso« zum Beispiel angeblich Gerüchte über jemanden verbreitet, dann ist mein Vorschlag, »Soundso« anzurufen. Alles andere führt zu unwahren Freundschaften, und die will ich nicht mehr haben. Das bedeutet übrigens nicht, daß ich kein persönliches Erlebnis meiner Freunde für mich behalten könnte. Diese persönlichen Erlebnisse sind Ereignisse, die meine Freunde betreffen und die nichts mit Geheimnistuerei vor Dritten zu tun haben.

Ich habe jetzt andere Freundschaften kennengelernt, und diese Leichtigkeit und Tiefe will und brauche ich in meinem Leben. Wenn ich heute mit einer Freundin verabredet bin und die entscheidet im letzten Moment, daß sie lieber zu Hause bleibt, dann braucht sie dafür nicht mal mehr eine Ausrede. Es muß kein Besuch kommen, kein Bazillus vor der Tür stehen, keine Handwerker erwartet werden, kein Kind krank sein. Ein einfaches »Ich bleibe heute lieber zu Hause« genügt.

Klar bin ich manchmal ein bißchen enttäuscht, weil ich mich eben so auf den Abend gefreut habe. Aber was ist die Alternative zwischen Freunden? Soll ich sie überreden? Soll ich ihr ein schlechtes Gewissen einreden? Damit werden Freundschaften zu Verpflichtungen, und das bedeutet auch, daß ich meinen Freunden nicht erlaube, ihre Meinung und ihre Stimmung zu ändern. Und obwohl ich das eine oder andere Mal enttäuscht bin, bekomme ich doch ein Geschenk, das meiner Meinung nach unbezahlbar ist: die gleiche Freiheit, ebenfalls nein zu sagen, ebenfalls meine Meinung, meine Stimmung zu ändern.

Ich brauche meine Freundinnen nicht mehr als Alibi, um das Alleinsein zu verhindern. Denn allein zu sein ist jetzt keine Einsamkeit mehr. Denn ich kenne mich. Ich bin meine beste Freundin geworden. Und ich verbringe gern Zeit mit mir. Etwas, was mir früher unmöglich war. Ich war mit mir selbst gelangweilt. Und auch nur, weil ich mir nicht erlaubt habe, mich besser kennenzulernen. Ich wollte Entscheidungen und Wahrheiten aus dem Weg gehen und versuchte, meine Zeit mit Terminen aufzufüllen. Denn mit diesem Terminkalender fühlte ich mich beliebt und gemocht. Die wichtigsten Termine hatte ich allerdings verpaßt: die mit mir selbst. Mir reichte es offensichtlich, wenn ich mir beim Zähneputzen in die Augen schaute.

Doch das änderte sich, und ich verbrachte schließlich bewußt Zeit allein. Und in dieser Zeit allein erkannte ich meinen eigenen Wert und mein eigenes Bewußtsein. In diesem Bewußtsein kreierte ich meine neuen Freundschaften. Ich fühle mich jetzt nicht wertvoller, wichtiger und beliebter, wenn sich jemand dauernd bei mir meldet und ich pausenlos eingeladen werde. Ich fühle mich aber auch nicht weniger wert, wenn ich von jemandem schon eine Weile nichts mehr gehört habe. Derjenige ist einfach beschäftigt. Lebt sein Leben, und irgendwann einmal – oder auch nicht – werden sich unsere Wege wieder kreuzen. Und wie schön, daß man sich dann mit Freude trifft und nicht mit Schuldgefühlen.

Früher habe ich auch öfters meine Freunde aufgegeben, weil sie mit meiner neuen Liebe nicht zusammenpaßten. Das war ein Fehler, den ich sehr schnell erkannte. Freundschaften bestehen durch viele Liebesbeziehungen. Es bedeutet nicht, daß meine Freunde auch seine werden. Wie es auch umgekehrt nicht der Fall sein muß. Und manche Freunde von ihm sind mir näher als andere. Und das ist in Ordnung so. Jemand, der erwartet, daß man seine Freundschaften aufgibt, zeigt dadurch eine große Unsicherheit. Der Partner wird zum Kuchen, den man allein haben will. Und man hat Angst, daß die anderen ein »Stück vom Kuchen« abschneiden. Und daß einem dieses eine Stück dann abgeht. Liebe ist wie die Sonne. Da gibt es keine Stücke. Da gibt es nur Wärme. Und wenn einer von uns in der Sonne liegt und warm wird, wird dem anderen dadurch nicht kälter.

Wenn wir uns wieder für ein Leben auf der Erde entschließen, dann kommen wir in Seelengruppen zurück. Seelengruppen sind eine Ansammlung von Wesen, die uns vertraut sind. Nicht alle von uns reinkarnieren in materieller Form, sprich werden Menschen. Einige bleiben in der Seelenwelt und unterstützen uns so in unserem Leben. Meine Gruppe ist Solano zufolge 144 000 Seelen groß. Das schließt alle Lebewesen ein, die man so im Laufe seines Daseins trifft. In persona oder in der Meditation. Das kommt natürlich auch sehr darauf an, ob ich mich in diesem Leben für ein kleines Dorf in der Antarktis entscheide oder für ein Leben, das mich in die Welt hinausführt. In dem kleinen Dorf in der Antarktis sehe ich dann nur einen kleineren Teil meiner Seelengruppe.

Innerhalb unserer Seelengruppe, die relativ groß sein kann, gibt es unsere Seelenpartner (in die wir uns verlieben), unseren ersten Ring (Kinder, Verwandte, Kollegen, die uns am nächsten stehen) und unsere Seelenschwestern beziehungsweise -brüder (die einmal mit uns eins waren). Mit dem ersten Seelenring, den Seelenpartnern (es gibt immer mehrere, nicht nur einen), und den Seelenschwestern oder -brüdern verbringen wir öfters Zeit und haben wir mehr gemeinsame Aufgaben als mit den anderen. Und wie in einer Blume gibt es Blätter, die ganz nah im Zentrum sind, und dann die, die sich ein bißchen weiter »draußen« befinden. Alle Blätter gehören zur Blume, und alle Blätter sind der Blume gleich lieb, nur einige liegen näher.

Wenn eine Zelle sich teilt, dann gibt es anschließend zwei Teile von etwas, was vorher nur eins war. Wenn sich die vier Zellen nun teilen, dann haben wir acht von dem, was vorher nur eins war, später sechzehn und dann zweiunddreißig. Der zweiunddreißigste Teil der Zelle ist nicht anders als die Originalzelle. Aber sie hat sich »öfters geteilt«, ist also ein bißchen weiter weg als die ersten vier Zellen. Damit lassen sich unsere Seelenringe vergleichen. Einige sind in den »original« vier oder acht Teilen. Während andere sich erst später geteilt haben und weiter weg liegen.

Jedesmal, in jedem Leben, erscheinen wir mit unserer Seelengruppe. Unsere Kinder, Eltern, Freunde, Kollegen, Nachbarn gehören dazu. Manche haben sich entschlossen, uns bei unseren größten Herausforderungen zu helfen. Das sind die, die uns am meisten »auf die Nerven« gehen. Manche sind besonders zickig oder kleinkariert oder stur. Sie haben sich für das Leben diese Persönlichkeiten ausgesucht, um uns dabei zu helfen, daß wir unsere »negativen« Angewohnheiten loslassen. Denn wir kreieren als Seele die Situationen, aus denen wir Wahrhaftigkeit erfahren können. Wäre das Leben wie im Klischee vom Südseeparadies, würden wir einiges davon verpassen.

In dieser Seelengruppe finden sich auch unsere Seelenpartner, in die wir uns verlieben. Und auch hier gibt es natürlich mehrere. Wenn man den Vergleich mit der Zellteilung noch einmal bemühen will, dann gibt es mehrere Zellen, die mit uns harmonieren. Einige haben stärkere Eigenschaften als andere (je nachdem, wie »früh« sich die Zelle geteilt hat: Ist es der achte oder der vierundsechzigste Teil?). Wir dürfen uns aber darauf verlassen, daß jeder aus unserer Seelengruppe unsere Originalzelle kennt und mit ihr vertraut ist. Denken wir wieder daran, daß wir eigentlich wie das Meer sind. Und jede »Zelle«, jeder Wassertropfen, miteinander verbunden ist. Aber auch hier sind einige »näher«, einige, die unsere Seele verstehen und mit denen wir uns vertraut fühlen.

Wir haben verschiedene Aufgaben und in diesen Aufgaben verschiedene Gruppierungen, verschiedene Seelenringe. Alle sind ein Teil in meiner Seelengruppe. Keiner ist besser oder schlechter als der andere. Wie wir in unseren Talenten verschiedene Facetten haben, so hat auch unsere Seele verschiedene Aspekte, die alle von den eigens dazu abgestimmten Seelen unterstützt werden.

In meiner Familiengruppierung befinden sich mein Mann, meine Tochter, meine Eltern, meine Schwestern, meine Verwandten.

In meinem Seelenring für Deutschland befinden sich meine Freundinnen und Freunde in Deutschland.

In meinem Seelenring fürs Schreiben befinden sich Gerhard, Petra, Andrea, Mon, Liz, Jonah.

In meinem Seelenring für meine Kreativität befinden sich mein Skulpturlehrer und meine Mitschüler.

Alle, die sich in einem Seelenring einer Seelengruppe zusammengefügt haben, halten eine ganz besondere Verbindung miteinander. Diese Seelen haben sich in einem besonderen Verständnis gefunden und wählten ein gemeinsames Ziel, eine gemeinsame Mission: also meine Familie, Deutschland, meine Bücher, meine Kunst, um nur einige zu nennen.

Und dann gibt es noch die Seelenschwestern (oder -brüder). Ich würde gern die Verbindung zu meinen Seelenschwestern beschreiben, aber ich brauche zuerst ein Versprechen von Ihnen. Das Versprechen, diese Gruppierung nicht mit Ihrer zu vergleichen. Ihre Seelenschwestern oder -brüder sind etwas ganz Besonderes, so wie meine. Das läßt sich mit einem Akkord vergleichen. Da gibt es verschiedene Töne, die gemeinsam einen harmonischen Klang ergeben. Und es gibt verschiedene Akkorde. Ihrer ist anders als meiner. Aber alle Akkorde haben eines gemeinsam: Sie machen wundervolle Musik...

Ich habe sechs Seelenschwestern, mit denen ich viele, viele Leben – und die Zeit dazwischen – verbracht habe. Die erste, die ich in diesem Leben wiedertraf, war Samantha. Ich lernte sie sechs Jahre vor der Zeit, da ich diese Zeilen schreibe, mit ihrem Mann Stan kennen. Ich hatte gerade meinen ersten Termin mit Zarathustra. Mein Masseur Malcolm sprach von Zarathustra, und ich erinnerte mich sofort daran, daß mich mein Onkel Alwin immer »Zarathustra mein Weib« nannte. »Den mußt du kennenlernen!« fühlte ich in jeder Faser meines Körpers. Obwohl Termine mit Zarathustra auf Monate ausgebucht waren, war Jacqueline, die ihn channelte, genau an diesem Abend in der Stadt, und am nächsten Morgen hatte ich einen Termin in Samanthas Haus.

Ich klingelte und war leicht nervös. Man trifft ja nicht so oft jemanden, der den Körper eines anderen benutzt. Stan öffnete mir die Tür. Er ist ein kräftiger Hawaiianer, der mich kurz umarmte und mich ins Wohnzimmer führte. Ich wartete und schaute mich um.

Dann kam Samantha. Sie hatte gerade einen Termin bei Zarathustra und sah verweint aus. »Die gefällt mir«, schoß es mir durch den Kopf, und da verschwand sie auch schon in der Küche. Stan brachte mich zu Zarathustra. Nach meiner Zeit mit Zarathustra ging ich wieder durchs Wohnzimmer nach draußen, und Samantha winkte mir von der Küche aus zu. Das war's. »Schade«, dachte ich mir noch. »Die hätte ich gern näher kennengelernt.«

Ich lernte kurz danach eine andere Frau kennen, die mir sehr nahe stehen sollte. Allerdings auf eine andere Weise und für mich damals vollkommen unbekannt und unverständlich. Ein paar Monate später war ich dann auf meinem ersten Visionquest, der von Jacqueline und Zarathustra geleitet wurde. Kurz vorher hatte ich in einer meiner Meditationen gefragt, wie denn mein Spirit, mein Geist, aussieht. Ich sah etwas Blaues und etwas Flüssiges. Und fühlte mich sehr wohl mit dem Gedanken. Hier war ich also auf diesem Berg und hoffte auf Samantha. Aber sie war nicht da. Es gab noch einen zweiten Visionquest, der sich dem ersten anschloß, und Samantha und Stan waren in dem anderen.

Während dieser vier Tage auf dem Berg, der mein Leben veränderte, lernte ich Kim kennen. Kim war mir sehr vertraut. Wir fühlten uns sofort zueinander hingezogen, und sie erzählte mir, daß auch sie Liquid Blue (flüssiges Blau) sei, und in mir jubelte alles. Kim und ich blieben in Kontakt, und sie besuchte mich in Los Angeles. Begeistert erzählte ich meinem Mann von Kim, die sich wie eine Schwester anfühlte. Nach ihrem Besuch verbrachten wir immer weniger Zeit am Telefon. Kim war schwer zu erreichen, rief selten an. Irgend etwas war da nicht klar, soweit verstand ich, nur was?

Als ich Kim kennenlernte, bewunderte ich sie. Sie schien soviel zu wissen, soviel erlebt zu haben, soviel zu verstehen. Aber damit kam ihr auch die Idee, daß ihr unsere himmlischen Helfer etwas schulden. Sie beschwerte sich bei den Engeln, wenn der Freund, in den sie sich verliebt hatte, ihre Spiritualität nicht aushielt: »Warum schickt ihr mir jemanden, der das nicht versteht?« Sie schimpfte manchmal mit Zarathustra, eine Idee, die mir nicht einmal in meinen kühnsten Träumen in den Sinn kommen würde. Denn es liegt an mir, was sich in meinem Leben tut und was nicht. Kim hatte wie ich das Gefühl, daß wir hier sind, um unsere Aufgabe zu erledigen. Während ich der Meinung bin, daß es an mir liegt, ob ich das tue, erwartete Kim mehr aktive Hilfe von »oben«. Ich wollte ihr helfen. Aber sie wollte meine Hilfe nicht, das konnte ich fühlen.

Ihr Bild steht auf meinem Altar, und alle paar Monate rufe ich sie an und hinterlasse eine Nachricht auf ihrem Anrufbeantworter. An ihren Geburtstagen schicke ich ihr kleine Geschenke. Das geht nun schon seit Jahren so. Ich erwarte nichts zurück. Sie ist immer in meinem Herzen. Ob wir uns nun sehen oder nicht. Sie hat nicht »unrecht«, indem sie sich für eine Distanz entscheidet. Das ist ihre Wahl, und ich fühle mich dadurch nicht zurückgestoßen. Ich verstehe es jetzt. Denn ich habe gelernt, keine Erwartungen an andere zu stellen. Das bedeutet nicht, daß ich mich zurückziehe. Bei Kim habe ich mich nie zurückgezogen. Ich bin immer da. Es liegt an ihr, ob sie den Kontakt suchen will. Und wenn sie das irgendwann einmal tun sollte, dann wird es auch keinen Vorwurf geben. Denn das ist nicht notwendig. Sie hatte ihre Entscheidungen nach ihren Wünschen getroffen. Wer bin ich, daß ich dies in Frage stellen würde!

Kim und ich haben bis heute kein aktives Freundschaftsverhältnis. Sie ist eines meiner nahen Blumenblätter, und meine Seele ist mit ihrer verbunden. Sie gehört nicht zu dem Akkord, den ich mit meinen sechs Seelenschwestern habe. Sie ist aber »in dem Lied meines Lebens« eine sehr wichtige Note. Ich akzeptiere ihre Distanz. Das ist nun einmal so. Bis heute, da ich diese Worte schreibe, hat sich daran nichts geändert. Ich verstehe und akzeptiere ihre Wahl, und das hat an meiner tiefen Liebe zu ihr nichts verändert.

Am letzten Abend des Visionquest gingen wir zu den heißen Quellen in Steamboat Springs in Colorado. Da traf ich einige der zweiten Gruppe. Jacqueline stellte mich Sharon, einer Malerin, vor. Und Sunny, einer Hyponosetherapeutin und Innenarchitektin sowie ihrem Mann Stan. Und da war noch Sheila, die sehr eng mit Jacqueline befreundet war. Alle drei gefielen mir gut, aber da bekam ich weder eine Gänsehaut noch ein Hochgefühl. Die sind alle nett, und das war es schon.

Eine Woche später bekam ich im Büro einen Anruf. Meine damalige Assistentin Sünje nahm die Nachricht auf: »Da rief eine Suzane an, die sagte, daß sie in der Meditation gehört hat, sie solle dich anrufen.«

Ich freute mich. Das hörte sich ja toll an. Ich rief sie sofort zurück. Wir trafen uns am nächsten Tag. Suzane ist schmal, zierlich, dunkelhaarig und sieht Audrey Hepburn nicht unähnlich. Wir saßen bei mir im Garten, und sie sprach über den zweiten Visionquest, an dem sie teilgenommen hatte: Jacqueline erzählte ihr von mir, und an dem Abend hatte sie eine Meditation, in der ihr gesagt wurde, sie solle mit mir Kontakt aufnehmen.

Über die nächsten Monate verbrachte ich viel Zeit mit Suzane und auch mit Samantha, die eng mit Suzane befreundet war. Auf diversen Treffen mit »Sacred Life«, dem gemeinnützigen Verein, den Jacqueline gegründet hatte, lernte ich auch Sunny, Sharon und Sheila besser kennen.

Ich bemerkte, wie ich von den Frauen beobachtet wurde. Mit einer gewissen Freude und Spannung, die ich fühlte, die ich aber nicht einordnen konnte und nicht verstand. Was ich nicht wußte, war, daß die fünf auf die sechste und siebte Seelenschwester warteten. Und sich überlegten, ob ich eine davon war. Ein gutes Zeichen war mein Vorname. Auch er fing mit einem S an. Wie all die anderen. Sie fühlten sich wohl mit mir und ich mich mit ihnen. Da gab es eine Vertrautheit, besonders mit Samantha, Suzane und Sharon. Suzane fing dann an, für mich zu arbeiten. Ich bot ihr einen Job in meiner Firma an, und sie sagte zu. Das war einfach herrlich! Jeden Morgen meditierten wir zusammen. Wir zogen an einem Strang. Da war eine Stimmung, die einfach wundervoll vertraut war.

Dann hatte ich mal wieder einen Einzeltermin mit Zarathustra. Nachdem ich einige Fragen zu »Liquid Blue« gestellt hatte, die er auch beantwortete, beugte er sich in Jacquelines Körper plötzlich nach vorn und erzählte mir eine Geschichte:

»Vor vielen, vielen Jahren, da ich als Zarathustra mit meinen Füßen diese Erde berührte, da lehrte ich in dem Land, das lange Persien genannt wurde. Das war, lange bevor mein Bruder Joshua (Jesus) sich auf dieser Welt zeigte. Doch damals durften nur Männer Lehren empfangen, denn Frauen wurden andere Aufgaben zugeteilt. So lehrte ich im Freien und wußte doch, daß einige Frauen in der Umgebung verharrten, um mir zuzuhören und damals ein Wissen zu erfahren, das als geheim angesehen wurde. Ich wußte um diese Frauen und sprach lauter, so daß ich auch in der Ferne verstanden wurde. Kurz bevor ich den Körper verließ, der mir so vertraut war, kam ich zu den Frauen, die sich da in den Büschen versteckten, und gab ihnen ein Versprechen. Ich versprach, daß ich eines Tages zurückkehren werde, um auch sie zu lehren.«

Zarathustra schaute mir tief in die Augen, und ich dachte noch: »Nette Geschichte.« Und wollte mit meinen vorbereiteten Fragen weitermachen. Das war damals meine zweite oder dritte Privatstunde mit ihm, und ich wußte seinerzeit noch nicht, daß Zarathustra keine »netten Geschichten einfach nur so« erzählte. Milde lächelnd schaute er mich durch Jacquelines Augen an.

Am Ende der Zeit kam Jacqueline wieder in ihren Körper zurück. Ich erzählte ihr von der Geschichte mit den Frauen. Jacqueline hörte in sich hinein und antwortete: »Du bist eine dieser Frauen.«

In mir brach eine Mauer zusammen. Da kam die Erinnerung an dieses heiße Land hoch. Ich roch Blüten und Bäume, die mir damals so vertraut waren. Ich erkannte für ein paar Sekunden die hellen Kleider und Schals, die wir jungen Frauen trugen, und die Sehnsucht schwappte über mich wie eine Welle über den Strand. Ich weinte und war so unendlich glücklich.

Als erstes erzählte ich Suzane, die grinsend gestand: »Ich wußte es, ich wußte es!«

»Was?« fragte ich neugierig.

»Du bist eine der sieben Schwestern.«

Ich verstand immer noch nichts: »Sieben Schwestern?«

»Zur Zeit Zarathustras oder Zoroasters, wie er auch genannt wurde«, erklärte sie mir, »waren wir sieben Schwestern. Sunny, Samantha, Sheila, Sharon, du und ich.«

»Das sind sechs.«

Suzane lachte. »Ja, ich weiß. Wir warteten auf die sechste und die siebte. Also die sechste bist du. Jetzt fehlt nur noch eine.«

»Und dann?« fragte ich neugierig.

Suzane schaute mich perplex an. »Dann sind wir wieder zusammen.«

»Wozu?« fragte ich weiter.

Suzane grinste und meinte: »Das werden wir dann schon herausfinden.«

Suzane rief die anderen an, und jede antwortete nur, daß sie das eh schon gewußt habe. Wir verbrachten mehr Zeit miteinander. Samantha und Suzane wohnten beide in Los Angeles. Sharon damals in Colorado. Sheila in der Nähe von Jacqueline in Seattle. Und Sunny in Arizona.

Suzane wurde kurz danach von ihrer Mutter, die krebskrank wurde, um Hilfe gebeten. Sie zog für eineinhalb Jahre heim nach Wisconsin, um sie zu pflegen und ihr beizustehen.

Sheila und Sunny waren mir am Anfang am wenigsten vertraut, denn wir sahen uns nur selten. Doch über die Jahre organisierte ich immer wieder Zusammentreffen. Einmal im Jahr verreisen wir gemeinsam, und jedes Jahr an meinem Geburtstag lade ich meine Schwestern zum Übernachten ein. Wir machen es uns dann für ein paar Tage bei uns im Haus gemütlich. Verbringen die Zeit mit Gesprächen, Meditationen, Gebeten. In dieser Zeit entstand ein tiefes Verständnis füreinander.

Diese Freundschaft war anders. Da gab es kein »Warum hast du dich denn die ganze Zeit nicht gemeldet?« Da gab es einen Sinn für die Unendlichkeit. Wenn wir so viele Male zusammen waren und uns so viele Leben schon gekannt haben, dann ist es wahrlich nicht wichtig, ob wir jede Woche miteinander telefonieren.

Ich lernte viel von meinen Schwestern. Ehrlichkeit und Offenheit waren zwei der größten Geschenke. Das Gefühl von Familie. Daß ich da verstanden werde. Erfahrungen mit Telepathie. Aber auch ein Wissen, daß wir uns nicht zu beeilen brauchen. Daß wir Zeit haben. Und es ist uns auch klar, daß diese Schwesternschaft ein Geschenk ist und keine Verpflichtung. Wir haben uns damit nicht noch eine zusätzliche Verantwortung aufgeladen. Nur die Lust, zusammen zu sein; manchmal haben wir halt keine Zeit dazu. Und das ist in Ordnung so. Das Wissen, daß wir uns gegenseitig unterstützen, und die Dankbarkeit, daß wir dieses Gefühl weitergeben dürfen.

Jede von uns ist ab und an in einer spirituellen Krise. Und wir geben uns gegenseitig Ideen, beschreiben Situationen, an die wir vielleicht selbst nicht gedacht haben. Jede von uns hat bestimmte Erfahrungen gemacht, die sie den anderen mitteilen kann und aus denen wir lernen. Eben weil wir so unterschiedlich sind. Und doch so gleich. Wie die Töne in einem Akkord haben wir eine Gemeinsamkeit und doch einen ganz eigenen Klang.

Und in all den Gesprächen und Zusammentreffen sprachen wir doch immer auch über die siebte Schwester. Wo mag sie wohl sein? Wer wird sie wohl treffen?

Ich fragte Solano bei einem meiner Privattermine nach ihr. Seine Antwort kam zögernd und war kurz. Ich merkte, er wollte nicht zuviel preisgeben.

»Stimmt es, daß wir noch auf die siebte Schwester warten?«

»Ja.«

»Werden wir sie bald treffen?«

»Ja.«

»Wann werden wir sie treffen?« Es war damals ein Juni, und mein Mann hatte als mein Geburtstagsgeschenk für eine Woche im September alle Schwestern zu einer Reise eingeladen.

»Bis ihr euch alle wieder treffen werdet.« Also bis September. Ich war zufrieden.

»Aber sie wird euch nicht begleiten.« Aha, auch gut. Aber wenigstens kennen wir sie dann.

»Ist sie Amerikanerin oder Europäerin?«

»Sie ist von diesem Land.« Also Amerikanerin.

»Beginnt ihr Name mit S?« war mehr eine Feststellung als eine Frage. Irgendwie ging ich davon aus, aber Suzane war sich nicht so sicher und bat mich, diese Frage zu stellen.

»Nein«, antwortete Solano zu meiner Überraschung.

»Wer wird sie als erste treffen und erkennen?« wollte ich wissen.

Solano schaute durch mich durch und meinte dann: »Wahrscheinlich wirst du es sein.«

Ich merkte, daß er nicht bereit war, noch mehr zu antworten, und ich bedankte mich.

Ich rechnete nach. Also jetzt ist Juni, im Juli bin ich den ganzen Monat in Deutschland, da kann sie also wahrscheinlich nicht sein, da sie ja Amerikanerin ist. Und den August verbringen wir in Santa Barbara. Und dann ist ja auch schon September. Jede Frau, die ich im August in Santa Barbara traf, wurde genauestens studiert. Ist sie es vielleicht? Ist sie vielleicht nicht? Die einzigen, die verschont wurden, waren die, deren Vornamen mit einem S begann. Aber die traf ich kaum. Irgendwann einmal wurde mir das zu anstrengend. Ich sprach mein Gebet und meinen Wunsch: »Lieber Gott, ich bin hier auch auf Urlaub mit meiner Familie, und will nicht dauernd jede Frau, die ich treffe, in ein tieferes Gespräch verwickeln müssen. Also hier ist meine Idee: Ich erwähne irgendwann einmal am Anfang Zarathustra oder die sieben Schwestern, und die, die es ist, wird darauf eine Reaktion haben.«

Punkt. Jetzt war es einfacher.

Niemand reagierte auf die Nennung von den sieben Schwestern oder Zarathustra. So als ob es einfach nicht gehört wird.

»Wenn du meditierst, wen sprichst du da an?«

Antwort: »Zarathustra.«

Keine Reaktion.

»Wie lange meditierst du denn schon?« ging es dann harmlos weiter. Oder: »Lebt Ihre Familie auch hier in den Staaten?«

Antwort: »Nein, aber wir sind sechs Seelenschwestern, die auf die siebte warten.«

Keine Reaktion, nur die nächste Frage: »Haben Sie Kinder?«

Es war so sehr viel leichter. Ich konnte dann anschließend immer ein »normales Gespräch« führen.

Da gab es eine Frau, die ich im Jahr vorher durch Freunde in Santa Barbara kennengelernt hatte. Sie hieß Martha und war sehr nett. Auch dieses Jahr war sie mit ihrer Familie den Sommer über in Santa Barbara. Wir trafen uns bei diversen Abendessen mit gemeinsamen Freunden. Irgendwie hatte ich das Gefühl, daß ich sie zu einem Spaziergang einladen sollte, und so rief ich an. Der einzige Termin, den wir zusammenkriegen konnten, war der kommende Samstag. Der vorletzte Tag unserer Zeit in Santa Barbara. Wir hatten uns ein Ferienhaus am Meer gemietet, und sie klopfte an die Tür. Richard und Julia waren einkaufen, und so hatten Martha und ich Zeit füreinander. Wir gingen barfuß zum Strand.

»Als du anriefst«, gestand sie mir als erstes, »war gerade ein Riesentumult bei uns im Haus. Und als ich auflegte, kam plötzlich eine unglaubliche Ruhe über mich. Das habe ich bis dato nicht erlebt. Das war ganz erstaunlich. So als ob du ins Haus gekommen wärst.« Sie schaute mich von der Seite an. »Woher bekommst du eigentlich deine Sicherheit und deine Ruhe?«

»Von Gott«, antwortete ich, »und von Zarathustra, einem Propheten, der viele Jahre vor Christi Geburt lebte, und von meinen Seelenschwestern. Wir sind sechs und warten auf die siebte.«

Martha blieb stehen. »Sieben Schwestern?« fragte sie.

Ich drehte mich zu ihr um und schaute ihr tiefer in die Augen. Sie fragt! Endlich eine Frau, die fragt! Es wird doch wohl nicht ...?

Immer langsam mit den jungen Pferden, riet ich mir selbst. Ich will sie ja schließlich nicht verschrecken.

»Wir sind eigentlich sieben. Und alle von uns fangen mit einem S an. Bis auf die siebte«, antwortete ich.

Martha bewegte sich immer noch nicht. Leise, fast wie zu sich selbst, sagte sie: »Als ich ein junges Mädchen war, fuhr ich immer Kanu. Jede Biegung des Flusses, auf dem ich fuhr, hat einen bestimmten Namen. Meine Lieblingsstelle hieß ›Die sieben Schwestern‹, und immer wenn ich einsam oder traurig war, dann fuhr ich dorthin.«

Ich konnte ein Grinsen nicht unterdrücken.

»Und meine Kinder«, so fuhr sie fort, »fangen alle mit S an.«

»Und dein Nachname auch«, fiel mir auf.

Sie bewegte sich nicht. So als ob sie Angst hätte, daß ihr gleich der Himmel auf den Kopf fiele.

Auch ich bewegte mich nicht. Ich wartete still, was sie sonst noch wissen wollte.

»Zarathustra?« fragte sie. »Der Name kommt mir bekannt vor.«

Ich erzählte ihr von Zarathustra und etwas mehr von den sieben Schwestern. Mittlerweile waren wir wieder im Haus angekommen, und ich zeigte ihr ein Bild von meinen Schwestern. Sie nahm das Bild und strich mit dem Zeigefinger über jedes Gesicht. Sie berührte dieses Bild unbewußt so, wie man das Bild von seinem Kind oder seinem Geliebten berührt. Ich schenkte es ihr, und sie erschrak.

»Liebe Martha«, beruhigte ich sie, »vielleicht bist du es, vielleicht bist du es nicht. Da gibt es keinen Druck und keine Mitgliedschaft, zu der du dich verpflichten mußt. Das ist ein Geschenk, und es ist freiwillig. Du wirst schon merken, ob du die siebte bist oder nicht.«

Martha schaute mir in die Augen und meinte: »Ich hoffe, ich bin es nicht.«

Ich war erstaunt.

»Wenn ich es nicht bin, dann kann ich so weitermachen wie bisher. So tun, als ob nichts gewesen wäre. Und ich weiß, daß, wenn ich es bin, nichts mehr so sein wird, wie ich es mir vorgestellt habe.« Sie fing zu lachen an.

Wir lachten beide. Ich wußte, was sie meinte. Es hat auch mein Leben verändert.

In der Nacht darauf hatte sie ein Erlebnis. Sie wachte auf, nach einem Gefühl, als ob sie jemand an der Schulter berührt hätte. Durch die geschlossenen Vorhänge kam ein Lichtstrahl auf sie zu, der sie an ihrem Dritten Auge, dem Platz zwischen den Augenbrauen, berührte und der ihr Tränen und eine tiefe Gelassenheit schenkte. Am nächsten Morgen fragte sie mich, ob das wohl ein Zeichen war.

Ich lachte.

Martha ist unsere siebte Schwester. Sie weiß es, und wir wissen es. Und wir verbringen Zeit miteinander, wann immer es sich ergibt und wann immer wir die Möglichkeit haben. Jeden Vollmond stelle ich unser Haus zur Verfügung. Und wer Zeit hat, kommt. Da gibt es eine Gelassenheit, die uns gehört. Etwas, das wir uns in den Jahren aufgebaut haben.

Jeder von uns hat gewisse Talente und Eigenschaften. Samantha kommuniziert mit Tieren und bringt so größeres Verständnis für die Kreatur zu ihren Mitmenschen. Sunny ist zartfühlend und kann so Menschen berühren, die langsam aufgeweckt werden wollen. Sharon ist Malerin und inspiriert ihre Umgebung durch ihre Arbeit mit Farben und Formen. Martha lebt in einer machtvollen Umgebung von Wirtschaft und Industrie, in der sie durch ihre Art Menschen berührt, die sich durch sie verwandelt fühlen, aber nicht wissen, warum. Suzane zeigt den Menschen, die global wirken, daß nicht nur die, die berühmt sind, etwas zu sagen haben, sondern daß in jedem von uns Wissen und Weisheit ruhen. Sheila ist eine Botschafterin: Sie bringt Menschen aus verschiedenen Kulturkreisen und mit unterschiedlichen Hintergründen zusammen und eröffnet so einen Dialog, der ohne sie nicht stattfände. Und ich arbeite mit Energien. Spirits, die keine Form haben oder die nicht einzeln erkennbar sind, und ich bin in der Lage, Stimmungen und Situationen zu verändern.

Wir wissen jetzt, warum wir auch in diesem Leben wieder zusammengekommen sind. Wir zeigen durch die Liebe und Achtung füreinander, daß es tiefe Freundschaften unter Frauen ohne Neid und ohne Eifersucht gibt. Natürlich sind wir nicht der einzige Ring von Seelenschwestern, die dafür zuständig sind. Das wäre ganz schön vermessen. *Jeder* Ring der Seelenschwestern hat diese Aufgabe. Auch Ihrer...

Aber was ist nun mit meinen anderen Freundinnen? Da gibt es Susanne und Renate, meine »richtigen« Schwestern, und Rita, Lisa, Debby, Mon, Paula, Alex, Ursula, Jessika, Donna, Franziska, Desirée, Eva, Petra, Paulina, Carolin, Nana, Andrea, Lenedra, Esther, Liz, Beth, Kathy, um nur einige zu nennen.

Oder auch Freunde wie Peter, Stan, Harald, Monsour, Joe, Walter.

Das sind andere Kreise, andere Bestimmtheiten, andere Missionen, die mich mit ihnen verbinden. Jeder von uns baut um sich herum Kreise auf. Kreise, in denen sich die Seelen finden, die gemeinsame Missionen oder Erfahrungen sammeln wollen. Diese Kreise sollten nicht limitiert sein. Und obwohl wir sieben Schwestern sind, begrenzt sich dieser Kreis nicht, da jede von uns noch mal neue Kreise um sich hat. Die wiederum andere Kreise kreiert haben...

In einer Seelengruppe sind wie gesagt nicht die einen besser als die anderen. Es gibt aber bestimmte Feiern, die man in der Familie feiert, während man andere mit seinen Freunden begeht. Das bedeutet nicht, daß die Familienfeiern besser als die anderen sind, aber bei gewissen Gelegenheiten kommt einfach die Familie zusammen. Es gibt Veranstaltungen, zu denen man nur einen Modeinteressierten mitnehmen würde, genauso wie es Zusammenkünfte nur für Schachfans gibt.

Und so ist es auch mit meinen sechs Schwestern. Wir wollen nicht »exklusiv« sein. Die anderen ausschließen. Wir sind aber nun mal sieben Schwestern. Und wir sind eben schon viele, viele Male zusammengewesen. Das war ich mit meinen anderen Freunden auch. Und mit jedem von ihnen habe ich meine eigene tiefe Verbindung, die mir sehr wichtig ist. Ich sagte ja schon, daß jede von meinen sechs Schwestern wieder einen Kreis um sich herum aufgebaut hat, der andere Seelenschwestern oder Brüder einschließt. Und diese Kreise berühren sich wie ein Muster auf einem Stück Stoff. Der Stoff erscheint als Einheit. Und in dieser Einheit finden wir uns.

Jede von uns Frauen hat diese Seelenschwestern. Je mehr wir in uns ruhen und »wahrhaftig« sind, desto leichter erkennen wir sie. Denn es ist ähnlich wie beim Fasching. Wenn sich jeder »verkleidet« – also so tut, als ob er jemand anderer wäre –, gibt es leicht Verwechslungen. Tun wir so, als seien wir dickhäutig und energisch, sind aber »eigentlich« hochsensibel und allein, dann tragen wir ein »Kostüm« wie im Fasching. Wenn Sie also Ihre Seelenschwestern näher erleben wollen, dann verkleiden Sie sich am besten nicht mehr. Sprechen Sie offen über Ihre Erlebnisse, Ihre Suche, Ihre Wahrheiten, Ihre Sehnsüchte. Dadurch legen Sie die »Verkleidung« ab, und Ihr wahres Ich kommt zum Vorschein. Wahres läßt sich leicht erkennen. Wenn Sie sich dann über einige Ihrer Seelenschwestern bewußt sind, dann bitten Sie sie doch, gemeinsam mit Ihnen zu meditieren. Und stellen Sie nach Ihrem Gebet die Frage, wie Sie sich gegenseitig unterstützen können oder warum Sie zusammen sind.

Eine unserer Aufgaben als weibliche Inkarnation ist die Veränderung des Frauenbildes. Wir sind dabei, das Konkurrenzdenken abzuschaffen und uns gegenseitig zu unterstützen: Frauen, die in Liebe und Achtung zusammenkommen und sich nicht als Gegnerinnen sehen. Es gibt da eine alte Frequenz, in der wir schon als Babys Informationen aufnehmen: Eine ist die Information der Konkurrenz und die andere die des Mangels. Und das basiert auf Erfahrungen, die viele, viele Jahrhunderte zurückliegen. Als die umherziehenden Nomadenvölker des Nordens in die zivilisierten Gesellschaften weiter südlich eindrangen, fanden sie dort ein ausgewogenes Gesellschaftsbild. Es gab damals eine Kultur und eine Zeit in unserer Vergangenheit, in der Frauen und Männer gleichberechtigt miteinander lebten. Die Macht war gleichrangig verteilt. Doch die Männer dieser nördlichen Nomaden okkupierten dieses harmonische System und veränderten es. Sie bevorzugten eine Gesellschaft, die sich durch Stärke und Unterdrückung bewies. So machten sie durch Gewalt Frauen von Männern abhängig. Der Mann bestimmte allein, was geschah, und das Wohlbefinden einer Frau hing davon ab, ob es einen Mann gab, der sie beschützte. Dadurch entstand dieses Gefühl des Mangels und der Konkurrenz. Denn ohne einen geeigneten Mann war die Frau hilflos. Das hielt sich in patriarchalischen

Gesellschaften durch viele Jahrhunderte. Diese Frequenz – sprich diese Idee und Erfahrung – hängt noch über unserem Planeten wie ein seltsamer Geruch, der in der Luft liegt. Es ist an uns, diesen »Geruch« zu verändern. Das kann nicht allein durch Gesetze oder Bestimmungen geschehen. Das geschieht in erster Linie durch unsere Bereitschaft, offen zu sein. Unsere Bereitschaft, sich nicht mit anderen Frauen zu vergleichen und sich dann als Ergebnis »besser«, »schöner« oder »klüger« vorzukommen. Wenn wir in der Lage sind, in anderen Frauen ihre innere und äußere Schönheit mit Liebe zu betrachten, dann werden wir diesen »Geruch« verändert haben.

Um diese Erfahrung zu heilen, also diesen »Geruch« loszuwerden, braucht es Frauen. Frauen, die nicht nur machtvoll sind, sondern die bereit sind, ihr Konkurrenzdenken anderen Frauen gegenüber abzulegen. Denn wir kreieren unsere eigene Realität und unser eigenes Wohlbefinden, und das kommt nicht von dem Ehemann einer Freundin oder von dem Job, den wir einer anderen nicht gönnen. Denn Neid bringt uns nicht weiter. Neid »stinkt«.

Wir sind dabei, eine Familie zu schaffen. Eine Familie, in der wir uns als liebevolle Schwestern verstehen. In einer Gemeinsamkeit, die frei von Vergleichen, dem Gefühl des Mangels und Eifersüchteleien ist. Frauen wurden oft als geschwätzig, eifersüchtig, zickig und kleinlich dargestellt. In vielen Liebesliedern und Filmen wird ein Konkurrenzkampf zwischen uns beschrieben. Eifersucht gilt dadurch fast als »normal«: der Kampf um den einen Mann, den beide lieben. Eines der erfolgreichsten Lieder der letzten Zeit heißt »This boy is mine!« (Dieser Junge gehört mir!), darin streiten sich die jungen Sängerinnen Brandy and Monica um einen Jungen. Was für ein Unsinn! Hat denn der »boy« gar nichts zu sagen? Ich habe mich immer gewundert, daß in einigen Situationen, wenn der Mann »fremdgeht«, die Geliebte beschimpft wird. Der Mann gilt in nicht wenigen Fällen als unschuldig. Wurde er doch von der anderen becirct und verführt.

Fast so, als ob er damit nichts zu tun hätte. Wir beschließen, lieber die andere Frau zu hassen, als unseren Mann zu konfrontieren. Hat der Mann denn gar nichts zu sagen?

Ab und zu erleben wir, daß Frauen, die eng mit anderen Frauen befreundet sind, sich dem Gerücht der Homosexualität aussetzen müssen. So als ob es tiefe Freundschaften zwischen Frauen nur geben könne, wenn wir sexuell aneinander interessiert sind. Auch bei mir entstand öfters das Gerücht. (Übrigens, welche Art von Sexualität man wählt, ist für mich vollkommen irrelevant, solange sie auf einer gemeinsamen Wahl besteht). Wollen wir uns wirklich durch ein Gerücht davon abhalten lassen, unsere Freundinnen zu umarmen?

Zwischen uns sieben Seelenschwestern gibt es keine Eifersucht. Jede von uns hat, was sie hat, und gibt, was sie möchte. Jede erkennt die Talente der anderen und lernt von ihr. Und das ist eine unserer Aufgaben als Frauen. Die Großzügigkeit der Liebe zu vermitteln.

Diese Zeilen sind mehr aus der Sicht der Frauen geschrieben, da ich nun mal eine Frau bin. Einige meiner männlichen Freunde haben ihre eigenen Seelenbrüder, mit denen sie ihre Zeit im gemeinsamen Gebet und der Meditation verbringen. Und dann gibt es natürlich geschlechtsübergreifende Gemeinsamkeiten. Männer und Frauen zusammen – das eine ist nicht besser als das andere. Es ist nur ein anderer Kreis, eine andere Aufgabe. Wir als Frauen haben einiges zu heilen, was eben speziell für den weiblichen Ausdruck des Menschwerdens gilt, und deswegen beschlossen, uns in Schwesternschaften zu finden.

Männer haben andere Herausforderungen: das Loslassen der Macht und das Erkennen der Gemeinsamkeit. Das Zulassen von Sensibilitäten, ohne das Gefühl zu haben, daß sie dabei schwach werden. Die traditionelle Rollenverteilung ist noch längst nicht überwunden: Männer wachsen mit einem ungeheuren Druck bezüglich ihrer Produktivität auf. Während wir Frauen oft die Wahl haben, ob wir unsere Zeit zu Hause mit den Kindern oder für die berufliche Laufbahn verbringen wollen, erlauben sich die wenigsten Männer diese Wahl. Von ihnen wird erwartet, daß sie ihre Familie versorgen können.

Wenn Sie Ihr Leben betrachten, dann sind Sie vielleicht in der Lage, ganz klar Ihre Seelengruppen zu erkennen, deren Kreis Ihnen nahe ist. Das heißt übrigens nicht, daß man keine Auseinandersetzung haben wird und immer einer Meinung ist. Aber es gibt eine Akzeptanz und eine Bereitschaft zum Verstehen, die uns zu Herzen gehen. Aber auch das liegt an uns. Denn wir können nicht erwarten, daß wir unsere Seelengruppe erkennen, wenn wir noch neidisch, kleinlich und egoistisch reagieren. Die Harmonie, die solch eine Gruppe verlangt, besteht dann noch nicht. Aber der Wunsch danach wird Sie dafür öffnen. Und in diesem Wunsch liegt auch die Anerkennung und das Wissen, daß man für Beziehungen was tun muß – eben sich selbst zu öffnen.

Als ich anfing, meinen spirituellen Weg zu gehen, verlor ich viele meiner Freundinnen. Einige blieben, obwohl sie mit meinem Weg wenig anfangen können. Da ist zum Beispiel meine Freundin Carolin. Erstaunt liest sie meine Bücher und hört mir zu, wenn ich von meinen Erfahrungen erzähle. Sie akzeptiert sie, kann aber wenig damit anfangen. Und eine Zeitlang sah es so aus, als ob wir Schwierigkeiten haben würden, wieder Gemeinsamkeiten zu finden. Aber auch wir kennen uns seit vielen Leben (obwohl sie daran zweifelt, da sie an Wiedergeburt nicht glaubt) und sind uns eng verbunden. Ich versprach ihr, daß sie angenehm überrascht sein wird, wenn sie stirbt. Da es doch so viel mehr geben wird, als sie jetzt annimmt. Aber dieses Versprechen kommt leicht zu ihr. Ohne sie überzeugen zu wollen. Denn das ist das Wichtigste an unseren Freundschaften: den anderen so zu akzeptieren, wie er ist.

Ich kann ganz schön anstrengend sein. Es gibt bestimmte Dinge, die ich tue, und manche mache ich einfach nicht mehr. Ich versuche, so wahrhaftig wie möglich zu leben, und das ist nicht immer leicht für die Menschen in meiner Umgebung. Einmal sind wir mit unseren Freunden Lisa und Peter zum Skilaufen gefahren. Wir haben in dem Hotel eine Zwei-Zimmer-Suite bekommen. Also teilten wir uns das Wohnzimmer und eine kleine Küche. Die zwei Schlafzimmer waren im zweiten Stock. Eines ganz in sich geschlossen, das andere war nach einer Seite hin offen. Wie ein Balkon konnte man nach unten ins Wohnzimmer blicken. Und nicht nur blicken... sondern auch alles hören. Unser Freund Peter liebt die Nachrichten, die ich mir selten anschaue, und sofort lief der Fernseher. Es gab hölzerne Fensterläden, mit denen man die Sicht zum Wohnzimmer versperren konnte, aber die Töne gingen da trotzdem durch. Ich wußte, daß ich mehr Ruhe brauchte. Stille wurde so wichtig in meinem Leben, daß ich auch für ein Skiwochenende nicht auf sie verzichten wollte. Was ist zu tun?

Es gab nur zwei Möglichkeiten, soweit ich das beurteilen konnte. Entweder Richard und ich ziehen in den anderen Schlafraum, in dem man die Geräusche aus dem Wohnzimmer nicht mehr hören kann, oder Peter verzichtet auf das Fernsehen im Wohnzimmer und geht zum Nachrichtenschauen nach oben. An seinem Gesicht konnte ich sehen, daß er davon nicht sonderlich begeistert war. Er hatte aber schon seine Sachen alle ausgepackt, und so machte er den Fernseher unten im Wohnzimmer aus. Im Laufe der nächsten drei Tage gab es immer mal wieder Situationen, die ihm nicht gefielen. Da gab es die Party, auf die ich nicht gehen wollte und Richard und die beiden vorschickte, denn mir war nicht nach Small talk. Wann immer das Gespräch auf Spirituelles kam, bemerkte ich eine Unruhe und ein »Genervtsein«. Nach unserem Urlaub setzten wir uns zusammen, nur Peter und ich, und besprachen diese gemeinsame Zeit. Wir kamen zu einem wunderbaren Ergebnis: Wir sind sehr eng befreundet und akzeptieren unsere Eigenheiten. Beim nächsten Urlaub ist es besser, wenn wir zwei Paare separate Zimmer haben und uns keine Suite mehr teilen. Und das haben wir seither so gehalten. Es funktioniert prima.

Es war nicht notwendig, daß einer von uns »recht« hat und der andere »unrecht«. Es gibt in diesen Seelengruppen den einen, der lieber strickt, und den anderen, der lieber malt. Jeder von uns lebt nach seinen eigenen Regeln, nach dem, was für einen selbst wichtig ist. Und diese Wichtigkeit gilt es durchzusetzen. Denn nur dann lebt man in einer heilen Umgebung, in einem heiligen Raum. Und der ist nur durch den Wunsch und die Handlung zu kreieren.

17

Heiliger Raum

Vereinfachen und verschönern

»Stellt euch vor«, sagte uns Zarathustra einmal, »daß es um euch herum einen Kreis gibt. Und alles, was sich innerhalb dieses Kreises befindet, ist heiliger Boden. Wo immer ihr seid und wo immer ihr euch aufhaltet, ist dieser heilige Boden. Wie würde euer Umfeld aussehen? Wie euer Kreis?«

Dies inspirierte mich damals dazu, in Vorträgen und Workshops die Idee von einem Heiligenschein aufzunehmen. Stellen wir uns vor, wir hätten einen Heiligenschein. Ganz plötzlich, eines Morgens beim Aufwachen. Gut sichtbar. Nicht nur für uns, sondern auch für alle anderen. Die Nachbarn würden schauen, die Kollegen könnten es nicht fassen, unser Mann (unsere Frau) hat sich eh schon gedacht, daß da einiges mit uns »anders« ist. Wir sind auf jeden Fall in Talkshows und auf der Titelseite von *Bild*-Zeitung und *Stern*. Jede unserer Bewegungen wird natürlich dementsprechend beobachtet. Und mit dem Heiligenschein kommt die Verantwortung, sich dementsprechend zu benehmen. Aber was ist ein »dementsprechendes Benehmen«? Nur selig-debil vor sich hin grinsend, das kann es wohl nicht sein. Vielmehr gibt es bestimmte Handlungen, die jetzt folgen müssen. Denn der Heiligenschein verändert sich: Er wird klein und häßlich, wenn wir kleinlich werden, und groß und strahlend, wenn wir unsere Großzügigkeit zeigen – ein ganz einfaches »Feedback«-System.

Warum ist es aber so wichtig, seinen »Heiligenschein« oder seinen »heiligen Boden« aufrechtzuerhalten? Wenn wir unsere Grundhaltung je nach Situation verändern, dann geben wir uns selbst und den Menschen in unserer Umgebung das Signal, daß wir unsicher sind. Denn jemand, der weiß, daß er großzügig ist, wird immer großzügig sein und nicht nur dann, wenn er mit seiner Familie zusammen ist. Jemand, der liebevoll ist, wird immer liebevoll sein und nicht nur mit seinen Kindern. Wenn wir unsere positiven Eigenschaften aber als »Nachtisch« für ganz besondere Leute aufheben, dann bedeutet dies, daß wir noch nicht wirklich sind, was wir sein wollen. Liebe kann nicht rationiert werden nach dem Motto »Der eine kriegt ein großes Stück und der andere gar keins.« Wenn wir Liebe ausstrahlen wollen, dann sind wir wie die Sonne. Wir strahlen. Und wer immer sich da in dem Kreis befindet, wird angestrahlt werden.

Doch wie kreieren wir diesen Kreis? Als erstes durch den Wunsch und die Visualisierung, daß sich um uns tatsächlich solch ein Kreis befindet. Wir entscheiden, wie groß er wird. Dann entscheiden wir, was für uns heilig ist. Früher war »heilig« ein Attribut, das nur Gott und wenigen »Auserwählten« zugesprochen wurde. Wer seine eigene Heiligkeit und die seiner Mitmenschen erkannte, den bezichtigte man nicht selten der Blasphemie, der Gotteslästerung. Doch da wir Teil Gottes sind, ist uns auch die Heiligkeit zu eigen. Das findet Ausdruck in gewissen heiligen Eigenschaften, die wir wie immer auswählen können. Also, was wählen wir?

Da gibt es bestimmte Eigenschaften, die wir in diesem heiligen Kreis halten wollen: Liebe, Großzügigkeit, Verständnis, Mitgefühl, Humor, Lebensfreude und Lebenslust. Doch dann kommt zu diesem Kreis voller Eigenschaften auch ein Kreis voller Handlungen hinzu. Wir werden uns anders benehmen, da jeder Schritt, den wir tun, unseren heiligen Kreis mitnimmt. Und wie wird unsere Umgebung aussehen? Wie unsere Wohnung? Wie unser Büro?

Ich begab mich einmal an den Eingang unseres Zuhauses und stellte mir vor, ich sei ein Gast. Was würde ich sehen, wenn ich durch die Räume ging? Welcher Mensch, würde ich mir denken, lebt hier? Ich öffnete die Eingangstür, und mir fiel als erstes auf, daß mein Gang langweilig war. Da gab es ein paar Bilder von japanischen Künstlern, die mein Mann in die Ehe mitgebracht hatte, und die eher traurig waren. Eine Gruppe Radfahrer mit Schirmen. Ein schwarzes Dreieck auf grauem Hintergrund. Hat alles nichts mit mir und schon lange nichts mehr mit meinem Mann zu tun. Also veränderte ich diesen Vorraum. Ich holte mir fröhliche Familienbilder, die ich aufstellte. Engel, die ich aufhängte, und Pflanzen und Kerzen, um das Ganze lebhafter und einladender zu gestalten. Dann ging ich ins Wohnzimmer. Dort fühlte ich mich wohl. Eine Sesselgruppe vor einem offenen Kamin. Die Farben fröhlich und warm. Viele Bücher, jede Menge Stehlampen, ein Klavier, der Fernseher weit weg an einer Seite. Aber da waren einige Skulpturen, Geschenke, die uns nicht viel bedeuteten. Eher Kleinigkeiten, die ich aber trotzdem wegräumte und später verschenkte.

Halt! Mir fiel auf, daß ich die Bücher vollkommen ignorierte. Wollte ich sie denn alle behalten? In mir kam der Gedanke auf, nur das zu behalten, was auch meiner Wahrheit entspricht. Ich ließ Richards Bücher »ungeschoren«, denn schließlich gehören sie ihm, und »durchsuchte« meine. Was sich da nicht so über die Jahre angesammelt hatte! Bücher waren für mich nicht nur eine Informationsquelle, sondern auch Symbol einer gewissen Intellektualität: Ich wollte mit ihnen nicht nur mir, sondern auch jedem Gast beweisen, wie klug ich doch war. Deshalb sammelte ich damals Bücher mit derselben Verzweiflung, wie eine Mutter im Krieg Lebensmittel gesammelt hatte: je mehr, desto besser. Jedes Buch nahm ich jetzt in die Hand und überlegte mir, ob es das widerspiegelt, was ich in meinem Leben haben möchte. Es blieben nicht viele übrig. Sechsunddreißig, genau gesagt. Die anderen packte ich in einen Karton und gab sie dem Goethe-Institut. Die haben sich gefreut.

Als nächstes war mein vollgestopfter Kleiderschrank dran, und ich betrachtete die lange Reihe an ungenutzter Beute aus Frustkäufen: Da war der sündhaft teure Pullover, der einen viel zu tiefen Ausschnitt hatte. Das schicke Schlauchkleid, in dem ich nicht sitzen kann. Die Kostüme, die ich während meiner Zeit beim Fernsehen immer trug, darunter jede Menge Schuhe, in denen ich nicht richtig gehen konnte. Ich konnte mich einfach von nichts trennen – bei jedem Stück fiel mir ein Grund dafür ein: »Aber das kann ich ja noch mal brauchen.« – »Aber das war doch so teuer.« – »Aber das paßt mir doch bestimmt mal wieder.«

Ich mußte mich selbst überlisten. Zuerst teile ich in Sommer- und Wintergarderobe ein. Durch den Winter, der vor der Tür stand, ging ich zuerst. Und da kam mir auch schon eine Idee. Welche Kleidung trage ich am liebsten? Das war relativ einfach. Meine Lieblingssachen (magere zehn Prozent) hängte ich auf die rechte Seite. Alles andere blieb links.

Ich machte mir einen Plan: Ich werde von jetzt an die Sachen tragen, die mir wirklich gefallen, und wenn ich etwas aus dem Stapel von der linken Seite wirklich anzog, dann kam dieses Stück auf die rechte Seite. Alles, was in vier Wochen nicht getragen würde, sollte wegkommen! Dabei fiel mir auf, daß ich meine Lieblingssachen so gut wie nie trage. Die waren mir nämlich zu schade… Schließlich werden sie in der Reinigung und beim Waschen auch nicht besser. Doch da gab es noch einen tieferen Grund: Ich bin es mir nicht wert. Ich bemerkte öfter, daß ich meine Freunde besser behandle als mich. Ich setzte ihre Wünsche über meine. (»Eigentlich würde ich lieber zu Hause bleiben, aber dann ist die arme Renate ja allein auf dem Fest.«)

Warum war ich nicht in der Lage, mich selbst zu achten, zu pflegen, großzügig mit mir zu sein, weniger streng, weniger unnachgiebig, mich vielleicht sogar mal zu loben? Ich wollte um Himmels willen nicht für egoistisch oder selbstgefällig gehalten werden. Aber das war nicht der einzige Grund. Ich war gern überarbeitet, gern im Streß, gab gern mehr, als ich bekam, denn irgendwie dachte ich, daß mich das zu einem besseren Menschen macht. Ich hatte noch nicht gelernt, daß man nur dann Freude und Liebe geben kann, wenn man selbst Freude und Liebe empfindet.

Mit den alten Klamotten ließ ich auch den letzten Rest von alten Angewohnheiten los. Mehr ist nicht besser, mehr ist nur unübersichtlicher.

Nachdem ich so durch all meine Räume gegangen bin, was übrigens einige Tage dauerte, durfte ich dieses neue Wissen auch sofort weitergeben. Meine Freundin Mon kam zu Besuch.

»Mir reicht es jetzt, Sabrina. Irgend etwas stimmt mit mir nicht. Schau mich doch nur an! So einen unzufriedenen Gesichtsausdruck habe ich jetzt schon seit Monaten.« Meine Freundin Mon war offensichtlich frustriert. Und Gott sei Dank frustriert genug, um auch etwas zu verändern.

»Räum deinen Kleiderschrank auf«, schlug ich ihr vor.

»Wie bitte?« Sie starrte mich an, als hätte ich den Verstand verloren.

»Räum deinen Kleiderschrank auf. Du schleppst zuviel altes Zeug mit dir herum.« Ich nahm sie liebevoll in den Arm und erklärte weiter: »Du hast dich im letzten Jahr unglaublich verändert. Fast nichts ist so, wie es mal war. Und jetzt wird es Zeit, daß sich deine äußere Welt deiner inneren Veränderung anpaßt. Du räumst gerade mit allem auf.«

Und zu ihrem Glück war gerade eben erst Vollmond. Da geht es noch leichter: Wenn der Mond abnimmt, hilft er uns beim Loslassen. Wenn er zunimmt, haben wir es leichter aufzunehmen.

»Und wenn du damit fertig bist, dann nimm dir als nächstes deine Wohnung vor. Was immer da nicht mehr hingehört, was immer dir und deinem neuen Leben nicht entspricht, gib es weg.

Überleg dir einfach bei jedem Stück: Bin ich das noch? Will ich das noch? Paßt das noch zu mir?«

Mon schien über das, was sich in ihrer Umgebung angehäuft hatte, nachzudenken. »Okay, ich mache es«, meinte sie.

Am nächsten Morgen rief sie mich an: »Du glaubst gar nicht, wie leicht ich mich fühle! Als ob ich eine Last abgeworfen hätte. Was mache ich denn nun mit dem alten Kram? Das muß jetzt schnell weg, sonst überlege ich es mir wieder.«

»Würdest du gern eine himmlische Begegnung haben?«

Mon lacht: »Was ist denn das schon wieder?«

»Ich habe da einen Vorschlag: Mach aus deinen Klamotten Pakete, und fahr dann zu einem Obdachlosenheim, einer Bahnhofsmission, einem Frauenhaus oder jemandem Bedürftigem in der Nachbarschaft, und gib dein Paket persönlich zu dem, der es nötig hat. Du wirst dann selbst erleben dürfen, welche himmlische Freude du damit schenkst.«

Es war Stille am anderen Ende der Leitung, und Mon meint: »Muß das denn sein?«

Dieselbe Frage hatte ich in einer Meditation meinem Engel gestellt. Ich fühlte mich nicht wohl dabei, auf jemanden Wildfremden zuzugehen und ihm das Paket in die Hand zu drücken. Mein Engel erinnerte mich daran, warum das so wichtig ist. Es gilt auch hier, was für die Obdachlosen gilt: »Die Menschen, die Hilfe brauchen, bekommen durch diese Geste, diesen persönlichen Kontakt Vertrauen in die Welt zurück. Und ihr erkennt das Herz im anderen.«

Eine Frau, die an einem meiner Workshops teilnahm, erzählte mir, daß sie an ihrer Eingangstür einen Korb aufgestellt hatte mit der Aufschrift: »Zum Verschenken.« Alles, was sie loswerden wollte, legte sie immer in diesen Korb. Ein Geschenk für sich selbst und ihren Besuch.

Nun leben viele nicht allein, und da gibt es einen Partner, der auch noch etwas zu sagen hat. Wenn wir in unserer »Aufräumwut« alles, was nicht niet- und nagelfest ist, weggeben, dann ist das nicht fair unserem Partner gegenüber, der diesen Wunsch vielleicht nicht nachvollziehen kann. In einer gemeinsamen Wohnung muß gemeinsam entschieden werden. Aber wenn *einer* aufräumt und weggibt, dann ist auf jeden Fall schon mal einiges aus der gemeinsamen Wohnung verschwunden. Und vielleicht inspiriert diese neugefundene Leichtigkeit ja auch unseren Partner.

Doch was machen wir nur mit dem Wandgemälde von Tante Elli oder dem »Schinken«, wie wir das Ding respektlos nennen? Da kommt es jetzt drauf an, ob wir bereit sind, ein Leben ohne Lügen zu führen. Denn nur, weil es jemand anderem gefallen hat, muß es uns nicht gleich auch gefallen. Und irgendwo im »Hinterstübchen« denke ich mir manchmal, daß Tante Elli das Ding selber loswerden wollte...

Sind wir in der Lage, Tante Elli die Wahrheit zu sagen? »Liebe Tante Elli, vielen Dank für deine großzügige Geste. Wir wissen den Wert wohl zu schätzen. Aber weißt du, wir versuchen, unsere Wohnung so einzurichten, daß wir uns wohl fühlen. Und das Bild entspricht einfach nicht unserem Geschmack. Hättest du nicht etwas Kleineres, das deine Liebe zu uns ausdrückt und das wir dann in unserem Heim aufstellen können? Ein kleiner Engel vielleicht?«

Gut, die Gefahr besteht, daß Tante Elli wütend und verletzt ist und uns aus ihrem Testament streicht. Aber auch sie hat die Möglichkeit, zu wachsen und mehr Verständnis zu entwickeln; vielleicht hilft ihr gerade unser Kommentar dabei, diesen Schritt zu vollziehen.

Feng Shui, die asiatische Kunst, in Harmonie mit der Umgebung zu leben, ist eine wunderbare Möglichkeit, Schritte in diese Richtung zu tun. Es wird davon ausgegangen, daß Energien einen natürlichen Fluß haben und wir diesen Fluß manchmal durch falsche Anordnung von Möbeln und anderem unterbrechen. Da gibt es bestimmte Regeln, zum Beispiel, daß Betten nie mit dem Fußende zur Tür zeigen sollten. Daß man mit Spiegeln sparsam umgehen soll, denn sie reflektieren Energie. Daß der

Eingang leicht und ohne Komplikationen erreicht werden soll,
denn sonst fließt die Energie nicht stetig in unser Heim. Es gibt
Feng-Shui-Berater, die Wohnungen, Häuser und die Umgebung
untersuchen. Unsere Beraterin kam mit einem Kompaß und fing
an, unsere Geburtsdaten auszurechnen. Jeder von uns hat eine
bestimmte Richtung, in der wir beim Schlafen liegen, beim Arbeiten oder Essen sitzen sollen. Unsere Tochter Julia hatte sich
schon »automatisch« die richtige ausgesucht. Bestimmte Dinge
machten für mich Sinn und fühlen sich richtig an. Einige andere
Vorschläge empfand ich nicht so wichtig und änderte da auch
nichts. Aber gut neunzig Prozent der Anregungen waren für mich
wertvoll. Und auch hier gilt es, genau zu fühlen, welche Ratschläge man denn annehmen möchte und welche nicht. Ich verstehe zu wenig von Feng Shui, um das hier ausführlich zu beschreiben. Aber es gibt inzwischen viele wundervolle Bücher und
kompetente Berater, die Ihnen weiterhelfen können.

Also jetzt ist alles aufgeräumt und so, wie wir es haben wollen.
Und wenn wir einen spirituellen Weg gehen, dann darf das auch
ruhig durch einen Altar ausgedrückt werden. In den knapperen
Wohnverhältnissen in Europa ist es oft nicht möglich, sich einen
Altarraum oder ein Meditationszimmer einzurichten. Früher gab
es in alten Herrschaftshäusern eigene Kapellen. Wer hat das
heute noch! Doch es gibt trotzdem immer die Möglichkeit für
einen persönlichen Altar.

Wenn man sich dazu entschließt, einen Altar aufzustellen,
dann sucht man sich einen Platz, der einem intuitiv gefällt. Das
mag eine bestimmte Ecke im Wohnzimmer sein oder der Nachttisch, der umfunktioniert wird.

Eine meiner früheren Lehrerinnen schlug mir vor, einen Platz
zu suchen, bei dem ich jeden Tag zweimal meditiere. Dieser Platz
füllt sich dann mit dieser Energie auf, und es wird mir leichter
fallen, in einen Entspannungszustand zu versinken. Wir hatten
damals eine kleine Kammer übrig, in der ich ein extra Bett un-

tergebracht hatte und auch sonst noch diversen Kleinkram. Ich suchte mir einen Karton aus, der noch vom Einkaufen übrig war. Stülpte ihn um und kramte nach einem blauen Seidenschal. Dann suchte ich nach einer Kerze und nahm auch gleich noch eine Engelstatue aus dem Wohnzimmer mit. Daneben legte ich ein Foto von meiner Familie. Das war mein erster Altar. Bescheiden und in den Anfängen. Jeder Altar baut sich über Jahre auf, um sich dann wieder abzubauen. Man sammelt zuerst an, um dann später wieder das Überflüssige loszulassen. Ich merkte schnell, wie leicht es mir fiel, in diesem kleinen Raum ruhig zu werden. Doch der Kleinkram und das Bett störten mich nach einer Weile. Ich gab das Bett her und räumte den Kleinkram auf.

Nach einigen Monaten wurde mir in einer Meditation gesagt, daß ich dieses Zimmer blau anmalen soll. Ich habe in meinem Leben schon so viele Zimmer tapeziert und gestrichen, daß es mir bis zu meinem Ende hier auf Erden reichte, und so wollte ich einen Maler kommen lassen. Aber nein, ich fühlte ganz klar in meiner nächsten Meditation, daß ich dies schon selbst machen mußte. Durch das Selbstmalen bringe ich meine Energie in dieses Zimmer. Das war wichtig für mich. Ich kaufte Farbe, holte eine Leiter aus der Garage und fing an, dieses Zimmer blau anzumalen. Der Teppich war ordentlich mit Papier und Plastik ausgelegt, was auch notwendig war, weil mir doch dieser Eimer mit blauer Farbe zweimal so von der Leiter fiel, bis ich irgendwann einmal über und über blau war. Gott sei Dank konnte die Farbe leicht aus meinen Haaren gewaschen werden, und ich mußte beim zweiten Mal nur noch laut auflachen. Offensichtlich sollte ich mich wirklich »blau« fühlen.

Als wir in ein anderes Haus umzogen, wurde ein großes Studio mein Meditationszimmer, meine »Sanctuary«, mein heiliger Raum. Jetzt steht allerdings auch mein Schreibtisch hier drin, dessen Beine ich abgeschnitten hatte, so daß ich im »Schneidersitz« schreiben kann. Ich wollte dort arbeiten, wo ich auch bete. Meine Arbeit nicht von meiner Spiritualität trennen.

Dieser Raum ist ein Anbau zu einem kleinen Gästehaus und war von unserem Vorbesitzer als Musikstudio benutzt worden. Ich meditierte und fragte, wie ich diesen Raum einrichten sollte. Als erstes sah ich, daß ich die Ecken rund machen müßte, damit die Energie leichter fließen kann. Der Raum war halb tief wie im Keller, und ich mußte ihn durch Stufen und verschiedene Ebenen wieder höher legen. Ich bemalte eine Wand selbst mit Blau. Dieses Mal sah das Muster wie Wellen aus. Ich hatte kurz zuvor eine Reise nach Indien gemacht, und mir war gesagt worden, ich solle wie der Fluß sein und mein Leben wie einen natürlichen Fluß betrachten. Und so scheint auch diese Wand geworden zu sein.

In der Mitte ist Platz für meine Meditationsgruppe. Um eine Kerze, Wasser und Steine herum liegen lose Kissen. Mein Altar nahm mittlerweile eine komplette Wandfläche ein. Er war über zwei Meter lang und dreißig Zentimeter tief. Er beherbergte all die Objekte, die mir im Laufe der Jahre so wichtig geworden sind: Erde von verschiedenen heiligen Plätzen der Welt. Wasser aus dem Ganges. Zahlreiche Kristalle und Steine, Engelstatuen und Geschenke von Freunden. Bilder und Statuen. Indianische Pfeifen, Salbeischalen und Behälter, die Heiliges enthielten. Und obwohl ich immer wieder Objekte von meinem Altar verschenkte, nahm er doch an Volumen zu.

Als ich meinen Mann zum ersten Mal in meinen fertigen Meditationsraum führte, warf er einen Blick auf meinen Altar und meinte trocken, daß das wie ein Gemischtwarenladen aussah. Ungern mußte ich ihm recht geben. Das war einfach zuviel.

Kurz danach hatte ich eine Pfeifenzeremonie mit meiner Freundin Tana, die »Sacred Ground« leitet. Ich hatte meine riesige Pfeifentasche dabei und fing an, zwischen mir und dem Feuer meine Heiligtümer auszubreiten. Tana tat dasselbe. Nach einer Weile fiel mir auf, daß sie schon lange fertig war. Und ich wußte auch, warum. Sie hatte sehr viel weniger angesammelt als ich. Und ich merkte, daß ich wirklich glaubte, je mehr Heiligtümer ich dabeihätte, desto spiritueller sei ich. Mir wurde durch

Tanas Einfachheit und Schlichtheit klar, daß ich zuviel mit mir herumtrage. Ich fing an, mehr Sachen von meinem Altar zu verschenken. Mittlerweile ist er sehr viel kleiner. Das Tuch ist weiß geworden, und die Gegenstände sind wenige.

Doch dieser Altar ist nicht der einzige in unserem Haus. Neben meinem Bett steht noch mal einer. So daß mein erster Blick am Morgen darauf fallen kann. Julia hat ihren eigenen in ihrem Zimmer und noch einen kleinen in meinem Meditationszimmer. Und überall im ganzen Haus gibt es Nischen und Ecken, in denen Engel stehen. Als ich auch noch im Garten zwei kleine Bäume in Engeltöpfe umtopfte, wurde es meinem Mann zuviel: »Keine Engel mehr«, stöhnte er. Also gut, Engel haben wir wirklich genug...

Jedes Lebewesen und jeder Gegenstand hat eine Vibration. Eine, die unserer entweder entspricht oder eben nicht. Wenn wir uns mit Gegenständen unserer eigenen oder einer leichteren Vibration umgeben, fühlen wir uns wohl. Und da wir ja tagtäglich mehr erkennen, erhöhen wir diese Frequenz auch ununterbrochen. Unsere äußere Umgebung muß sich unserer inneren anpassen, um diese Harmonie auszustrahlen. Wie die neuen Schuhe, die wir unseren Kindern kaufen, wenn ihre Füße wieder einmal gewachsen sind.

Unordnung und Schlampigkeit waren mir früher sehr vertraut. Meine Mutter sprach oft von meiner »malerischen Unordnung«, und nachdem ich in mein erstes Apartment gezogen war, räumte ich auch nur auf, was von außen zu sehen war. Beim Öffnen meiner Schränke fiel mir nicht selten der Inhalt entgegen. Nichts war wirklich durchorganisiert, ich suchte oft stundenlang nach etwas Verlegtem und mußte nicht selten an den Satz »Wer ordentlich ist, ist nur zu faul zum Suchen« denken.

Aber hinter meiner Unordentlichkeit und Schlampigkeit war auch eine Unordentlichkeit, die tief in mir ihre Basis fand. Denn mein Inneres wurde nach außen reflektiert. Und ich war nicht unbedingt begeistert, wie mir das »unter die Nase« gerieben worden ist. Die Gelegenheit war damals mein Auto. Mein Auto sah immer so aus, als ob ich jederzeit damit auf die Flucht gehen könnte. Da gab es diverse Zettel und Packungen von Keksen, daneben malerisch verschiedene Kassetten ohne Hüllen. Alte Coladosen zwischen Wasserflaschen. Eine Jacke, die noch von der Woche zuvor im Auto lag, und mein Kofferraum war so voll mit Kram, daß ich Schwierigkeiten hatte, beim Lebensmitteleinkaufen eine Tasche unterzubringen. Ich nahm meinen Verhau im Auto mit einem Lächeln hin. »Ich bin halt nun mal so.« Noch dazu, als ich Julia bekam. Da gab es dann noch diverse Rasseln, Spielzeuge, Windeln und Kinderkekse, die ebenfalls überall herumlagen.

Ich weiß nicht mehr, wen ich vom Flughafen abholte, aber diese Freundin warf nur einen Blick in mein Auto und meinte trocken: »Gefällt dir diese Unordnung?«

»Was fällt der denn ein?« war meine automatische Reaktion. »Da hol' ich sie schon vom Flughafen ab – und dann so was!« Ich hatte vorher sogar schon die alte Zeitung und ein paar lose Papierzettel weggeschmissen. Da gab es sogar Platz auf dem Beifahrersitz, und auch ihre Tasche ging fast problemlos in den Kofferraum. Also, so schlimm war das doch gar nicht! Aber natürlich hatte sie recht. Ich wollte es nur nicht zugeben.

»Du reflektierst deine Umgebung«, kam mir da als Gedanke in den Sinn, und so wie mein Auto wollte ich weiß Gott nicht sein. Seit dieser Zeit bemühe ich mich, Ordnung zu halten. Im Haus fällt es mir sehr leicht. Jeder meiner Schränke kann jetzt aufgemacht werden. Im Auto fällt es mir immer leichter. Ich habe mir angewöhnt, nach jeder Fahrt alles, was da nichts zu suchen hat, wegzuräumen.

Ja, es stimmt (und das wieder nur für mich, bilden Sie sich wie immer Ihre eigene Meinung), als ich noch durcheinander in meinen Gedanken, mit meinen Worten und bei meinen Handlungen war, war auch meine Umgebung durcheinander. Unordentlich. Oft sogar schlampig. Mein Äußeres hat sich meinem Inneren angepaßt.

Als meine Freundin Mon, die das Manuskript als erstes sah, diese Zeilen las, rief sie mich an. »Also, das stimmt nicht. Ich habe da ganz andere Erfahrungen gemacht.«

Ich fragte nach, welche.

»Mir fällt auf, daß die Menschen, die in ihrem Verstand das meiste Chaos haben, versuchen, in ihrem Leben die meiste Ordnung zu haben. Denn sonst würden sie wahrscheinlich durchdrehen«, erklärte sie mir. »Ich glaube nicht, daß man von dem Äußeren auf das Innere schließen kann.«

Als ich darüber nachdachte, kam mir eine Idee dazu. Es liegt, so glaube ich, in dem *Wie* – auf welche Weise man Ordnung hält. Ist es eine zwanghafte Ordnung oder eine Leichtigkeit, die in ihr liegt? Aber, wie gesagt, Sie entscheiden natürlich wie immer selbst ...

Mit der Idee des »heiligen Raums« ziehen wir eine unbewußte Grenze: die zwischen unserem Zuhause und unserer Arbeit. Denn am Arbeitsplatz wollen wir oft auf gar keinen Fall aus der Reihe tanzen. Wir haben uns so angewöhnt, »geschäftlich« zu reagieren, daß es uns kaum mehr auffällt.

Das Büro auf dem Bauernhof meiner Schwester Susanne war zum Beispiel ein Zimmer, das ich immer gemieden habe. Ich nahm meinen Computer mit hinauf in mein Zimmer, und selbst wenn ich die Faxmaschine unten benutzen wollte, verließ ich Susannes Büro doch immer sofort. Mit dem Rest des Hauses hatte ich überhaupt keine Schwierigkeiten. Susannes Geschmack ist meinem nicht unähnlich, und außerdem hat sie eine wundervolle Art, Natur ins Haus zu bringen. Da gibt es eine Ansammlung von Steinen und altem Holz, die sie im Wald gefunden hat, und sie arrangiert es so in bestimmten Ecken, daß es wie eine wundervolle Skulptur aussieht. Eines Tages stand ich vor diesem Büro und schaute einfach nur mal hinein. Was störte mich eigentlich an diesem Raum?

Der Schreibtisch war so gestellt, daß Susanne mit dem Rücken zu beiden Türen saß. Ansonsten gab es Regale, zwei Stühle, einen

Teppich und eine Schreibtischlampe. Jede Menge Ordner, Bücher und Schreibzeug. Sah eigentlich wie ein ganz normales Büro aus. »Moment mal!« dämmerte es mir. Das war das Problem: Es sah wie ein ganz normales Büro aus und nicht wie eins für »My Angel and I«, das Büro einer spirituellen Firma.

Susanne beobachtete mich. Sie hatte selbst bemerkt, wie ich diesem Raum aus dem Weg ging, und war neugierig. »Was denkst du?« wollte sie wissen.

»Fühlst du dich eigentlich wohl hier in diesem Büro?« fragte ich sie.

Susanne schaute sich erstaunt um. »Wieso, was stimmt denn hier nicht?«

»Fühlst du dich hier wohl?«

Susanne überlegte eine Weile und meinte dann: »Wie man sich halt in einem Büro so fühlt.«

»Hm«, antwortete ich. Und »Hm« kann sie nicht leiden.

»Was ›Hm‹?« fragte sie leicht stöhnend.

»Es sieht irgendwie nicht nach dir aus«, meinte ich, »in jedem Zimmer gibt es Engel und heilige Bilder, Salbei und Kerzen, und hier in diesem Zimmer ist nichts davon zu sehen.«

Erstaunt schaute sie sich um.

»Das stimmt«, sagte sie überrascht.

Damit ließ ich sie allein.

Wir hatten eine Verabredung zum Essen, und einige Stunden später ging ich hinunter, um mit Susanne loszufahren. Ihr Büro sah wie ein Schlachtfeld aus. Die eine Hälfte der Möbel stand im Wohnzimmer, die andere in der Küche, und sie verbrannte gerade Salbei, um die Energien im Büro zu reinigen.

Ich mußte lachen: Das liebe ich an Susanne so! Wenn immer ihr etwas klar wird, dann handelt sie sofort. Sie zögert nicht, keine Sekunde. Sie machte die schnellsten Schritte, die ich jemals an jemandem gesehen habe.

»Kommst du mit zum Abendessen?« fragte ich sie.

»Vielleicht später. Entschuldige mich bitte, ich muß hier einiges erledigen«, antwortete Susanne nebenbei. Sie hatte Wichtigeres zu tun.

Ich kam eine Viertelstunde später bei unserer Freundin Ingeborg Vogel, übrigens eine Feng-Shui-Beraterin, beim Essen an. »Wo ist Susanne«, fragte sie überrascht.

»Die kommt leider nicht«, so wußte ich, »sie räumt gerade ihr Leben auf.«

Ingeborg lachte wissend: »Das kann eine Zeitlang dauern.«

Am nächsten Morgen sah ihr Büro ganz anders aus. Auf ihrem Schreibtisch brannte eine Kerze neben einem Bild von Jesus und einer kleinen Engelstatue. Eine Halterung für Räucherstäbchen war gleich daneben. Ihre indianischen Bilder hatte sie ins Büro gehängt. Eine Adlerskulptur schwang von der Decke. Sie hatte den Schreibtisch so umgestellt, daß sie jetzt nicht mehr mit dem Rücken zur Tür saß, sondern jeden Gast sehen konnte. Da gab es Pflanzen und Blumen, und der ganze Raum strahlte nur noch. So auch Susanne.

Doch nicht jeder besitzt ein Büro zu Hause, und mancher hat nur limitierte Möglichkeiten, seinen Arbeitsraum zu gestalten. Aber da gibt es immer noch die Schreibtischfläche, auf die eine kleine Engelsfigur oder ein Kristall gestellt werden kann. Und manchmal nutzt auch das schlichte Bild von einer brennenden Kerze, falls es eine echte nicht sein kann. Vielleicht ein paar Blumen, die man sich gönnt. Und eine Pflanze neben dem Computer (erinnern wir uns an die Wichtigkeit).

Wenn wir unseren Glauben verstecken, dann verstecken wir vor den anderen, wer wir wirklich sind. Franz von Assisi behauptete beim Abendessen mit seinem reichen Vater und dessen Gästen nicht, daß er ein Geschäftsmann sei. Johanna von Orléans ging nicht zum französischen König und meinte, sie könnte gut singen und tanzen. Die Geschichte würde sonst anderes von ihnen erzählen. Beide standen zu ihrem Glauben und nahmen oft Schwereres auf sich als das, was unsere Seele von uns heute verlangt. Unsere Seele verlangt nur das, was sie sich wünscht. Und wenn wir uns zurückhalten, dann halten wir damit auch unsere Seele zurück. Wir erwarten Erleuchtung und spirituelles Erwachen... heimlich? Das wird und kann nicht heimlich erfolgen, denn es ist uns anzusehen. Da ist eine Freude, die ausgestrahlt wird. Eine Sicherheit in dem Wissen, das wir haben. Das kann nicht an- und abgestellt werden, je nachdem, mit wem wir am Tisch sitzen. Das ist entweder da oder ist nicht da. Das ist wie die Lampe, die man anschaltet. Sie ist entweder an oder aus. Und wenn sie hektisch hin und her blinkt, dann macht sie uns nervös. Wir vertrauen ihr nicht. Bleibt sie jetzt an, oder geht sie aus? Verdunkeltes Licht ist in erster Linie verdunkelt. Und es ist an uns, den Dimmer hochzustellen.

Jetzt haben wir nicht nur unser Zuhause, sondern auch unser Büro unserem Licht angepaßt. Das ist übrigens ein fließender Prozeß, er ist nie beendet. Ich versuche mir in jedem Frühjahr und jedem Herbst die Zeit zu nehmen, durch mein Haus zu gehen und zu sehen, was da noch paßt und was sich erledigt hat.

Doch was ist, wenn wir verreisen? Wie schaffen wir es da, unseren »heiligen Boden«, unseren heiligen Raum, zu kreieren? Schnecken haben es da leichter: Die nehmen ihr Zuhause mit, wo immer sie hingehen.

Manchmal gibt es doch glatt dieses perfekte Hotelzimmer, in dem alle Farben die meinen sind. Die schönen und bequemen Möbel schauen aus, als seien sie nach Feng-Shui-Kriterien plaziert worden, und Blumen und Pflanzen strahlen eine einladende Atmosphäre aus. Aber solche Räume gibt es selten.

Als ich kurz nach meiner Heirat nach Los Angeles zog, bereiteten wir uns für unsere Flitterwochen vor. Mein Mann wollte mir seine Heimat zeigen und plante eine Autoreise an der Küste entlang von Los Angeles rauf nach Big Sur, weiter im Norden. Er wollte unbedingt bei Freunden übernachten.

Unsere erste Nacht verbrachten wir in einem kleinen Strandhaus in Santa Barbara. Das Bett war eines dieser Couchbetten, die eigentlich eine Inschrift tragen müßten, die heißt: »Ich bin deswegen so unbequem, damit ihr nicht zu lange bleibt.« Die Matratze war so dünn, daß man die ebenfalls wenigen Sprungfedern leicht am Rücken abzählen konnte.

Für die zweite Nacht bestand eine Freundin meines Mannes darauf, daß wir in ihrem Haus übernachteten. Unglücklicherweise vergaß sie zu erwähnen, daß sie selbst dieses Haus schon seit einem Jahr nicht mehr benutzt hatte. Das war leicht zu erkennen. Die Teller im Waschbecken hatten schon ein eigenes Leben. Ich verbrachte die Nacht in meinem Trainingsanzug. Ich konnte leider kein frisches Bettzeug finden,und so nahm ich ein Handtuch und legte es über das Kopfkissen. Mit Socken an den Füßen, die Hände in meinen Ärmeln versteckt, gab ich meinem Mann vorsichtig einen Gutenachtkuß. An mehr war nicht zu denken. Ich schlief doch glatt ein paarmal ein, wurde aber immer wieder durch einen Knall geweckt. Mein Mann schmiß mit Regelmäßigkeit seinen Schuh gegen die Wand. Nein, das war nicht seine Frustration über unser Liebesleben in der Nacht, es war, um die Ratten davon abzuhalten, weiterhin mit Krach durch die hohlen Wände zu laufen. Dummerweise mußte ich nachts mal auf die Toilette und zuckte verschreckt zusammen, als ich mich, Toilettenpapier darunter, auf die Brille setzte. Sie war eine von diesen früheren amerikanischen »Kissen«-Brillen, die beim Draufsitzen nachgeben. Ich ekelte mich davor. Da ich auch noch schwanger war, konnte ich dieses Gefühl einfach nicht ertragen und suchte mir im Garten im Stockdunkeln doch lieber einen Busch.

Die Nacht danach brachte uns nach Carmel, in der ein alter Freund von Richard ein Hotel besitzt. Hier konnten wir endlich schlafen, allerdings war es schwierig, eine Dusche zu nehmen, da man recht aufgeregt hin und her hüpfen mußte, um den einzigen Wasserstrahl abzukriegen. Das war aber eigentlich ganz praktisch, denn die Handtücher waren so groß wie Servietten, mit denen hätte man auch nicht viel abtrocknen können.

Endlich kamen wir in Big Sur an. Ich öffnete die Tür zum Hotelzimmer und fing vor Freude zu weinen an. Da gab es einen wundervollen offenen Kamin! Kuschelige Hausschuhe standen am Eingang! Der Teppich war sauber und azurblau! Da gab es die passenden Handtücher, ganz viele davon, neben einer herrlich großen Badewanne. Frisches Obst stand auf einem kieferfarbenen Beistelltisch neben einem herrlichen Blumenstrauß. Endlich!

Doch was sollen wir tun, wenn unser Leben uns keinen offenen Kamin und keine farblich passenden Handtücher beschert? Ich bin sehr viel unterwegs und finde mich manchmal an den seltsamsten Plätzen wieder. Jedesmal wenn ich den Schlüssel beim Hotelportier abhole, habe ich das Gefühl, ich öffne ein Geschenk von jemandem, der mich nicht kennt. Was kriege ich denn heute?

Räume halten Energien, und es gibt da die verschiedensten, die wir in so einem Hotelzimmer finden: Haben hier glückliche und verliebte Flitterwöchner übernachtet? Jemand, der traurig, verzweifelt und einsam war? Ein Paar, das sich gestritten hat? Nur weil die Laken gewechselt worden sind, heißt das noch lange nicht, daß auch die Energie damit verschwunden ist. In manchen Räumen hatte ich damals schlechte Träume, konnte manchmal sogar überhaupt nicht schlafen und fühlte mich am nächsten Morgen wie gerädert.

Ich bin früher mit einer Unzahl Klamotten gereist und wenig wirklich Wichtigem. Das veränderte sich schnell, nachdem ich zu Hause einen Altar hatte. Ich vermißte die Ruhe und das Wohlgefühl, das so ein Altar ausstrahlt, wenn ich auf Reisen war. Wo ist die Stelle in meinem Hotelzimmer oder in dem Gästezimmer von Freunden, wo ich mich selbst wiederfand?

Ich fing an, einen Reisealtar zu kreieren. Ich nahm ein weißes Altartuch mit, Kerzen, Bilder von Jesus, Zarathustra und Buddha. Meinen Rosenkranz. Ich fing an, eine Ecke zu kreieren, die mich an mich erinnerte. Doch was war mit dem Rest des Zimmers? Wie kann ich wie eine Schnecke sein, die ihr Heim überallhin mitnimmt?

Wenn ich jetzt verreise, dann packe ich anders. Ich nehme weniger Kleidungsstücke und mehr Sachen mit, die mir helfen, mich wohl zu fühlen. Als erstes frage im Hotel nach mindestens zwei Schlüsseln, nach zwei Zimmern, und suche mir dann das aus, das mir am meisten zusagt. Es mag die Art sein, wie das Bett steht, der Blick aus dem Fenster, die Farben des Zimmers, die Geräusche von außen, die mich entschließen lassen, auf ein Zimmer zu verzichten. Jedes Zimmer ist immer ein bißchen anders. Kann ich mir vorstellen, dort eine Nacht oder sogar mehrere zu verbringen? Einmal, während einer Lesereise, war ich der einzige Gast in einem kleinen Hotel. Ich schaute durch sieben Räume, bis ich einen fand, in dem ich schlafen konnte. Kein Wunder, daß das Hotel leer war.

Kaum habe ich meine Koffer im Zimmer, packe ich aus und beginne dieses Zimmer in einen heiligen Raum zu verwandeln. Als erstes betrachte ich die Bettüberzüge. Die meisten sind in den anstrengendsten Farben und Mustern gehalten. Doch oftmals ist die Innenseite angenehm weiß oder zumindest ohne Muster. Ich lege den Bettüberzug dann andersherum auf. Ich reise mit drei oder vier verschiedenen Seiden- und Baumwolltüchern, die ich dann über diverse Bilder hänge, mit denen ich nichts anfangen kann. Oder über einen Lampenschirm, der mir zu grell ist. Mit einem decke ich den Fernseher ab, ein anderes wird als Tischdecke benutzt. Meine Farben sind Weiß und Blau. Und wenn Blau partout nicht paßt, Weiß paßt immer. Manchmal verschiebe ich auch die Möbel, wenn ich mich mit einem Arrangement nicht anfreunden kann. Natürlich stelle ich sie wieder zurück, wenn meine Zeit in diesem Hotel beendet ist.

Als nächstes suche ich mir einen Platz für meinen Altar. In fast allen Fällen ist es der Nachttisch. Ich reise immer mit drei oder vier Duftkerzen, die ich in unzerbrechlichen Blechbehältern transportiere. Ich liebe den Geruch von Lavendel, Mandarine und Jasmin. Eine Kerze kommt auf den Altar, eine andere auf den Tisch und die letzte in das Badezimmer. Dann öffne ich meinen kleinen CD-Player, mit dem ich immer reise, und lege die zehn CDs aus meiner Reisetasche in Reichweite.

Falls das Zimmer keine lebendigen Pflanzen hat, kaufe ich mir Blumen. Ich will nicht das einzige Lebewesen in diesem Zimmer sein. Manchmal nehme ich mir gleich Blumen vom Flughafen mit. Wenn ich mit dem Auto auf Lesereise bin, dann habe ich immer eine Pflanze dabei, die ich von Hotelzimmer zu Hotelzimmer mitnehme.

Dann beginnt mein Ritual. Als erstes öffne ich das Fenster, um die alte Energie herauszulassen. Ich stelle mich an die Eingangstür, mit dem Blick in mein neues Zuhause, und spreche ein stilles Gebet. »Himmlischer Vater, ich bin hier, um mich wohl zu fühlen, und bitte in deinem Namen, daß alte Energien diesen Raum verlassen. Ich erwarte Frieden, Fröhlichkeit und Ruhe in diesem Zimmer und bitte um deinen Segen. Amen.«

Manchmal habe ich Salbei dabei, den ich verbrenne, aber in den meisten Fällen ist es nur ein Räucherstäbchen, das ich anzünde und damit an der Wand entlanggehe, um dadurch das Zimmer zu reinigen. Oftmals klatsche ich in den Ecken, da durch diese Bewegung und das Geräusch festgefahrene Energien losgelöst werden. Ich vergesse auch das Badezimmer und die Schränke nicht. Dann gehe ich wieder zurück zur Eingangstür und stelle mir vor, daß ich mich ausbreite und diesen Raum in Anspruch nehme. Wenn ich das Gefühl habe, daß ich ihn aufgefüllt habe, fange ich zu singen an. Manche meiner Freunde bringen kleine Glocken mit, um dort bestimmte Töne auszuladen. Ich singe lieber. Da gibt es erstens weniger zu packen, und zweitens bin das nun wirklich ganz ich. Ich lasse mich da durch meine Intuition führen, welche Töne ganz natürlich aus mir herauskommen. Das ganze Ritual dauert ungefähr zehn Minuten. Aber danach ist dieser Raum mit meiner Energie aufgefüllt, und ich werde ruhig und entspannt meine Zeit hier verbringen. Jetzt weiß ich auch endlich, wie sich so eine Schnecke fühlen muß…

Alles in allem sollten wir aber auch nicht vergessen, daß die Natur unser heiligster Raum ist. Jeder Baum, jede Pflanze, jeder Stein, jeder Sonnenuntergang, jeder Vogelgesang hilft uns, leichter zu werden. Und in allem, was wir tun, hilft es uns, wenn wir uns damit oft genug verbinden.

Doch wie genau werden wir leichter? Was können wir tun, um unsere Frequenz zu erhöhen?

18

Die Erhöhung
der Frequenz

Lust am Fliegen

Was bedeutet nun eigentlich diese Frequenz, und warum sollte sie erhöht werden. »Sollte…?« Auch hier ist wieder diese herrliche Wahl, die wir alle haben. Bin ich glücklich mit mir – so, wie ich bin? Wenn ja, dann gibt es nichts zu verändern.

Ich war es nicht. Mein Leben war durcheinander, kompliziert und schwierig. Jedes Drama entstand durch die Entscheidungen, die ich traf; und nachdem ich angefangen hatte, Selbstverantwortung zu übernehmen, mußte ich einfach auf mein Leben schauen und feststellen, daß ich es mir *so* nicht vorgestellt hatte.

Doch ich kannte niemanden, der anders lebte als ich. Alle meine Freunde und Verwandten lebten ihre kleinen und großen Dramen, und ich dachte, das wäre normal. Ich bewegte mich auf der Frequenz des Dramas, der Selbstverleugnung und des Selbstmitleids. Und da drehte ich mich im Kreis.

Bis ich dann Jacqueline kennenlernte. In Jacquelines Augen sah ich damals, was ich alles nicht hatte. In erster Linie war da eine Lebensfreude, die ich nicht kannte. Klar, manchmal lachte ich, hatte Spaß, und manchmal freute ich mich sogar, aber eine allgemeine Lebensfreude? Ich fand das Leben schwierig und fühlte in mir diese Sehnsucht nach etwas anderem, doch diese Sehnsucht war eine Straße, die einem Kreisverkehr nicht unähn-

lich war. Ich konnte die Abfahrten nicht erkennen. Sie lagen im
Nebel. Die Sehnsucht führte mich nirgends hin, sie zeigte mir
nur, daß mir etwas fehlte. Ich hatte damals natürlich auch keine
Ahnung, woher Lebensfreude kommt. Ich dachte, das wäre eine
Charaktereigenschaft. Eine, die mir in meinem genetischen
Make-up einfach abging.

Aber ich wurde neugierig. Beobachtete Jacqueline an diesem
ersten Visionquest meines Lebens genau. Dieses Lebens. Das erste, was mir auffiel, war diese Sicherheit, die sie ausstrahlte.
Auch etwas, das ich nur an wenigen Tagen meines Lebens kreieren konnte. Und zwischen ihrer und meiner Sicherheit gab es
auch noch einen großen Unterschied: Ihre Sicherheit schien ganz
natürlich aus ihr zu strahlen, während meine eher wie Make-up
war: aufgetragen, mühsam angemalt.

Ich fühlte mich in ihrer Nähe wohl. Da war eine Leichtigkeit,
die mein Herz wärmte. Eine Freude, wenn ich sie sah. Eine Inspiration, die ich von ihr aufnahm. Und endlich sah ich, wie ich
diesen Kreisverkehr verlassen und in eine Straße einbiegen
könnte. Da war plötzlich eine Abzweigung. Eine schmale Straße,
die von diesem Kreis heraus irgendwohin führt. Wohin, das
wußte ich noch nicht. So weit konnte ich noch nicht sehen. Ich
wußte nur, daß sie weg von diesem Kreis führte, und das war mir
gut genug.

Jacqueline sagte nie: »Folge meiner Straße.« Jacqueline war
wie ein Straßenschild. Sie zeigte die Richtung. Und ein bißchen
Hilfe konnte ich gut gebrauchen. Und so fing ich an, wie bei jeder
Reise, meinen Koffer zu packen. Nur war dieser Koffer anders,
denn in diesen Koffer legte ich »Eigenschaften«, die ich »anziehen« wollte. Die ich mir auf dieser Reise angewöhnen wollte.

Jede dieser Eigenschaften hatte ihre eigenen Herausforderungen und ihre eigenen Geschichten. Ich werde häufig gefragt, welche Schritte man denn unternehmen kann, um der Sehnsucht
seiner Seele zu folgen. Oftmals ergibt sich nach dem ersten
Schritt ganz natürlich der nächste. So wie ich es versucht habe,

in diesem Buch zu beschreiben: das Aufräumen und das Vergeben der Vergangenheit. Das Vertrauen in Gott. Die Stille. Gefühle und Intuition zulassen. Zeit und Geduld erfahren. Alles
Schritte, die jeder unternehmen kann. In dieser Reihenfolge oder
in einer anderen. Jedes Auto und jeder Koffer, also jede Reise unserer Seele, sieht anders aus. Und erst wenn man den Vergleich
nicht mehr als Maßstab nimmt, ist man in der Lage, seiner Sehnsucht zu folgen. Wenn Sie dieses Buch so weit gelesen haben,
dann ist auch in Ihnen diese Sehnsucht, die erfüllt werden will.
Doch was hat nun diese Frequenz damit zu tun?

Jeder von uns schwingt auf einer bestimmten Ebene. Unser
Leben kann schwer oder leicht sein. Sind wir glücklich, vielleicht
verliebt oder haben gerade eine Beförderung oder ein Lob erhalten, fühlen wir uns leicht. Hat uns jemand verletzt, beschimpft
oder sind wir wütend und ärgerlich, dann fühlen wir uns schwer.
Dieses Gefühl entspricht einer Schwingung, in der unsere Zellen
vibrieren. Diese Vibration kreiert unseren Körper.

Unser Körper folgt unserer Seele. Wenn wir an einer leichteren Schwingung arbeiten, wird auch der Körper leichter. Und ist
dann irgendwann einmal in der Lage, regelrecht zu fliegen. Das
bedeutet auch, daß es für uns möglich wird, diesen Körper hier
auseinanderzunehmen und an irgendeinem anderen Teil der
Welt, je nach Lust und Laune, wieder zusammenzusetzen. Das
bedeutet, in Zukunft reisen zu können, ohne daß wir in ein Flugzeug steigen müssen. Reisen, die dann auch sofort erfolgen können. Um 14.10 Uhr bin ich in München und um 14.11 Uhr in
Kenia.

Doch nicht nur unser Körper wird neue Möglichkeiten finden.
Auch werden wir telepathisch miteinander verbunden sein, klarer verstehen, was uns der andere sagen will. In der Veränderung
unserer Vibration finden wir Frieden und eine Freude, die dann
immer in uns vorhanden ist. Die Dramen, die uns bis dato in unserem Leben so vertraut waren, da wir sie selbst kreiert haben,
werden alle verschwunden sein. Denn wir werden diese Meister-

schaft erreicht haben, in der wir in Frieden leben, selbst wenn
Chaos um uns herrscht. Aber sogar das Chaos wird immer weniger, denn wir »füttern« es nicht mehr.

Doch wie werden wir nun leichter? Ist es das ununterbrochene
Meditieren? Das Leben in einem Ashram? Das Bestreben, alle
aufbrausenden Gefühle wie Lust und Ärger unterdrücken zu
wollen? So zu tun, als ob einen nichts mehr aufregt?

Meiner Meinung nach ist es das nicht. Wir sind nicht hier, um
dem Leben zu entgehen. Und ein ewiges Meditieren würde uns
keine Zeit für wichtige Handlungen lassen. Aber wir sind hier,
um zu entscheiden, was wir in unserem Leben haben wollen und
wie wir es gestalten möchten. Diese Schwere und diese Leichtigkeit unserer Frequenz ist die Folge unserer Wahl. Eine Anschauung, die verändert werden kann.

Das läßt sich mit dem Fliegen eines Heißluftballons vergleichen: Wie die Luft ist unser Geist oder unser Spirit mit allem vereint. Dann gibt es da Ballonstoff, der einen Teil der Luft von den
anderen abtrennt. In diesem Ballon sehen wir uns als Seele. Wir
sind durch den Stoff von den anderen getrennt. Darunter befindet sich der Korb, der unsere Persönlichkeit symbolisieren soll,
und daran hängen Ballastsäcke. Je mehr dieser Säcke wir ablegen, desto leichter werden wir. Desto höher und weiter können
wir fliegen. Und jeder der Säcke hat einen bestimmten Namen:
Da sind der Neid, die Eifersucht, die Engstirnigkeit, die Rechthaberei, die Feigheit, das Selbstmitleid, der Egoismus, die Lüge,
die Faulheit, die Verantwortungslosigkeit, die Bosheit, die Schadenfreude, der Machthunger, die Geldgier oder die sexuelle Abhängigkeit.

Natürlich steht das nicht deutlich lesbar auf den Säcken. Denn
dann würden wir in unserem Ballonkorb wahrlich kräftig zusammenzucken. Die Säcke haben da etwas gefälligere Namen,
sonst hätten wir uns wohl schon längst von ihnen befreit:

Der Neid heißt: »Wie ungerecht, daß die anderen immer alles
haben.«

Die Eifersucht: »Ich liebe ihn, und er gehört nur zu mir!«

Die Engstirnigkeit: »Wie können die anderen nur so dumm sein.«

Die Rechthaberei: »Wenn du nur tätest, was ich sage, dann wäre endlich Frieden, denn ich weiß einfach, was am besten für dich ist.«

Die Feigheit: »Ich mache doch, was ich kann, mehr geht einfach nicht.«

Das Selbstmitleid: »Warum versteht mich denn keiner, wo ich mich doch so bemühe.«

Der Egoismus: »Ich habe einfach keine Zeit, mich um andere zu kümmern.«

Die Lüge: »Schließlich will ich ja niemanden verletzen.«

Die Faulheit: »Wenn nur endlich jemand käme, der mir helfen könnte.«

Die Verantwortungslosigkeit: »Ich habe einfach nur Pech, und andere haben immer Glück.«

Die Bosheit: »Ich wehre mich schließlich nur.«

Die Schadenfreude: »Das geschieht ihnen recht.«

Der Machthunger: »Wenn ich sie nicht dazu zwinge, dann tut sie überhaupt nichts für mich.«

Die Geldgier: »Ich habe Angst, daß ich zu kurz komme.«

Die sexuelle Abhängigkeit: »Ohne sexuell begehrt zu werden, fühle ich mich wertlos.«

Diese »Aufschriften« auf unseren Sandsäcken klingen anders, haben aber trotzdem denselben Sand als Inhalt. Jeder von uns hat seine eigene Zusammenstellung dieser Säcke, und es liegt auch hier wieder an uns, ob wir uns dieser Säcke bewußt werden und uns dann ihrer entledigen wollen.

Angenommen, wir wollen. Nehmen wir uns einen der Säcke als Beispiel: den der Lüge. Eine Binsenweisheit lautet: »Jeder lügt.« Und damit hatte ich auch schon meine größte Ausrede. Dummerweise nutzt das aber nichts. Denn der Sack hat immer noch die gleiche Konsistenz, dieselbe Schwere. Er verschwindet nicht dadurch, daß ich mir sage, alle anderen lügen auch. Da sind andere Konsequenzen notwendig.

Der Tag, an dem ich zu lügen aufhörte, war ein ganz normaler Samstag. Er begann damit, daß unsere Tochter Julia Pfannkuchen zum Frühstück haben wollte und ich ihr antwortete, ich hätte nicht genügend Eier im Haus. Ich log. Es war mir einfach zuviel Arbeit. Dann klingelte das Telefon, und Freunde luden uns zum Abendessen ein. Ich sagte, daß wir schon eine andere Einladung für den Abend hätten. Ich log wieder. Ich freute mich auf einen Abend zu Hause. Dann fragte mich mein Mann, ob ich eine Bekannte zurückgerufen hätte. Ich sagte ja, aber daß sie nicht zu Hause gewesen wäre und ich ihr eine Nachricht hinterlassen hätte. Ich log wieder. Ich wollte verhindern, daß er mir Vorwürfe macht, denn das tat er damals, wenn ich etwas vergaß.

Dann hatte ich meine Meditation am Morgen. Als ich mein Gebet sprach, wurde mir plötzlich klar, daß ich an diesem Tag schon dreimal gelogen hatte, und es war noch nicht einmal 8.00 Uhr. Ja kann das denn wahr sein? Ich las einmal, daß die Welt zusammenbräche, wenn wir alle die Wahrheit sprächen. Die Welt, wie wir sie kennen, würde wahrscheinlich wirklich zusammenbrechen. Aber vielleicht wäre das ja gar nicht so schlecht?

Wäre es nicht wundervoll, wenn wir alle aufhörten zu lügen? Wenn wir uns erlaubten, einfach müde zu sein oder unsere Meinung zu ändern oder einfach nicht in Stimmung zu sein? Wenn wir einfach so gemocht und geliebt würden für das, was wir wirklich sind, und nicht für das, was die anderen in uns sehen wollen?

Es beginnt natürlich, wie alles, bei uns selbst. Es war mir klar, daß ich zu lügen aufhören und mir abgewöhnen mußte, Ausreden zu erfinden, einen meiner »praktischsten« Sandsäcke. Kurzfristig kam eine Panik auf: »O Gott, das wird mich ja unglaublich beliebt machen.« Da war ein neues Land, auf das ich trat, und davor hatte ich schlichtweg Angst.

Ich bin jemand, der sich doch recht schnell entscheidet. Und wenn ich etwas begreife, dann mache ich in der Regel, was zu tun ist. Also, an diesem Morgen, noch auf den Knien, beschloß ich, nicht mehr zu lügen. Ich bat meine himmlischen Helfer, mich dabei zu unterstützen, und dafür brauchte ich jeden himmlischen Helfer, den ich kriegen konnte...

Nach meiner Meditation klingelte denn auch prompt das Telefon. Als ich den Hörer abhob und die Stimme am anderen Ende erkannte, fühlte ich den Knoten im Magen. Hätte ich mit dem Nicht-mehr-Lügen doch lieber bis morgen gewartet!

Der Mann am anderen Ende der Leitung, ich möchte ihn Tom nennen, hatte eine Frage, deren Beantwortung ich bisher erfolgreich vermieden hatte. Weil ich log. Aber was mache ich um Himmels willen jetzt? Er wollte mich für sein neues Buch interviewen. Der Titel: *Die neuen Frauen.*

Ich hatte da jedesmal, wenn wir uns trafen oder miteinander am Telefon sprachen, so ein komisches Gefühl. Ich versuchte, so nett wie möglich zu sein, aber irgend etwas störte mich immer, und ich wußte nicht, was es war. Nach einer Weile fiel es mir auf: Er wollte, daß ich an allen seinen Projekten teilnahm. Aber ich hatte schon meine eigenen, die mich beschäftigt hielten. Mein Teller war voll. Es bedeutete einen Zeitaufwand, der mir einfach zuviel war. Aber ich wußte nicht, wie ich ihm das sagen sollte.

»Werfe deine Wahrheit nicht um dich wie ein nasses Handtuch, sondern lege sie ihm um die Schultern wie ein warmes Tuch.« Dieser Gedanke kam mir da in den Sinn. Ja, Wahrheiten können liebevoll und boshaft verteilt werden.

Und hier kam auch schon seine Frage: »Ich würde gern nächste Woche nach Los Angeles kommen, um dich zu interviewen. Dafür muß ich so drei Tage mit dir verbringen und wirklich auch die ganze Zeit überall dabeisein, damit ich sehe, wie du was auf welche Weise machst. Macht es dir was aus, wenn ich bei euch übernachte, da ich nicht so viel Geld für ein Hotel ausgeben möchte?«

Warum habe ich nicht bis morgen gewartet! Ich könnte eine

Lüge jetzt so gut gebrauchen. Ich hätte Besuch erfinden können, Verwandte vielleicht, eine Reise in ein fremdes Land, das mich Jahre von zu Hause fernhalten würde.

Mein Blick fiel auf die Kerze, die immer an meinem Schreibtisch brennt, wenn ich arbeite, und dann fiel mir ein Satz auf, den ich mir in die Nähe meines Computers geklebt hatte: »Mache nur Dinge, die dir entweder Frieden oder Freude bringen. Laß dich von nichts und niemandem davon abhalten.«

Nun, wie mutig bin ich? Mir war klar, daß ich keine andere Wahl hatte: »Mein lieber Tom, das geht leider nicht, denn ich möchte nur noch Dinge in meinem Leben tun, die mir entweder Frieden oder Freude bringen, und dein Vorschlag bringt mir weder das eine noch das andere.« Ich holte tief Luft. Ich konnte es immer noch nicht glauben, daß ich das gerade gesagt hatte. Was nun? Da war Stille am anderen Ende der Leitung. Einundzwanzig, zweiundzwanzig, dreiundzwanzig. Hat er aufgelegt?

»Tom?« fragte ich vorsichtig.

»Ja«, kam es zögernd vom anderen Ende – und dann ein Seufzer: »Ich wünschte mir auch, daß ich so leben könnte.«

Ich traute meinen Ohren nicht. Wie bitte?

»Versuch es einfach, Tom«, schlug ich vor, »nachdem man sich mal dafür entschieden hat, ist es gar nicht mal *so* schwer.« Ich fühlte mich erleichtert. Das war ja einfacher, als ich gedacht hatte.

Ich erkläre seitdem jedesmal, wenn es nötig ist, daß ich aufgehört hätte zu lügen. Das war so ähnlich wie damals, als ich zu rauchen aufhörte. Ich wollte mich ja schließlich nicht blamieren.

Der Tag liegt nun, da ich diese Zeilen schreibe, drei Jahre zurück. Ich habe seither gelogen. Ab und zu erwische ich mich noch dabei. Die Lüge saust manchmal aus meinem Mund heraus wie eine Biene in Richtung Picknickkorb. Schnell, unbedacht, plötzlich. Und ich bin dann selbst ganz überrascht: »Was habe ich da gerade gesagt?«

Es ist gar nicht so einfach, nach über dreißig Jahren »natürlicher« Lügen, derartige Ausreden einfach loszuwerden. Aber es wird immer weniger. Mittlerweile ertappe ich mich so einmal im Monat bei einer »schnellen« Lüge, eine, die mir einfach so aus dem Mund schlüpft.

Im letzten Sommer gab es da diesen Versicherungsfall. Das Fahrrad meiner Schwester fiel auf meinen Mietwagen und hinterließ eine tiefe Schramme. Als ich den Wagen zurückbrachte, machte ich die Verleihfirma darauf aufmerksam. Ich war ja versichert. Meine Schwester nicht. Ich sagte nicht, daß es das Fahrrad meiner Schwester war. Ich sagte einfach, daß es irgendein Fahrrad war, das da so rumstand. Als ich dann die Unterlagen zugeschickt bekam, war mir klar, daß ich lügen müßte, wenn ich wollte, daß meine Versicherung für den Schaden aufkäme. Denn eine Frage lautete: »Wem gehörte dieses Fahrrad?«

Wenn ich zugäbe, daß das Fahrrad meiner Schwester gehörte, dann würde meine Versicherung versuchen, von ihr Geld zu kriegen. Das wollte ich nicht, und ich zahlte die Reparatur schließlich selbst. Denn eine Lüge ist eine Lüge, selbst wenn es sich um eine Lüge gegenüber einer Versicherung handelt. Zu dumm aber auch...

Da gibt es nicht einmal mehr »weiße« Lügen. Die Wahrheit kann immer wie ein weicher Schal verteilt werden. Wenn ich manchmal das Gefühl habe, daß jemand die volle Wahrheit noch nicht verstehen kann, dann gebe ich Teile davon. Aber inzwischen auch nur, wenn ich gefragt werde. Früher habe ich meine Wahrheiten frei an jeden verteilt, der da gerade zufällig rumstand: »Du solltest das und das machen«, denn ich dachte mir, ich wüßte ja schließlich Bescheid. Ich schob die Wahrheit wie ein Schwert vor mir her. Jetzt frage ich immer, bevor ich meine Meinung zum besten gebe. »Ich habe da ein paar Ideen zu deiner Situation. Möchtest du sie hören?« Und dann warte ich, bis der andere Mensch entweder ja sagt, dann teile ich meine Gedanken mit, oder mit einem »Jetzt nicht, ich muß dringend jemand abholen« antwortet. Das heißt dann. »Nein.« Und ich biete meine

Meinung dann nicht noch mal an. Denn derjenige weiß ja jetzt, daß ich einen Vorschlag habe, und wenn er oder sie ihn nicht mal hören will, dann wird er ihn auf gar keinen Fall annehmen wollen. Wozu also dann die ganze Aufregung? Wenn ich nicht um Rat gebeten werde, dann halte ich meinen Mund. Das fiel mir am Anfang unglaublich schwer.

Ich versuche auch keine Komplimente zu machen, die nicht ehrlich gemeint sind. Statt »Ich liebe Ihr Bild« sage ich lieber: »Wie wundervoll Sie mit Farben arbeiten.« Oder irgend etwas anderes, was ich wahrhaft glaube und fühle.

Einer der besten Effekte des Nichtlügens ist, daß ich all die Geschichten, die ich früher erfunden habe, mir nicht mehr merken muß. Alles ist viel leichter. Ich sage meinen Freunden, daß ich müde bin und lieber zu Hause bleibe. Ich gestehe meinem Mann, daß ich den Anruf vergessen habe. Und Julia bekommt ihre Pfannkuchen an manchen Samstagen und an manchen Samstagen eben nicht. Meistens, weil ich nicht genug Eier habe.

Mit dieser Entscheidung und dieser Konsequenz ist ein Sandsack abgeworfen worden, und damit fliegt mein Ballon ein bißchen leichter und ein wenig höher.

Es reicht nicht allein, auf den Knien zu liegen und um Hilfe zu bitten. Hilfe wird einem zuteil, aber die Umsetzung geschieht nicht von selbst. Wenn wir beteten: »Lieber Gott, bitte nimm alle Lügen von dieser Welt. Ich kann es einfach nicht mehr ertragen«, und selbst nichts dazu beitrügen, würden wir die Verantwortung auf andere schieben. Beten wir aber etwa: »Lieber Gott, ich möchte nicht mehr lügen, bitte unterstütze mich dabei«, ist uns klar, daß wir hier in »Zusammenarbeit« leben und daß ich meinen Wünschen Taten folgen lassen muß.

Bei einem meiner Privattermine mit Solano fragte ich ihn, was ich machen könne, um mehr Verständnis, mehr Mitgefühl und mehr Liebe auszustrahlen. Ich wußte, daß es eine Möglichkeit geben mußte, daß man selbst, ohne Berührung oder Worte, eine

Liebe ausstrahlen kann, die in dem anderen ein Gefühl der Zugehörigkeit, der Achtung, des Trostes und der Ehre auslöst. Nicht, daß ich nicht gern mit Worten und Gesten Liebe vermitteln möchte, aber das ist ein Prozeß, der nicht alle Menschen berührt, mit denen man in Kontakt kommt.

Solano schaute mich durch die Augen seines Channels Dean an und erklärte mir, wie das funktioniert: »Jeder von euch arbeitet an der Erhöhung seiner eigenen Frequenz. Das läßt sich wie mit einer Leiter vergleichen. Diese Leiter entspricht euren Chakren, euren Energiezentren. Da gibt es das erste Chakra, das an eurem Sitz ist, das dem Überleben entspricht. Das zweite Chakra, das in eurem Unterleib sitzt, das eure Wünsche und Emotionen darstellt. Das dritte Chakra an eurem Nabel ist Euer Kraftzentrum und enthält Informationen darüber, wie ihr eure Welt betrachtet. Dann gibt es da das vierte Chakra, euer Herz, das eure Liebe hält, und das fünfte Chakra in der Halsgegend, das das Kreieren eures persönlichen Himmels auf Erden darstellt sowie die Klarheit, mit welcher ihr euch ausdrückt. Das sechste Chakra, zwischen euren Augen, auch euer Drittes Auge genannt, entspricht der Gabe, ›Gott in allem zu sehen‹, also der höchsten Form des Verständnisses, und das siebte Chakra ist eure Verbindung zu eurer Heimat, dem himmlischen Vater, der himmlischen Mutter.

Wer immer von euch sich entschlossen hat, Liebe und Mitgefühl zu verteilen, der ist entweder im Herzchakra, im Halschakra oder im Dritten Auge. Das heißt, daß seine Vibration sich in einem dieser Energiefelder am meisten aufhält und auch durch dieses Energiefeld am meisten ausgestrahlt wird.«

Ich erinnerte mich daran, was ich über Herzkrankheiten gelernt hatte. Die Lebensenergie wird durch den Nabel, also das Kraftzentrum, verteilt und nicht weiter nach oben bis zum Herzen geleitet. Wir erlauben uns nicht, weich zu sein, denn wir versuchen, unser Leben von diesen Emotionen abzuhalten.

Solano fuhr fort: »Du bist gerade dabei, dich von deinem

Halschakra in das Chakra des Dritten Auges zu entwickeln. Das passiert durch deine Handlungen, die deinem Wunsch und deinem Fokus folgen. In der Energie des Dritten Auges siehst du Gott in allen Dingen. Das bedeutet Mitgefühl und Verständnis für deine Mitmenschen. Nehme dann diese Energie des Mitgefühls und des Verständnisses von dem Dritten Auge in dein Herz. Und schicke deine Liebe mit dem Mitgefühl durch dieses Herzchakra nach außen. Denn dann verstehst du, daß jeder deiner Mitmenschen dieser Göttlichkeit entspricht. Und du wirst weder be- noch verurteilen, und deine bedingungslose Liebe wird in deiner Umgebung gefühlt werden.«

Das machte Sinn, das konnte ich verstehen.»Nur, gibt es denn nichts, was ich aktiv dafür tun kann?« wollte ich wissen.

»Du arbeitest an allen deinen Sandsäcken, wie du das so bildlich beschrieben hast, und wenn du etwas ganz Besonderes tun möchtest, dann gibt es da noch eine Idee, die ich dir gern mitgebe.«

»Was für eine Idee?« fragte ich neugierig.

»Obwohl du über all diese Jahre schon viele deiner Mauern um dein Herz abgelegt hast, ist da doch noch ein kleiner Kreis, den du behalten hast. Damals, als du diese Mauern aufbautest, brauchtest du sie zu deinem Schutz. Denn du fühltest dich als zu sensibel und wußtest nicht, wie man mit Aggressionen und Schmerzen umgeht. Heute ist das anders. Du hast viel erfahren. Also kannst du diesen letzten Kreis auch noch loslassen.«

Ich war ein bißchen hilflos:»Wie werde ich den letzten Kreis denn los?«

Solano beugte sich zu mir vor und schaute mir eine lange Ewigkeit in die Augen, und dann sagte er diesen Satz, der mir plötzlich alles klarmachte.

Er sagte:»Let them in!«

Was übersetzt»Lasse sie herein« bedeutet. Mir schossen Tränen in die Augen. Ich erkannte, daß ich mich manchmal nicht ganz öffne und dadurch immer noch eine Distanz zwischen mir

und meinen Mitmenschen aufrechterhalten habe. Ich war von
dieser Aussage tief gerührt. Wußte ich doch, daß sie der Wahrheit entsprach.

Ich möchte jeden in meiner Umgebung in mein Herz lassen,
ohne Wenn und Aber, ohne Be- und Verurteilung. Und ich weiß,
daß das einer meiner Sandsäcke ist, die ich loswerden möchte. In
allem, was ich tue, versuche ich, meine Sandsäcke loszuwerden.
Und das ist manchmal ganz schön anstrengend. Einer meiner
Lieblingssprüche war, daß ich gern in diesem Leben »erleuchtet« sein möchte. Das war mein Ziel. Die Karotte, die vor dem
Mund des Esels baumelte. Die Karotte, der ich folgte, in der
Hoffnung, irgendwann einmal einen richtigen Bissen davon abzukriegen.

Ich erwartete, daß ich »später« glücklich und friedlich sein
werde. Und wer weiß, was sonst noch alles. Ich projizierte also
mein Wohlgefühl in die Zukunft. Nicht in mein Heute. Nicht in
mein Jetzt.

In derselben Sitzung, in der Solano mir die Wichtigkeit des
»Lasse sie hinein« erklärte, nahm er sich diesen meinen Wunsch
vor.

»Mein Kind«, fing er an, »lasse los von deinem Wunsch der
Erleuchtung.«

Wie bitte! Ich dachte, ich höre nicht richtig. Ist das nicht der
ganze Sinn und Zweck dieses Lebens?

Solano lächelte, konnte er selbstverständlich lesen, was ich
dachte, und meinte: »Glaubst du denn, daß Gott erleuchtet ist?«

»Das will ich schwer hoffen«, antwortete ich ein bißchen perplex.

»Und in dieser Erleuchtung, was ist Gott da?«

Was ist Gott da? Da dämmerte mir etwas, das wie eine Blase
tief aus einem Meer kam.

»Er *ist*. Er *ist* einfach?« fragte ich zögernd.

Solano nickte. »Ja, Gott *ist*. Und in diesem ›Ist‹ ist alles, was
gebraucht wird. So sei auch du.«

Ich bedankte mich bei ihm und habe seither viel darüber nachgedacht. Das »Sein« fällt mir gar nicht so leicht. Das »Suchen« ist für mich schon einfacher.

Kurz danach waren mein Mann und ich mit einer Gruppe von Freunden für ein Wochenende zum Skifahren in Colorado. Wir hatten alle einen gemeinsamen Skilehrer, der sich in dem Gebiet recht gut auskannte und uns einzeln immer wieder auf unsere Schwächen aufmerksam machte und uns Alternativen anbot. Ich bin eine recht gute Skifahrerin, und besonders auf dieser Reise genoß ich das Skilaufen sehr. Meine gemieteten Skier waren phantastisch, der Schnee großartig, und überhaupt »tanzte« und juchzte ich nur so den Berg hinunter. Da gab es diverse Buckelpisten, die an den Seiten waren, und manchmal nahm unser Skilehrer diejenigen von uns mit, die an diesen Buckelpisten mehr üben wollten.

Wir saßen alle in der Gondel nach oben, als mich der Skilehrer fragte, ob ich denn bei der nächsten Abfahrt auch an so einer Buckelpiste trainieren wollte. Ich fühlte mich auf Buckelpisten immer ein bißchen unsicher, war mir ja klar, wo meine skifahrerischen Grenzen sind, und ich hatte eigentlich keinen großen Spaß daran.

Laut dachte ich vor mich hin: »Ich bin mir nicht sicher, ob ich wirklich noch mehr dazulernen will. Es hat so viele Jahre gedauert, bis ich eine gute Skifahrerin geworden bin, daß ich nicht weiß, ob es für mich wirklich notwendig ist, auch auf Buckelpisten perfekt zu sein.«

Der Skilehrer nickte und antwortete: »Es liegt an Ihnen, ob Sie die nächste Stufe erreichen wollen.«

Kurzfristig kam so ein Gefühl des Ehrgeizes auf: »Ja, ich sollte auf jeden Fall der beste Skifahrer werden, der ich sein kann.« Aber auf der anderen Seite würde das bedeuten, daß ich den Spaß, den ich jetzt im Moment habe, aufgeben müßte, um wieder »neu« anzufangen. Jetzt, wo ich endlich so gut fahre, daß ich

auf steilen Pisten jubelnd nach unten flitze. Soll ich diesen Jubel
für ein Training aufgeben?

Es dauerte noch zwei Fahrten auf der Gondel, bis ich mir über
meine Entscheidung im klaren war. Ich saß wieder zwischen meinem Mann und unserem Skilehrer und meinte dann zu beiden:
»In allen Dingen in meinem Leben versuche ich mich zu verbessern. Da ist immer ein Druck, noch mehr zu tun, noch mehr zu
erreichen, noch mehr zu erfahren. Dieses verlängerte Wochenende Skifahren ist eine der wenigen Gelegenheiten, wo ich es einfach nur genießen kann, was ich schon weiß. Und dieses Genießen gönne ich mir jetzt. Ich bin mit dem Skifahren, so wie ich
es kann, sehr glücklich. Und eine weitere Stufe interessiert mich
jetzt nicht. Vielleicht später mal. Aber im Moment möchte ich
einfach nur sein.«

Mein Mann schaute ganz erstaunt. So kannte er mich nicht.
Und ich war ebenfalls recht überrascht, aber auch irgendwie frei.
Ich erlaubte mir selbst, eine bestimmte Situation zu genießen,
ohne mir auszumalen, wie sie denn »besser« sein könnte. Da
kam wieder diese Leichtigkeit hinzu, die mir schon damals auffiel, als ich mir bei meiner Augenoperation erlaubte, »eitel« zu
sein. Als ich mir zugestand, schön sein zu wollen. Das einfach
hinnahm, als etwas, was in Ordnung war. Und irgendwie verlor
da ein Sandsack stetig Sand. Auf diesem Sandsack stand »Per-
fektionismus«. Und so langsam fließt der Sand aus diesem Sack.
Gott sei Dank.

Wie heißt doch dieser Buchtitel, der mich immer schon
berührt hat: *Die unerträgliche Leichtigkeit des Seins.* Ja, manchmal erlauben wir uns nicht, die Leichtigkeit des Seins zu ertragen…

In einer meiner Meditationen saß ich vor meinem Altar und
stellte mir vor, daß ich mit Zarathustra an einem offenen Feuer
sitze. Wann immer ich mit ihm reden möchte, suche ich dieses
Bild. Ich schaute ihn an und sagte zu ihm: »Ich vermisse dich«,

denn seit dem Übergang Jacquelines von diesem Leben auf die andere Ebene habe ich Zarathustra in Körperform nicht mehr gesehen.

Zarathustra antwortete: »Dann hast du deinen Ton der Erfüllung noch nicht gefunden. Denn in Erfüllung ist kein Vermissen.«

Ich wußte, was er mit dem »Ton der Erfüllung« meinte: das Gefühl, das wir haben, wenn alles in unserem Leben harmonisch ist. Wenn alle unsere »Töne« klar klingen. Der Ton unserer Familie, der Ton unseres Dienstes, der Ton unserer Gesundheit, der Ton unserer Freude, der Ton unserer Kreativität, der Ton des Wohlstandes, der Ton unserer Liebe. Wenn wir alles erfüllt haben, das es zu erfüllen gibt, dann gibt es nichts mehr zu vermissen, denn diese Sehnsucht wird dieser unendlichen Liebe weichen, zu der wir immer schon aufgeweckt werden wollten.

Der Sinn des Lebens ist, zu erwachen. Und wenn wir wach sind, erkennen wir, was unser Geist immer schon wußte: daß wir eins sind mit allem. Doch wie erkennt man nun, daß man noch unerfüllt ist?

Alles, was einem abgeht, alles, was man vermißt, ist noch unerfüllt. Und für das Neue muß Platz geschaffen werden. Das ist, wie wenn wir in einem Restaurant immer am selben Tisch mit denselben Leuten säßen. Kein neuer Mensch kann da Platz nehmen, denn alle Stühle sind besetzt. Wir müssen uns also entweder einen anderen Tisch aussuchen oder jemanden aufstehen lassen. Damit ein Platz für etwas Neues frei wird.

Dieser Tisch ist voll von Dingen, an die wir gewöhnt sind. Und voll den Dingen, in denen wir gut sind, in denen wir gelobt werden. Die unser Selbstvertrauen aufgebaut haben. Dinge, die uns zu dem gemacht haben, was wir jetzt sind. Dinge, die uns mittlerweile sehr leichtfallen. Ich bin zum Beispiel jemand, der gut organisieren kann. Ich erledige das schnell und zuverlässig. Oft passiert es mir, daß ich in Situationen meine Hilfe anbiete, weil ich weiß, daß ich das schneller erledigen kann. Nicht weil es mir unbedingt Spaß macht, nein, es bringt mir eine gewisse Art von Befriedigung und natürlich Lob. Von den anderen, die das nicht so gut können. Und das ist manchmal schwer loszulassen, denn mit diesem Loslassen geht auch der Sandsack der Feigheit auf.

Stellen wir uns der Einfachheit halber vor, Sie machten den besten Apfelkuchen weit und breit. Ihre Familie freut sich jedesmal, wenn dieser Geruch aus der Küche kommt. Bei Partys oder Familienfeiern werden Sie regelrecht angefleht, Ihren Apfelkuchen mitzubringen. Und natürlich schmeichelt Ihnen das. Sie haben da einiges erreicht. Selbst Ihr Schwager, der so pingelig beim Essen ist, kann es nicht erwarten, das größte Stück abzukriegen. Eigentlich langweilt Sie Ihr Apfelkuchen, und Sie würden gern mal eine Schokoladenmousse ausprobieren wollen, aber das machten die anderen nicht mit. Die bestünden auf Ihrem Apfelkuchen. Vielleicht gelänge Ihnen die Schokoladenmousse auch am Anfang nicht so gut. Die Verwandten würden bestimmt enttäuscht sein, vielleicht sollten Sie dann doch lieber bei dem Apfelkuchen bleiben ...?

»Höre mit den geringeren Dingen auf«, schlug uns Zarathustra einmal vor. Und das »Geringere« wäre in diesem Fall der Apfelkuchen. Nichts gegen dieses köstliche Backwerk, aber das wäre in dem Beispiel etwas, was Sie nun wirklich »blind« können, etwas, was Ihnen eigentlich keinen Spaß mehr macht und damit die Lebenslust schmälert. Vielleicht gibt es eine Cousine, die dieses Rezept gern haben und möglicherweise »von den Spiegeleiern zum Apfelkuchen wachsen« möchte. Für sie wäre seine Zubereitung ein Schritt weiter. Für uns wäre er ein Symbol des Stehenbleibens.

Neues auszuprobieren streckt unsere Fähigkeiten. Das ist nicht widersprüchlich zu der oben beschriebenen Situation auf der Skipiste. Dort fühlte ich mich wohl. Ich hatte Spaß daran, mein Können zu genießen. Und ich fuhr mit Freude und Lust den Berg hinunter. Doch das Apfelkuchenbacken läßt diese Freude schon seit einer Weile nicht mehr aufkommen. Und damit sollten auch wir ihn »loslassen«, wir werden neue Erfahrungen auf neuen Gebieten machen. Und damit unseren Ton der Erfüllung weiter ausbauen.

Doch was ist, wenn wir nicht glauben, daß uns bestimmte Dinge zustehen? Wie zum Beispiel Wohlstand. Geld. Erfolg. Sexualität. Schönheit. Sind wahre spirituelle Menschen wohlhabend? Erfolgreich? Schön? Sexuell aktiv? In einem meiner Workshops ließ ich von den Teilnehmern eine Liste zusammenstellen: was denn die Eigenschaften von Leuten mit Geld sind. Da konnte es einen nur grausen. Leute mit Geld waren ihrer Meinung nach kleinlich, geizig, gierig, falsch, engstirnig, oberflächlich und eitel. Nur eine einzige Teilnehmerin meinte »großzügig«.

Wie war das doch noch mit dem Kamel und dem Nadelöhr (Lukas 18, 18–25)? Wir sehen einmal davon ab, daß es sich um einen Übersetzungsfehler handelt, denn statt »Kamel« müßte es eigentlich »Strick« heißen: Ein Seil paßt natürlich ebensowenig durch das Loch einer Nadel. Nun, da gab es einen reichen Mann, der Jesus traf und ihn fragte, was er tun könne, um ein gottgefälliges Leben zu führen. Jesus erklärte ihm, er solle nicht töten, nicht stehlen, nicht falsch aussagen, Mutter und Vater ehren und nicht ehebrechen. Der junge Mann sagte, all das tue er bereits. Jesus merkte, daß er noch mehr wissen wollte, und schlug ihm vor, er solle alles, was er besitze, verkaufen, das Geld an die Armen verteilen und ihm, Jesus, folgen. Er, der Mann, werde einen bleibenden Schatz im Himmel haben. Der junge Mann zögerte, denn er besaß viele Reichtümer. Daraufhin entschied er sich, nicht mit Jesus zu gehen. Jesus sagte dann zu seinen Jüngern: »Wahrlich, ich sage euch, eher geht ein Kamel (Strick) durch das Nadelöhr, als ein Reicher ins Himmelreich gelangt.«

Was war aber an dieser Situation so aufschlußreich? Jesus hatte offensichtlich keine Probleme im Umgang mit Reichen. Er fand in ihren Häusern oft Unterschlupf und wurde liebevoll bewirtet. Auch unsere heutigen Kirchen verfügen über viel Geld. Aber der junge Mann in dieser biblischen Geschichte traf eine

Entscheidung: die Entscheidung, sein Geld über seine Liebe zu Gott zu stellen. Und das ist etwas anderes. Geld war ihm wichtiger. Jeder trifft auch hier seine eigene Entscheidung. Mir ist Gott wichtiger als Geld, und so werden Sie wahrscheinlich auch denken.

Wenn wir mit Geld unsere Probleme haben, dann können wir uns vielleicht nicht vorstellen, daß uns Wohlstand zusteht. Wir haben womöglich die Sorge, daß wir irgend jemandem etwas wegnehmen könnten: daß durch unser Haus jemand anders obdachlos wird, wegen unseres teuren Kleides irgend jemand friert, daß unser Essen im Restaurant dadurch erkauft wird, daß irgend jemand verhungert.

Doch es gibt genug. Genug für uns alle. Die Erde kann uns alle ernähren. Und das muß uns immer wieder klarwerden. Wie die Sterne, die es im Überfluß gibt, gibt es auch Wohlstand im Überfluß. Aber es ist ein Fließen: Das ist ein Geben und Nehmen und nicht ein Horten. Denn ein Horten entspricht immer einer Angst, daß es da später nichts mehr gibt. Der Fluß wird damit unterbrochen. Doch sind wir bereit, unsere Füße in diesen Fluß zu stellen? Das Geld durch uns durchfließen zu lassen. Und wenn ja, wie macht man das?

Zarathustra erklärte uns immer wieder, daß wir Verantwortung für unser Leben übernehmen müssen. Sind die anderen immer schuld, daß wir kein Geld verdienen? Daß sich die Situation eben nie ergibt? Mit einem »Die hat es leicht« oder »Der hat auch immer Glück« wischen wir mit einer Handbwegung die Überlegung weg, die uns doch große Klarheit bringen könnte. Wir sollten statt dessen einmal darüber nachdenken und alle Gefühle und Reaktionen, die wir in bezug auf Geld haben, einfach mal in uns aufsteigen lassen. Mal sehen, was wir wirklich von Geld halten? Nach allem, was wir gelernt haben, wissen wir nämlich, daß wir selbst die Situation kreieren, in der wir am meisten erfahren wollen. Und wenn wir dann bereit für eine neue Erfahrung sind, dann kann das ebenfalls kreiert werden.

So ist es auch bei mir. Ich bin dabei, mehr Geld zu verdienen, denn da gibt es Projekte, die ich finanzieren möchte: ein Netzwerk von menschlichen Engeln, Gebetsengel, die ich selbst entworfen habe und von denen jeder zweite als Geschenk zu Menschen kommt, die sich solch einen Engel nicht leisten können. Sie werden in Krankenhäusern und Heimen verteilt. Und auch irgendwann einmal die Finanzierung einer Hilfsorganisation. Ich will kein Geld, um es zu behalten und es zu horten. Ich möchte Geld, um es weiterzugeben.

Vielleicht denken Sie aber auch: »Da sitzt sie nun und schreibt über Geld. Die sagt das so leicht.« Ja, das ist wahr. Ich habe keine finanziellen Sorgen. Aber das war nicht immer so. Ich kenne auch die andere Seite der Medaille sehr gut. Doch habe ich ebenfalls meine Herausforderungen mit Geld. Nur eben andere. Mein Mann verdient das Geld für unsere Familie. Ich verdiene das Geld, das für mein Büro und meine Reisen gebraucht wird.

Als ich anfing, Workshops zu halten, wollte ich kein Geld verlangen. Ich fühlte mich schuldig. Ich »brauchte« es doch nicht. In der Meditation wurde mir klar widersprochen. Das ist ein Austausch von Energien, der stattfinden muß. Denn ich habe einfach Ausgaben, die getragen werden müssen, und Ideen, die finanziert werden wollen. Ich brauche dieses Geld, um meine Projekte zu finanzieren. Allerdings, und auch das wurde mir in der Meditation mitgeteilt, soll ich mich dabei mehr auf den Austausch verlassen. Auf all unseren Einladungen steht ein Zusatz: »Wir glauben an den universellen Fluß, und wenn es sich jemand nicht leisten kann, dann gibt es immer andere Möglichkeiten, sich auszutauschen.« Manche zahlen nur die Hälfte, manche zahlen gar nichts und helfen dafür dann beim Aufräumen oder Vorbereiten. Oder sie bezahlen mit »Naturalien«. Das waren in einem Fall Engelbilder.

Ich wollte aber auch dieses Schuldgefühl loswerden: daß mein Mann viel verdient. Eine Zeitlang mußte ich erfahren, was es bedeutet, kein Geld zu verdienen, da ich lernen mußte, ob ich denn etwas »wert« bin, auch wenn ich nicht zum Familienunterhalt beitrage. Denn mein Selbstwertgefühl war eng an das Geldverdienen gebunden.

Gott ist unbegrenzt, und so sind auch unsere Möglichkeiten im Umgang mit Wohlstand. Wir wollen diesen Wohlstand nicht aus Gier, sondern um uns wohl zu fühlen. Wir wollen mit diesem Wohlstand nicht unsere Einsamkeit und Unsicherheit kaschieren, sondern erkennen, daß wir es wert sind. Wir wollen mit diesem Wohlstand nicht andere unterdrücken, sondern Freude verbreiten und in Großzügigkeit verteilen. Also warum nicht?

Es gibt viele Menschen, die reich sind und unglaublich großzügig mit ihrem Geld umgehen. Sie tun es nicht nur deswegen, weil sie es sich leisten können. Denn auch hier gibt es andere Wahlmöglichkeiten – nicht jeder Reiche ist automatisch großzügig. Aber von denen, die helfen wollen, werden ganze Krankenhäuser renoviert. Schulen aufgebaut. Kinderspielplätze entstehen.

Auch beim Geld gilt wieder das weiter oben angeführte Beispiel vom Heißluftballon: Wenn wir aus Angst oder Neid zuviel horten, dann wird das Thema Geld ein »schwerer Sandsack«, der uns am Fliegen hindert.

Wenn wir als spirituelle Menschen Geld ablehnen, dann geht es dorthin, wo es gewünscht wird. Und das ist nicht selten dort, wo Geld für Manipulationen und für destruktive Zwecke verwendet wird. Und in solch einer Welt möchte ich nicht leben. Denn lieber sehe ich Geld bei jemandem, der Gutes damit tut, als bei jemand anderem, der Waffen dafür kauft. Deshalb ist es wichtig, daß es spirituelle und wahrhaftige Politiker gibt, spirituelle und wahrhaftige Wirtschaftskapitäne, spirituelle und wahrhaftige Lehrer, spirituelle und wahrhaftige Richter, spirituelle und wahrhaftige Journalisten, spirituelle und wahrhaftige Fernsehmacher. Sie können einer davon sein, wenn Sie wollen. Wohlstand für alle ist möglich.

Wir können unsere Energien entweder dazu benutzen, anderen neidvoll auf den Teller zu starren, oder wir verwenden die gleiche Energie und lernen, wie gekocht wird. Mit Fokussierung und dem Herzen bei der Sache ist alles zu schaffen.

Wie sieht es nun aber mit der Sexualität aus, die wie das Thema Wohlstand mit zahlreichen Vorurteilen belastet ist? Wann ist Sexualität Ballast, ein »Sandsack«, und wann lernen wir, durch den Austausch von sexuellen Energien zu »fliegen«?

In einer Fernsehsendung gab ich Frauen bezüglich der Sexualpartnerwahl einmal den Rat: »Wenn Sie ihn nicht segnen können, dann schlafen Sie nicht mit ihm.« Damit sollte die Heiligkeit zum Ausdruck kommen, die dieser Austausch von sexuellen Energien hat.

Sexualität kann auf verschiedenen Ebenen geschehen. Bei manchen davon werden wir »leichter«, fühlen uns »erhoben«, bei anderen spüren wir eher eine »Schwere«, die uns »hinunterzieht«. Wir wählen selbst, mit welcher Art der sexuellen Vereinigung wir welches Ergebnis für unseren Lichtkörper erzielen: Manche von uns sehen Sexualität als »sportliches« Ereignis, andere als Eroberungsspiel. Einige betrachten sie als Hilfe zur Überwindung von Einsamkeit. Viele trauen sich nicht, nein zu sagen. Wieder andere glauben, daß man »damit« nun gar nichts zu tun haben sollte, weil Sexualität etwas »Schmutziges« sei. Einige finden sexuelle Erfüllung nur in Schmerzen, die sie selbst erleben oder anderen zufügen. Doch es gibt auch andere Menschen, die versuchen, ein besonderes Ereignis voller Liebe und Achtung daraus zu machen.

Der Grund, warum wir eine sexuelle Vereinigung suchen, ist, daß wir uns nach einer Vereinigung mit dem göttlichen Aspekt sehnen. Unser Lichtkörper, unsere Aura, sucht nach immer mehr Licht und Helligkeit. Ein sexuelles Erlebnis, das diesen Anspruch nicht erkennt, befriedigt nicht, sondern gibt einer Reizung (manchmal einem Muskelkrampf nicht ganz unähnlich) die notwendige Entspannung. Wir finden uns nach der Vereinigung einsam wieder. Unbefriedigt. Manchmal weinend. Zwar hat die

Reizung nachgelassen, aber das Gefühl einer vereinten Befriedigung hat sich nicht eingestellt. Unser Lichtkörper sucht nach mehr Leichtigkeit. Der sexuelle Austausch kann uns darin unterstützen, wenn die Vereinigung in gegenseitiger Achtung und Liebe stattfindet. Selbst unsere sexuellen Phantasien hinterlassen in uns entweder ein Gefühl der Leichtigkeit oder der Erschöpfung, denn kein Gedanke ist ohne Wirkung. Wir können wohl nicht erwarten, daß unser Lichtkörper sich »erleichtert« fühlt, wenn wir in unserer sexuellen Phantasie an Aggressionen oder wahllose Sexualpartner denken. Es dauert dann eine Weile, bis die Aura sich von diesen Gedanken erholt und ihre neugewonnene Leichtigkeit wieder erreicht hat. Das Sichvereinen ist die Vereinigung von Licht. Und in diesem Licht liegt eine Heiligkeit, eine Liebe, eine Achtung vor sich selbst und vor dem anderen. Die Energie, die der Samen trägt, legt sich in den Körper und bleibt da. Wie diese Energie aussieht, liegt an dem, was wir zulassen.

Ich war einmal bei meiner Freundin Rita Werner zu Gast in einer Sendung, die »Sinn und Sinnliches« hieß. Dort ging es um alle möglichen Sinne. Von Intuition bis Sexualität. Ein Beitrag wurde eingespielt, in dem man zeigte, wie Sexualität im Fernsehen dargestellt wird. Ich warf einen Blick auf den Monitor und wußte sofort, daß ich das nicht näher betrachten wollte. Da waren Lederpeitschen und Bühnen mit Zuschauern. Ich schloß meine Augen. Das ist eine Information, die mich nicht interessiert. Ich hielt während dieses Beitrags meine Augen geschlossen. Am Ende öffnete ich sie wieder. Ich war selbst ein bißchen überrascht, wie schnell ich mich entschlossen hatte, wirklich nicht hinzuschauen. Da war kein bißchen Neugierde, wie das denn aussieht. Es hat mich einfach im Tiefsten meiner Seele nicht interessiert, und ich hatte auch keine Lust, irgendwelche unangenehmen Bilder in mich hineinzulassen, die dann später irgendwann einmal wiederauftauchen könnten.

Rita war überrascht. So auch der andere Gast, ein Mann. »Ich

bin der Meinung, daß man alles mal ausprobieren sollte, um es
dann beurteilen zu könenn«, begann er die Diskussion.

»Hm«, antwortete ich entspannt. »Ich empfinde das anders.
Ich kann bei dem ersten Bissen in einen Kuchen entscheiden, ob
er mir schmeckt oder nicht. Da muß ich nicht das ganze Stück
aufessen und mir damit den Magen verderben.«

Sich selbst zu lieben, selbst zu achten, den anderen zu ehren
und dann gemeinsam Lust zu empfinden ist der Weg, den ich be-
vorzuge. Mir fiel auch auf, daß ich sexuell nicht immer aktiv bin.
Wieviel Lust ist normal? Mittlerweile vertraue ich gelassen meinem eigenen Empfinden für den richtigen Zeitpunkt. Manchmal
schlafen wir mehr und manchmal weniger miteinander. Glückli-
cherweise folgen wir beide, mein Mann und ich, dem gleichen
Rhythmus.

Manche meiner Freundinnen machen da ganz andere Erfahrungen. Solano ist einmal von einer meiner Freundinnen gefragt
worden, was er denn zu den verschiedenen wechselnden Partnern ihrer Tochter sagt. Seine Antwort möchte ich Ihnen nicht
vorenthalten.

»Wenn beide Lebewesen in Ehre, Achtung und Liebe füreinander zusammenkommen, dann entsteht in dieser Intimität eine
Beziehung, in der man sich gleichberechtigt liebt und darauf
dann eine haltbare Verbindung aufbauen kann, ohne die Schwierigkeiten, die man sonst findet. Jeder Austausch von Energien
hinterläßt einen unauslöschlichen Abdruck auf unserer Seele.
Das bedeutet nicht, daß die Zahl der Partner wichtig ist. Wichtig ist, auf welcher Basis die Vereinigung stattgefunden hat. Gab
es da eine Ehre und eine Heiligkeit, die entstand? Denn das baut
die Seelen und baut das Gefühl um das Selbst auf. Wenn eine Wesenheit viele Partner hat, dann würde ich sie fragen, was sie denn
sucht. Denn normalerweise versuchen Menschen durch diesen
Partnerwechsel eine Leere zu füllen, die durch den sexuellen Akt
allein nicht gefüllt werden kann. Sie kann nur dann gefüllt wer-

den, wenn die Vereinigung auf eine andere Ebene gebracht wird, auf die, die heilig ist. Kommt eine Wesenheit zu mir, weil sie wahllos war in den Beziehungen, die sie zuließ, dann verurteile ich sie dafür nicht. Denn wenn sie zu mir kommt, dann hat sie eine Brücke überquert; dann fühlt sie irgendwo, daß ihre Suche spiritueller Natur ist. Und wenn es all diese Kontakte gebraucht hat, damit sie zu dieser Brücke kommt, dann war jeder dieser Kontakte wichtig für ihr Wesen. Beziehungen sind heilig, denn ihr seid heilig.«

Solano betont, es gehe nicht darum, daß jemand »recht« oder »unrecht« hat. Es geht nicht darum, verächtlich auf jemanden zu blicken, der andere Erfahrungen sucht. Es geht vielmehr darum, wie hoch wir unseren Ballon fliegen lassen wollen. Welchen dieser Sandsäcke wir bereit sind loszulassen. Und das ist wie immer unsere eigene Wahl und unsere eigene Verantwortung. Es hilft, den Fokus auf uns selbst zu lenken und nicht auf die anderen.

Ein in Liebe erlebter Orgasmus, ein Lied, das von Herzen kommt, ein Lachen, das uns Tränen in die Augen bringt, eine Geste, die uns tief berührt, eine Meditation, in der wir uns verlieren, das sind alles die Momente, in denen wir uns wahrlich erleben. Wir verlassen unseren Körper für diesen einen lustvollen Moment. Und wenn wir unseren Körper für längere Reisen verlassen, ist das einem Orgasmus nicht ganz unähnlich..., nachdem man sich von dem ersten Schrecken erholt hat.

19

Seelenreisen

Außerkörperliche Wahrnehmungen

Können Sie sich ein Fach in der Schule vorstellen, das »außerkörperliche Wahrnehmungen« heißt? In dem darüber berichtet wird, was passiert, wenn wir unseren Körper verlassen und Dinge erleben, die auf gar keinen Fall Träume oder Phantasien sind?

Leider gibt es solche Fächer nicht, und deshalb ist die erste Reaktion oft ein tiefes Erschrecken. Denn in der Regel sind wir nicht darüber informiert worden und auch selten darauf vorbereitet, daß es solche Erfahrungen gibt. Da reisen wir in ein, für unsere Persönlichkeit, wahrlich fremdes Land und haben die Befürchtung, daß wir vielleicht nie wieder zurückkommen. Denn wenn so eine »außerkörperliche Wahrnehmung« oder «Out of body experiences« passieren, dann funktioniert erst einmal der Körper nicht. Er läßt sich schlichtweg nicht mehr bewegen. Die Seele hat den Körper verlassen, und damit gibt es keine Kraft mehr, die diese Beine, diese Arme bewegen könnte. Doch gerade dieses Gefühl bringt uns nicht selten Panik. Denn – was nun…?

Ich hatte mein erstes Erlebnis dieser Art kurz bevor mein Vater starb. Ich war knapp dreißig Jahre alt. Ich wachte in meiner Wohnung in Hamburg auf und hatte das Gefühl, daß da jemand ist. Nein, das war kein Einbrecher, das war etwas anderes. Dies war mir klar. Ich hatte das Gefühl, daß sich diese Wesenheit in meine Richtung bewegt und mich berühren will. Nicht um mir etwas zu tun, nein, einfach nur um mich zu berühren. Mehr aus einem tiefen Wunsch heraus. Eine Entschuldigung vielleicht? Für diese Wesenheit war das extrem wichtig, aber ich fürchtete mich. Der Gedanke nach einer eventuellen Berührung versetzte mich in Panik: Ich will nicht von etwas berührt werden, das ich nicht kenne. Kannte ich diesen Geist vielleicht doch? Handelt es sich dabei um meinen Vater? Aber ich konnte es dann doch nicht glauben. Ich versuchte mich zu bewegen, aufzustehen, Licht zu machen… und konnte es nicht. Mein Körper verweigerte sich meinen Befehlen, ich war fassungslos. So etwas war mir noch nie passiert. Ich nahm all meine Willenskraft zusammen und versuchte mich zu bewegen. In Gedanken schrie ich: » Verschwinde, ich will mit dir nichts zu tun haben.«

Kurze Zeit später war ich wieder ich selbst. Ich setzte mich mit äußerster Willensanstrengung im Bett auf und rauchte hektisch und nervös eine Zigarette. Mit Absicht ließ ich die Kippe im Aschenbecher, um einen Beweis am nächsten Morgen zu haben, daß ich das nicht geträumt oder mir nur eingebildet hatte.

Irgendwann einmal schlief ich dann ein, nicht ohne die Lichter anzulassen. Die Kippe war am nächsten Morgen immer noch im Aschenbecher.

Ich glaube, einen Tag später starb mein Vater, ich erinnere mich daran nicht mehr so genau, und ich flog nach München. Mein Verhältnis zu ihm war getrübt. Er war es, der unsere Kindheit mit vielen Schatten belegt hatte und der in den letzten Jahren ein unleidlicher Patient für meine Mutter war. Er hatte mehrere Schlaganfälle hinter sich, wonach ihm unter anderem ein Bein abgenommen wurde, und er war der Schrecken aller Krankenhäuser in München. Als er starb, empfand ich das als eine Erlösung. Als Erlösung für meine Mutter. Sein Tod berührte mich nicht. Ich hatte ihn mir gewünscht. Ich wollte endlich, daß meine Mutter wieder eine Freiheit kennt, die ihre eigene ist. Meine

Mutter hatte einem Pflegeheim für meinen Vater nie zugestimmt. Sie empfand es als ihre Aufgabe – schlechte Ehe hin oder her –, für ihn zu sorgen, »bis daß Tod uns scheidet«, und das tat er dann nach vielen Jahren gnädigerweise auch. Am Tag der Beerdigung schlief ich in München. Mein früherer Freund Florian und ich hatten uns damals gerade getrennt, und er war beruflich unterwegs. Er bot mir unser früheres gemeinsames Apartment zum Übernachten an. Ich nahm dankbar an. So schlief ich in einem Zimmer, das mir vertraut war, oder ich versuchte zu schlafen, denn in der Heizung tropfte es. Immer wieder wanderten meine Gedanken zu dieser Heizung, und langsam war ich genervt, denn dieses Geräusch hielt mich vom Einschlafen ab. Ich war wach. Das wußte ich so sicher wie das Amen in der Kirche.

Ich lag auf der Seite, meiner damals typischen Stellung, und schaute aus dem Fenster. Plötzlich kam dieses Gefühl wieder auf, das ich erst kurz davor in Hamburg erlebt hatte. Ich konnte mich nicht bewegen. Zur gleichen Zeit spürte ich ein Sauggefühl in meinem Rücken, dem ich mich unbedingt entziehen wollte. So als ob ein Staubsauger meine Seele aus meinem Körper saugen will. Ich erinnere mich noch gut, wie ich, meine Seele, sich durch die Anweisung meiner Persönlichkeit versuchte, sich innen mit meinen Fingern festzukrallen. »Nur nicht loslassen«, dachte ich, »wer weiß, was du erleben wirst, wenn du hier weggehst.« Ich hatte Angst, und ich war in Panik. Irgendwann einmal konnte ich mich nicht mehr halten, und ich entschloß mich, diesem Sog zu folgen. In dem Moment ließ ich nach, und ich verließ meinen Körper durch meinen Rücken.

Einige beschreiben ihre »außerkörperlichen Wahrnehmungen« damit, daß sie eine Art Nabelschnur sehen, die ihre Seele mit dem Körper verbindet. Das sehe ich nie. Ich bin einfach nur weg.

Ich fand mich auf einmal in einem leeren Zimmer wieder, in dem ein Stuhl stand. Plötzlich mußte ich an meinen Vater denken. War das die Einsamkeit, die er fühlte? Dann kamen Gesichter auf mich zu. Eines nach dem anderen. Wie mit Clownsschminke bemalt. Lächelnd. Mit diesen Gesichtern konnte ich überhaupt nichts anfangen. Was bedeutet das nur? Ich war besorgt, daß ich anschließend Dinge erleben würde, mit denen ich nicht fertig werde, so wollte ich wieder in meinen Körper zurück. Und in der Sekunde, in der sich in mir der Wunsch formte, war ich auch wieder in meinem Bett und konnte mich bewegen.

Ich setzte mich schlagartig auf. Wieder voller Angst. Meine erste Bewegung galt dem Lichtschalter. Und auch hier schlief ich später wieder mit Festbeleuchtung ein.

Ich erzählte dieses Erlebnis meinen Schwestern, ich glaube, meiner Mutter und einigen wenigen Freundinnen. Keiner konnte mir das erklären, denn keiner hatte jemals so etwas erlebt. Ich war damals noch nicht »wach« in einem spirituellen Sinn. Ich hatte einige Bücher über das »Leben nach dem Tod« gelesen und glaubte auch, daß es Gott und wahrscheinlich Reinkarnation gibt, aber ohne mich wirklich ernsthaft damit beschäftigt zu haben.

Als ich wieder nach Hause nach Hamburg flog, hatte ich kurz danach erneut solch ein Erlebnis. Es mag wohl zwei Tage später gewesen sein, als ich wieder fühlte, wie mein Körper leblos wurde. Dieses Mal hatte ich nun wirklich die Nase voll! Wieder war da das Gefühl, als ob jemand in meinem Apartment ist, und jetzt reichte es mir.

In Gedanken schrie ich laut: »Verschwinde! Ich will mit dir nichts zu tun haben.« Ich weigerte mich, irgend etwas anderes zu denken, und mit höchster Willenskraft war es mir möglich, meinen Arm zu bewegen. Ich spürte eine Traurigkeit dieser Wesenheit. Kurz danach war das Gefühl vorbei.

Am nächsten Morgen sammelte ich all meine spirituellen Bücher zusammen und verschenkte sie. Mit der Bemerkung »Ich habe mit diesem Leben schon genug zu tun und keine Lust, mich um irgendwelche anderen Leben zu kümmern« wollte ich mit

Esoterik und was immer da noch daranhängt, nichts mehr zu tun haben. Das war mir zu unheimlich. Ich hatte das Gefühl, daß ich die »Büchse der Pandora« aufgemacht hatte, und mir wäre es am liebsten gewesen, diese Schachtel mit allem Drum und Dran einfach verschwinden zu lassen.

Und es war Ruhe. Für fünf Jahre. Mittlerweile tat ich wieder so, als ob nichts passiert wäre, und erwähnte dieses Erlebnis nur ab und zu in einem Partygespräch, wenn sich denn die Situation ergab. So nach dem Motto: »Mir ist auch mal was Komisches passiert.«

Fünf Jahre später fing ich zu meditieren an, und kurz danach begann ich ernsthaft mit meinen spirituellen Studien. Meine erste Lehrerin war eine Frau in Deutschland, die auch channelte. Ich fragte sie, was dieses Erlebnis mit dem Staubsaugereffekt, dem leeren Zimmer und den Masken bedeutete. Die Erklärung war vage. »Das hätte nicht passieren sollen. Das war ein Versehen« war ihre Antwort, und natürlich befriedigte mich das nicht. Das war ein Versehen? Tief in mir nahm ich diese Erklärung nicht an, wußte ich doch instinktiv, daß es »Versehen« in der Welt Gottes nicht gibt.

Es muß irgendwann im sechsten Jahr nach meinem ersten außerkörperlichen Erlebnis gewesen sein, als dieses vertraute Gefühl wieder hochkam. Ich lag in unserem Schlafzimmer, mein Mann war auf Reisen, und ich befand mich plötzlich woanders. Da war eine Wohnung, in der ich mich plötzlich wiederfand. Irgendwie war sie mir vertraut. Sie war eher männlich eingerichtet. Viel Braun, viel Leder, und da gab es ein großes Fenster, das zu einem Balkon führte. Dieses Mal war ich eher neugierig als ängstlich. Ich wollte wissen, wo ich war und wie ich aussah. Ich bewegte mich zum Fenster, um hinauszuschauen. Vielleicht kommt mir die Gegend bekannt vor?

Ich sah noch zwei andere Hochhäuser, die sich um einen kleinen See gruppiert haben. Keine Erinnerung kam hoch. Irgendwie

europäisch oder nordamerikanisch. Dann drehte ich mich zur
Wohnung zurück und suchte einen Spiegel »Wie sehe ich aus?«
wollte ich wissen. Ich fand aber keinen.

Kurz kam der Gedanke hoch und mit ihm ein Gefühl, das
wohl einem Einbrecher vertraut sein muß: »Was passiert, wenn
da jemand die Tür aufmacht? Bin ich sichtbar, und wenn ja, was
mache ich dann?« Ich fand keinen Spiegel, aber da lag ein Kissen auf der Couch. »Bin ich in der Lage, das aufzuheben?« fragte
ich mich. Ich streckte meine Hand aus, die ich sehen konnte, und
versuchte, dieses Kissen zu berühren. Meine Fingerspitzen gingen durch das Material durch, als wenn es Wasser wäre. Aber ich
spürte es nicht und hatte auch keine Möglichkeit, das Kissen zu
bewegen.

Dann fand ich mich plötzlich in einem kuscheligen Haus mit
Garten wieder. Das hier war mir vertrauter. Ich fühlte mich wohl
hier und hatte auch keine Angst, daß da jemand kommen würde.
Ich schaute mich neugierig im Haus um und betrachtete den
Schnickschnack, der mir auch jetzt noch gefallen würde, und
ging kurz danach in den Garten. Eine Sekunde später war ich
wieder in meinem Bett.

Wo war ich? Und wieso war ich dort? Was für einen Grund
hatte dieses Erlebnis, und wie entstand es? Mittlerweile hatte ich
einige spirituelle Freunde, die mir das mit einem »Out-of-body-
Erlebnis« erklärten. Auf das Warum fand ich aber keine Antwort.

Ein paar Monate später, ich lag wieder im Bett, hörte ich plötzlich Pferdegetrampel. Und obwohl ich meinen Körper nicht wie
die anderen Male verließ, konnte ich mich trotzdem nicht bewegen. Das Geräusch dieser rennenden Pferde kam immer näher.
Ich hatte das Gefühl, als ob ich irgendwie auf einem Boden liege
(ohne irgend etwas zu sehen) und daß die Pferde über mich tram-
peln und mich dabei töten würden. Doch das war mehr eine Be-
obachtung, denn obwohl ich mir Sorgen machte, ob das auch
eintreten würde, tauchte keinerlei Gefühl der Panik auf. Ich

hörte dieses Geräusch sehr laut, war aber trotzdem in der Lage, meine Fokussierung wieder auf meinen Körper zu richten und »zurückzukommen«.

All diese Erlebnisse hatten bis dahin eines gemeinsam: Ich schien sie nicht zu kontrollieren. Die kamen irgendwie und verschwanden wieder irgendwie.

Das nächste Mal, ein paar Monate später, verließ ich zum ersten Mal während einer meiner Meditationen den Körper. Vorher passierten diese Reisen immer kurz vor dem Einschlafen. Ich fand mich hinter einer Haustür wieder, gegen die ich mich mit aller Kraft stemmte. Von draußen wollte irgend etwas hinein, und ich hatte eine panische Angst davor. Was immer es war, ich wollte es nicht hereinlassen. Ich versuchte mit aller Kraft, diese Tür zuzuhalten, aber ich merkte, daß der Druck langsam stärker wurde. »Was mache ich nur?« fragte ich mich.

Damals hatte ich gerade zu Zarathustra gefunden und folgte seinen Ratschlägen und Lehren. Plötzlich kam der Gedanke mir: »Ich habe Freunde mit Beziehungen!« Zarathustra kennt sich auf dieser Ebene viel besser aus als ich. Ich rief Zarathustra (den ich weder fühlte noch sah) und forderte ihn auf: »Du kümmerst dich darum.« Damit ließ ich diese Tür los, drehte mich um und ging weg. Ich schaute mich nicht um. Was hinter mir passierte, interessierte mich nicht mehr. Da war Stille. Mein Vertrauen in Zarathustra gab mir die Kraft, die mir damals noch fehlte. Und eine Lektion in Vertrauen, die ich nie vergessen sollte. Ich muß nicht alles allein erledigen. Da gibt es Hilfe, Unterstützung, ich muß nur darum bitten.

Dieses Vertrauen, in Aktion gesetzt, gab mir einen »Freiflugschein«. Ich wußte jetzt: Egal, wo ich bin, da ist auch Zarathustra. Da ist auch Jesus. Da sind auch meine Engel. Und die sitzen nicht uninteressiert im Zuschauerraum und warten, was mir passiert. Dieses Erlebnis ist dazu da, damit ich etwas erfahren kann. Nicht immer gleich klar. Aber trotzdem wichtig. Und wenn ich Hilfe brauche, wenn ich nicht weiterweiß, dann brauche ich nur um Unterstützung zu rufen. Und sie kommt sofort. *Sofort!*

Dieses Erlebnis eröffnete mir auch eine Ahnung von der Möglichkeit, daß es da irgendwie Wege geben muß, um in diesen Reisen aktiv beteiligt zu sein. Ich bin ich, auch dort ... wo immer das sein mag. Und in dem Ichsein habe ich eine Wahl. Ich war schon neugierig auf das nächste Mal. Ich suchte diese Erlebnisse und bat täglich darum.

Doch nichts passierte. Für drei Jahre.

Es war Sommer, ich erinnere mich noch daran, wie heiß es war. Ich lag auf der Couch in der Küche. Ich war plötzlich unendlich müde geworden und entschloß mich zu einem außerplanmäßigen Mittagsschlaf. Ich schloß meine Augen und fand mich sofort auf einem Berg wieder. Ich radelte diesen Berg hinunter und machte an einem Aussichtspunkt halt. In mir war diese Angst, die mich früher bei derartigen Reisen immer begleitete, vollkommen verschwunden. Jetzt war ich nur noch neugierig und aufgeregt. »Was wird heute passieren?« fragte ich mich.

Ich betrachtete dieses Tal und war von seiner Schönheit tief berührt. Plötzlich fühlte ich, wie hinter mir jemand stand. Ich drehte mich um. Da war ein Mann, dessen Gesicht ich nicht erkennen konnte, da hinter ihm die Sonne so stark schien, daß sie mich blendete und sein Gesicht in einen tiefen Schatten legte.

»Wenn ich gewußt hätte, wie schön es hier ist, wäre ich schon früher gekommen«, hörte ich ihn sagen.

Schade, daß ich ihn nicht erkennen konnte. Aber plötzlich kam mir ein Gedanke. Was ist, wenn ich ihm eine Frage stelle? Wird er mich hören?

»Wer bist du? Komm näher, damit ich dein Gesicht erkennen kann«, forderte ich ihn in Gedanken auf. Durch mein Erlebnis mit der Tür wurde mir klar, daß ich »Schritte« unternehmen kann und nicht wie ein verschrecktes Kaninchen einfach warten muß, was passiert. Sein Gesicht kam näher, und ich erkannte meinen Cousin Peter wieder. Ich war überrascht. Er lebte mir seiner neuen Frau in Polen, und unsere Familien haben lange nichts mehr voneinander gehört. Peter? Warum er?

Ich fand mich auf der Couch wieder. Wieder mal war ich zurückgekommen und wußte nicht, weswegen. Diese Erlebnisse sind so klar und so anders als Meditationsreisen. In meinen Meditationen, wenn ich zum Beispiel Zarathustra am Feuer treffe, ist immer zuerst meine Phantasie da, die diese erste Situation kreiert. Ich stelle mir das Feuer vor, und dann erlaube ich meinem inneren Auge hochzuschauen, dann fühle und sehe ich Zarathustra gegenübersitzen. Meine Phantasie hilft mir, dieses Erlebnis zu beginnen. Ich erlaube mir etwas vorzustellen. Dann erst übernimmt der Spirit. Was Zarathustra sagt, kommt dann automatisch, ohne daß ich dazu meine Phantasie benutzen muß.

Mir ist auch immer klar, daß ich meditiere. Ich bin nicht ganz weg. Ich weiß, daß ich da noch irgendwo anders sitze oder liege.

Dieses Gefühl habe ich bei den außerkörperlichen Wahrnehmungen überhaupt nicht mehr. Ich habe kein Verhältnis zu meinem Körper – als wenn ich ihn verloren hätte, als wenn er mich nicht einmal mehr interessiert. So nach dem Motto: »Da war ein Körper?« Ich fühle mich als Ganzes auf jeder dieser Reisen. Da ist kein Gefühl, daß ich irgendwo irgend etwas zu Hause zurückgelassen habe. Ich habe das Gefühl, als ob ich »ganz« in diesem Erlebnis bin.

Erst im nachhinein fällt mir auf, daß ich alle diese Erlebnisse hingenommen habe und nicht ein einziges Mal Zarathustra danach fragte. Bei all den Gelegenheiten, die ich hatte, ihm Fragen zu stellen, waren diese nie »wichtig« genug. Da war immer etwas anderes, das ich dringender wissen wollte. Heute weiß ich, daß ich darüber noch nichts erfahren sollte. Daß wir erst dann die Fragen stellen, wenn wir bereit für die Antworten sind, und ich war noch nicht bereit für irgendeine Antwort. Aber bald.

Ein Jahr später war ich mit meinem Mann in Italien. Wir fuhren mit dem Auto durch die Toskana. Wir wollten diesen Teil des Landes ein bißchen besser kennenlernen und verbrachten jede Nacht in einem anderen Hotel. Eine dieser Nächte verbrachten wir im Haus meiner amerikanischen Verlegerin, denn wir hatten uns mittlerweile angefreundet, und Petra und ihr Mann Richard boten uns ihr Haus zum Übernachten an. Es liegt oben auf einem Berg, vollkommen ruhig und abgelegen. Dicke Mauern erzählen Geschichten, die lange her sind, die Wildschweine kommen auch gern abends zu Besuch, und mein Mann und ich machten es uns gemütlich. Nachdem wir den Abend auf der Terrasse bei Kerzenschein mit Wein und Käse für ihn und Tee und Käse für mich verbracht hatten, legten wir uns schlafen. Mein Mann schlief sofort ein, ich meditierte noch. Ich schloß meine Augen, summte leise vor mich hin und merkte, wie schnell mein Körper sich umstellte. Doch irgend etwas war anders.

Ich fühlte, daß mein Körper sich mit mir nach oben bewegte, bis er gut einen halben Meter über meinem Bett war. Meine Augen waren geschlossen, so überprüfte ich den »Wahrheitsgehalt« dieses Gefühls nicht. Das Gefühl war neu. Normalerweise blieb mein Körper immer zurück. Ich lag immer noch waagerecht und »flog« mit den Füßen voraus in den Gang, der die Schlafzimmer miteinander verband. Ich bewegte mich durch die Küche und dort, durch ein geschlossenes Fenster, nach außen. Nachdem ich nur ein paar Sekunden draußen war, sah ich wieder diese buntbemalten Gesichter, die mir damals, in meiner Münchner Wohnung nach dem Tod meines Vaters, einen tiefen Schrecken eingejagt hatten. Dieses Mal war ich nicht verschreckt, sondern erstaunt. »Ihr schon wieder?« Sofort fand ich mich in meinem Bett neben Richard wieder.

Aber offensichtlich war ich jetzt soweit, mehr darüber zu erfahren. Ich hatte einen Termin mit Solano und auch das tiefe Bedürfnis, Genaueres über diese bemalten Gesichter in Erfahrung zu bringen. Solano kam gleich zur Sache: »Es ist so von deiner

Seele geplant gewesen, daß du erst jetzt alles darüber erfahren
willst. Und so soll es sein, denn jetzt wirst du es verstehen.«
Er machte mich neugierig.

»Du hast dich für dieses Leben entschlossen, um zu dienen.
Und dein Dienst ist eine Wahl, die du aus Liebe getroffen hast.
Wenn du deinen Körper verläßt und auf diese Reisen gehst, dann
sind die bemalten Gesichter deine Grenzwächter. Sie bewegen
sich in der Peripherie deines Feldes. Sie haben die Aufgabe, dich
daran zu erinnern, wieder in deinen Körper zurückzukehren. Sie
sind nicht dazu da, um dich zu beschützen, denn für das, was
außerhalb deines Feldes liegt, brauchst du keinen Schutz. Es
ist deine Heimat, die außerhalb deines menschlichen Feldes
liegt.«
Ich schluckte und fühlte Tränen in den Augen.

»Um diese bemalten Gesichter, diese Grenzwächter, hat deine
Seele deinen Geist gebeten. Du wolltest verhindern, daß du deinen Dienst hier abbrichst. Daß du vergißt, warum du hier auf Erden bist. Wenn du diese Reise nach Hause antrittst, ohne dir über
deinen Dienst bewußt zu sein, dann würdest du nicht mehr zurückkommen. Die Versuchung wäre zu groß. Du würdest diesen
Körper für immer verlassen, denn du würdest ihm in einer kurzen Sekunde deine Lebenskraft entziehen. Um das zu verhindern,
wolltest du diese Grenzwächter.«
Selbst wenn ich es schreibe, muß ich weinen. Wie damals, als
ich vor Solano saß.

»Aber ich will hier nicht weg. Nicht mehr. Ich liebe mein
Leben jetzt«, antwortete ich. Ein paar Jahren zuvor wäre ich mir
mit dieser Antwort nicht so sicher gewesen. Denn ich war in meinem Leben nicht glücklich. Das hat übrigens nichts mit meiner
Tochter und meinem Mann zu tun. Es war, als ob ich immer
schon wußte, daß es da noch etwas anderes gibt. Es ging um die
Sehnsucht meiner Seele, die ich in den letzten Jahren jedoch mehr
und mehr erfüllt habe. Jetzt tue ich das, was ich tun will. Jetzt
sehe ich in mir diese Lebenslust, die mir damals bei Jacqueline so

aufgefallen ist. Ich finde in mir diese Ruhe, die ich damals bei ihr von weitem bewundert habe. Ich spüre jetzt in mir diese Kraft, die ich damals an ihr zum ersten Mal gefühlt habe.

Ich will hier nicht weg. Da bin ich mir sicher. Denn jetzt endlich bin ich gern hier.

Solano nickte.

»Ist es mir möglich, diese Grenzwächter zu umgehen? Werde ich nur zu Besuch nach Hause gehen können?« wollte ich wissen.

Solano nickte noch mal. »Ja, aber du weißt noch nicht, wie man sich kontrolliert in diesem Raum bewegt. Deshalb ist das jetzt noch nicht möglich.«

»Wie lerne ich, mich kontrolliert zu bewegen?« wollte ich wissen.

»Dann, wenn du während so eines Erlebnisses in der Lage bist, deinen Grenzwächtern zu erklären, daß du zurückkommen willst. Sage ihnen, daß du weißt, warum sie hier sind, und daß du dich bei ihnen bedankst. Dann lassen sie dich durch, denn du hast diese Kontrolle damit erreicht. Das ist dann dein Plan und dein Wunsch. Denn dein Spirit hat, zusammen mit deiner Seele und deiner Persönlichkeit, diese Entscheidung getroffen.«

»Dann kontrolliere ich meine Reise?«

»Dann kontrollierst du deine Reise.«

»Kann ich denn auch sagen, wo ich hinwill?« wollte ich wissen. »Im Moment habe ich immer so ein Gefühl, wie wenn ich in einen Bus einsteige. Ich weiß nie, wo ich lande. Kann ich denn diesen Bus lenken?«

Solano nickte noch mal: »Deine Intentionen bringen den Bus, wie du es ausdrückst, in die gewünschte Richtung. Du kannst es sogar nach Breiten- und Längengrad formulieren. Wenn du deinen Grenzwächtern deine Intention der Rückkehr vermittelst, daß du auf jeden Fall wieder zurück in deinen Körper willst, dann kannst du dir anschließend jedes Reiseziel aussuchen.«

»Auch flüssiges Blau?«

»Auch flüssiges Blau!«
Ich bedankte mich bei Solano. Hatte ich doch viel, worüber
ich nachdenken mußte. Es gilt, in allen Momenten unseres Lebens bewußt zu sein. Und in diesem Bewußtsein liegt unsere
Kraft. Unsere Möglichkeit, Situationen zu lenken, sie zu verändern. Wenn dieses Bewußtsein nicht da ist, wenn man sich nicht
über die Kraft des eigenen Geistes bewußt ist, dann lenkt man
die Ereignisse in seinem Leben nicht. Sondern man läßt sich in
Situationen treiben. Das ist in diesem Leben so wie in den außerkörperlichen Wahrnehmungen.

Es gab einen Moment, während ich dieses Gespräch mit Solano
hier aufschrieb, in dem ich zögerte. »Soll ich das wirklich mitteilen?« Der Grund meines Zögerns: Ich möchte auf gar keinen
Fall, daß Sie zu vergleichen anfangen. Jeder von uns hat eine bestimmte Aufgabe übernommen, und das ist meine. Bitte erinnern
Sie sich, daß jeder von uns ein Teil Gottes ist und jeder von uns
seine eigenen Erfahrungen macht, seine eigenen Aufgaben hat,
die durch unseren Geist, unsere Seele und unsere Persönlichkeit
entschieden wurden. Keiner von uns ist besser oder schlechter.
Unsere Basis ist dieselbe. Unser Geist kommt aus dem gleichen
Meer. Jede Aufgabe ist gleich wichtig!
Auf der anderen Seite fühle ich aber, daß ich auch nichts verheimlichen möchte. Ich habe längst nicht alle meine Fragen beantwortet. Immer kommen mit den neuen Antworten wieder
neue Fragen. Ich bin in vielen Fällen in meinen eigenen Wehen,
backe noch meinen eigenen Kuchen und kenne noch nicht die
nächste Zutat. Ich werde sie herausfinden, das ist sicher, so wie
Sie herausfinden werden, was in Ihrem Leben wichtig ist. Was
wichtig ist, ist der Fokus, die Konzentration und der Wille, der
dahintersteht, und die Sehnsucht, die uns dabei hilft. Es gibt nur
weniges, was ich nicht teile. Oder wahrer: was ich *noch* nicht
teile. Da ist eine gewisse Vorsicht, die ich fühle, da ich auf gar
keinen Fall eine Anhängerschaft suche. Ich möchte den eigenen

persönlichen Weg hervorheben. Die Wichtigkeit, daß man seiner eigenen Intuition vertraut. Ich freue mich, wenn ich inspirieren darf. Vielleicht die eine oder andere Anregung geben kann. Aber führen will ich nicht, und führen kann ich nicht. Und ich übernehme, außer für mein Leben, auch für niemanden die Verantwortung.

Ich erzähle meine Erlebnisse, besonders die in diesem Kapitel, damit Sie, wenn Sie solche Erfahrungen haben, wissen, daß Sie nicht die einzige oder der einzige sind. Oder wenn Sie sie schon gehabt haben, vielleicht ein Verständnis und sogar eine Freude dafür entwickeln. Wie ich damals nicht über meine Erfahrungen sprach, schweigen die meisten von uns über solche Erlebnisse. Wir machen uns Sorgen, daß da vielleicht etwas nicht mit uns stimmt. Oder wir tun so, als ob nichts passiert wäre. Vielleicht waren wir einfach nur erschöpft und haben uns diese Dinge eingebildet? Wie meine Schwiegermutter, die sich plötzlich im Gang ihres Krankenhauses wiederfand, obwohl ihr Körper im Bett an alle möglichen Gerätschaften angeschlossen war. Wir verlassen ab und zu unseren Körper. Es ist ein Schritt, den wir, so glaube ich (aber ich »weiß« es nicht), alle irgendwann einmal gehen. Erinnern Sie sich daran, daß unsere Seele auf diese Reisen vorbereitet ist. Es ist unsere Persönlichkeit, die überrascht wird.

Sollten Sie solche Erlebnisse nicht haben wollen, dann gilt auch hier, daß Ihr Bewußtsein jeden Beginn solcher Erlebnisse abbrechen kann. Ein »Ich will sofort wieder in meinen Körper zurück« oder ein »Ich bin ein Kind Gottes und will dieses Erlebnis nicht« bringt Sie sofort wieder zurück in diese Realität. Mein Vorschlag? Es ist zu schön, um es abzubrechen … Aber entscheiden Sie selbst.

Wir haben diese Erlebnisse, um uns daran zu erinnern, daß es mehr als dieses Erdenleben gibt. Und natürlich hoffte ich, daß ich solche Erlebnisse noch öfters haben werde. Ich konnte das nächste Mal kaum erwarten. Werde ich in der Lage sein, bewußt zu reagieren?

Ein paar Monate danach lag ich in meinem Bett und hatte die Decke meiner Seelenschwestern über mir. Kurz danach kam dieses sehr vertraute Gefühl wieder hoch. Die Seele löste sich vom Körper, und ich wußte, daß ich einen Augenblick später woanders sein würde. Ich dachte an meinen Wunsch, die Reise zu bestimmen. Wo um Himmels willen will ich hin? Und schon war ich wieder zurück in meinem Bett unter meiner Decke. Wie ein Pilot, der es sich im letzten Moment doch noch mal überlegt hat und nicht losflog. »Warum denn das?« wunderte ich mich.

Zwei Tage später lag ich wieder im Bett, und es war wieder das gleiche Gefühl da. Dieses Mal wartete ich, unglaublich freudig, bis die Trennung zwischen dem Körper und meiner Seele erfolgte. Ein paar Momente später verließ ich meinen Körper und fand auch schon die bemalten Gesichter.

Wie aus weiter Ferne erinnerte ich mich daran, daß ich denen doch was sagen wollte. Was war das noch mal? Ich versuchte, mich zu konzentrieren, bewußt zu sein, und das war gar nicht so einfach. Alle Sinne waren in Aufnahmebereitschaft, ich trieb irgendwohin, sensationelle Gefühle durchfluteten mich. Das ist so, als wenn Sie sich während eines Orgasmus an Ihre Einkaufsliste erinnern wollten ... Sie sind mit etwas anderem beschäftigt ...

Was wollte ich den gemalten Gesichtern sagen? Das war wichtig, das wußte ich. Langsam war ich in der Lage, mich zu konzentrieren, ich fühlte, wie sich mein Bewußtsein stärkte. Hier waren die bemalten Gesichter, und wie aus einem Nebel lichtete sich der Wunsch, der da in mir war. Jetzt war mir auch klar, was ich ihnen sagen wollte. »Ich komme zurück«, erklärte ich bestimmt, »laßt mich durch. Ich will zum flüssigen Blau. Ich komme zurück!«

Die bemalten Gesichter verschwanden sofort, und alles war schwarz um mich herum. Leere. Stille. Einsamkeit. Ich wartete ruhig. Da! Ganz links oben war eine kleine blaue Öffnung, und ich bewegte mich bewußt dorthin. Diese Öffnung wurde immer größer und mit ihr ein Gefühl der freudigen Erwartung, die immer intensiver wurde, je näher ich dieser Öffnung kam. Dieses Gefühl nahm überhand. Es nahm so überhand, daß ich mich daran, was anschließend passierte, nicht mehr erinnern kann. Ich weiß nur noch, wie ich es zuließ. Ich war zu Hause. Endlich. So versank ich...

Ich wachte am nächsten Morgen auf. Ich erinnerte mich noch klar an dieses Erlebnis und die Freude, die ich gefühlt hatte. Ja, das ist wahrlich einem Orgasmus nicht unähnlich. Nur daß sich diese Emotion ohne den Körper abspielt und wirklich alles umgibt.

Aber jetzt war ich wieder hier. Und das war kein Abstieg in einen weniger interessanten Zustand. Ich habe mir hier ein Leben aufgebaut, das mir jetzt die Freude bringt, die ich mir zehn Jahre zuvor nicht in meinen kühnsten Träumen hatte vorstellen können.

Ich wünschte mir mehr solcher Ereignisse. Aber die gibt es einfach nur selten. Sozusagen als Nachtisch oder als ganz besondere Vorspeise. Warum? Aus einem ganz einfachen Grund: Wir sind hier mit diesem Leben auf unserer eigenen »Party«. Diese Party haben wir uns ausgesucht. Wir haben uns darauf vorbereitet, wir wollen sie erleben und irgendwann einmal lernen, sie zu genießen. Stellen wir uns also vor, daß wir plötzlich daran denken, eine andere Party zu besuchen. Was passiert dann? Diese, auf der wir jetzt sind, wird uns langweilig. Denn mit unseren Gedanken verlassen wir eine Party, um zu einer anderen zu gehen. Deshalb sind diese Erlebnisse nur dazu da, uns daran zu erinnern, daß diese Party – dieses Leben – nicht die einzige im Universum ist. Es ist nicht der Sinn unseres Lebens hier, so viele außerkörperliche Erfahrungen wie möglich zu haben. Wir sind hier, um bewußt zu leben, also »unsere Party zu genießen«. Wenn uns aber die außerkörperlichen Erfahrungen wichtiger sind, dann verpassen wir unser Leben.

Ich bin gern hier. Das ist mein Leben. Die Wahl, die ich als Geist getroffen habe. Ich erlebe jetzt in mir diese Lebensfreude

und diese Lebenslust, und das verdanke ich in erster Linie Gott.
Durch diese göttliche Inspiration, die ich bewußt gesucht habe,
wurde mein Leben verändert. Ich bin meinen Lehrern unendlich
dankbar. Ohne Zarathustra, Jesus, Solano, meine Engel und all
die »menschlichen Lehrer« wie Jacqueline und meine Schwestern
kann ich mir diesen Weg nicht vorstellen. Mit diesem Gefühl der
Dankbarkeit kommt auch eine Gnade. Die Gnade, zurückgeben
zu dürfen. Die Gnade, im Dienst zu stehen. Die Gnade, in Demut
auf die Knie zu sinken.

20

Dienst

Die Lust am Geben

Im Dienst zu stehen hörte sich für mich früher immer nach Auf-
opferung an. Das war das, was meine Mutter tat. Über zehn
Jahre einen Mann zu pflegen, der undankbar war. Über zehn
Jahre nicht reisen zu können, nicht weggehen zu können, immer
für jemand anderen dasein zu müssen. Immer die eigenen Wünsche hintanstellen, die eigenen Sehnsüchte zurücklassen. Dienst
war etwas für die ganz Selbstlosen, die ihr Leben und ihre Zeit
jemand anderem gaben. Und ich hatte kaum Zeit für mich selbst,
geschweige denn für jemand anderen.

Ich benutzte ein anderes Wort, das erklärte, was ich tat: Ich
war hilfsbereit. War jemand in Not, auf mich konnte man sich
verlassen. Eine Freundin zog um und brauchte Hilfe? Ich war da.
Nicht ganz freiwillig zwar, aber immerhin bereit. Ich nahm das
als meine Pflicht als Freundin hin, aber Spaß machte mir das
»natürlich« nicht. Selbstverständlich erwartete ich auch, daß mir
ebenfalls geholfen wurde. Es war mehr ein »Geschäft« als reine
Nächstenliebe. Und ich benutzte auch sehr oft mehr oder weniger Druck, wenn ich etwas dringend brauchte: »Komm halt mit,
ich bin letzte Woche auch zu deinem komischen Empfang gegangen...«

Ich war großzügig, was Geschenke betraf. Aber auch hier nicht

ganz uneigennützig. Gab es mir doch ein Gefühl eines Wertes:
»Schau mal, wie nett ich bin.« Und sogar ein »Schau mal, wie
großzügig ich bin«. Ich fühlte mich gut dabei. Gab ich doch etwas
her, auf das ich leicht verzichten konnte, und bekam dafür etwas,
was ich wirklich brauchte: Lob und Dankbarkeit. Ich dachte damals, daß der Lohn des Dienstes die Dankbarkeit ist. Ist es nicht
das mindeste, was man für so einen Dienst verlangen kann? Ewige
Dankbarkeit? Oder wenigstens doch lange Dankbarkeit?

Ich war das, was man eine gute Freundin nennt. Ich war verfügbar, zuverlässig, verständnisvoll und bereit für die lustigsten
und ungewöhnlichsten Sachen. Und obwohl es nach außen hin
aussah, als ob ich hilfsbereit war, hatte es nach innen doch immer
einen komischen Nachgeschmack: Mir war es »eigentlich« lieber, wenn man mich nicht um Hilfe bitten würde.

Der Dialog »Kannst du mich bitte zum Flughafen fahren?« –
»Klar, kein Problem« wurde mit einem innerlichen Stöhnen begleitet: »Schon wieder«, dachte ich mir eigentlich.

Ein »Kannst du mir bitte das von dort abholen?« wurde erledigt, aber auch hier dachte ich wieder: »Warum immer ich?«

Da nagte bald etwas in mir. Ein Gefühl, daß ich ausgenutzt
werde. Ein Gefühl, daß mir da jemand wieder etwas auflädt
oder/und mir einfach meine Zeit wegnimmt. Ich konnte schwer
mit den Problemen anderer Leute umgehen. Sie schienen sich auf
mich zu laden wie ein schwerer Rucksack auf einen Wanderer.
Ich schleppte die Probleme der anderen mit mir herum. Machte
sie zu meinen eigenen und wußte nicht, wohin damit. Hatte ich
damals ja noch kein Verhältnis zu Gott und auch noch nicht das
Bewußtsein dafür, daß jeder seine eigenen Herausforderungen
hat. Wir können zwar inspirieren, aber nicht übernehmen. Denn
es wird für den anderen dadurch nicht leichter. Daß ich mit den
Problemen anderer nicht umzugehen wußte, war mir schon als
Teenager klar.

Ich wollte seinerzeit Sozialpädagogin werden. Das war ein Beruf, der mich sehr beeindruckte. Damals, in meiner Zeit in der

katholischen Jugend, gab es einfach wunderbare Jugendpfleger oder Sozialpädagogen, die ein Herz zu haben schienen. Die bewunderte ich. So wollte ich auch werden. Aber ich entschied mich bald dagegen, denn ich wußte, daß ich mit den Problemen der anderen eigentlich nicht fertig werden würde. Ich würde sie mit nach Hause nehmen. Mich selbst beladen. Und davor scheute ich mich. Das müssen ganz besonders gestrickte Menschen sein, die von den Problemen der anderen hören und sehen, ohne davon deprimiert zu werden. Jede Traurigkeit der anderen beschwerte mich, ließ meine Gedanken nicht mehr los. Ich nahm sie als meine Probleme auf, und das konnte ich mir einfach auf Dauer nicht leisten. Also fing ich an wegzuschauen.

Was mich allerdings nicht davon abhielt, die Lage der Welt zu beurteilen. Die war natürlich katastrophal! Meine Freunde und ich diskutierten das in einer Regelmäßigkeit, und ich konnte über soviel Schrecklichkeit nur den Kopf schütteln. Das war eigentlich auch das einzige, was ich tat. Ich beschwerte mich und schüttelte den Kopf. Ich fühlte mich deprimiert und schlecht danach, hatte aber keine Ahnung, was ich da machen konnte. Schließlich ist »man« ja hilflos. Die anderen sind ja an allem schuld. Dieses Thema kommt immer wieder... Erinnern Sie sich?

Als ich mein Bewußtsein erweiterte, tat ich noch weniger. Ich war erst einmal mit mir beschäftigt. Ich mußte mir selbst darüber im klaren sein, wer ich bin und was ich werden wollte. Und dazu brauchte es meine Aufmerksamkeit und meine Zeit. Ich hörte auf, Nachrichten zu sehen, Zeitungen zu lesen, zu klatschen und tratschen und die Welt zu verurteilen.

Damit verschwanden rund neunzig Prozent meiner Gesprächsthemen. Mir fiel da erst auf, wie oft ich eigentlich über andere Leute und über ihre Situation rede. Viel zu oft. »Ruth hat wieder geheiratet? Wie ist denn das passiert?« – »Kurt und Elisabeth haben immer noch keinen Nachwuchs? Ich höre, es kriselt in der Ehe. Stimmt das?« – »Deine Kollegin ist neuerdings immer so abwesend. Weißt du, warum?«

Ich habe Gerüchten zugehört und sie auch noch großzügig verbreitet. Ich war immer neugierig auf das Leben der anderen. Allerdings hatte ich auch da schon irgendeinen merkwürdigen Abwehrmechanismus, der mich sehr störte: Ich bekam in der Regel nicht viel mit.

Ich war immer die letzte, die von einer Affäre erfuhr. Immer die letzte, die den neuesten Klatsch im Büro hörte, immer die letzte, die die Hintergründe einer Entscheidung mitbekam. Und das störte mich. Ich wollte die erste sein. Ich faßte es doch als einen Mangel an Beliebtheit auf. Denn wenn ich beliebter wäre, dann würden mir die anderen alle diese Gerüchte sehr viel schneller zutragen. So mußte ich immer ganz besonders aufpassen, wenn ich mit ihnen zusammenkam, damit ich ja diese interessanten Neuigkeiten auch erfuhr. Weil – sonst kann ich ja überhaupt nicht mitreden.

Als uns von Zarathustra aufgetragen wurde, unsere Gedanken zu kontrollieren, merkte ich, wie oft meine Gedanken um diese Gerüchte kreisten. Das war wie ein Film, den ich nur schwer abstellen konnte. Die Klatschspalten waren eine meiner Lieblingsseiten in jeder Zeitung. Wer was über wen zu sagen hatte, interessierte mich brennend. »Bist du bereit, daß jeder alle deine Gedanken lesen kann, wenn du einen Raum betrittst?« war eine Frage von Zarathustra, die ich nur mit einem erschrockenen »Nein« beantworten konnte. »Um Himmels willen, ich könnte mich ja nirgends mehr blicken lassen!«

Als mir klar wurde, daß das Bewußtsein des Selbst nur durch eine Kontrolle der Gedanken erfolgen konnte, versuchte ich, diverse Gesprächsthemen zu vermeiden. Was am Anfang nicht ganz einfach war. Schließlich funktionierten meine Umgebung und ich ja nach einem bestimmten System. Wir tanzten einen bestimmten Tanz. Und ich mußte ihn abbrechen. Nicht nur durch aktives Weghören. Nein, auch durch aktives Abbrechen.

»Ich möchte eigentlich nicht über Birgit reden, aber wie geht es dir denn?« kam mir nur sehr schwer über die Zunge. Aber irgendwann mal dann doch. Gesprächsthemen auf Parties, die in der Regel die Schlechtigkeit der Welt oder das furchtbare Wetter zum Inhalt haben, waren da schon schwieriger zu vermeiden. Sehr oft versuchte ich, das Thema zu ändern, um dann irgendwann doch verzweifelt auf der Toilette zu verschwinden.

Ich lernte durch meine spirituellen Lehrer, daß die Welt, so wie sie jetzt aussieht, von uns allen erschaffen wird. Und ich hatte gerade erst gelernt und war gerade mal bereit, die Verantwortung für mich selbst zu übernehmen, und fühlte mich plötzlich so, als ob ich auch noch die Verantwortung für die Welt auf dem Buckel hätte.

»Und was machst du, daß die Welt besser wird?« wurde ich gefragt. Ich weiß nicht mehr, von wem, ich weiß nicht mal mehr, wann. Aber die Frage, die blieb mir. Ja, was mache ich, daß die Welt besser wird? Nicht viel, mußte ich zugeben. Und fühlte mich auch ein bißchen überfordert. Haben wir dafür nicht Politiker? Gibt es dafür nicht wohltätige Vereine? Zahlen wir dafür nicht Steuern? Kann das nicht jemand anders machen? Ich bin doch »nur« die Sabrina.

Der Weltfrieden wird nicht durch Gesetze erreicht werden. Er wird dadurch erreicht werden, daß wir mit unseren Nachbarn friedlich leben. Und das kann nur entstehen, wenn wir in uns selbst in Frieden leben, die Meinung anderer mit Interesse und Verständnis akzeptieren und nicht sofort versuchen wollen, jedes Argument zu gewinnen. Denn der Frieden kommt von innen und nicht von außen. Wenn jeder von uns für sich selbst die Verantwortung übernimmt, dann werden wir eine Nation von bewußten Menschen sein und irgendwann einmal Nationen davon haben.

Die Welt ist unser Wohnzimmer. Und wenn da Dreck herumliegt, wenn es stinkt, wenn es unaufgeräumt ist, dann liegt es in unserer Verantwortung, da aufzuräumen.

»Auch das noch«, dachte ich mir damals. »Ich habe doch schon genug zu tun.«

In unserer modernen informationsüberfluteten Welt werden uns die Vorteile und die Nachteile unserer Entwicklung täglich vor Augen geführt. Es liegt an uns, die Vorteile zu genießen und die Nachteile aus der Welt zu schaffen. Zarathustra sagte einmal: »Wenn du das Gefühl hast, da müßte jemand etwas dagegen tun, dann bist du es, der etwas unternehmen soll.«

In der Aktion liegt die Kraft, die Lust zur Veränderung, die Freude, sich für etwas einzusetzen, was vielen Menschen helfen kann. Etwas, was nicht nur den anderen hilft, sondern uns selbst die meiste Freude bringt. Doch nur dann, wenn wir etwas tun, was uns wirklich Spaß macht.

Ich fragte mich vor vielen Jahren, was das sein könnte. Ich wollte mich auf keinen Fall einem gemeinnützigen Verein anschließen, der die meiste Zeit mit Besprechungen und Mittagessen verbringt. Ich wollte etwas finden, wo ich Menschen kennenlerne und ihnen persönlich helfen kann.

Dann las ich in der Zeitung von einem Haus, das eine Hilfsorganisation gebaut hatte. Die Organisation hieß Hope (Hoffnung) und hatte in diesem Haus drei Wohnungen mit jeweils drei Schlafzimmern ausgebaut. In jedes dieser Schlafzimmer zog eine Familie ein. Also insgesamt neun Familien, die aus einer obdachlosen Mutter mit ihren Kindern bestand. Das Wohnzimmer und die Küche wurden gemeinsam benutzt. Und da gab es noch einen Waschraum, einen Garten und einen großen Aufenthaltsraum, der auch mit Computern ausgerüstet war.

Es wurden freiwillige Helfer gesucht. Ich rief dort an und hinterließ eine Nachricht, hörte aber nichts mehr von ihnen. Ich rief regelmäßig einmal im Monat an und merkte gleich: »Die brauchen mich. Die sind nicht organisiert.«

Ein halbes Jahr später bekam ich dann endlich einen Anruf und wurde zu einer Besprechung eingeladen. Ich stürzte mich sofort in meine neue Aufgabe und lernte die Frauen kennen, die in diesem Haus wohnten. Um an dem zweijährigen Programm teilzunehmen, unterschrieben sie einen Vertrag: Sie mußten entweder in die Schule gehen oder sich einen Job suchen und diverse Kurse mitmachen. Einen davon leitete ich. Meine Themen waren abwechselnd »Selbstbewußtsein und Verantwortung«, »Wie erziehe ich meine Kinder«, »Mut zur Veränderung«, »Meditationen und Entspannungshilfen«.

Viele Frauen fanden Jobs, kurz danach Wohnungen, und dann zogen sie aus. Es war ein sehr erfolgreiches Programm, und ich hatte viel Spaß daran. Für ungefähr fünf Jahre. Dann passierte etwas Eigenartiges. Die letzte große Aktion war das Neueinrichten des Hauses. Die Möbel waren mittlerweile verschlissen, und ich bin der Meinung, daß eine angenehme Atmosphäre wichtig ist, um sich auf ein neues Leben vorzubereiten.

So verbrauchte ich einen ganzen Monat mit Malern, Einkaufen, Aufstellen, Dekorieren und damit, Lampen zu reparieren. Noch ein paar Jahre zuvor hätte mir das alles unglaublich viel Spaß gemacht. Doch dieses Mal war das Dekorieren mein alter »Apfelkuchen«; Sie erinnern sich: etwas, was ich sehr gut konnte, aber das mir keine Freude mehr brachte. Nach diesem Monat war ich vollkommen erschöpft. Nicht körperlich, sondern innerlich. Normalerweise fuhr ich einmal in der Woche nach Venice, wo dieses Haus steht, aber ich konnte mich einfach nicht aufraffen. Mir grauste regelrecht davor. Und ich konnte es nicht fassen. »Was ist denn los mit dir?« schimpfte ich mich. Ich war viel auf Reisen, hatte also eine gute Ausrede, aber ich wußte, daß das nicht die ganze Wahrheit war.

Ich hatte einfach keine Lust mehr.

»Wo ist denn deine Verantwortung?« fragte ich mich. »Die Frauen brauchen dich doch.« Aber trotzdem konnte ich mich nicht überwinden. Ich war erschöpft, ich war müde, und mein Dienst wurde von einer Freude zu einer Verpflichtung. Dem Dienst meiner Mutter, so wie ich es als Kind sah, nicht unähnlich. Wenn ich mich dann doch dazu aufraffte, fühlte ich mich bei meiner Rückkehr wie ausgelaugt. Was stimmt hier nicht?

Ich fragte Solano um Rat.

»Laß mich dir Energien erklären. Es gibt eine rohe Energie und eine feine Energie. Ein Stein hat eine rohe Energie. Ein Bild eine feine. Beide sind schön. Ein Stein hat eine Schönheit, das ist klar zu erkennen. Dasselbe gilt für das Bild. Aber sie sind anders. Sie bewegen sich auf einer anderen Ebene. In Menschen sieht das ungefähr so aus: Die roheren Energien sind mit dem Überleben beschäftigt, der Reproduktion. Sie können Geräusche leichter ertragen und sind weniger anfällig für äußere Einflüsse. Wie du sehr wohl weißt, ist eine nicht besser als die andere. Ein Bild ist nicht besser als ein Stein. Es ist nur anders. Aber in dieser Andersartigkeit liegen verschiedene Wege der Aufnahmefähigkeit. Du hast dir im Laufe deines Lebens angewöhnt, Menschen auf einer gemeinsamen Ebene zu treffen. Damit da eine Verständigung herrscht. Aber deine Energie hat sich verfeinert. Erinnere dich an die Sandsäcke, die du losgeworden bist. Aber du suchtest weiterhin nach einer gemeinsamen Ebene, und so hast du in den letzten Jahren, jedesmal wenn du die Frauen triffst, deine Energie verdichtet, um sie ihrer Energie anzupassen. Damit da eine Verständigung herrscht. Und das ist es, was dir die Erschöpfung bringt. Dann versuchtest du sie hochzuheben. Die Energie der anderen zu verfeinern. Das ist, als wenn du ein Kind hochhebst und es dauernd trägst. Das ist anstrengend. Deshalb bist du erschöpft. Deshalb bist du müde. Deshalb gehst du ihnen aus dem Weg.«

Ich verstand, was er damit sagen wollte, aber wußte trotzdem nicht, was das für mich bedeutete. »Was mache ich denn jetzt?« fragte ich hilflos.

»Akzeptiere es zuerst. Versuche dann, eine andere Möglichkeit zu finden, sie zu inspirieren. Ohne daß du sie selbst hebst.«

»Wie geht denn das?« fragte ich neugierig.

»Bleibe auf deiner Ebene. Und biete vielleicht ein gemeinsames Gebet an. Sie werden sich davon inspiriert fühlen, weil sie dich beobachten. Und das wird ihnen weiterhelfen. In ihrem eigenen

Weg und auf ihre eigene Art. Und wenn du dich entschließt, diese Organisation aufzugeben, dann suche dir eine andere. Denn vergiß nicht, Dienst ohne Freude ist nicht nur für dich anstrengend.«

Ich fühlte, daß dadurch eine große Last von meiner Schulter genommen wurde. Denn ich war mir nicht sicher, ob ich denn die Frauen von Hope so einfach »verlassen« soll. Durch Solanos Hilfe wurde mir klar, daß es vollkommen in Ordnung ist, seinen Dienst zu verändern. Etwas anderes zu tun, andere Organisationen zu finden und dann für eine bestimmte Zeit wieder etwas zu tun, was einem Spaß macht. Jemand anders wird meinen Platz bei Hope übernehmen. Ich bin nicht so wichtig, daß ich nicht austauschbar wäre. Hatte ich mir das vielleicht auch ein bißchen eingebildet? Wahrscheinlich. Mit ziemlicher Sicherheit sogar. Es gibt im Dienst eine Wahl – wie bei allem in unserem Leben.

Eine Freundin von mir ging für eine Weile regelmäßig in Krankenhäuser und fragte bei der Schwester vorher nach, wer denn keinen Besuch bekommt. Dann öffnete sie das Zimmer mit den Worten: »Hallo, Gott schickt mich. Ich möchte Sie gern besuchen.« Nach einer Weile hörte sie damit auf und kümmerte sich um eine alte Dame, die im Sterben lag.

Eine andere ging für ein paar Monate jeden Samstagmorgen los und verteilte belegte Brötchen an die Obdachlosen in einer bestimmten Gegend. Dann versuchte sie Geld für eine Operation, die die Krankenkasse nicht ganz übernehmen wollte, für eine Freundin aufzutreiben.

Jeder von uns hat ganz bestimmte Passionen, Vorlieben, Dinge, die einem wichtig sind. Sachen, für die er sich begeistern kann. Für den einen ist das die Erziehung der Kinder, die Delphine, die Wälder, das klare Wasser, die reine Luft. Für den anderen sind es die Liebe und Fürsorge für den Nächsten, die Pflege unserer Kranken, die Heilung unserer Tiere. Für wieder andere ist es die Kunst, das Wissen, wie wichtig Kreativität für das Wohlbefinden ist. Die Musik, die Töne, ein Sport. Jede dieser

Passionen hilft einer Gruppe von Menschen. Und macht damit etwas besser für uns alle. Und dieses Talent ist eine Sehnsucht unserer Seele, die es zu erfüllen gibt.

Lieben Sie es, zu tanzen? Es gibt genug Menschen, die sich nach einer Anleitung sehnen. Lieben Sie es, zu basteln? Lieben Sie es, zu spielen? Lieben Sie es, zu singen? Lieben Sie es, komplizierte Vorgänge zu erklären? Lieben Sie es, zu erzählen? Lieben Sie es, zu bemuttern? Lieben Sie es, heimlich jemanden zu unterstützen? Lieben Sie es, Lachen zu verbreiten, Umarmungen zu verteilen, Freude zu vermitteln? Es gibt genug Menschen, die sich nach einer Anleitung für all das sehnen.

Und wenn die Freude daran vorbei ist, dann machen Sie einfach eine Pause, wenn Sie das brauchen, und irgendwann einmal später beginnen Sie etwas Neues. Dienst ist Lust und keine Pflicht. Im wahrhaften Dienst fühlen wir uns wohl. Denn wenn wir jemandem helfen, dann fühlen wir uns glücklich. Und in diesem Glücklichsein fühlen wir uns leichter. In dieser Leichtigkeit sind wir dem himmlischen Vater und unseren Engeln am nächsten. Je leichter wir dabei werden, desto wohler fühlen wir uns. So ist der Dienst immer eine Gnade. Denn dadurch bekommen wir das größte Geschenk zurück, das wir geben können. Liebe, die nicht nur den anderen hilft, sondern auch uns selbst.

Mein Dienst ist, so merke ich mehr und mehr, das Inspirieren von anderen. Das bringt mir die meiste Freude. Wenn ich nach einer Reise angefüllt mit Workshops und Vorträgen nach Hause komme, bin ich angefüllt von Liebe. Ich habe Liebe gegeben und habe Liebe zurückbekommen. Das ist ein unendlicher Kreis. Manchmal werde ich gefragt, ob ich nicht erschöpft bin, weil ich doch so viel hergebe. Da, wo die Liebe, die ich hergebe, herkommt, gibt es genug. Denn ich bin nur ein Strohhalm. Gott ist der Saft, der uns ernährt, und ich bin nur der Strohhalm, der weitergibt. Und wer würde sich schon bei einem Strohhalm bedanken? Ich bin dankbar, daß ich ein Strohhalm sein darf. Wieder wissend, daß ich selbstverständlich nicht der einzige bin. Da gibt es jede Menge Strohhalme, jeder von uns ist einer, der Liebe und Gottes Weisheit weitergibt.

Wenn ich meinen Dienst rückblickend betrachte, dann ging er durch verschiedene Stadien. Als erstes mußte ich mich um mich selbst kümmern. Herausfinden, wer ich bin und was ich machen will. Dadurch wurde ich über die Jahre ruhiger, entspannter, fröhlicher und bewußter. Und in diesem Bewußtsein wuchs langsam auch der Wunsch, etwas für andere zu tun. Ich wollte mitteilen, was ich schon erfahren hatte, denn ich merkte, wie gut mir das tat. Der Pflichtaspekt war verschwunden. Ich *wollte* jetzt etwas für andere tun, und erstaunlicherweise freute ich mich auch darauf. Aber es war wichtig, daß ich die Zeit davor mit mir selbst verbrachte. Ich war, bis auf kleine Gesten, noch nicht bereit gewesen, mehr herzugeben. Ich hatte ja nichts herzugeben... Aber jetzt!

Die Armen kann ich im nachhinein nur bedauern. Mein zweiter Schritt war das, was ich jetzt als meine »Missionierungsphase« bezeichne: Ich hatte mir nämlich vorgenommen, das Leben all meiner Freunde und Bekannten und derer, die sonst noch mehr oder weniger freiwillig in meiner Umgebung waren, zu verändern. Meine Gesprächsthemen waren angefüllt mit: »Du solltest... mach doch mal... du wirst sehen, das hilft dir... ich weiß, daß du das brauchst... warum hast du das noch nicht gemacht... ich würde dir folgendes vorschlagen...« Ich war auf meiner Mission, und die hatte ein Ziel: Das war, andere von der Richtigkeit meiner Auffassungen zu überzeugen. Es war anstrengend. Für meinen Mann, für meine Freunde und auch für mich.

Ich hatte doch recht! Warum hört mir nur keiner zu? Ich weiß es einfach besser! Ich konnte nur kopfschüttelnd über so viel Unverstand vor meiner Umgebung stehen. »Seht ihr denn nicht, wieviel besser es mir geht, und wollt ihr das denn nicht?« fragte ich völlig fassungslos. Natürlich weigerte ich mich zu sehen, daß es sich bei mir um einen typischen Fall der Rechthaberei handelte. Einer meiner Sandsäcke, der ganz besonders hartnäckig an meinem Heißluftballon hing.

Ich wollte die Welt retten. Aber die wollte partout nicht gerettet werden. Sie wehrte sich. Sie sträubte sich, und ich wurde täglich frustrierter.

Ich sprach mit Zarathustra darüber und beschwerte mich, daß mein so großartiger Ratschlag mal wieder nicht angenommen wurde.

»Bist du um deinen Rat gefragt worden?« kam es da von ihm. Was für eine Frage, dachte ich mir, und dummerweise merkte ich, daß ich wirklich nicht um meine Meinung gebeten worden bin. Mir wurde bewußt, daß ich damit aufhören mußte. Denn ob jemand etwas tut oder nicht, hängt von der persönlichen und eigenen Entscheidung ab. Ich mußte mir angewöhnen, die Meinung anderer zu akzeptieren. Obwohl ich damals natürlich felsenfest davon überzeugt war, daß die anderen unrecht hatten und irgendwann später schon mal merken würden, wie großartig mein Ratschlag eigentlich gewesen war. Aber … das war ihr Problem, dann halt nicht. Und halb beleidigt wandte ich mich ab.

Das Akzeptieren einer anderen Meinung fiel mir schwer. Ich hatte die Welt noch in Gut und Schlecht eingeteilt. In gute Erfahrungen und in schlechte Erfahrungen. Und natürlich war es ganz klar, daß ich hier das Gute verteidige. Ich weigerte mich anzuerkennen, daß alles nur Erfahrungen sind. Jeder macht sie für sich, und jeder entscheidet für sich. Ich wollte diese Entscheidung anderen abnehmen, wobei ich wie aus einem Muttergefühl heraus reagierte: »Der Ofen ist heiß, lang da nicht hin.« Aber einige von uns müssen das eben selbst ausprobieren. Und das sollen sie auch, denn deshalb gibt es die freie Wahl. Das war der dritte Schritt. Zu erkennen, daß alles Erfahrungen sind, die jeder von uns einzeln bestimmt. Einige brauchen vielleicht gerade die Hitze des Ofens, weil ihnen kalt ist, während ich mir daran die Finger verbrennen würde. Wie wir schon wissen, läßt sich unser Weg nicht vergleichen.

Natürlich gab es da auch welche, die auf meine Meinung Wert legten. Denen wollte ich helfen. Ebenfalls wieder wie eine Mutter, die dann natürlich aufpassen wollte, ob »die Zähne denn auch wirklich geputzt« wurden. So fragte ich regelmäßig nach: »Hast du das denn schon gemacht?« Und wenn es verneint wurde, wurde mein Ratschlag dringender: »Mach das wirklich jetzt, das ist gut für dich, du wirst sehen.«

Meine arme Schwester Susanne mußte sich in der Richtung einiges anhören. Sie lag mir nun ganz besonders am Herzen, und ich war immer begeistert, wie schnell sie Klarheit fand. Bis auf… das Rauchen.

Ich selbst habe früher sehr viel geraucht und weiß, wie schwer einem das Aufgeben fällt. Doch als ich meine »heilige Pfeife« bekam, wurde mir in einer Meditation gesagt, daß ich zu rauchen und zu trinken aufhören müsse. Das tat ich sofort.

Auch Susanne wartet auf ihre Pfeife. Und auch sie weiß, daß sie mit dem Rauchen aufhören muß. Aber sie hat sich bisher nicht dazu entschlossen.

Ich wollte ihr helfen. In regelmäßigen Abständen erwähnte ich, wie ungesund doch das Rauchen sei. Was heißt »erwähnte«! Ich hielt ihr einen strengen Vortrag! Ich erinnerte sie an ihre Pfeife. Wie wenig sie doch ihren Körper ehrt, wenn sie raucht. Wenn wir gemeinsam verreisten, beobachtete ich mit Argusaugen jeden Spaziergang, den sie allein unternahm. Und schüttelte den Kopf über die Zigarette nach dem Frühstück.

Ich verstand meinen Dienst darin, daß ich meiner Schwester dabei helfe, das Rauchen aufzugeben. Aber auch hier war ich »leider« nicht gefragt worden… Ich nahm einfach an, daß dies meine Aufgabe war, und machte Susanne das Leben schwer.

»Das Endergebnis deines Rates muß dir egal sein«, wurde ich in einer Meditation wieder erinnert. Und das war die vierte Phase.

Mir war aber das Ergebnis meiner Vorschläge nicht egal! Das war, wie wenn ich meiner Tochter eine Rechenaufgabe erkläre und ich dann später überprüfte, ob sie das auch kapiert hatte. Wir übten, bis es saß. Nur, Susanne ist nicht meine Tochter. Und so ist es auch sonst niemand, der sich Rat bei mir holt.

Doch auch meine Tochter Julia hat da ihre eigene Meinung. Vor kurzem versuchte ich ihr beispielsweise zu erklären, daß es nicht notwendig sei, sich für *eine* beste Freundin zu entscheiden. »Schau doch nur mich an«, erklärte ich ihr, »ich habe so viele Freundinnen und könnte dir nicht sagen, welche von ihnen meine beste ist. Das ist bei Freundinnen nicht notwendig. Du kannst so viele haben, wie du möchtest.« Ich war eigentlich recht stolz auf mein Vorbild. Sieht sie doch an mir, wie schön es ist, so ganz unterschiedliche Frauen zu kennen. Julia meinte trocken: »Mama, das ist dein Leben. Es ist anders in meinem.« Was sagt man denn da noch? Ich hielt meinen Mund. Sie hatte recht. Sie war zu dem Zeitpunkt neun Jahre alt, da gibt es die Phase der besten Freundin. Ob mir das paßt oder nicht.

Ich habe aufgehört, mich für das Ergebnis zu interessieren. Natürlich noch nicht bei meiner Tochter, schließlich passe ich immer noch auf, ob sie sich die Zähne putzt und ihr Gemüse ißt… das werde ich dann erreichen müssen, wenn sie erwachsen ist.

Da war eine junge Frau, die mir schrieb und die ich anrief, da es dringend war. Sie stand vor einer Entscheidung, die sie nicht fällen konnte. Während ich mit ihr sprach, versuchte ich sie durch Fragen zum Weiterdenken zu bewegen. »Warum fühlst du so?« – »Wieso hast du dich noch nicht entschieden?« – »Was hält dich davon ab?«

Irgendwann einmal wollte sie wissen, was ich denn in ihrer Situation tun würde. Ich sagte es ihr, aber mit dem Hinweis, daß jeder seine eigenen Erfahrungen machen müßte. Der Grund ihrer Unentschiedenheit war Angst. Sie wußte es, und ich wußte es. Kurz vor Ende des Telefonats sagte ich ihr einen Satz, der bei ihr komplette Stille auslöste. Der Satz war mit einem Lächeln gesagt worden: »Es ist mir vollkommen egal, ob du dich fürs Bleiben oder fürs Gehen entscheidest. Das ist dein Leben, und das kreierst du selbst.« Ich fühlte sofort, daß sie dachte, sie wäre mir nicht »wichtig« genug.

Ich fragte sie, ob sie das dachte. Sie machte eine Pause und sagte dann traurig: »Ja.«

Ich erklärte es ihr: »Ich bin nicht dazu da, dir Entscheidungen abzunehmen. Ich habe kein Interesse an dem Endergebnis deiner Entscheidung. Ich bin nicht dein Kollege, und ich bin nicht du. Deshalb hat jede Entscheidung, die du triffst, mit mir nichts zu tun. Sie hat aber alles mit dir zu tun. Und deshalb ist es mir egal, welche Entscheidung du triffst. Das heißt nicht, daß es mich nicht berührt, wie es dir geht. Sonst hätte ich dich nicht angerufen. Aber ich gehe davon aus, daß du deine Entscheidungen in einem Bewußt-Sein triffst. Und das akzeptiere ich. Ich mag dich so, wie du bist. In meinem Verhältnis zu dir spielt deine Entscheidung keine Rolle.«

Lange genug hat das ja bei mir gedauert, bis ich in der Lage war, so zu fühlen. Aber bald merkte ich, daß ich die vierte Phase doch noch nicht ganz kapiert hatte. Auf meiner nächsten Reise nach München fiel mir auf, daß ich bei allen anderen zwar das Ergebnis meines Rates entspannt loslassen kann, aber bei meiner Schwester Susanne immer noch emotional beteiligt bin. Als ich ankam, merkte ich, daß sie immer noch rauchte, und traf dann eine Entscheidung: »Sabrina«, sagte ich mir, »du hältst dich da raus. Das geht dich nichts an.« Ich schickte ein Gebet hinterher und bat um das Durchhaltevermögen. Ich wollte nicht wieder in alte Angewohnheiten zurückfallen. Und Susanne hat das am wenigsten verdient. Ich hielt den Mund. Zum ersten Mal.

Wir hatten wie immer eine wundervolle Zeit miteinander. Dieses Mal für Susanne vielleicht noch ein bißchen angenehmer als sonst, denn ich hielt die Klappe. Ich schaute nicht einmal schauernd in den vollen Aschenbecher. Leerte ihn sogar ohne irgendeine Bemerkung und ohne hochgezogene Augenbraue aus. Susanne konnte es kaum glauben. »Ob das wohl anhält?« wunderte sie sich.

Ich glaube, ja, denn ich habe jetzt endlich kapiert, daß Susanne dann mit dem Rauchen aufhören wird, wenn sie dazu bereit ist. Und mein Meckern darüber sowie mein »Inspirierenwollen« bringt diesen Zeitpunkt nicht näher. Es ist ihre Wahl und ihre Entscheidung. Meine Meinung kennt sie zur Genüge.

Die erste Phase ist die Selbsterkenntnis. Die zweite – die des Missionierenwollens – so nach dem Motto: »Mach, was ich sage, ich habe schließlich recht.« Daraus ensteht dann das Akzeptieren der anderen Erfahrung und die Anerkennung der Gleichberechtigung. In der vierten Phase geben wir dann Ratschläge und Hilfen ohne Erwartungen weiter. Die fünfte Phase war Verantwortung für mein Land, für die Natur zu übernehmen. Eine der letzten Lehren von Zarathustra war, daß die Welt unser Wohnzimmer ist. »Geht nach draußen und schaut euch um. Segnet ein offenes Feld. Hebt den Abfall auf, der achtlos verteilt wurde. Pflanzt Blumen am Wegesrand. Und tut das nicht nur dann, wenn jemand zusieht.«

Abfall aufheben? Mittlerweile überraschte mich fast gar nichts mehr. Also gut, ich begann, mir anzugewöhnen, Abfall aufzusammeln. Am Anfang war da natürlich nur bestimmter Abfall. Wenn es sich um kein Taschentuch, kein undefinierbares Objekt oder sonst irgendwelche schleimigen Utensilien handelte, da war ich ja noch bereit dazu. Ich fühlte aber sofort, daß jeder Abfall aufgehoben werden muß. »Also gut«, grinste ich und nahm dann einfach mein Taschentuch und hob damit etwas auf oder nahm ein Stück Plastik, das ich zum Herumwickeln benutzte. Unsere erste Aufräumaktion entstand eher zufällig an einem Tag am Meer. Julia und ich gingen am Wasser spazieren und bemerkten die vielen Bierflaschen, die da herumlagen. Wir verbrachten die nächsten zwei Stunden damit, drei der aufgestellten Abfalltonnen zu füllen.

Einmal war ich mit Julia, einer Freundin und deren Tochter beim Skifahren. Die Berge sind bei uns in der Nähe, und wir mieteten uns für eine Nacht in einer Pension ein. Von der Pension kam man über den Parkplatz gleich zum Lift. Am Nachmittag gingen wir wieder zurück zur Pension, und der Parkplatz war voller Abfälle. Da lagen Brotzeitpapier neben Flaschen und Coladosen neben Zeitungen. Julia und ich lehnten unsere Skier gegen den Eingang der Pension und holten uns Tüten. Dann fingen wir an aufzusammeln.

Da gab es eine Gruppe junger Männer, die gerade in dem offenen Kofferraum ihre mitgebrachte Brotzeit ausbreiteten. Ich fühlte, wie wir aus den Augenwinkeln beobachtet wurden. Nach einer Weile hörten wir auf und gingen vollbepackt wieder zur Pension zurück. Auf dem Weg dahin fiel mir auf, wie sorgfältig die Jungs ihr Papier zusammenpackten und wieder mitnahmen. Man schmeißt vielleicht etwas weniger leichter weg, wenn man nicht erwartet, daß die Müllabfuhr den Dreck sowieso wegräumt, und wenn man sieht, daß es andere Mitmenschen sind, die das tun.

Früher hatte ich mich beim Aufräumen ausgenutzt gefühlt. »Warum immer ich? Sollen doch die anderen auch mal was tun«, wäre damals meine Meinung gewesen. Damals war ich noch der Ansicht, daß ich gegen den Rest der Welt arbeite. Daß dann wahrscheinlich die anderen überhaupt nichts mehr tun, wenn sie schon so einen Blöden wie mich gefunden haben. Ich war sehr auf »Gerechtigkeit« eingestellt. So dachte ich zumindest. Aber das hatte mit Gerechtigkeit nichts zu tun. Ich war einfach zu faul. Ich hatte Angst, daß ich zu kurz komme, denn ich kannte mich damals noch nicht. Diese Einstellung hat sich vollkommen geändert. Denn jetzt helfe ich gern.

Kurz danach flog ich wieder nach München und ging am nächsten Tag auf einen langen Spaziergang. Nach drei Stunden durch die Wälder um Susannes Bauernhof war ich wieder auf dem Weg nach Hause. Ich ging an der Seite einer Landstraße und sah jede Menge Abfall liegen. Leider hatte ich keine Tüte dabei und konnte auch nichts aufheben. Denn hier war weit und breit kein Abfalleimer zu sehen. »Wenn ich nur eine Tüte hätte«, dachte ich mir. »Das nächste Mal muß ich mir einfach immer welche mit einpacken.« Und da kam mir auch schon ein anderer Gedanke: »Wenn du willst, daß ich das aufhebe, himmlischer Vater, dann schick mir eine Plastiktüte«, sandte ich als Gedanken los. Zwei Sekunden später sah ich eine leere Plastiktüte am Straßenrand. Ich lachte und hob sie auf. Ich sammelte schnell den Dreck zusammen, und in kurzer Zeit war die Tüte voll. »Jetzt brauche ich noch mal eine«, und jetzt schon nicht mehr überrascht, fand ich kurz danach die nächste. Ich war vollgepackt und machte mich auf den Weg nach Hause.

Da gab es eine große Strecke von einem freien Feld, das ich überqueren mußte. Der Wind fing an zu pfeifen, und mittlerweile taten mir auch schon meine Ohren weh, denn es war doch kälter, als ich es gedacht hatte. »Lieber Wind, beruhige dich bitte ein bißchen, bis ich diese zwei Kilometer bis zu unserem Dorf geschafft habe, meine Ohren tun mir schon weh.«

Kaum war dieser Gedanke ausgesprochen, als ein Wagen mit einem netten älteren Herrn neben mir hielt. »Kann ich Sie mitnehmen?« fragte er mich.

Ich bin noch nie als Anhalter unterwegs gewesen und zögerte. War das die Antwort vom Wind? So nach dem Motto »Zu pfeifen kann ich nicht aufhören, aber dafür schicke ich dir eine Mitfahrgelegenheit«?

Ich überlegte kurz, und dann fielen mir meine dreckigen Plastiktüten ein. »Ich glaube, das geht nicht. Ich habe zwei Tüten voller Müll dabei.«

»Deshalb nehme ich Sie ja mit. Ich habe gesehen, wie Sie den aufgehoben haben.«

Ich stieg ein und bedankte mich bei dem Mann, dem Wind und bei meinem himmlischen Vater.

Im Auto konnte ich mir ein Lächeln nicht verkneifen. Wie wundervoll alle diese Ereignisse aufeinander abgestimmt sind. Zuerst erschienen die Plastiktüten, dann kam das Auto. Jetzt gibt es so viele kleine und großen Wunder, die mein Leben mehr und mehr bereichern…

21

Zauber, Wunder und Gebete

Die Spannung des Unerklärbaren

Was halten Sie von der Idee: Wir lassen all unsere Dramen, all unsere »Rollenspiele« los und bekommen statt dessen Wunder. Erlebnisse, die sich mit unserem Verstand nicht erklären lassen, aber trotzdem tief in uns etwas auslösen, was die ganzen Dramen vorher nicht vermocht haben: Wir erleben Lebenslust und Lebensfreude!

Oftmals glauben wir, daß Wunder »unlogisch« sind. Und das sind sie auch, wenn man von einer ganz bestimmten Logik ausgeht. Nämlich der Logik, die nur von unserem Verstand zu erklären ist. Aber es kann eben nicht alles mit unserem Verstand erklärt werden. Sosehr wir uns das auch wünschen. Unser Verstand hat Begrenzungen, denn wir leben in Körperform nun mal in einer dreidimensionalen Welt mit Zeiten und Abläufen. Aber in unserem Universum gibt es mehr als das. Gehen wir also von Gottes »Logik« aus, dann erweitert sich diese Logik ganz enorm, und mit dieser Erweiterung öffnen wir das Fenster für mehr und mehr Wunder.

»Alles, was dir passiert, muß durch dein Fenster deines Glaubens gehen«, erklärte uns Zarathustra einmal. Das bedeutet schlicht und ergreifend, daß es nichts in unserem Leben geben wird, was wir nicht glauben. Ein Fenster läßt Licht in ein Haus hinein. Je größer das Fenster, desto mehr Licht kommt nach innen. Und mit diesem Licht kommt auch die frische Luft. Wenn wir also nicht glauben, daß wir mit unserem Hobby Geld verdienen können; wenn wir nicht glauben, daß wir uns am Leben erfreuen dürfen; und wenn wir nicht glauben, daß uns Gesundheit zusteht – dann werden wir all das nie erleben.

Es liegt aber an uns, wie weit dieses Fenster aufgeht. Denn wir halten den Fenstergriff in unserer Hand.

Susanne und ich waren vor vielen Jahren zusammen in Montana auf einem Visionquest. Am letzten Tag, es war Mittag, kam Sharon Frazier vorbei. Sharon macht Flöten, die schönsten, die wir jemals gesehen haben. Susanne wollte immer schon eine Flöte haben, und so gingen wir gemeinsam zu ihrem Wagen, da sie »zufällig« all ihre Flöten dabeihatte, und schauten uns ihre Kreationen an, die im Kofferraum lagen.

Auch ich wollte mir gern eine besorgen und stand mit freudiger Erwartung neben Susanne, als Sharon die Flöten aus ihren Hüllen holte. Susanne hüpfte aufgeregt hin und her, denn sie sah das Auftauchen Sharons als das Ergebnis ihrer Gebete. Sie wollte unbedingt eine Flöte und eine Trommel mit nach Hause nehmen, und die Trommel hatte sie gerade einen Tag vorher gefunden. Jetzt ging es um die Erfüllung ihres zweiten Wunsches: eine Flöte. Das Holz war warm und hellbraun, und zwischen dem Mundstück und den Löchern der Flöte waren wundervolle Tiere geschnitzt, die drei Zentimeter hoch standen. Während wir aufgeregt Sharon beobachteten, wie sie eine Flöte nach der anderen auswickelte, merkte ich bei der nächsten: Das ist meine Flöte! Ganz eindeutig. Sie hatte einen geschnitzten weißen Adler obendrauf, und auf der Seite waren sogar Ornamente, die wie blaue Wellen aussahen. Gerade als ich die Flöte anfassen wollte, sagte Susanne: »Hier ist sie!« Und griff sich »meine« Flöte.

Ich schaute mich im Kofferraum um, ob es noch eine andere Adlerflöte gab, aber nein, das war die einzige. Susannes Tier, so war ihr klar, war auch der Adler, und deshalb war es ganz selbstverständlich, daß sie nach dieser Flöte griff.

Nachdem ich all die anderen Flöten betrachtet hatte, wußte ich, daß keine dieser anderen meine war, und verließ mit einem Dankeschön, aber ohne sonstigen Kommentar gegenüber Susanne, Sharons Wagen. Ich ging zurück zum Mittagessen. »Nun gut, so dringend brauche ich diese Flöte wahrlich nicht«, dachte ich mir. Und ich gönnte sie Susanne von Herzen. Aber da war doch ein seltsames Gefühl übriggeblieben. »Komisch, ich war mir wirklich so sicher, daß diese Adlerflöte meine war.«

Eine halbe Stunde später sehe ich eine strahlende Susanne den Berg hochkommen. In ihrer Hand hält sie ihre Flöte, die in ein rotes Ledertuch eingewickelt war. Sie setzte sich mir gegenüber auf die Erde und legte das rote Paket in die Mitte.

»Magst du sie sehen?« fragte sie mich begeistert. Und ich nickte. Sie öffnete die rote Flötentasche, und heraus kam eine andere Flöte. Diese hatte einen Büffel vorne drauf. Das muß ja wohl ein Versehen sein, dachte ich mir.

»Was ist denn mit der Adlerflöte passiert?« fragte ich sie.

Susanne grinste und meinte: »Die ist kaputt. Da kommen keine Töne raus. Das haben wir beim Ausprobieren festgestellt. Nicht einmal Sharon konnte darauf blasen.«

Ich schaute Susanne mit großen Augen an, und ein Grinsen machte sich breit.

Susanne fuhr fort: »Das war aber auch nicht meine Flöte. Erinnerst du dich, daß ich in letzter Zeit immer Büffel-Erlebnisse habe, und selbst als wir hier bei Tana ankamen, kamen diese Büffel auf mich zu, und in meiner letzten Meditation war da die ganze Büffelherde.« Sie strich zärtlich über die Flöte: »Das ist auf jeden Fall meine. Gar keine Frage.«

Ich stand auf und entschuldigte mich bei ihr: »Ich bin gleich wieder da.«

Ich lief zu Sharons Auto. »Kann ich die Adlerflöte noch mal sehen?« fragte ich sie.

»Gern«, antwortete Sharon, »aber die ist kaputt. Ich weiß auch nicht, was da passiert ist, aber die gibt keinen anständigen Ton von sich.«

Ich hielt die Adlerflöte in den Händen und erinnerte mich an die wenigen Stunden Blockflöte, die ich als Kind hatte, und führte sie an die Lippen. Ich schloß kurz die Augen und begrüßte die Flöte in meinem Leben – und dann kamen wunderschöne klare Töne von ihr.

Sharon lachte: »Aha, sie wollte zu dir. Kein Wunder, daß niemand von uns ihr Töne entlocken konnte.«

Ich bezahlte für meine Flöte, umarmte Sharon und lief nach oben. Susanne freute sich. Und ich mich auch.

Die Freude, die dann entsteht, wenn man »entgegen aller menschlichen Logik« mit solchen Erlebnissen konfrontiert ist, läßt sich wahrlich nicht auf Papier beschreiben. Da wird einem das Herz leicht, man lacht und jubelt und betrachtet die Welt für diese Zeit durch eine rosarote Brille. Und vielleicht sind rosarote Brillen gar nicht so schlecht...

Wunder entstehen, wenn außergewöhnliche Ereignisse in zauberhafter Reihenfolge zusammentreffen. Hier war der Wunsch von uns nach einer Flöte. Dann kam »zufällig« Sharon vorbei, die auch noch »ausnahmsweise« alle ihre Flöten im Kofferraum hatte. Dann funktionierte die Adlerflöte weder bei Susanne noch bei Sharon, damit sie dann zu mir kommen konnte. Wenn das kein Wunder ist!

Diese Wunder werden immer häufiger, je weiter man dieses Fenster öffnet. Und wenn man jedes dieser Ereignisse mit dem berühmten »Zufall« erklären will, dann schließt man das Fenster. Denn man »glaubt« es ja nicht und schickt damit diese Wunder weg.

Susanne wünschte sich eine Flöte, sie betete dafür. Ein Gebet ist ein Wunsch, den man zum himmlischen Vater schickt. Doch welche Wünsche werden erfüllt und welche nicht? Wie wir wissen, gibt es für die Erfüllung unserer Wünsche nur eine Regel: »Unterstützt es unsere Seele oder nicht.« Und wenn es unsere Seele unterstützt, dann wird dieser Wunsch erfüllt.

Manchmal, wenn ich lange darauf gewartet habe und sich nichts rührte, dann bitte ich um ein Zeichen. Wie damals mit der amerikanischen Ausgabe von meinem letzten Buch. Mein deutscher Verlag versuchte es auf dem amerikanischen Markt unterzubringen, und für Wochen und Monate hörte ich nur von Absagen. Ich war mir aber sicher, daß dieses *Loved by Angels* in den Staaten erscheinen sollte, und fragte mich, ob ich vielleicht etwas tun sollte. Aber jedesmal wenn ich den Gedanken hatte, ob ich das Manuskript vielleicht selbst verschicken sollte, hatte ich so ein komisches unangenehmes Gefühl. »Nein, irgendwie nicht«, dachte ich mir und ließ es bleiben.

Nichtsdestotrotz wurde ich immer ruheloser. Ich wollte ja immer noch weiterhin Geduld lernen, aber muß das denn so lange dauern? Der Wunsch stand schon seit Monaten auf meiner Liste, die auf meinem Altar lag, und es tat sich einfach nichts. Ein paar Monate später kam meine Seelenschwester Sharon, die Malerin, vorbei. Sie ging in mein Meditationszimmer und betrachtete ein Bild, das sie vor ein paar Jahren von mir gemalt hatte. Sharon macht Seelenbilder. Das heißt, sie meditiert und malt dann das Gesicht oder den Körper der Person, umwoben mit Seelenaspekten. Mein Bild zeigt mich im Profil, und ich habe blaue Wellen, die durchs Bild laufen. Damals »wußte« Sharon noch nichts von meinem flüssigen Blau, und als sie mir das Bild brachte, freuten wir uns beide, daß das Blau des Bildes genau das Blau meines Meditationszimmers ist. An der oberen linken Ecke war ein Stern aufgemalt.

Sharon betrachtete sich dieses Bild und meinte: »Erinnere mich daran, daß ich dir da einen blauen Stern dazumale. Ich hatte einen Traum letzte Nacht darüber.«

»Wieso?« fragte ich.

»Das wird sich schon zeigen«, meinte sie lachend.

Ein paar Monate später war ich dann doch mit meiner Geduld am Ende: »Werde ich jemals einen amerikanischen Verlag finden?« fragte ich mich.

Ich beschloß, um ein Zeichen zu bitten. Ich ging während meiner Morgenmeditation vor meinem Altar auf die Knie und bat Gott um ein Zeichen: »Bitte gebe mir in den nächsten vierundzwanzig Stunden ein Zeichen, ob mein Buch jemals in Englisch erscheinen wird. Ich bin dann gern bereit, so lange zu warten, wie es nötig ist, aber ich möchte wenigstens wissen, ob es passiert.«

Gott und ich »co-kreieren« mein Leben hier zusammen. Und da finde ich es nur recht, wenn ich Bescheid weiß, was wir gemeinsam tun. Und manchmal ist mir nicht ganz klar, was mein »Partner« (Gott) denn plant. Dann frage ich einfach. Denn das würde jeder von uns in einer Partnerschaft erwarten. Nach der Meditation ging ich zu meinem Schreibtisch, um einen Brief zu beantworten. Kurze Zeit später fand ich an meiner Faxmaschine eine Nachricht von meinem deutschen Verleger: »Wir haben einen amerikanischen Verlag. Der Name: Bluestar!«

Juhuuu!

Blue Star! Blauer Stern! Genau der Stern, der jetzt auf meinem Bild strahlte. Was für ein Zeichen. Ich ging vor Freude auf die Knie und weinte. Danke! Danke! Danke!

Oder die Geschichte mit Joey. Joey ist ein Graupapagei, der uns vor zwei Jahren zugeflogen war. Gerade als wir in unser neues Haus zogen, tauchte er plötzlich im Garten auf. Er war sehr zutraulich und kam sofort zu mir auf den Finger. Was macht man bloß mit einem Papagei? Ich hatte noch nicht einmal Erfahrung mit einem Kanarienvogel und war ein bißchen hilflos. Unser Vormann, Dave, der die letzten Kleinigkeiten am Haus richtete, wollte ihn mit nach Hause nehmen. Er hatte früher mal einen Papagei und wußte, wie man damit umgeht. Von unserem Nachbarn liehen wir uns einen Vogelkäfig, und schon hatte Joey ein neues Zuhause... für eine Weile. Wir hofften, daß sich der richtige Besitzer melden würde.

In der Zwischenzeit gaben wir Annoncen auf und suchten nach dem Besitzer. Auf eine Annonce hin meldete sich »Linda« (ihr richtiger Name ist mir entfallen). Linda hatte ihren Graupapagei vor einem Jahr verloren und hoffte, daß dieser ihrer war. Doch unserer war ein Jungtier, was man an der Augenfarbe erkennen konnte, und kam deshalb nicht in Frage. Linda schrieb sich trotzdem unsere Telefonnummer auf, denn sie gibt in unregelmäßigen Abständen Anzeigen auf, und da melden sich immer wieder mal andere Graupapageienbesitzer, die auch ihren Vogel verloren haben. Vielleicht meldet sich der richtige ja später noch. Wir wollten natürlich unbedingt, daß Joey wieder zu seiner Familie zurückkommt.

Richard war ein bißchen traurig, daß der Vogel weg war. Zwei Wochen später brachte Dave den Papagei zurück. »Meine Frau meinte, entweder der Vogel oder ich.« Graupapageien sind sehr intelligent und brauchen viel Aufmerksamkeit. Außerdem reden sie gern, und Daves Frau hatte gerade erst vor ein paar Monaten Zwillinge bekommen. Das letzte, was sie brauchte, war mehr Verantwortung.

Richard freute sich. Ich mich weniger. Ich habe ein Problem mit Vögeln im Käfig. Allerdings haben zahme Graupapageien nur eine geringe Überlebenschance in Kalifornien, also der Käfig beschützt sie eigentlich. Dann sollte es wenigstens der größte Käfig sein, den wir unterbringen können. Joey landete in unserer großen Wohnküche und bekam einen Käfig, der eineinhalb Meter hoch und zwei Meter breit ist. Dummerweise haben wir aber schon drei Katzen, und eine davon, Barney, freute sich: »Oh, Nachtisch? Für mich?«

Und da gab es noch ein anderes Problem: sein Fliegen. Wenn er frei fliegen könnte, würden unsere Katzen pausenlos hinter ihm herjagen. Außerdem ist unsere Küchentür meistens offen und mit Kindern auch nicht zuzuhalten. Also wurde uns vorgeschlagen, seine Federn zu stutzen, damit wir ihn leichter aus und in den Käfig tragen können.

Mit alldem fühlte ich mich nicht besonders wohl und bat Samantha, meine Freundin, die mit Tieren spricht, doch zu fragen, ob Joey glücklich ist. Samantha bestätigte Joeys Wohlbefinden, aber ich wurde trotzdem mein Schuldgefühl nicht los. Mittlerweile lasen wir alle Literatur über diesen Papagei, und uns wurde klar, wieviel Zeit er beansprucht. So saß ich die ersten Wochen oft bei ihm und sprach mit ihm. Schleppte ihn ab und zu in mein Studio mit und ließ ihn draußen vor meinem Fenster sitzen (dafür gab es einen extra kleineren Käfig). Ich fühlte mich, als ob ich plötzlich noch ein Kind hätte, und konnte Daves Frau gut verstehen. Ich hatte andere Sachen zu tun und war plötzlich eine ungewollte Vogelmama. Aber Richard war glücklich.

Joey sprach und lernte immer mehr von uns, wir hatten uns auch einen kleinen Kletterbaum für ihn geholt, der neben unserem Küchentisch stand. Beim Abendessen sahen wir immer wie eine »Disney-Familie« aus: rechts oben der Vogel, unter dem Tisch mindestens eine Katze und unser Hund gleich daneben.

Und obwohl wir diese Zeit des Abendessens gemeinsam mit Joey hatten, konnte ich mich des Gefühls nicht erwehren, daß er bei einer anderen Familie besser aufgehoben wäre. Eine, die sich auch tagsüber mehr um ihn kümmern würde. Richard wollte von alledem nichts wissen. Er liebte Joey und wollte ihn behalten.

Zwei Tage später flog er davon.

Eigentlich könnte er das nicht, da ja seine Federn gestutzt waren. Aber da muß irgend etwas beim letzten Mal falsch gelaufen sein. Ich holte Joey an diesem Montag von seinem »Hauskäfig« und nahm ihn mit nach draußen. Es war ein herrlicher Tag, und ich wollte ihm ein bißchen Sonne gönnen. Gerade als ich den Außenkäfig öffnen wollte, streckte Joey seine Flügel aus und flog über die Grasfläche im Garten in die Büsche. »Um Himmels willen«, dachte ich nur noch. Ich rannte Joey hinterher. Ich rief seinen Namen, und Julia nahm schnell alle drei Katzen und sperrte sie im Haus ein. Wir krochen durch jeden Busch und riefen seinen Namen. Wenn sich Joey erschreckt, dann ist er still.

Und er muß sich wohl sehr erschrocken haben. Er gab keinen Pieps von sich. Wir holten nach einer Weile einen Kassettenrecorder und spielten mit voller Lautstärke seine Lieblingsmusik. Aber Joey kam nicht.

Ich rief Samantha an. Samantha erklärte mir das Problem: »Hausvögel sind an Wände gewöhnt. Die fliegen also zu einer Wand, drehen um und fliegen wieder zurück. Wenn so ein Hausvogel im Freien davonfliegt, dann fliegt er, bis er an eine Wand kommt. Aber im Freien gibt es keine. Deshalb fliegen sie oftmals so weit von zu Hause weg, denn sie wissen sich nicht anders zu helfen. Sie suchen ihre Wand. Halte in Gedanken das Bild fest, daß Joey umdrehen und zurückfliegen muß.«

Und dann kam Richard nach Hause. Er war beim Zahnarzt und noch leicht benommen. Er legte sich sofort hin, um sich auszuruhen. Er hatte Schmerzen. Auch das noch! Wann sage ich ihm, daß wir Joey verloren haben? Und noch dazu, nachdem ich meinte, er solle vielleicht doch lieber bei einer anderen Familie wohnen. Gott sei Dank weiß Richard, daß ich den Vogel nicht freiwillig loslassen würde.

Ich holte tief Luft und setzte mich neben ihn. Wie erwartet war er entsetzt. Und da kam mir der Gedanke nach einem Gebet.

»Bist du bereit, für Joeys Rückkehr zu beten?« fragte ich ihn. Mein Mann, der mit meinem Weg nur am Rande zu tun haben will, zögerte keine Sekunde: »Ja.« Ich war überrascht. Das hatte ich nun doch nicht erwartet.

Also sprachen wir ein gemeinsames Gebet und baten um Joeys Rückkehr. Ich fügte in meinen Gedanken noch einen Nebensatz hinzu: »Nur dann, wenn es auch im besten Interesse von Joey ist.« Ich war mir immer noch nicht sicher, ob nicht doch eine andere Familie besser für ihn wäre.

Es wurde Abend. Zwei Stunden nach unserem gemeinsamen Gebet klingelte das Telefon. Es war Linda, die »Papageiendame«. Der erste Gedanke, der mir kam, war: »Jetzt hat sie die wahren Besitzer gefunden, und ich habe den Vogel verloren.«

Linda fragte mich, ob ich Joey noch hätte.

Ich druckste ein bißchen herum: »Ja, das ist eine ganz komische Geschichte… (immer noch annehmend, daß sie die Besitzer gefunden hätte)… er ist uns heute davongeflogen. Wir hoffen natürlich, daß er zurückkommt.«

Lindas Antwort kam überraschend: »Ich glaube, ich habe Ihren Vogel. Er ist in der Nähe gefunden worden, und dann hat man mich angerufen.«

»Ich komme sofort.« Julia und ich fuhren die paar Kilometer zu Lindas Haus, und da war er auch schon. Leicht durcheinander, aber glücklich. Er klammerte sich an meinem Rücken fest: »Endlich!« schien er zu denken.

Bei ihr erfuhren wir dann auch die ganze Geschichte: Joey flog von unserem Haus, das auf einem Hügel steht, hinunter ins Tal und landete auf einem Tisch im Garten einer Familie. Die Haushälterin sah ihn zuerst. Zur selben Zeit war auch ein Mann im Vorgarten, der gerade etwas ablieferte. Afrikanische Graupapageien sind teure Tiere, und der Mann ging zielstrebig auf den Papagei zu, um ihn einzufangen. Die Haushälterin wußte instinktiv, daß er ihn verkaufen wollte, und kam ihm zuvor. Joey sprang schnell auf ihren Arm, was er sonst übrigens nie tun würde! Sie brachte ihn ins Haus und sperrte ihn in einem Badezimmer ein. Dann kam die Familie zurück. Die Frau und ihre beiden Kinder standen nun etwas ratlos vor diesem Papagei. Was nun?

Da klingelte das Telefon, und eine Freundin war am Telefon. Die Frau wollte das Gespräch mit der Bemerkung, daß die Familie gerade einen Papagei gefunden hätte, kurz abwimmeln. Die Freundin am Telefon wußte die Lösung: »Ich habe gerade zufällig die ›Verloren-und-gefunden‹-Anzeigen durchgeschaut, was ich übrigens nie tue, und da war eine Annonce von einem verlorenen Graupapagei drin.« Sie gab ihr die Nummer. Die Frau, die Joey im Badezimmer hatte, rief die Nummer an und erreichte Linda. Linda ließ sich den Vogel beschreiben, und obwohl sie schnell merkte (aufgrund der Augenfarbe), daß es sich nicht um ihren Vogel handelte, fuhr sie trotzdem hin, um sich den Vogel anzuschauen. Sie wurde gebeten, den Papagei doch mitzunehmen, da die Familie keine Ahnung hatte, was sie mit so einem Tier machen sollte. Dann rief Linda bei uns an, denn sie hatte sich damals unsere Telefonnummer notiert. Joey kam wieder nach Hause. Die Kraft eines Gebetes! Richard freute sich und hat seither ein etwas anderes Verständnis für Gebete …

Die Wahrscheinlichkeit des Zusammentreffens all dieser Umstände – die Haushälterin, die schnell reagiert, die Freundin, die zum richtigen Zeitpunkt anrief und die die Annonce »ausnahmsweise« gelesen hat, Linda, die diese Annoncen nur »ab und zu« aufgibt und sich auch noch damals unsere Telefonnummer aufschrieb – ist wie groß? Eins zu soundso viel Millionen? Um dem Ganzen noch die Krönung aufzusetzen: Die Frau, die den Papagei fand, ist eine enge Freundin eines Kollegen meines Mannes.

Doch was ist, wenn man um ein Wunder bittet und nichts passiert? Wir wissen, es liegt nicht daran, daß Gott einige von uns lieber mag als andere. Das kann nicht sein. Aber wir wissen auch, daß wir unsere Wünsche erfüllt bekommen, wenn sie durch das Fenster des Glaubens passen und wenn sie in unserem höchsten Interesse sind. Doch was machen wir in Momenten, in denen wir unsicher sind. In denen wir Erlebnisse haben, die wir uns einfach nicht erklären können?

Zarathustra beantwortete diese Frage mit einer Frage, die wir in einer Meditation stellen sollen. »Ich erwarte nur Segnungen in meinem Leben. Was ist der Segen in diesem Erlebnis?« Anstatt sich also zu beschweren über den »Misthaufen«, sucht man nach der »Perle« darin.

Vor einiger Zeit hatten wir einen Rasensprinkler, der tropfte. Ich nahm das am Sonntagabend zur Kenntnis und dachte mir, daß ich mir am nächsten Morgen den Klempner rufe. Am Montag schaute ich zufällig in die Ecke, in der der Sprinkler tropfte, und er war verschwunden. In einem zwei Meter tiefen Krater, der auch noch die äußere Hälfte von einem Hügel weggerissen hatte. Statt einer harmlosen Sprinklerreparatur sah ich einem teuren Projekt entgegen. Die eine Seite des Hügels mußte abgetragen, dicke Betonpfosten in den Boden gestampft werden, damit dieser Teil des Hügels wieder haltbar gemacht wird. In unmittelbarer Nähe steht unser Haus, und das haben wir gern auf solidem Grund.

Ich meditierte und fragte: »Was ist der Segen darin?« Ich konnte jedoch keine Antwort erkennen. Ich behielt den Gedanken dennoch in meiner Wahrnehmung und erwartete, daß ich bald von jemand anderem die Segnung in diesem Ereignis erfahren würde. Selbst wenn ich sie noch nicht erkennen konnte. Ein paar Tage und ein paar tausend Dollar später kam Dave, unser Bauleiter, auf mich zu.

»Noch mal Glück gehabt«, meinte er.

Ich schaute erstaunt.

»Wir haben gerade ein noch größeres Problem gefunden. Vorne am Hauseingang sind die Rohre beinahe verstopft gewesen, und wenn wir das durch die Arbeiten an diesem Krater nicht rechtzeitig entdeckt hätten, dann hätte es beim nächsten Regen einige von diesen Rohren zerrissen, und das wäre dann wirklich sehr teuer geworden.«

Ein Problem, das ohne diesen Hügelabsturz nicht entdeckt worden wäre. Also doch. Es gab einen größeren Segen darin.

Doch wie kommt nun dieses Vertrauen zustande? Wie fängt man an, dieses Fenster des Glaubens weiter und weiter zu öffnen?

Durch Ausprobieren und die Erfahrung, die dann folgt.

Indem wir mehr und mehr das tun, was wir in unserem Leben lernen.

Indem wir mehr und mehr der Sehnsucht unserer Seele vertrauen und von dort aus Erfahrungen machen, die diese Erlebnisse bestätigen.

In meinem Leben gab es früher keine Wunder, da gab es Zufälle. Und die waren auch nicht halb so spannend wie meine Wunder.

Da gab es die Situation, die erst kürzlich passiert war. Wir waren über ein verlängertes Wochenende beim Skifahren gewesen und wollten am Sonntag nachmittag wieder zurückfliegen. Der Flughafen in dem Skiort Aspen ist klein und umgeben von Bergen. Oftmals werden dort Flüge wegen der schlechten Sicht abgesagt. Wir waren mit Freunden auf dem Weg zu einer kleinen Maschine, die uns zurückbringen sollte. Als wir in die Maschine einstiegen, konnten wir an dem Gesicht der Flugbegleiterin erkennen, daß irgend etwas nicht stimmte.

»Das Wetter sieht sehr schlecht aus«, erklärte sie uns, »wir versuchen, hier rauszukommen, aber es sieht nicht gut aus. Wir müssen diese Berge vor uns sehen, und wenn nicht, sitzen wir hier wahrscheinlich über Nacht fest.«

Wir setzten uns und schnallten uns an. Neben mir saß meine Freundin Lisa, hinter mir mein Mann und daneben Peter, Lisas Mann. Ich wollte nach Hause und hatte kein Interesse, nochmals auszupacken. Ich schloß meine Augen und betete. Kurzfristig kam der Gedanke hoch, daß ich mich vielleicht doch lieber mit Lisa, die neben mir saß, unterhalten möchte. Aber ich schob den Gedanken weg. Nein. Hier braucht es Fokussierung.

Neben dem Gebet hielt ich zwei Wünsche konzentriert fest: den Wunsch heimzufliegen und den Wunsch, daß »dein Wille geschehe«. Denn wenn so ein Flug nicht sein soll, dann will ich ihn auch nicht.

Eine meiner Freundinnen hatte Zarathustra einmal gefragt: »Wann weiß ich, daß das Ergebnis eines Wunsches Gottes Wille ist und deshalb vielleicht nicht in Erfüllung geht, und wann habe ich mich nicht genug konzentriert und meine Meisterschaft einfach noch nicht erreicht?«

Zarathustras Antwort war wie immer faszinierend klar: »Erkläre deine Absicht, und was dann folgt, ist Gottes Wille.«

Das bedeutet, daß, wenn ich mich hier konzentriere und wir nicht abfliegen, das dann nicht in unserem besten Interesse wäre.

Ich stellte mir also vor, daß sich vor unserem Flugzeug im Himmel eine Klarheit breitmachte. Das Wolkenbett würde aufgerissen – und wir könnten durch diese Öffnung aus Aspen wegfliegen. Ich hielt diese Vision und den Gedanken »Dein Wille geschehe« fest und konzentrierte mich nur darauf. Alle anderen Gedanken, die mich ablenken wollten, ließ ich nicht zu.

Nach zwanzig Minuten setzte sich das Flugzeug plötzlich in Bewegung, obwohl uns erst fünf Minuten vorher noch mal gesagt worden war, daß wir hier vielleicht eine Zeitlang warten müßten. Dann blieb die Maschine plötzlich wieder stehen. Ich hatte meine Augen immer noch hochkonzentriert geschlossen und hörte, wie Peter, Lisas Mann, zu meinem Mann sagte: »Das ist ein schlechtes Zeichen, die lassen die andere Maschine vorbei, wir müssen hintanstehen, ich glaube, das war's dann.«

Ich ließ mich nicht beirren und erlaubte meinen Gedanken nicht, dieser Idee zu folgen. Ich hielt weiter das Bild dieser Öffnung und ein »Dein Wille geschehe« in meinen Gedanken. Wir hörten dann vom Piloten durch die Lautsprecheranlage, daß wir die nächsten zum Abflug sind.

Fünf Minuten später waren wir dann in der Luft. Wir flogen. Ich schickte meinen Dank nach oben. Ich öffnete die Augen. Lisa drückte meine Hand. »Danke«, sagte sie.

Ich antwortete, mit einem Blick nach oben: »Schick den Dank nach oben, wo er hingehört.« Sie schaute mich lange an und meinte dann: »Trotzdem, auch dir ein Danke.«

Ein paar Minuten später kam die Flugbegleiterin vorbei. Dem Paar vor mir gab sie folgende Information: »Das war wirklich ein Zufall! Wir, die Crew, hatten schon Zimmer in Aspen bestellt, denn wir waren sicher, daß wir hier heute nicht rauskommen. Und plötzlich, aus heiterem Himmel, klarte es sich vollkommen unerwartet auf über dem Berg, den wir überfliegen müssen. Da war ein Korridor, und durch den sind wir alle raus.«

Lisa schaute mich an, ich schaute Lisa an. Ich jubelte!

In diesem Jubel meinte Peter von hinten: »Glaubst du, daß das dein Verdienst ist?«

Eine Frage, die einige Gedanken in mir auslöste. Bin ich arrogant, daß ich glaube, ich hätte etwas damit zu tun? Wo bleibt meine Demut? Oder ist es einfach eine Tatsache, etwas, was durch mein Lernen und mein Erfahren entstanden ist. Und würde ich mich kleinmachen, wenn ich nicht anerkenne, wozu ich in der Lage bin? *Wozu wir übrigens alle in der Lage sind!*

Wir sind alle auf dem Weg zur Meisterschaft. Und wenn ich heute einen Sportler sehe, der einen Rekord aufstellt, werde ich dann von ihm erwarten, daß er sagt: »Ich habe damit nichts zu tun«? Und erwarte ich von einem Wissenschaftler, der ein neues Serum entwickelt, die Antwort: »Das ist nicht mein Verdienst?« Wenn unsere Tochter eine gute Note für ihre Mathematikprüfung nach Hause bringt, wird sie mir antworten, wenn ich sie lobe: »Mama, das ist nur zufällig passiert«? Der Sportler, der Wissenschaftler und unsere Tochter haben dafür gearbeitet. Haben sich konzentriert, haben sich bemüht, haben immer und immer wieder probiert. Und irgendwann einmal fing es an, leichter zu werden. Irgendwann einmal kamen die Ergebnisse. Also, ist es unser Verdienst?

Ich drehte mich zu Peter um und schaute ihn an. Und zum ersten Mal in meinem Leben machte ich mich nicht kleiner, als ich war. Ich schaute ihn an und sagte: »Ja, mit Gottes Hilfe, das ist mein Verdienst.« Und ich nahm endlich an, was ich mir erarbeitet hatte ...

Daß sich diese Zusammenarbeit mit meinem himmlischen Vater jetzt so zeigt, hat mit meiner Ergebenheit, meinem Willen und meiner Sehnsucht zu tun. Und dafür war und bin ich selbst verantwortlich.

Aber diese Wunder können ohne eine Zutat nicht entstehen: die Achtung vor der Heiligkeit in allem. Ob es sich nun um vermeintlich banale Dinge unseres Alltags handelt oder um Ereignisse, die uns nachhaltig bewegen: Alles in unserer Umgebung hat einen Engel – einen Spirit –, der sich darum kümmert. Vom Wetter bis zum Computer, von der Autobahn bis zur Zimmerpflanze, von Parkplätzen bis zu Abflüssen. Es ist der Auffassung von den Heiligen im Christentum nicht ganz unähnlich. Auch da hat jeder sein eigenes »Aufgabengebiet«: Christophorus ist für die Reisenden zuständig, Sankt Stephanus bei Kopfweh, der Apostel Johannes für Schriftsteller, der heilige Hubertus für Hunde...

Angenommen, ich brauche für ein Gartenfest schönes Wetter. Dann ist das erste, was ich tue, daß ich mich beim Regen bedanke. Für das, was er tut. Ich sage, daß es ohne ihn kein Leben gebe. Daß ohne ihn nichts wachsen würde. Ich achte den Regen. Dann bitte ich um die Gnade, daß er für mein Gartenfest sich selbst zurückhält. Und ich bedanke mich dafür. Ich mache mir anschließend keine Sorgen mehr, ob das denn nun klappen könnte oder nicht. In dem, was ich weiß und gelernt habe, wird mir der Regen meinen Wunsch erfüllen. Da gibt es eine Ausnahme. Wenn ich die Heiligkeit in allem achte, dann akzeptiere ich selbstverständlich den »Überblick«, den der Regen hat. Er hat wie wir seine Aufgabe. Und die muß er als erstes erfüllen. Wenn also das Land den Regen dringend braucht, dann wird es auf meiner Gartenparty regnen.

Erinnern wir uns nur an den Visionquest, bei dem es nachts regnete. Das mußte geschehen, denn es war wichtig für die Erfahrung aller Teilnehmer. Mein Wunsch wurde nicht erfüllt. Aus einem guten Grund. Und ich bin froh und dankbar, daß ich nur das bekomme, was allen nutzt.

Auch bei der Situation auf dem Flughafen in Aspen fügte ich hinzu: »Dein Wille geschehe.« Damit achtete ich, daß es vielleicht einen Grund geben konnte, warum ich dort bleiben sollte. Ich mache, was ich kann. Ich verlasse mich darauf, daß mir die Spiritwelt zuhört, und erwarte dann gelassen das Ergebnis.

Das wichtigste Ergebnis ist aber die Veränderung in uns selbst. Meine Wünsche haben sich verändert. Wer ich sein will, hat sich verändert. Und das durch mehr Klarheit, wie das Universum funktioniert. Wenn wir unsere Kraft nach außen verlegen, dann haben wir das Wichtigste übersehen: die Macht, die wir haben, uns innerlich zu verändern. Denn erst danach wird sich ganz natürlich auch die Welt um uns herum verändern. Das größte Wunder ist nicht, daß der Regen aufhört, wir einen Parkplatz kriegen oder etwas wiederfinden, was wir verloren glaubten. Unser größtes Wunder ist, daß wir uns selbst verändern können. Und in dieser Veränderung entstehen auch unsere neuen Träume, unsere neuen Wünsche. Daraus wächst immer mehr Klarheit, in welche Richtung uns die Sehnsucht unserer Seele zieht. Wir erkennen uns selbst wieder. In unserem Ursprung und in der Liebe, die uns allen eigen ist. Das wünsche ich mir für uns alle von Herzen.

Das hier sind die letzten Zeilen dieses Buches. Ich bedanke mich für Ihre Zeit und Ihre Aufmerksamkeit. Ich wünsche mir sehr, daß Sie das hier Gesagte nur als Inspiration annehmen. Es ist nicht »das Amen in der Kirche«, nicht »die einzige gültige Wahrheit«. Alles, was ich geschrieben habe, ist *meine* Wahrheit, so wahr mir Gott geholfen hat. Worauf ich mich allerdings verlassen kann, ist, daß zu meiner Wahrheit jeden Tag etwas Neues hinzukommt. Denn wir alle wachsen. Bitte prüfen Sie für sich selbst, was sich davon richtig für Sie anfühlt, und entscheiden Sie, ob es hier etwas gibt, was Sie ausprobieren wollen.

Dieses Buch ist aus Erfahrungen entstanden. Ich wurde inspiriert. Mit Gottes Hilfe sowie derjenigen seiner Engel und meiner Mitmenschen. Und dann ging es ans Ausprobieren. Denn Erfahrungen kann man sich nicht erlesen, Erfahrungen können nicht von anderen für einen gemacht werden. Erfahrung macht man selbst.

Ich werde von Lesern meiner Bücher oft gefragt, wie sie denn die neuen Informationen in ihr Leben integrieren und selbst Erfahrungen machen könnten. Deshalb hat dieses Buch im Anhang eine Art »Erfahrungsprogramm«. Ein »Erfahrungsprogramm für Meister«. Erinnern wir uns an Zarathustras Worte: »Ein Meister lebt in Frieden, selbst im Chaos.« Es ist dieser Frieden, den wir uns am meisten ersehnen. In dem Erfahrungsprogramm gibt es nun einige Ideen, die Ihren Weg zur Meisterschaft unterstützen sollen. Jetzt geht es ums »Machen«. Wir wissen: gute Gedanken, gute Worte, gute Taten. Das System, das Sie am Ende dieses Buches finden werden, ist für ein Jahr geplant. Oder auch länger. Je nachdem, wieviel Zeit oder Lust Sie dafür aufwenden wollen.

Für jede Woche gibt es einen Gedanken, eine Idee, bei der Sie – wie immer – die Wahl haben: sie auszuprobieren oder seinzulassen. Es ist spannend, herauszufinden, wie man darauf reagiert. Die Ideen sind recht kurzgefaßt, da ich nur allgemeine Anregungen gebe. Es liegt an Ihnen, wie spezifisch sie sein sollen. Sie werden bestimmt, entweder durch Meditation oder Ideen, Ihre eigenen Gedanken dazu finden. Und wenn Sie einmal über Wochen keine Lust oder keine Zeit haben, dann erlauben Sie sich das einfach. Das ist kein Wettkampf, bei dem einer besser ist als der andere. Es ist Ihre Wahl, wie aktiv Sie dabei sein wollen. Denn wir sagten schon: Unser Schicksal ist kein Bus, den man verpassen kann. Unser Schicksal ist ein Busbahnhof, und wann immer wir bereit sind, wird ein Bus auf uns warten. Und wann wir dazu bereit sind, entscheiden wir selbst.

Falls Sie sich entschließen sollten, der Sehnsucht Ihrer Seele zu folgen, kann ich Ihnen aber eines versprechen: Ihr Leben wird anders werden. Denn die Lust, seinen eigenen Weg zu finden, ist durch nichts zu ersetzen. Erinnern wir uns auch an den Vergleich mit dem Puzzle: Jedes Stück ist anders, und aus der Zusammensetzung dieser Andersartigkeit ergibt sich ein herrliches Bild. Lassen Sie uns unsere Andersartigkeit zelebrieren, wohlwissend, daß wir alle den gleichen Ursprung haben.

Sie wissen um Gottes Segen für Sie und Ihren Weg. Freuen Sie sich darauf! Daß wir uns wohler und glücklicher fühlen, ist ein Versprechen.

Licht und Liebe und Gottes Segen.
Fühlen Sie sich umarmt.

Sabrina Fox

Erfahrungsprogramm
für Meister

Dieses Erfahrungsprogramm ist so gestaltet, daß Sie ein Jahr lang jede Woche eine neue Aufgabe erhalten. Es liegt an Ihnen, wie intensiv Sie dieses Programm gestalten wollen. In jeder Woche gilt es, sich an etwas Neues zu gewöhnen. Stellen Sie sich ein auf den Kopf gestelltes Dreieck vor. Die Spitze unten stellt den Beginn eines neuen Lebens für uns dar. Durch die neuen Erfahrungen erweitern wir unsere Wahrnehmung und erreichen ein Leben, in dem wir »offen« sind, in dem wir bedingungslos und vorurteilsfrei lieben. Seien Sie dabei nicht zu streng mit sich selbst. Wir würden ein Baby, das gerade laufen lernt, auch nicht beschimpfen. Wir wachsen ganz natürlich in eine neue Wahrnehmung hinein. Wir verlassen unsere alten Gewohnheiten. Neues gewöhnen wir uns in der Regel nach etwa einundzwanzig Tagen an. Deshalb ist jede Aufgabe in einer neuen Woche lediglich der Anfang für eine konstante Veränderung in der Zukunft. Einige der Erfahrungen sind nur spezifisch für eine Woche konzipiert. Andere sollten fortgeführt werden, um die Erweiterung dieses auf den Kopf gestellten Dreiecks zu erreichen. Fühlen Sie selbst, welche für Ihre Erfahrung wichtig sind.

Falls die Realisierung des einen oder anderen Vorschlags in einer bestimmten Woche nicht möglich ist, so verschieben Sie ihn einfach nach hinten. Überlegen Sie sich aber vorher genau, ob es sich dabei nur »um eine Ausrede« handelt. Und wenn ja, was es denn ist, das Sie davon abhält.

Manche von uns würden vielleicht denken, daß man diese Wochenerfahrungen auch in Tagen erledigen kann. Lassen Sie sich Zeit damit. Eine Woche ist nicht viel, wenn man bedenkt, wieviel Verpflichtungen wir sowieso schon haben. Setzen Sie sich nicht unnötig unter Druck.

Bitte schreiben Sie sich Ihre Erfahrungen auf. Dazu würde ich Ihnen ein separates Journal empfehlen, in dem Sie Ihre Gedanken, Worte und Taten festhalten können.

Genießen Sie Ihre neuen Erfahrungen. Erlauben Sie sich den Mut dazu, er ist in uns allen vorhanden. Und bitten Sie um Unterstützung, das himmlische Universum möchte Ihnen gern helfen.

Vorschlag für 52 Aufgaben im Erfahrungsprogramm für Meister

 1. Meditation
 2. Benutzen der Phantasie
 3. Das Wahrnehmen des anderen
 4. Vergebung
 5. Ungesunde Angewohnheiten loslassen
 6. Pink im Herzen tragen
 7. Sich entschuldigen
 8. Freude empfinden
 9. Das »Zimmer des Selbstmitleids« meiden
10. Dankbarkeit erleben
11. Abfall aufheben
12. Kein Klatsch
13. Umarmen
14. Angewohnheiten verändern
15. Nicht über sich selbst sprechen
16. Stille
17. Freunde anerkennen
18. Sterne betrachten
19. Kein Fernsehen, keine Radio, keine Zeitung
20. Den Kleiderschrank ausmisten
21. Die Erde fühlen
22. Die Wahrheit sprechen
23. Komplimente machen
24. Mit dem Wind reden
25. Tanzen
26. Hilfe annehmen

27. Unnütze Aktivitäten aufgeben
28. Körperbewußt leben
29. Eine Nacht im Freien schlafen
30. Sich nicht beschweren
31. Hilfe anbieten
32. Überflüssiges hergeben
33. Nur zustimmen, wenn man es möchte
34. Einen Tag »faul« sein
35. Wünsche mitteilen
36. Botschaften finden
37. Eine Schlafoase schaffen
38. Gott durch unsere Augen sehen lassen
39. Andere Meinungen zulassen
40. Mit einem Bettler reden
41. Düfte
42. Ohne Erwartungen sein
43. Etwas Ungewöhnliches tun
44. Genießen Sie Ihre Weiblichkeit/Männlichkeit
45. Der Austausch von körperlicher Liebe
46. Mit dem Pflanzenreich kommunizieren
47. Konflikte lösen
48. Einen anderen Standpunkt verstehen
49. Etwas hergeben
50. Kindlicher Spaß
51. Im Jetzt leben
52. Verständnis zeigen

Diese Liste ist auf keinen Fall vollständig und auch nicht verbindlich. Es sei denn, sie wird wichtig – durch Ihre neuen Erfahrungen, die »Glauben« in »Wissen« verwandelt haben.

Doch einer Sache bin ich mir sicher: Sie werden in den letzten Wochen viele Erfahrungen gemacht haben und könnten wahrscheinlich selbst ein Buch darüber schreiben. Falls Sie sich dazu aufgerufen fühlen, dann beginnen Sie doch einfach damit!

1. Woche
Meditation

Beginnen Sie, regelmäßig zweimal am Tag zu meditieren. Jeweils mindestens zwanzig Minuten. Gewöhnen Sie es sich an wie das Zähneputzen. Falls Sie schon meditieren, konzentrieren Sie sich einfach darauf, keine der Meditationen in Zukunft zu verpassen. Diese Zeit der Stille ist für unsere Seele so wichtig wie für unseren Körper das Atmen. Kreieren Sie sich einen Platz zum Meditieren. Das mag einfach nur eine kleine Ecke oder das Aufbauen eines Altars nach Ihren Wünschen sein. Denken Sie an eine Kerze, die nicht nur Ihr Licht, sondern auch das ewige Leben repräsentiert.

Mögliche Meditationen:
1. Hören Sie einfach Ihrem Atem zu.
2. Stellen Sie sich vor, Sie kreieren einen luftdichten Kreis in Ihrem Kopf, in den nichts eindringen kann, und setzen Sie sich hinein.
3. Tonen Sie (sanfte Töne, die ganz natürlich aus Ihnen kommen).
4. Meditieren Sie mit einer Meditationskassette, zu der Sie sich hingezogen fühlen. (Es gibt auch eine, die von mir besprochen wurde [Adresse am Ende des Buches]).
5. Suchen Sie sich einen Meditationslehrer, und lassen Sie sich einführen.

2. *Woche*
Benutzen der Phantasie

Oftmals wissen wir zwar, was wir nicht wollen, haben uns aber eigentlich noch keine ausführlichen Gedanken gemacht, *wie* wir sein wollen. Beginnen Sie diese Woche damit, sich auszumalen, wie Sie sein wollen und wie Sie sich Ihr Leben vorstellen. Setzen Sie Ihre Phantasie ein (wie damals, als wir Kinder waren), und bremsen Sie sich nicht durch Gedanken wie »Das klappt eh nicht«, »Das ist ja unmöglich« oder »Wieso ausgerechnet ich?«

Trainieren Sie es, Ihrer Phantasie freien Lauf zu lassen. Wo immer Sie sind, wo immer Sie warten, im Auto, unter der Dusche, vor dem Einschlafen: Kreieren Sie sich in Ihrer Phantasie Ihr zukünftiges Leben.

3. *Woche*
Das Wahrnehmen des anderen

Schauen Sie in dieser Woche jedem Lebewesen, dem Sie begegnen, in die Augen. Nicht nur den Menschen, sondern auch den Tieren. Das ist kein Starren, sondern ein offenes Austauschen, ein Wahrnehmen. Lächeln Sie dabei. Vergessen Sie nicht den Kollegen auf dem Flur, die Nachbarin im Treppenhaus, die Verkäuferin an der Kasse, den Passanten auf der Straße.

4. *Woche*
Vergebung

Erinnern Sie sich an alles, was Sie vom Leben und unseren Seelenerfahrungen wissen. Jeder, der Ihnen etwas zugefügt hat, wußte es nicht besser. Sonst hätte er/sie das nicht gemacht. Er oder sie waren ein Teil unseres »Trainingsprogramms«. Versuchen Sie zu vergeben. Falls es Ihnen noch nicht möglich ist, dann sagen Sie einfach: »Wenn ich doch nur vergeben könnte. Ich wünschte mir, daß ich Soundso vergeben könnte.«

Und vergeben Sie sich selbst, für vergangene Entscheidungen, die man so und nicht anders getroffen hat. Auch hier gilt, daß wir es anders gemacht hätten, wenn wir gewußt hätten, wie.

Falls Sie in der Zukunft verletzt werden, denken Sie daran, daß Sie dieser Situation – Ihnen zuliebe – sowieso irgendwann einmal vergeben müssen. Also warum nicht gleich?

5. *Woche*
Ungesunde Angewohnheiten loslassen

Suchen Sie sich eine oder mehrere Ihrer ungesunden Angewohnheiten aus, und verzichten Sie diese Woche darauf. Dies kann das Rauchen, das Konsumieren von Alkohol oder von Zucker sein. Suchen Sie sich eine aus, die Ihnen schwerfällt.

Falls Sie nach dieser Woche feststellen, daß Sie Ihre Angewohnheit ganz loswerden wollen, um so besser.

6. *Woche*
Pink im Herzen tragen

Stellen Sie sich vor, daß Sie, egal, wo Sie gehen und stehen – und wann immer Sie daran denken –, die Farbe Pink in Ihrem Herzen und in seiner Umgebung tragen.

7. *Woche*
Sich entschuldigen

Machen Sie sich eine Liste von allen Menschen in Ihrem Leben, bei denen Sie sich gern entschuldigen würden. Auch die eingeschlossen, die »damit angefangen haben« und die sich selbst noch nicht bei Ihnen entschuldigt haben. Machen Sie den ersten Schritt.

Es ist übrigens nicht notwendig, den »alten Kram« wieder aufzuwärmen. Rufen Sie an, oder schreiben Sie einen Brief. Wenn Sie noch nicht in der Lage sind, sich von Herzen zu entschuldigen, dann stellen Sie sich vor, wie Sie sich fühlen werden, wenn Sie das können.

Menschen, die Sie nicht mehr persönlich erreichen können, entweder weil sie aus Ihrem Leben verschwunden sind oder weil sie schon den Körper verlassen haben, werden Sie in Ihrer Meditation erreichen. Schließen Sie die Augen, bitten Sie die Seele dieses Menschen, sich mit Ihrer Seele zu treffen, und sagen Sie dann, was Sie zu sagen haben.

Falls es in dieser Woche nicht zu schaffen ist, können Sie die Übung entweder auf zwei Wochen ausdehnen, oder Sie entschuldigen sich dann, wenn Sie dazu in der Lage sind. Aber halten Sie den Wunsch danach in Ihrer Wahrnehmung fest.

8. Woche
Freude empfinden

Nehmen Sie sich einen halben Tag in der Woche vor, in der Sie das tun, was Ihnen wirklich Freude bringt. Das hat weniger etwas mit ausschlafen oder Freunde treffen zu tun, als mit zum Beispiel Reiten oder Karussell fahren. Und bemühen Sie sich, jeden Tag etwas zu finden, das Sie zum Lachen bringt.

Machen Sie sich eine Liste von all den Dingen, die Ihnen wirklich Spaß machen, bei denen Sie vor Freude lachen müssen. Das kann auch ruhig etwas Neues sein.

9. Woche
Das »Zimmer des Selbstmitleids« meiden

Meiden Sie das »Zimmer des Selbstmitleids«. Falls Sie merken, daß Sie schon die Klinke in der Hand haben, erinnern Sie sich an alles, was Sie wissen. Das »Zimmer des Selbstmitleids« ist ein »Raum« ohne Fenster. Er ist einsam und bringt uns nicht weiter. Denken Sie daran, was Sie schon alles gelernt und wahrgenommen haben, und versuchen Sie, die Situation »im Überblick« zu sehen.

10. *Woche*
Dankbarkeit erleben

Diese Woche bedanken Sie sich für alles. Wachen Sie auf, und bedanken Sie sich für Ihr Leben und die Möglichkeiten, die Ihnen der Tag geben wird. Bedanken Sie sich für Ihr Augenlicht, Ihre Glieder, Ihre Talente, Ihre Familie. Bedanken Sie sich bei den elektrischen Geräten, die Ihr Leben einfacher machen, bei dem Auto, das anspringt, dem Computer, mit dem Sie schreiben.

Bedanken Sie sich bei den Blumen, dem Wetter, den Bäumen, den Nachbarn, den Freunden, den Tieren, den Lebensmitteln, die Sie zu sich nehmen – und bei Gott, daß uns das alles zur Verfügung steht. Halten Sie Dankbarkeit in Ihrem Herzen, selbst wenn es manchmal »chaotisch« wird.

11. *Woche*
Abfall aufheben

In dieser Woche betrachten Sie die Welt als Ihr eigenes persönliches Wohnzimmer. Und natürlich heben Sie auf, was immer da herumliegt. Auch dann, wenn keiner zuschaut.

12. *Woche*
Kein Klatsch

Ohne daß ich das Wort genauer definiere, wissen Sie selbst, was es bedeutet. Diese Woche werden wir weder aktiv daran teilnehmen noch darüber lesen, noch zuhören. Wir versuchen entweder, das Gesprächsthema zu ändern, oder wir ziehen uns zurück.

Allerdings ohne die anderen zu maßregeln. Denn diese machen das Erfahrungsprogramm vielleicht nicht...

---

13. *Woche*
Umarmen

Das wird vielleicht eine Ihrer größten Herausforderungen sein. Sie bieten Umarmungen an. Das kann ganz einfach mit den Worten »Ich gebe heute Umarmungen aus. Möchten Sie eine?« geschehen. Umarmen Sie jemanden, der traurig ist, oder einfach einen Menschen, den Sie lieben. Umarmen Sie so, daß Ihr Herz auf dem Herzen des anderen liegt, und »atmen« Sie durch Ihr Herz den anderen ein. Solch eine Umarmung kann übrigens ein Weilchen dauern. Allerdings lassen wir dann los, wenn der Umarmte sich lösen möchte...

Nehmen Sie ein »Nein« bitte nicht persönlich. Für manche ist es schwierig, sich umarmen zu lassen.

---

14. *Woche*
Angewohnheiten verändern

Während der nächsten sieben Tage verändern Sie Ihre Angewohnheiten. Benutzen Sie die andere Hand zum Zähneputzen, stellen Sie ein neues Frühstück zusammen, fahren Sie eine andere Strecke ins Büro. Falls Sie sich daran gewöhnt haben, die Zeitung zum Frühstück zu lesen, lesen Sie sie zum Mittagessen.

Beobachten Sie sich aufmerksam, und erkennen Sie Ihre Gewohnheiten. Nach einer Woche behalten Sie die, die Ihnen Nutzen bringen und Spaß machen, und lassen die los, die »nur Gewohnheit« sind.

15. *Woche*
Nicht über sich selbst sprechen

Diese Woche hören Sie nur zu und fragen andere. Vermeiden Sie solche Anhängsel wie »Das ist mir auch schon mal passiert« und die anschließende Geschichte über sich selbst.

Wenn es sich beruflich partout nicht vermeiden läßt, dann machen Sie eine Ausnahme. Aber beobachten Sie Ihre Ausnahmen genau. Sind sie wirklich notwendig?

---

16. *Woche*
Stille

Neben der Meditation suchen Sie sich einen Tag in dieser Woche aus, an dem Sie still sind. An dem Sie weder fernsehen noch Musik hören, noch lesen oder lange Liegengelassenes aufräumen. An diesem Tag sind Sie ganz mit sich allein. Falls Sie Kinder und keinen Babysitter haben, dann tauschen Sie mit Ihrem Lebenspartner oder einer anderen Mutter beziehungsweise einem anderen Vater (»Ich nehme deine Kinder, morgen nimmst du meine«). Beobachten Sie auch, was Ihnen da so als Ausrede zu dieser Aufgabe einfällt.

Verbringen Sie Zeit mit sich. Gehen Sie spazieren (aber nicht zum Schaufensterbummel...), betrachten Sie die Pflanzen, die Steine, Ihre Umgebung. Träumen Sie vor sich hin.

Wie bei all den bisherigen Vorschlägen liegt es an Ihnen, ob Sie das jede Woche machen wollen. Es kann später dann auch für ein paar Stunden oder nur einen halben Tag sein. Oder vielleicht doch sogar eine ganze Woche...

17. Woche
Freunde anerkennen

Schreiben Sie an Ihre Familie, Ihre Freunde und Kollegen Briefe. Beschreiben Sie darin, was Sie an ihnen besonders schätzen, wie wichtig sie in Ihrem Leben und wie dankbar Sie für ihre Liebe und ihre Freundschaft sind. Beziehen Sie da auch die Menschen mit ein, die Ihnen jetzt gerade oder im Laufe der Woche in den Sinn kommen.

---

18. Woche
Sterne betrachten

Falls es das Wetter erlaubt, betrachten Sie diese Woche nachts die Sterne und den Mond. Ansonsten verschieben Sie die Maßnahme auf einen späteren Zeitpunkt, wenn es klarer ist.

Stellen Sie sich vor, was für einen »Überblick« man da oben hat, und malen Sie sich aus, wie es wäre, wenn Sie Ihr Leben oder eine bestimmte Situation von dieser Perspektive aus betrachten könnten. Falls Sie einen Balkon oder einen Garten haben, verbringen Sie die letzte Zeit vor dem Einschlafen draußen mit dem Blick nach oben; am besten auf der Erde liegend. Ansonsten lehnen Sie sich aus dem Fenster, um einen Blick nach den Sternen zu erhaschen. Im Bett schließen Sie die Augen, stellen sich den Nachthimmel vor, und halten Sie dieses Bild, bis Sie eingeschlafen sind.

Schreiben Sie am nächsten Morgen Ihre Träume auf. Falls Sie sich Ihre Träume noch nicht merken können: Wenn Sie aufwachen, bewegen Sie sich nicht, sondern überlegen sich erst einmal, was Sie geträumt haben. Oftmals ist es einfach nur eine kurze Szene, an die wir uns erinnern. Wiederholen Sie in Gedanken diesen Ausschnitt, und dann werden sich bald andere hinzufügen.

Wenn Sie mehrere Szenen zusammenhaben, dann schreiben Sie sich diese auf.

19. Woche
Kein Fernsehen, kein Radio, keine Zeitung

Versuchen Sie, diese Woche oder länger auf alle möglichen Nachrichten zu verzichten. Beobachten Sie auch hier Ihre Reaktionen: Oftmals sind wir besorgt, daß wir »etwas verpassen«.

20. Woche
Den Kleiderschrank ausmisten

Gehen Sie durch Ihren Kleiderschrank, und suchen Sie sich die Sachen aus, die Ihnen wirklich gefallen. Fangen Sie an, nur diese zu tragen. Bemühen Sie sich, auszusortieren, was Ihnen nicht mehr entspricht.

Geben Sie persönlich diese Kleidungsstücke an Menschen, die sie brauchen, weiter. Sie können auch gern Pakete zusammenpacken und sie einem Heim für Asylbewerber, einem Frauenhaus oder einem Obdachlosenheim geben. Aber nicht vergessen: *persönlich* dem Menschen, der es braucht. Vielleicht sogar mit einer Umarmung…

21. *Woche*
Die Erde fühlen

Nehmen Sie sich diese Woche Zeit zum Barfußgehen. Fühlen Sie die Erde unter Ihren Füßen. Gehen Sie barfuß spazieren. (Ja, die Leute werden schauen... lächeln Sie einfach zurück. Vielleicht werden Sie sogar gefragt, warum Sie das tun.) Und versuchen Sie, mindestens einmal in dieser Woche eine Möglichkeit zu finden, daß Sie sich nackt auf die Erde legen können.

Auch hier denken Sie an das Wetter. Es muß warm und angenehm sein. Legen Sie sich auch nicht auf eine Decke, sondern lassen Sie zu, daß Ihre Haut die Erde fühlt. Erlauben Sie den Sonnenstrahlen (und auch den Vollmondstrahlen), sich auf Ihrer Haut auszuruhen. Es ist auch dabei wieder spannend zu sehen, welche eventuellen Ausreden in Ihrem Inneren hochkommen...

22. *Woche*
Die Wahrheit sprechen

Diese Woche wird nicht gelogen. Es gibt auch keine sogenannten »harmlosen« oder »weißen« beziehungsweise »Not«-Lügen. Legen Sie jemandem die Wahrheit wie einen warmen Schal um, und klatschen Sie sie ihm nicht wie ein nasses Handtuch ins Gesicht.

Wenn Sie nach einer Meinung gefragt werden, Sie die betreffende Person aber nicht verletzen wollen, dann suchen Sie sich die Aspekte heraus, die Ihnen gefallen. Lassen Sie keine Ausreden zu, wenn Sie um etwas gebeten werden, das Sie nicht machen wollen. Erlauben Sie sich, mit »Ich habe etwas anderes vor« oder »Ich habe einfach keine Lust« zu antworten.

23. Woche

Komplimente machen

Beobachten Sie alle Menschen, mit denen Sie diese Woche umgehen, und machen Sie ihnen Komplimente. Selbst wenn es sich hierbei um einen Fremden, den Punker in der Straßenbahn, den »Spießer der Nation« oder den Kollegen im Büro handelt, der nie ein gutes Wort über die Lippen bringt. Jeder von uns hat seine positiven Eigenschaften. Manchmal erkennen wir sie einfach nicht.

Falls es Ihnen schwerfällt, beginnen Sie mit den Worten: »Ich wollte Ihnen immer schon mal sagen, wie sehr es mich beeindruckt hat, daß Sie damals das und das gemacht haben.«

---

24. Woche

Mit dem Wind reden

Setzen Sie sich ins Freie, und fangen Sie an, mit dem Wind zu reden. Schließen Sie die Augen, und bedanken Sie sich bei dem Wind für alles, was er tut. Ohne ihn würde die Luft stagnieren, die Samen fänden keinen neuen Boden, die Vögel könnten nicht fliegen.

Dann bitten Sie den Wind, daß er Ihnen ein »Ja« schickt, und beobachten, wie er sich verändert. Nun bitten Sie ihn, daß er Ihnen ein »Nein« schickt, und beobachten, wie er sich auf Ihrer Haut anfühlt. Schließlich fragen Sie den Wind, was Sie immer schon wissen wollten…

25. *Woche*
Tanzen

Suchen Sie sich eine Musik aus, die Sie berührt. Und dann tanzen Sie danach. Ganz allein für sich. Mindestens eine halbe Stunde pro Tag. Jede Musik, die Ihnen gefällt, ist dazu geeignet. Versuchen Sie neben der lauten auch die leise. Schließen Sie die Augen, und lassen Sie sich von der Musik zur Bewegung anregen. Vergessen Sie Ihre Arme dabei nicht.

26. *Woche*
Hilfe annehmen

Nehmen Sie Hilfe an, die man Ihnen anbietet, und bitten Sie um Hilfe. Selbst wenn Sie das bisher noch nie getan haben. Und akzeptieren Sie die Hilfe mit einem einfachen »Danke«. Ohne große Erklärungen und vor allen Dingen ohne den Hinweis auf die »Revanche«: »Dafür helfe ich dir morgen dann beim...«

27. *Woche*
Unnütze Aktivitäten aufgeben

Überlegen Sie sich, auf welche Aktivitäten Sie in Ihrem Leben verzichten wollen. Welche schon lange keinen Spaß mehr gemacht haben, von denen Sie sich aber trotzdem noch nicht lösen konnten. Das kann ein Verein oder ein Hobby sein, das uns vor zehn Jahren Spaß gemacht hat, aber jetzt einfach nur noch Ar-beit bedeutet. Lassen Sie Altes los, um Zeit für Neues zu gewinnen.

28. *Woche*
Körperbewußt leben

Stellen Sie sich vor, daß Ihr Körper ein sensibles und ganz besonderes Instrument ist, welches nur das Beste verdient. Und dann essen Sie diese eine Woche ausschließlich ganz gesunde Nahrungsmittel. Falls Sie noch nicht wissen, was das bedeutet, lassen Sie sich beraten. Machen Sie sich Notizen, wie Ihr Körper auf bestimmte Lebensmittel reagiert: Sind Sie anschließend schlapp oder aktiv? Segnen Sie alles, was Sie zu sich nehmen. Durch dieses Gebet erhöhen Sie die Frequenz Ihrer Nahrung.

Nehmen Sie sich einen Tag dieser Woche vor, an dem Sie fasten. Am besten an einem Tag, an dem Sie sich erholen können. Bitten Sie in einem Gebet am Morgen, daß dieses Fasten Ihren Körper reinigen wird und alles, was nicht notwendig ist, Ihren Körper verlassen wird. Trinken Sie mindestens fünf Liter Wasser am Tag. Gern können Sie diesen Fastentag auch mit Stille kombinieren.

Konsultieren Sie vorher Ihren Arzt, falls Sie unsicher sind. Seien Sie dankbar, daß Sie normalerweise nicht hungern müssen.

Denken Sie daran, daß Ihr Körper gut behandelt werden will. Ich finde Massagen, Jin Shin Jyutsu oder Reiki äußerst wichtig. In unseren Muskeln halten wir Spannungen fest, die durch diese Anwendungen leichter losgelassen werden. Falls Sie sich Behandlungen nicht leisten können, suchen Sie sich jemanden, mit dem Sie Massagen austauschen. In Ihrer Bibliothek gibt es sicher einige sehr gute Bücher über Partnerschaftsmassagen.

29. *Woche*
Eine Nacht im Freien schlafen

Auch hier verschieben Sie die Maßnahme, falls es zu kalt sein sollte. Ansonsten besorgen Sie sich einen Schlafsack und suchen sich einen geeigneten Platz in der freien Natur.

Falls Sie noch nicht soweit sind, daß Sie sich trauen, allein draußen zu schlafen, fragen Sie in Ihrem Freundeskreis, ob jemand mitmachen möchte. Beobachten Sie Ihre Ängste und die eigenen Ausreden, die Sie dabei in sich vernehmen.

30. *Woche*
Sich nicht beschweren

In dieser Woche sollten Sie nicht »meckern«: sich nicht beschweren, nicht klagen und nicht seufzen. Selbst wegen des Wetters nicht. Erinnern Sie sich daran, daß Sie ja jetzt ein »Verhältnis« mit dem Wind haben...

31. *Woche*
Hilfe anbieten

Bieten Sie jemandem Ihre Hilfe an. Das mag Ihr Kind, ein Nachbar, eine Kollegin oder ein Fremder sein. Überlegen Sie sich in jeder Situation, in der Sie sich in dieser Woche befinden, ob Sie nicht helfen können.

32. *Woche*
Überflüssiges hergeben

Stellen Sie sich an Ihre Haustür, und nehmen Sie an, Sie seien Ihr eigener Gast. Dann gehen Sie mit offenen Augen durch Ihre Wohnung und betrachten alles, was Sie so im Laufe der Zeit angesammelt haben. Was macht Ihnen Freude, und was stört Sie? Verschenken oder verkaufen Sie, was nicht mehr zu Ihnen paßt.

Falls Sie in einer Gemeinschaft wohnen, sollten Sie dabei aber stets bedenken, daß Sie natürlich nicht die oder der einzige sind, der beziehungsweise die das entscheidet.

33. *Woche*
Nur zustimmen, wenn man es möchte

Sagen Sie in dieser Woche nur dann ja, wenn Sie es auch wirklich wollen. Nicht weil Sie überredet wurden oder weil Sie jemand unter Druck zu setzen versucht. Es liegt an Ihnen: Man kann nur ausgenutzt werden, wenn man sich ausnutzen läßt. Erinnern Sie sich daran, daß alle Menschen, die wir treffen, zu unserem »Trainingsprogramm Leben« gehören. Und unser Gegenüber benötigt mit Sicherheit auch eine Lektion, nämlich die, daß man andere Menschen nicht unterdrücken soll! Wir sind Partner in diesem »Trainingsprogramm«, in dem einer vom anderen lernt.

34. *Woche*
Einen Tag lang »faul« sein

Erlauben Sie sich einen »faulen« Tag in der Woche, der hoffentlich der Beginn von mehreren Perioden der Muße und Entspannung sein wird. Falls Sie sozusagen schon von Haus aus »faul«
sind, kosten Sie diesen Tag aus, ohne Schuldgefühle zu entwickeln.

Das gilt auch für all diejenigen, die sich nie dem Müßiggang
hingeben: Genießen Sie diese Freiheit ohne das Gefühl der Reue
– selbst Jesus nahm sich Zeit für eine Rast.

35. *Woche*
Wünsche mitteilen

Angeblich darf man beim Geburtstagskerzenausblasen seine
Wünsche nicht verraten, weil sie sonst nicht in Erfüllung gehen.
Ich habe das vor Jahren abgeschafft. Ich brauche die Unterstüt-
zung von meinen Freunden, um meine Wünsche zu erfüllen.

Teilen Sie in dieser Woche Ihren Freunden Ihre Wünsche und
Ihre Sehnsüchte mit. Und beobachten Sie auch, wie Ihre Freunde
reagieren. Wahre Freunde werden Sie unterstützen wollen und
machen Ihnen Vorschläge, die nützlich sind.

36. Woche
Botschaften finden

Bitten Sie Gott, er möge Ihr Leben führen. Halten Sie eine Frage, die Ihnen wichtig ist, die ganze Woche über in Ihren Gedanken. Wiederholen Sie diese Frage auch während Ihrer Meditationen immer wieder. Und dann beobachten Sie, welche Botschaften zu Ihnen kommen.

Das mag durch Briefe, Gespräche, Artikel, Meditationen oder Fernsehsendungen geschehen. Das kann ein Kommentar sein, den Sie beim Warten auf irgend etwas »zufällig« zu Gehör bekommen, ein Reklameschild, das Sie beim Vorbeifahren entdecken. Stellen Sie Ihre Antenne auf »Empfang«, und erwarten Sie mit Spannung die Antwort.

---

37. Woche
Eine Schlafoase schaffen

Schalten Sie in dieser Woche alles aus, was es an Elektrischem in Ihrem Schlafzimmer gibt. Vom Radiowecker bis zum Fernseher. Am besten ziehen Sie auch den Stecker heraus.

Ordnen Sie Ihr Schlafzimmer, und meditieren Sie, um herauszufinden, ob Ihr Bett richtig steht. Stellen Sie die Frage in Ihrer Meditation, und beobachten Sie, welche Gefühle oder Visionen dabei in Ihrem Inneren heraufkommen. Denken Sie an frische Luft und angenehme Farben. Erspüren Sie, wie sich nach all den Maßnahmen Ihr Schlaf verändert.

38. *Woche*
Gott durch unsere Augen sehen lassen

Stellen Sie sich vor, daß Gott durch Ihre Augen sieht: Wie würde er die Welt betrachten? Wie oft würde er lächeln? Wie oft helfen?

39. *Woche*
Andere Meinungen zulassen

Wenn jemand anders gegensätzlicher Meinung ist, antworten Sie diese Woche nur mit »Wie interessant«, »So habe ich das noch nie betrachtet« oder »Ich verstehe, daß Sie das so sehen«... Sie müssen Ihre Meinung weder verteidigen noch irgend jemanden überzeugen. Diese Woche lassen Sie Meinungen einfach zu.

40. *Woche*
Mit einem Bettler reden

Oftmals fühlen wir uns unwohl, wenn wir an einem Bettler oder einem Obdachlosen vorbeigehen. Tun Sie, was Sie können: Winken Sie ihm zu; schauen Sie ihn an, und lächeln Sie dabei, wie wenn man einen alten Freund begrüßt; reden Sie mit ihm oder ihr; geben Sie, was Sie wollen. Vielleicht Geld, eine Umarmung, ein Gebet, etwas zu essen, eine Decke oder ein Lächeln. Aber geben Sie etwas!

Falls es in Ihrer Umgebung keine Bettler gibt, dann suchen Sie sich jemand anderen aus, der »außerhalb der Gesellschaft« steht...

41. *Woche*
Düfte

Suchen Sie sich einen Duft aus, der Ihnen angenehm ist. Eines dieser wundervollen ätherischen Öle. Lassen Sie sich Zeit damit. Überlegen Sie sich auch, ob Ihr Parfum oder Ihr After-shave Ihnen noch entspricht. Wenn ja, benutzen Sie diesen Duft häufig.

42. *Woche*
Ohne Erwartungen sein

Wie oft geben wir Ratschläge und beobachten dann mit Argusaugen, ob sie auch eingehalten werden? In dieser Woche bemühen wir uns loszulassen: Unsere Erwartung an andere und den Druck, den wir gern ausüben.

Wir können unser Gegenüber auch anerkennen, indem wir ihm unsere Wochenaufgabe mitteilen: »Mir ist aufgefallen, daß ich dich nicht so akzeptiert habe, wie du bist, sondern immer Vorschläge machte, wie du meiner Meinung nach sein solltest. Ich entschuldige mich dafür und möchte dir nun sagen, daß ich dich so, wie du bist, achte und liebe. Ich werde mich bemühen, dich in Zukunft anders zu behandeln.«

43. *Woche*
Etwas Ungewöhnliches tun

Nehmen Sie sich für diese Woche etwas vor, was Sie »eigentlich« nicht tun würden. Selbstverständlich nichts, was Sie oder jemand anderen in irgendeiner Form verletzen könnte. Tanzen Sie auf einem Tisch, wenn Sie die Lust dazu verspüren. Springen Sie mit all Ihren Klamotten in einen See. Oder essen Sie einmal Ihren Nachtisch zuerst...

Beobachten Sie, welche Gedanken Sie mit dem »Das tut man aber nicht« fast automatisch verbinden. Wie oft Sie sich etwas vorenthalten, was Ihnen aus Spaß in den Sinn kommt, aus Angst davor, »was die anderen wohl denken könnten«. – Vielleicht ist es ja vielmehr so, daß »die anderen« dadurch sogar inspiriert werden!

44. *Woche*
Genießen Sie Ihre Weiblichkeit/Männlichkeit

Meine Schwestern, tragen Sie diese Woche Röcke, Absätze und Schmuck. Raus aus den Hosen und hinein in alles, was flattert! (Das war für mich beim ersten Mal gar nicht so einfach. Kopf hoch, es wird schon!) Es ist erstaunlich, wieviel wir Frauen an Weiblichkeit zulassen, wenn wir erst mal aus unseren Hosen heraus sind.

Meine Brüder, da ich in diesem Leben kein Mann bin, verlasse ich mich darauf, daß Sie Ihren eigenen männlichen Instinkt haben, der Sie schon in die richtige Richtung führt – vielleicht Reiten, Campen, Segeln, Fischen oder Fechten?

Falls Sie Fragen dazu haben, werden Sie in der Meditation gewiß Ihre Antwort finden.

45. *Woche*
Der Austausch von körperlicher Liebe

Falls Sie sexuell aktiv sind, dann kreieren Sie Ihre Vereinigung so, wie Sie es sich schon immer gewünscht haben. Sprechen Sie mit Ihrem Partner über die Erfüllung dieses Wunsches. Beten Sie vorher zusammen, und zelebrieren Sie ein Ritual, in dem Sie sich gegenseitig ehren. Schauen Sie sich dabei immer wieder tief in die Augen.

Auch hierzu gibt es passende Literatur. Informationen über die tantrische Liebe werden Ihnen vielleicht hilfreich sein.

46. *Woche*
Mit dem Pflanzenreich kommunizieren

Suchen Sie sich eine Pflanze aus (entweder in Ihrer Wohnung oder in der Natur), und sprechen Sie mit ihr. Setzen Sie sich ihr gegenüber, und schließen Sie die Augen.

Sprechen Sie ein Gebet. Bitten Sie den Geist der Pflanze, er möge sich Ihnen zeigen. Und dann stellen Sie die Fragen, die Sie einer Pflanze schon immer mal hatten stellen wollen ...

47. *Woche*
Konflikte lösen

Suchen Sie sich einen oder mehrere Partner, mit denen Sie öfters Probleme haben (entweder Ihren Ehemann oder Ihre Ehefrau, einen Kollegen, Ihre Kinder, die Nachbarn), und setzen Sie sich mit ihnen zusammen – mit der Intention, eine bessere Art der Konfliktlösung zu finden.

Sagen Sie, warum Sie das Bedürfnis haben, mit ihnen zusammenzusitzen. Erklären Sie, daß Sie lernen wollen, andere besser zu verstehen, und herausfinden möchten, was man gemeinsam beschließen kann, um besser miteinander auszukommen. Lassen Sie sich nicht abwimmeln. (Außer da will jemand auf gar keinen Fall darüber reden. Schlagen Sie trotzdem vor, daß Sie die Woche darauf nochmals nachfragen werden.) Hören Sie aufmerksam Ihrem Gegenüber zu, und versuchen Sie auch hier nicht, überzeugen zu wollen.

---

48. Woche
Einen anderen Standpunkt verstehen

Suchen Sie sich eine Personengruppe aus, die einen Standpunkt vertritt, den Sie nicht nachvollziehen können... und versuchen Sie es. Lesen Sie über diese Gruppe, um herauszufinden, warum sie diese Meinung hat. Stellen Sie Fragen.

Bei mir war es zum Beispiel das Piercen des Körpers. Ich konnte nicht nachvollziehen, wieso man sich selbst Schmerzen zufügt. »Der arme Körper!« dachte ich mir. Vor kurzem las ich jedoch einen Artikel über einen Mann, der mehr als die üblichen Löcher in seinem Körper hat und auch noch über und über tätowiert ist. Er beschrieb, warum er das tut, und plötzlich ging mir ein Licht auf. Ich verstand ihn. Nicht, daß ich mich tätowieren lassen will, aber ich war jetzt bereit, seine Position als seinen freien Willen anzuerkennen und zu akzeptieren. Ein weiterer Schritt dahin, daß wir andere Menschen mit anderen Erfahrungen nicht verurteilen.

49. *Woche*
Etwas hergeben

Geben Sie irgend etwas her, was Ihnen wichtig ist. Etwas, von dem Sie wissen, daß es jemand anderem eine unglaubliche Freude bringen würde. Das muß kein »geplanter« Akt sein, sondern wird wahrscheinlich ganz spontan während der Woche passieren.

Das Vertrauen, loszulassen, ohne Angst zu haben, daß man etwas verliert, ist das Geschenk in dieser Woche.

50. *Woche*
Kindlicher Spaß

In dieser Woche tun Sie etwas, was Ihnen als Kind viel Spaß gemacht hat. Und erlauben Sie sich, daß diese Freude und diese Lust am Leben auch Jahre später wieder aufkommt.

51. *Woche*
Im Jetzt leben

Diese Woche sprechen Sie bitte nur über Gegenwärtiges. Alles in der Vergangenheit bleibt da, wo es ist: vergangen. Die Zukunft bleibt im Morgen. Machen Sie bitte nur dann Ausnahmen, wenn sie unbedingt notwendig sind. (»Ja, ich habe Mama vorgestern angerufen.« – »Der Brief ging letzte Woche raus.«)

Konzentrieren Sie sich darauf, jeden Moment wahrzunehmen. Wenn Sie essen, nehmen Sie jeden Bissen zur Kentnnis. Wenn Sie gehen, gehen Sie aufmerksam. Wenn Sie mit jemandem sprechen, seien Sie ganz bei der Sache.

Legen Sie Ihre Uhr für diese Woche weg. Erklären Sie den

Menschen in Ihrer Umgebung ruhig, daß Sie versuchen, mehr in der Gegenwart zu leben. Das gibt darüber hinaus wieder Raum für interessante Gesprächsthemen.

52. *Woche*
Verständnis zeigen

Diese Woche fassen Sie bewußt zusammen, was Sie in den Wochen zuvor erfahren haben. Seien Sie verständnisvoll und dabei gütig, liebevoll, großzügig, fröhlich und dankbar für Ihr Leben.

Stellen Sie sich vor, Sie hätten einen Heiligenschein, dessen Glanz und Schönheit von allen gesehen würde. Wenn Sie die oben beschriebenen Eigenschaften – also die Güte, die Großzügigkeit und so weiter – nicht lebten, verlöre der Heiligenschein für jedermann sichtbar an Glanz und Intensität. Was würden Sie denken? Was würden Sie sagen? Was würden Sie tun? Wie würden Sie reagieren?

Bist du schon so gut?

Eine Freundin schickte mir folgenden Text als E-Mail:

Wenn du den Tag ohne Kaffee beginnen kannst, ohne gereizt zu sein,

wenn du immer fröhlich bist und Wehwehchen und Schmerzen ignorieren kannst,

wenn du dich nicht beschwerst oder Leute mit deinen Problemen langweilst,

wenn du jeden Tag dasselbe essen kannst und dafür noch dankbar bist,

wenn du Verständnis dafür hast, daß die Menschen, die du liebst, zu beschäftigt sind, um Zeit mit dir zu verbringen,

wenn du darüber hinwegsehen kannst, daß die, die du liebst, manchmal ohne Grund ihre Aggressionen an dir auslassen,

wenn du einen reichen Freund nicht besser als einen armen behandelst,

wenn du der Welt ohne Lüge und ohne Täuschung gegenüberstehen kannst,

wenn du wahrlich sagen kannst, daß es in deinem Herzen keine Vorurteile gegen die verschiedenen Rassen, Farben, Religionen, Weltanschauungen und politischen Meinungen gibt,

wenn du bedingungslos lieben kannst, ohne Druck auszuüben oder Erwartungen zu haben,

dann, mein Freund, bist du fast so gut wie dein Hund.

(Anonym)

Liebe Leserin, lieber Leser,

oftmals ist es hilfreich auf dem Weg zu sich selbst und damit zu Gott, Gleichgesinnte an der Seite zu haben. Denn da gibt es Fragen, Erfahrungen oder Ängste, die dem anderen auch schon begegnet sein mögen. Es geht nicht darum, jemand anderem zu folgen, sondern dessen Erfahrungen zu nutzen. Auf meiner Website www.sabrinafox.com können wir uns gemeinsam austauschen und Unterstützung auf unserem spirituellen Weg finden. Neben Informationen über meine Bücher, Gebetsengel, Meditationen und Musik finden Sie dort auch Kontaktlisten, Empfehlungen, Veranstaltungshinweise, Erlebnisse von Lesern und die Frage-und-Antwort-Seiten.

Gott ist an unserer Seite; ein tiefes Gebet, ein persönliches Ritual, all das hilft uns, in uns selbst das Göttliche zu finden. Wenn wir um den nächsten Schritt bitten, dann wird uns Gott Hilfe schicken. Das mag neben einer Person vielleicht ein Buch, eine Sendung, ein Lied oder ein Kommentar von jemandem sein.

Falls Sie keinen Internet-Zugang haben, können Sie Informationen über »My Angel and I« gerne auch auf dem Postwege abrufen, indem Sie einen frankierten Rückumschlag an meine Schwester Susanne Adlmüller schicken:

My Angel and I
Postfach 1516
82029 Grünwald

Susanne leitet im Sommer regelmäßig Visionquests in Bayern und gibt Meditationsseminare sowie Ganzkörper-Energiemassagen, die ich gern empfehle. Auch hierzu wenden Sie sich bitte an oben angeführte Adresse.

Licht und Liebe
Sabrina Fox